建筑安装工程质量通病表解速查手册

徐 鑫 张 彤 编

中国建筑工业出版社

图书在版编目（CIP）数据

建筑安装工程质量通病表解速查手册/徐鑫，张彤
编. —北京：中国建筑工业出版社，2019.5
ISBN 978-7-112-23744-9

Ⅰ.①建… Ⅱ.①徐… ②张… Ⅲ.①建筑安装-工程质
量-质量控制-手册 Ⅳ.①TU712.3-62

中国版本图书馆 CIP 数据核字（2019）第 092727 号

建筑安装工程质量通病表解速查手册
徐 鑫 张 彤 编

*

中国建筑工业出版社出版、发行（北京海淀三里河路9号）
各地新华书店、建筑书店经销
北京红光制版公司制版
北京建筑工业印刷厂印刷

*

开本：850×1168毫米 横 1/32 印张：18½ 字数：505 千字
2019 年 9 月第一版 2019 年 9 月第一次印刷
定价：**49.00** 元
ISBN 978-7-112-23744-9
（34049）

本书根据《建筑电气工程施工质量验收规范》GB 50303—2015、《电气装置安装工程接地装置施工及验收规范》GB 50169—2016、《电气装置安装工程　电气设备交接试验标准》GB 50150—2016、《智能建筑工程质量验收规范》GB 50339—2013 以及《通风与空调工程施工质量验收规范》GB 50243—2016 等编写。全书采用表格速查的形式，根据质量通病现象快速查找原因及防治措施。重点叙述分部或分项工程质量通病现象产生的原因及防治措施，同时，还附有工程质量标准及验收方法。各章自成体系，表格较多，针对性、系统性强，并具有实际的可操作性，实用性强，便于读者理解和应用。全书共分为六章，内容主要包括：建筑电气工程、建筑给水排水工程、建筑采暖工程、通风与空调工程、电梯工程以及智能建筑工程等。

　　本书供施工、安装、质量人员使用，也可供大中专、高职高专院校师生参考。

＊　＊　＊

责任编辑：郭　栋
责任校对：王　瑞

前　言

随着社会的发展，建筑安装工程得到很大发展。安装工程具有施工难度高、施工量大、施工材料多、施工人数多等特点，在施工过程中不可避免地会出现许多问题，从而导致安装工程存在许多质量问题和安全隐患，严重地威胁建筑物和人们的安全。因此需要进一步加强对其的研究，并采取有效的措施进行优化，从而提高施工管理水平，确保建筑安装工程能够安全、有序地进行。基于此，我们组织编写了此书。

本书根据《建筑电气工程施工质量验收规范》GB 50303—2015、《电气装置安装工程　接地装置施工及验收规范》GB 50169—2016、《电气装置安装工程　电气设备交接试验标准》GB 50150—2016、《智能建筑工程质量验收规范》GB 50339—2013 以及《通风与空调工程施工质量验收规范》GB 50243—2016 等编写。共分为六章，内容主要包括：建筑电气工程、建筑给水排水工程、建筑采暖工程、通风与空调工程、电梯工程以及智能建筑工程等。

本书采用表格速查的形式，根据质量通病现象快速查找原因及防治措施。重点叙述分部或分项工程质量通病现象产生的原因及防治措施，同时，还附有工程质量标准及验收方法。各章自成体系，表格较多，针对性、系统性强，并具有实际的可操作性，实用性强，便于读者理解和应用。本书可供广大安装工程施工人员及工人工作时查阅，也可供大中专院校、高职高专相关专业的师生阅读参考。

由于编写时间仓促，编写经验、理论水平有限，难免有疏漏、不足之处，敬请读者批评指正。

目　录

1 建筑电气工程

1.1 布线系统

1.1.1 质量通病原因分析及防治措施

为了保证布线系统的质量，要求相关工作人员必须熟悉质量问题的现象和防治方法。常见的布线系统的质量问题列于表 1-1 中。

布线系统质量通病分析及防治措施　　　　　　　　　　　表 1-1

质量通病现象	原因分析	防治措施
母线安装时安全净距过小	母线安装时，母线与非带电物体或不同相带电导体间的空间最近距离，保持这个距离可以防止各种原因引起的过电压而发生空气击穿现象，诱发短路事故等电气故障	为了保证电路的安全运行，母线安装时，室内配电装置的安全净距离应符合表 1-2 的规定，室外配电装置的安全净距离应符合表 1-3 的规定；当实际电压值超过表 1-2、表 1-3 中本级额定电压时，室内、室外配电装置安全净距离应采用高一级额定电压对应的安全净距离值
母线与母线或母线与设备接线端子的连接不当	(1) 母线与母线或母线与电器接线端子的螺栓搭接面不干净，没有保持接触面清洁，螺栓孔周边有毛刺 (2) 没有涂电力复合脂 (3) 连接螺栓时没有用力矩扳手	母线与母线或母线与设备接线端子的连接应符合下列要求： (1) 母线连接接触面间应保持清洁，并应涂以电力复合脂 (2) 母线平置时，螺栓应由下往上穿，螺母应在上方，其余情况下，螺母应置于维护侧，螺栓长度宜露出螺母 2～3 扣 (3) 螺栓与母线紧固面间均应有平垫圈，母线多颗螺栓连接时，相邻螺栓垫圈间应有 3mm 以上的净距，螺母侧应装有弹簧垫圈或锁紧螺母 (4) 母线接触面应连接紧密，连接螺栓应用力矩扳手紧固，钢制螺栓紧固力矩值应符合表 1-4 的规定。非钢制螺栓紧固力值应符合产品技术文件的要求

质量通病现象	原因分析	防治措施
母线热胀冷缩时不能自由伸缩	安装母线时，未按照规定要求安装母线伸缩节，当温度发生变化，热胀冷缩时，母线将不能自由伸缩，易使母线、绝缘子受到损坏，不能保证其安全使用	母线安装时，为使母线温度变化时能够伸缩自由，应按设计规定装设母线伸缩节；无设计规定时，铝母线每隔 20～30m 设置一个，铜母线每隔 30～50m 设置一个，钢母线每隔 35～60m 设置一个 母线的伸缩节一般都用成品，也可以自制，伸缩节不得有裂纹、断股和折皱现象。母线伸缩节是由厚度为 0.2～0.5mm 的薄片合制而成，其组装后的总截面不应小于母线截面的 1.2 倍，母线伸缩节的形状如图 1-7 所示
电力电缆与控制电缆、信号电缆、通信电缆未分层敷设	(1) 电缆沟、电缆桥架配置不足 (2) 未做好电缆敷设的合理规划 (3) 敷设次序不正确	(1) 设计图纸配置合理电缆通道 (2) 做好敷设路径规划（可采用电缆敷设软件） (3) 按电压等级由高至低的电力电缆、强电至弱电的控制和信号电缆、通信电缆由上而下的顺序排列
导管弯曲半径过小	配管时弯曲半径过小，出现弯扁，甚至死弯、折痕等，给穿线带来困难，有时带线能穿过去，但导线穿不过去；强拉硬拽地穿过去也极容易破坏导线的绝缘层，影响工程质量；严重时将穿不进线，造成返工等	在弯管过程中应注意避免导管弯曲处出现褶皱、凹陷、裂缝等。对于易出现裂缝的管子应从原材料上控制，不合格材料绝不进场。导管的弯曲半径应符合下列规定： (1) 明配导管的弯曲半径不宜小于管外径的 6 倍，当两个接线盒间只有一个弯曲时，其弯曲半径不宜小于管外径的 4 倍 (2) 埋设于混凝土内的导管的弯曲半径不宜小于管外径的 6 倍；当直埋于地下时，其弯曲半径不宜小于管外径的 10 倍

质量通病现象	原因分析	防治措施
导管太长和弯头多时不加装接线盒或拉线盒	由于施工人员工作态度原因未严格按规范施工，如导管太长和弯头太多，中间不加装接线盒或拉线盒，会在穿线时发生困难，甚至无法穿进，造成返工，影响工程质量和延误工期	当导管敷设遇到下列情况时，中间宜增设接线盒或拉线盒，且盒子的位置应便于穿线： （1）导管长度每大于 40m，无弯曲 （2）导管长度每大于 30m，有 1 个弯曲 （3）导管长度每大于 20m，有 2 个弯曲 （4）导管长度每大于 10m，有 3 个弯曲 导管入盒时，盒外侧不套锁母。将管子与盒子锁紧固定牢固，为了保证管子与盒子不脱落，引线不致穿在管子与盒子外面，确保工程质量 管子入盒时，盒外侧应套锁母，内侧应装护口，在吊顶内敷设时，盒的内外侧均应套锁母
环形混凝土电杆出现裂纹甚至损坏	（1）安装前未对电杆进行质量检查，存在质量缺陷 （2）环形混凝土电杆在运输中由于应力集中而产生横向裂缝，影响电杆的强度 （3）环形混凝土电杆在保管时由于堆放不妥，导致电杆弯曲及损坏	（1）在线路架设之前，要选择电杆，并对电杆进行外观检查，应符合如下几个方面： 1）表面应光洁、平整，壁厚应均匀，应无露筋、跑浆等现象 2）放置地平面检查时，普通钢筋混凝土电杆应无纵向裂缝，横向裂缝的宽度不应超过 0.1mm，其长度不应超过周长的 1/3。预应力混凝土电杆应无纵向、横向裂缝 3）杆身弯曲不应超过杆长的 1/1000 4）电杆杆顶应封堵

质量通病现象	原因分析	防治措施
环形混凝土电杆出现裂纹甚至损坏	（1）安装前未对电杆进行质量检查，存在质量缺陷 （2）环形混凝土电杆在运输中由于应力集中而产生横向裂缝，影响电杆的强度 （3）环形混凝土电杆在保管时由于堆放不妥，导致电杆弯曲及损坏	（2）环形混凝土电杆长距离运输时要用拖挂车，现场短距离运输要用两轮平板小车放在电杆上腰和下腰间，运输时必须将电杆捆牢在车上，禁止随意拖、拉、摔、滚，以防环形混凝土电杆在运输中由于应力集中而产生横向裂缝，影响电杆的强度 （3）环形混凝土电杆在现场应妥善保管，防止由于堆放不妥，而出电杆弯曲及损坏 1）环形混凝土电杆堆放场地应坚实、平整 2）环形混凝土电杆可根据不同杆长分别采用两支点或三支点堆放。杆长小于等于12m时，宜采用两支点支承；杆长大于12m时，宜采用三支点支承，电杆支点如图1-8所示，若堆场地基经过特殊处理，也可采用其他堆放形式 3）环形混凝土电杆应按品种、规格、荷载级别、生产日期等分别堆放。锥形杆稍径大于270mm和等径杆直径大于400mm时，堆放层数不宜超过4层；锥形杆稍径小于或等于270mm和等径杆直径小于或等于400mm时，堆放层数不宜超过6层 4）环形混凝土电杆堆垛应放在支垫物上，层与层之间用支垫物隔开，每层支承点应在同一平面上，各层支垫物位置应在同一垂直线上

质量通病现象	原因分析	防治措施
刚性导管与柔性导管直接连接	刚性导管与柔性导管直接连接，软管会很容易脱落，会引起软管内的电线外露，不符合施工规范	刚性导管与柔性导管连接应采用过渡盒作处理，在施工时将管接头与过渡盒锁紧，避免脱落
穿线时、穿线后管口不戴护圈	金属管道即使在配管时将管口毛刺清理，管口仍比较锋利，穿线时导线直接在管口走过，仍容易将导线的绝缘层损坏，甚至直接刮至露出线芯，严重影响导线的安全使用寿命，更有甚者直接造成短路，引发事故	应确保做到穿线前将管口配上与导管口径相匹配的护圈，并且保证穿线过程中，护圈始终套在管口上，即使导线穿完后也要保证所有管口均有护圈保护。禁止先穿导线后补套护圈的做法
导线接头留在导管内	由于接头部位相对较粗，给穿线工作及以后的维修带来困难。更重要的是，导线接头由于连接电阻较大、绝缘强度低，容易在运行过程中引起漏电、接头过热，引发对地短路、相间短路等事故，影响线路的安全运行	应提高工人的认识，穿线时不得将导线接头留在管内。导线的连接接头应放在接线盒内。在穿管过程中发现导线短了应将导线拉出，用足够长的导线重穿
绝缘子串组合时，绝缘子串脱落	绝缘子串组合时，组合所选用的连接件和紧固件选择不符合要求，或紧固操作不当，均会造成绝缘子串脱落，造成导线接地短路故障或设备损坏，甚至造成人身事故	绝缘子串的安装应符合下列规定： （1）绝缘子串组合时，连接金具的螺栓、销钉及锁紧销等应完整，其穿向应一致，耐张绝缘子串的碗口应向上，绝缘子串的球头挂环、碗头挂板及锁紧销等应互相匹配 （2）弹簧销应有足够的弹性，闭口销应分开，并不得折断或有裂纹，不得用线材代替 （3）均压环、屏蔽环等保护金具应安装牢固，位置应正确 （4）多串绝缘子并联时，每串所受的张力应均匀 （5）绝缘子串吊装前应清擦干净

质量通病现象	原因分析	防治措施
剔槽敷管深度过深或过浅	太深了有时剔槽不利于与盒箱连接，会影响墙体等建筑物的质量；太浅了同样不利于盒箱连接，还会使建筑物表面有裂纹，在某些潮湿场所钢导管的锈蚀会显在墙面上	暗配管时要有一定的埋设深度，既保护导管又不影响建筑物质量 剔槽敷管时埋设深度应恰当，才能既保护导管又不影响建筑物质量。暗配管保护层厚度须大于 15mm，因此开槽深度是 15mm 加管直径。开槽时宜采用机械开槽，不宜手工开槽。配管完成后管槽应用强度等级不小于 M10 的水泥砂浆抹面保护
明配导管排列不整齐，固定点间距过大	明配的导管要合理设置固定点，是为了穿线缆时不发生管子移位、脱落现象，也是为了使电气线路有足够的机械强度，受到冲击（如轻度地震）仍安全、可靠地保持使用功能，排列不整齐，间距过大，不能保证线路的稳固，穿线时或受到轻度机械冲击时可能会移位甚至脱落，影响线路的安全使用	明配的电气导管应符合下列规定： （1）导管应排列整齐、固定点间距均匀、安装牢固 （2）在距终端、弯头中点或柜、台、箱、盘等边缘 150～500mm 范围内应设有固定管卡，中间直线段固定管卡间的最大距离应符合表 1-5 的规定 （3）明配管采用的接线或过渡盒（箱）应选用明装盒（箱）
配管材料未按规定进行质量验收	塑料管外壁无标识、无出厂合格证和产品检测证书，抗压能力及抗冲击能力差，管弯 90°出现折皱，受外力冲击出现裂纹，阻燃性能不符合要求；钢管材料的化学成分不稳定，造成管子可弯曲性能差、管壁厚薄不均匀、管缝劈裂；镀锌钢管的镀锌层质量低劣。如果配管进场不按规范要求进行验收，会影响工程的施工质量	电气工程用各种配电导管进场要进行外观和实测检查： （1）导管的合格证及产品检测报告 （2）外观检查 1）钢导管进场时除了要测量壁厚是否符合要求外，还要检查管材是否有砂眼，管焊缝是否有劈裂、是否被压扁，内壁是否光滑等方面 2）镀锌钢管还需检查其镀锌质量，内外表面应镀锌层完整，不得有未镀上锌的黑斑和气泡存在，不大的粗糙面和局部的锌

质量通病现象	原因分析	防治措施
配管材料未按规定进行质量验收	塑料管外壁无标识、无出厂合格证和产品检测证书，抗压能力及抗冲击能力差，管弯 90°出现折皱，受外力冲击出现裂纹，阻燃性能不符合要求；钢管材料的化学成分不稳定，造成管子可弯曲性能差、管壁厚薄不均匀、管缝劈裂；镀锌钢管的镀锌层质量低劣。如果配管进场不按规范要求进行验收，会影响工程的施工质量	瘤允许存在。管外壁有规定的中文标明的产品名称、生产厂名等 3）塑料管内外壁应光滑，无凹陷、凸棱、气泡、针孔，内外径的尺寸应符合国家统一标准，管壁厚度应均匀一致。阻燃型塑料管及其配件必须由经阻燃处理的材料制成，其氧指数不应低于 27％的阻燃指标，并应有检定检验报告单，塑料管外壁应有间距不大于 1m 的连续阻燃标记和制造厂标 （3）对 PVC 塑料管还应进行必要的实测检查 1）阻燃测试：用喷灯使用 PVC 管燃烧 3 次，每次 25s，管子撤离火源后在 30s 内自熄为合格 2）弯扁测试：管内穿入厂方提供的专用弹簧，把管子弯成 90°，弯曲半径为 3 倍管径，外观光滑 3）冲击测试：用奶子榔头敲击无裂纹
金属导管管口不齐、不光滑，管口不戴护帽	金属管在配管时不将管口锯齐并及时将毛刺清理掉，在穿线时容易破坏导线的绝缘层，影响工程质量，给线路的安全运行留下隐患，严重的将无法通电运行；配管时不及时给管口戴上护帽，杂物进入管内造成堵管，穿线时导线无法穿入管内，造成返工而导致工期延误、经济等损失	金属管路在配管时应做到：断管时尽量将管口断齐，锯管时人要站直，手要扶直锯架，使锯条平直并与管子保持 90°角。断管后应及时铣口，利用锉刀等工具将管口锉齐并去掉毛刺再配管，两管连接处应尽量保持两管同轴线。穿线前应用管帽将管口堵严实，以防杂物进入。在土建混凝土浇筑完成后应及时扫管，发现不通的应及时修复

质量通病现象	原因分析	防治措施
角钢横担有飞边、毛刺	角钢横担使用电焊、气焊切割时，如操作不当会造成飞边、毛刺等现象并破坏镀锌层，影响安装质量	(1) 角钢横担开眼孔必须在台钻上进行，或用"漏盘"砸（冲）眼孔，如图1-9所示。不允许用电、气焊切割 (2) 横担眼孔有飞边、毛刺，应放到台钻上用锉刀镗孔，使眼孔光滑、整齐
土建工程和设备安装未完成就进行电缆敷设	若在电缆敷设时，土建工程及设备安装未达到要求，则电缆敷设后，由于现场未清理干净，沟道不通畅，有积水、杂物，变配电室内电气设备未安装到位等，难以保证电缆的敷设质量	电缆敷设前，土建工程和设备安装应具备以下条件： (1) 预留孔洞、预埋件符合设计要求，预埋件安装牢固，强度合格 (2) 电缆沟、隧道、竖井及人孔等处的地坪及抹面工作结束，电缆沟排水畅通，无积水 (3) 电缆层、电缆沟、隧道等处的施工临时设施、模板及建筑废料等清理干净，施工用道路畅通，沟盖板齐备 (4) 放电缆的脚手架搭设完，且符合安全要求，沿线照明满足施工要求 (5) 直埋电缆沟按设计要求挖好，电缆井砌砖抹灰完，底砂铺完，并已清除沟内杂物，盖板及砂子备齐 (6) 电缆线路敷设前，土建应完成的工作必须完成

质量通病现象	原因分析	防治措施
成排登高管紧靠在一起或捆成一束	多根进同一箱（盒）的登高管紧密地靠在一起或捆成一束，不便于将管子接入箱（盒）内，由于管间没有间距而将箱体（盒）体上开出一字形长孔或导管排列不整齐，影响箱体的质量及美观	多根导管同时登高，管间要有 10～20mm 的距离，并且固定成一排，以便于将管接入箱（盒）内。进入箱（盒）的管子要做到一管一孔整齐排列，不应开一字形长孔，将多根管一起插入且孔径与管径要相吻合，如敲落孔孔径与管径不符，宜另行开孔，如使用孔径大于管径的敲落孔，应将空洞用砂浆等补平。金属箱（盒）开孔严禁使用电、气焊开孔。对于敷设在墙体上的箱（盒），应先将箱、盒根据标高固定再行配管
电线预留长度过长或过短	穿线时，露出接线盒、开关盒、灯头盒、插座盒、配电箱内，出户导线要预留长度。预留长度过长，浪费材料；预留短了，无法接线，增加接头，影响工程质量	露出管口的电线长度一般预留长度为： (1) 接线盒、开关盒、灯头盒，插座盒预留长度为 150mm (2) 配电箱内导线预留长度为配电箱周长的 1/3 (3) 出户导线预留长度为 1.5m (4) 公用导线在分支处可不剪断，直接通过，只需在接线盒内留出一定的余量
电缆沟压顶和盖板裂缝	(1) 混凝土龄期不足，养护欠佳 (2) 砖砌沟壁未加临时支撑 (3) 未合理设备变形缝 (4) 压顶止口纵向平整度超标	(1) 加强压顶和盖板的混凝土养护 (2) 沟壁砌完砖后直至盖板安装期间，须在沟内两边沟壁加临时支撑 (3) 根据实际情况合理留设变形缝，胀缝要贯通并及时用柔性材料填缝 (4) 压顶止口纵向平整度控制在允许偏差范围内

质量通病现象	原因分析	防治措施
母线弯曲、搭接接触面不平整	母线加工时未做样板,操作者对加工方法和操作过程不熟悉	(1) 对于小型母线的弯曲,可用台虎钳弯曲,但大型母线则需用母线弯曲机进行弯制。母线扭弯可用扭弯器,如图 1-10 所示。弯制时,先将母线扭弯部分的一端夹在台虎钳上,为避免钳口夹伤母线,钳口与母线接触处应垫以铝板或硬木。母线的另一端用扭弯器夹住,然后双手用力转动扭弯器的手柄,使母线弯曲达到需要形状为止 (2) 母线接触面加工是保证母线安装质量的关键。母线接触面应紧密、洁净,接触面是指母线与母线及母线设备端子连接时接触部分的表面。母线用螺栓连接的接触面,看起来好像很平整,但如果在显微镜下观察,实际只有部分凸出点接触。所以,接触面存在着接触电阻,接触电阻的大小与接触面尺寸、接触面处理质量和接触面间相互的压力等有关。接触加工越平,相互间压力越大,接触的点就越多,电流的分布就越均匀。一般规定,螺栓连接点的接触电阻,不能大于同长度母线本身电阻的 20% (3) 接触面加工的主要作用,是消除母线表面的氧化膜、折皱和隆起部分;使接触面平整而略呈粗糙。加工方法通常有机械加工、手锉加工等。机械加工使用铣床或刨床,虽然效率高,但有时现场缺乏条件。手锉加工虽然方法简单,但效率很低,

质量通病现象	原因分析	防治措施
母线弯曲、搭接接触面不平整	母线加工时未做样板，操作者对加工方法和操作过程不熟悉	而且要有较高的钳工操作技术。采用上述两种方法加工后，母线截面都有所减小。截面的减小值，铜母线不应超过原截面的3%，铝母线不应超过原截面的5%。为使母线加工后少减小截面，达到接触面平整的目的，可采用母线平整机加工，如图1-11所示 操作时，首先将母线端部放在两块模具之间，然后操作千斤顶，将两块模具顶紧，使母线接触面压平。压好后，用平尺检查，然后用钢丝刷清除母线表面氧化膜，使接触面略呈粗糙，随即涂一层中性凡士林，使接触面与空气隔绝。加工后，如不立即安装，接头应用纸包好。铜母线或钢母线加工后，不必涂中性凡士林，只要把表面的锈垢刷干净，搪上一层锡即可
电缆导管的直径与电缆不匹配	电缆导管的管径过小，而内穿的电缆截面过大，增加穿线难度，容易损坏电缆，不利于散热，影响使用寿命；电缆导管的管径过大，浪费材料，增加成本	为防止电缆机械损伤，电缆管的内径与电缆外径之比不得小于1.5倍。电缆保护管管径可按表1-6选择
桥架盖板不规范	（1）设计的电缆桥架截面积偏小，未按设计要求在桥架内随意增加电缆；敷设电缆时出现交叉、叠压未调整好，造成敷设后的电缆高出盖板，设计时没有充分考虑电缆与桥架的搭配，敷设电缆时不注意成品保护	（1）电缆桥架的尺寸、型号、规格，应充分考虑电缆的多少与电缆在桥架内的填充率，并应留有一定的备用空位。电缆总截面积与桥架横断面面积之比，电力电缆不应大于40%，控制电缆不应大于50% （2）在电缆桥架施工前，应事先考虑好电缆路径，满足桥架

质量通病现象	原因分析	防治措施
桥架盖板不规范	（2）设计单位设计时考虑不周到或施工单位为了减少桥架，将不同电源或同一电源不同回路有抗干扰要求的电缆敷设在同一桥架内	上敷设的最大截面电缆的弯曲半径的要求，并考虑好其排列位置。电缆在桥架内敷设前，须将电缆事先排列好，画出排列图表并按图表施工 （3）安装电缆桥架或敷设电缆时应注意成品保护。对桥架内电缆出现叠压的，应在电缆未接头前适当调整 （4）不同电源或同一电源不同回路有抗干扰要求的电缆不应敷设在同一桥架内
电缆保护管埋深不满足设计要求	（1）地形受限 （2）未按设计图纸施工 （3）隐蔽工程验收工作不到位	（1）沟体开挖土方遇到深度限制时，及时与设计联系处理 （2）埋管顶部土壤覆盖深度不小于设计要求 （3）严格执行隐蔽工程验收
架空线路导线出现断股、背扣或死弯	（1）在放整盘导线时，没有采用放线架或其他放线工具；人工放线时没有按图1-12（a）所示方法放线，而采用了如图1-12（b）所示的错误方法，使导线出现背扣、死弯等现象 （2）在电杆的横担上放线拉线，使导线磨损、蹭伤，严重时会造成断股	（1）为避免放线时发生导线损伤，在施工中要统一指挥，做好各项准备工作。将线轴运送到各放线段的耐张杆处，尽量把长度相同的线轴放在一起。导线展放前要明确分工，由专人看护检查线轴（盘）是否平衡、稳定，专人护线防止导线发生磨伤、断股、背花等损伤，并防止行人、车辆横跨或碾压导线行走 （2）放线一般采用拖放法，将线盘架设在放线架上或其他放线工具拖放导线。拖放导线前应沿线路清除障碍物，石砾地区应垫以隔离物（草垫），以免磨损导线

质量通病现象	原因分析	防治措施
架空线路导线出现断股、背扣或死弯	(1) 在放整盘导线时，没有采用放线架或其他放线工具；人工放线时没有按图 1-12（a）所示方法放线，而采用了如图 1-12（b）所示的错误方法，使导线出现背扣、死弯等现象 (2) 在电杆的横担上放线拉线，使导线磨损、蹭伤，严重时会造成断股	(3) 在放线段内的每根杆上挂一个开口放线滑轮（滑轮直径应不小于导线直径的 10 倍）。对于铝导线，应采用铝制滑轮或木滑轮，钢导线应用钢滑轮，也可用木滑轮，这样既省力又不会磨损导线 (4) 导线出现背扣、死弯、松股、抽筋、扭伤严重者，应更换新导线
钢管塔、铁塔结构螺栓穿向不统一、出扣不一致	(1) 技术交底不细致 (2) 验收不严格	(1) 交底内容包括：配网工艺控制规范、配网作业指导书 (2) 严格组塔环节验收
金属导管防腐做得不彻底	(1) 对金属线管除锈刷漆的目的和部位不明确 (2) 对金属线管暗敷于焦渣层或土壤中的施工方法和技术要求不了解	为了防止金属线管经久生锈，在配管前，应对管子内、外壁进行除锈涂漆。但埋设在混凝土中的线管，其外表面不要涂漆，否则将会影响混凝土的结构强度。埋地线的各焊接处应涂漆。直接埋在土壤内的金属线管，管壁厚度须是 3mm 以上的厚壁钢管，并将管壁四周浇筑在素混凝土保护层内。浇筑时，一定要用混凝土预制块或钢筋楔将管子垫起，使管子四周至少有 50mm 厚的混凝土保护层，如图 1-13 所示。金属管埋在焦渣层内时，必须做水泥砂浆保护层

质量通病现象	原因分析	防治措施
金属导管防腐做得不彻底	(1) 对金属线管除锈刷漆的目的和部位不明确 (2) 对金属线管暗敷于焦渣层或土壤中的施工方法和技术要求不了解	(1) 明配管线防腐　明配管施工应在管线丝接部位的线头处做好防腐，以免管线锈蚀，其支吊架，也应事先做好防腐再进行安装，并在安装完毕后对其丝扣或受损部位再涮防腐漆，补做防腐 (2) 暗配管路防腐　管路敷设完毕，跨接地线焊接完毕后，需根据管线敷设的环境，对管线进行适当的防腐处理。设计有特殊要求时按设计要求执行，如设计无特殊要求，一般情况为： 1) 暗配于混凝土中的管线可不作防腐处理 2) 在各种砖墙内敷设的管路，应在跨接地线的焊接部位，丝接管线的外露丝部位及焊接钢管的焊接部位，刷防腐漆 3) 焦渣层内的管路应在管线周围打 50mm 的混凝土保护。层进行保护，如图 1-14 所示 4) 直埋入土壤中的钢管也需用混凝土保护。如不用混凝土保护，可刷墙漆进行保护 5) 埋入有腐蚀性或潮湿土壤中的管线，如为镀锌管丝接，应在丝头处抹铅油缠麻，然后再拧紧丝头；如为非镀锌管件，应涮沥青油后缠麻，然后再刷一道沥青油
镀锌不均匀、构件锈蚀	(1) 未使用热镀锌构件，制作厂工艺不稳定 (2) 安装过程不当造成擦伤，未及时防锈处理	(1) 使用热镀锌构件或按设计要求进行防腐处理 (2) 严把材料进场验收关 (3) 加强安装过程质量检查

质量通病现象	原因分析	防治措施
塑料管连接接口不严密，敷设时出现裂缝	（1）管子连接时未按工艺规定操作。接口处不严密牢固是因接口处未加套管，或承插口做得太短，又未涂胶粘剂，只用胶带或塑料带包缠一下 （2）塑料管揻弯时加热不均匀，即会出现扁、凹、裂等现象 （3）塑料线管敷设采用薄钢板接线盒	（1）塑料导管敷设应符合下列规定： 1）管口应平整、光滑，管与管、管与盒（箱）等器件采用插入法连接时，连接处结合面应涂专用胶粘剂，接口应牢固密封 2）直埋于地下或楼板内的刚性塑料导管，在穿出地面或楼板易受机械损伤的一段应采取保护措施 3）当设计无要求时，埋设在墙内或混凝土内的塑料导管应采用中型及以上的导管 4）沿建筑物、构筑物表面和在支架上敷设的刚性塑料导管，应按设计要求装设温度补偿装置 （2）硬塑料管的连接，按工艺规定进行操作，一般包括以下两种连接方法 1）插入法。插入法分一步插入法和二步插入法两种 ①一步插入法，适用于 $\Phi50$ 以下的硬聚氯乙烯管；二步插入法适用于 $\Phi65$ 及以上的硬聚氯乙烯管。一步插入法如图 1-15 所示。连接前，先将连接的两根管子使其管口倒角，即按图中的要求加工成阴管和阳管两种形式，并用汽油或酒精把管子的插接段的污物、杂物擦干净，然后将阴管插接段（长度等于 $1.2\sim1.5$ 倍的管子直径）放在电炉上或用喷灯加热至 145℃ 左右，呈柔软状态后，将阴管插入部分涂一层胶粘剂（过氯乙烯胶），厚薄应适宜，然后迅速插入阳管，立即用湿布冷却，使管子恢复原来的硬度

质量通病现象	原因分析	防治措施
塑料管连接接口不严密，敷设时出现裂缝	（1）管子连接时未按工艺规定操作。接口处不严密牢固是因接口处未加套管，或承插口做得太短，又未涂胶粘剂，只用胶带或塑料带包缠一下 （2）塑料管搣弯时加热不均匀，即会出现扁、凹、裂等现象 （3）塑料线管敷设采用薄钢板接线盒	② 二步插入法，如图 1-16 所示。连接前，按一步插入法的要求将管口倒角，清理插接段。然后，将阴管加热，把阴管放入温度为 145℃热甘油或石蜡中（也可用喷灯、电炉加热），加热部分的长度为插接管径的 1.2～1.5 倍，待至柔软状态后，立即插入已被甘油加热的金属成型模具进行扩。扩完口用水冷却至 50℃左右，取下模具，再用水继续冷却，使管子恢复原来的硬度 用汽油或酒精等溶液把管子插接处的油污、杂物擦干净，在阴管和阳管两端涂以胶粘剂（过氯乙烯胶），然后把阳管插入阴管内，同时加热阴管，使其扩口部分收缩，再用水急速冷却。这道工序也可改用焊接，即用硬聚氯乙烯焊条在连接处焊 2～3 圈后使其有良好的密封性。扩口用的金属成型模具的外径一般比塑料管的内径大 2.5% 左右 2）套接法。如图 1-17 所示。连接前，先将同径的硬塑料管加热扩大成套管，然后把需要接合的两管端倒角，并用汽油或酒精擦干净，待汽油挥发后，涂上胶粘剂，迅速插入加热套管中。也可用上述焊接方法予以焊牢密封 （3）硬塑料管的弯曲，可采用热弯法。弯曲时，可将塑料管放在电烘箱内加热，也可放在电炉上或用喷灯加热。待至柔软状态时，把管子放在胎具内弯曲成型，如图 1-18 所示。为加速弯头恢复硬化，可浇水冷却。管径在 50mm 以上的管子为防止

质量通病现象	原因分析	防治措施
塑料管连接接口不严密，敷设时出现裂缝	（1）管子连接时未按工艺规定操作。接口处不严密牢固是因接口处未加套管，或承插口做得太短，又未涂胶粘剂，只用胶带或塑料带包缠一下 （2）塑料管揻弯时加热不均匀，即会出现扁、凹、裂等现象 （3）塑料线管敷设采用薄钢板接线盒	弯曲后粗细不匀或弯扁现象，可先在管内填充砂子，两端用木塞堵住。用上述同样方法进行局部加热，加热时管子慢慢地转动，使管子的加热部位均匀受热，然后在胎具内弯曲成型，待冷却后倒出砂即成 较大规格的塑料管揻弯时，也可采用甘油加热法，用薄钢板自制一槽形锅，或用400mm大铝锅，内装甘油并加热，当加热至100℃左右，用小勺掏甘油浇烫塑料管煨弯的部位；待加热至可塑状态时，放在一平面工作台上煨弯。这样煨出的弯不裂、不断，并可保持塑料管的表面光泽 （4）硬塑料管必须配用塑料接线盒
交流单芯电力电缆在桥架内敷设时，产生涡流	由于施工人员认为交流单芯线电力电缆、矿物绝缘电缆与多芯交流电力电缆敷设的方法一样，只要排列整齐就可以，而未按照交流单芯电力电缆在桥架内相位排列的标准进行敷设，产生涡流现象 涡流是通电导体范围内的导电物体由于受交变电流所产生的变化磁场作用，在导电物体内部产生的感应电流。由于涡流会产生热量，不仅会对电缆产生热老化影响，而且会造成电能大量损耗，故在敷设单芯电缆时，就必须考虑尽可能减少涡流的影响	分层将固定电缆的扎带断开，交流单芯电力电缆、矿物绝缘电缆按各回路成一字形、品字形或四方形布置调整，然后重新绑扎固定 实际施工中，可以通过合理排列单芯电缆的相序来减少涡流的产生，如图1-19所示

质量通病现象	原因分析	防治措施
桥架的支架未接地，桥架跨接错误多	(1) 未作样板带路 (2) 班组交底不透 (3) 监理督促不力	(1) 坚持样板带路，坚持班组交底 (2) 根据《电气装置安装工程 电缆线路施工及验收规范》GB 50168—2018 第 5.2.10 条和《建筑电气工程施工质量验收规范》GB 50303—2015 第 11.1.1 条规定：金属电缆支架、桥架及竖井全长均必须有可靠的接地；金属梯架、托盘或槽盒本体之间的连接应牢固、可靠。均为强制性条文，应严格执行 (3) 《建筑电气工程施工质量验收规范》GB 50303—2015 第 11.1.1 条第 2 款规定：非镀锌梯架、托盘和槽盒本体之间连接板的两端应跨接保护联结导体，保护联结导体的截面积应符合设计要求亦为强制性条文
钢筋混凝土电杆不做底盘	对钢筋混凝土电杆要加底盘的重要性认识不足	钢筋混凝土电杆应按设计要求在坑底放好底盘并找正，以确保电杆的稳定，使电杆不至于由于其自身的垂直荷载、水平荷载而导致下沉。若设计无需求，则可按当地土质情况来具体确定。如果当地土地耐压力大于 0.2MPa，直线杆可不装设底盘。终端杆、转角杆在一般土地要考虑装设底盘，当土地含有流沙或地下水位较高时，直线杆也需要装设底盘 电杆基础坑深度符合要求，即可以安装底盘。底盘就位时，应用大绳拴好底盘，立好滑板，将底盘滑入坑内。如圆形坑应采用汽车式起重机等起重工具吊起底盘就位，并在电杆底盘就位后，用线坠找好杆位中心，将底盘放平、找平。底盘的圆槽面应与电杆中心线垂直，找正后应填土夯实至底盘表面。底盘安装尺寸的偏差值应符合表 1-7 的规定

表 1-2

室内配电装置的安全净距离（mm）

符号	适用范围	图号	额定电压（kV）										
			0.4	1~3	6	10	15	20	35	60	110J	110	220J
A_1	1. 带电部分至接地部分之间 2. 网状和板状遮栏向上延伸线距地 2.3m 处与遮栏上方带电部分之间	图 1-1	20	75	100	125	150	180	300	550	850	950	1800
A_2	1. 不同相的带电部分之间 2. 断路器和隔离开关的断口两侧带电部分之间	图 1-1	20	75	100	125	150	180	300	550	900	1000	2000
B_1	1. 栅状遮拦至带电部分之间 2. 交叉的不同时停电检修的无遮栏带电部分之间	图 1-1、图 1-2	800	825	850	875	900	930	1050	1300	1600	1700	2550
B_2	网状遮拦至带电部分之间	图 1-1、图 1-2	100	175	200	225	250	280	400	650	950	1050	1900
C	无遮拦裸导体至地（楼）面之间	图 1-1	2300	2375	2400	2425	2450	2480	2600	2850	3150	3250	4100
D	平行的不同时停电检修的无遮拦裸导体之间	图 1-1	1875	1875	1900	1925	1950	1980	2100	2350	2650	2750	3600
E	通向室外的出线套管至室外通道的路面	图 1-2	3650	4000	4000	4000	4000	4000	4000	4500	5000	5000	5500

注：1. 110J、220J 指中性点直接接地电网。

2. 网状遮拦至带电部分之间为板状遮拦时，其 B_2 值可取 A_1+30mm。

3. 通向室外的出线套管至室外通道的路面，当出线套管外侧为室外配电装置时，其至室外地面的距离不应小于表 1-3 中所列室外部分的 C 值。

4. 海拔超过 1000m 时，A 值应按图 1-6 进行修正。

5. 本表不适用于制造厂生产的成套配电装置。

室外配电装置的安全净距离（mm）

表 1-3

符号	适用范围	图号	额定电压（kV）										
			0.4	1～10	15～20	35	60	110J	110	220J	330J	500J	750J
A_1	1. 带电部分至接地部分之间 2. 网状遮拦向上延伸距地面2.5m处遮拦上方带电部分之间	图 1-3、图 1-4、图 1-5	75	200	300	400	650	900	1000	1800	2500	3800	5600/5950
A_2	1. 不同相的带电部分之间 2. 断路器和隔离开关的断口两侧引线带电部分之间	图 1-3	75	200	300	400	650	1000	1100	2000	2800	4300	7200/8000
B_1	1. 设备运输时，其外廓至无遮拦带电部分之间 2. 交叉的不同时停电检修的无遮拦带电部分之间 3. 栅状遮拦至绝缘体和带电部分之间 4. 带电作业时的带电部分至接地部分之间	图 1-3、图 1-4、图 1-5	825	950	1050	1150	1400	1650	1750	2550	3250	4550	6250/6700
B_2	网状遮拦至带电部分之间	图 1-4	175	300	400	500	750	1000	1100	1900	2600	3900	5600/6050

符号	适用范围	图号	额定电压（kV）										
			0.4	1～10	15～20	35	60	110J	110	220J	330J	500J	750J
C	1. 无遮拦裸导体至地面之间 2. 无遮拦裸导体至建筑物、构筑物顶部之间	图 1-4、图 1-5	2500	2700	2800	2900	3100	3400	3500	4300	5000	7500	1200/1200
D	1. 平行的不同时停电检修的无遮拦带电部分之间 2. 带电部分与建筑物构筑物的边沿部分之间	图 1-4、图 1-5	2000	2200	2300	2400	2600	2900	3000	3800	4500	5800	7500/7950

注：1. 110J、220J、330J、500J、750J 指中性点直接接地电网。

2. 栅状遮拦至绝缘体和带电部分之间，对于 220kV 及以上电压，可按绝缘体电位的实际分布，采用相应的 B 值检验，此时可允许栅状遮拦与绝缘体的距离小于 B_1 值。当无给定的分布电位时，可按线性分布计算。500kV 及以上相间通道的安全净距，可按绝缘体电位的实际分布检验；当无给定的分布电位时，可按线性分布计算。

3. 带电作业时的带电部分至接地部分之间（110～500J），带电作业时，不同相或交叉的不同回路带电部分之间，其 B_1 值可取 $A_2 + 750mm$。

4. 500kV 的 A_1 值，双分裂软导线至接地部分之间可取 3500mm。

5. 除额定电压 750J 外，海拔超过 1000m 时，A 值应按图 1-6 进行修正。750J 栏内 "/" 前为海拔 1000m 的安全净距，"/" 后为海拔 2000m 的安全净距。

6. 本表不适用于制造厂生产的成套配电装置。

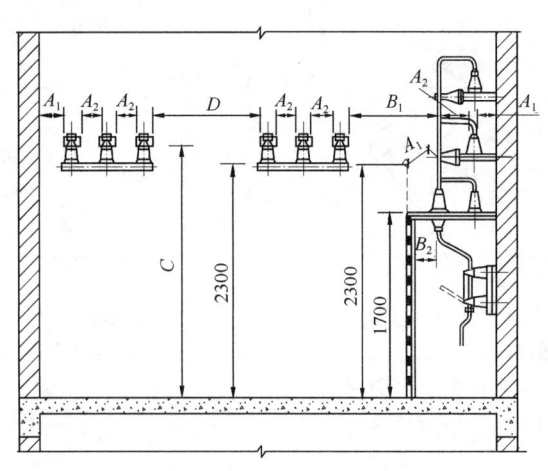

图 1-1　室内 A_1、A_2、B_1、B_2、C、D 值校验

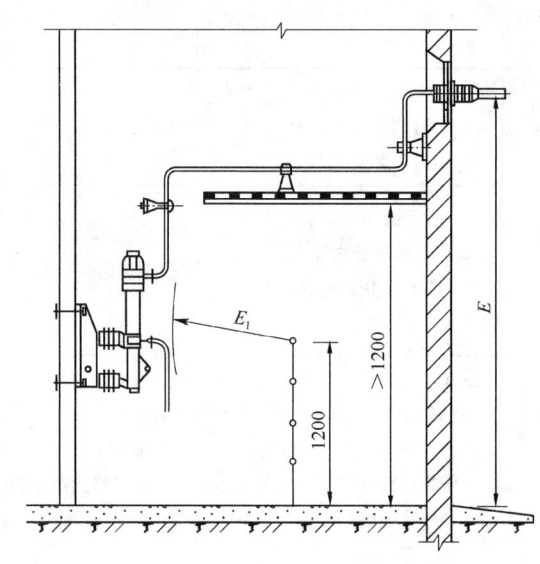

图 1-2　室内 B_1、E 值校验

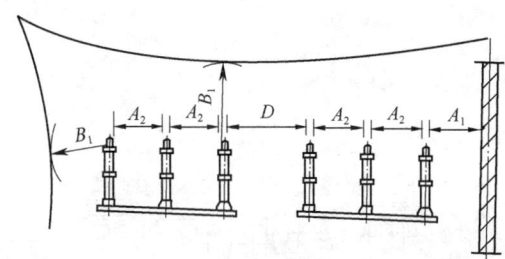

图 1-3 室外 A_1、A_2、B_1、D 值校验

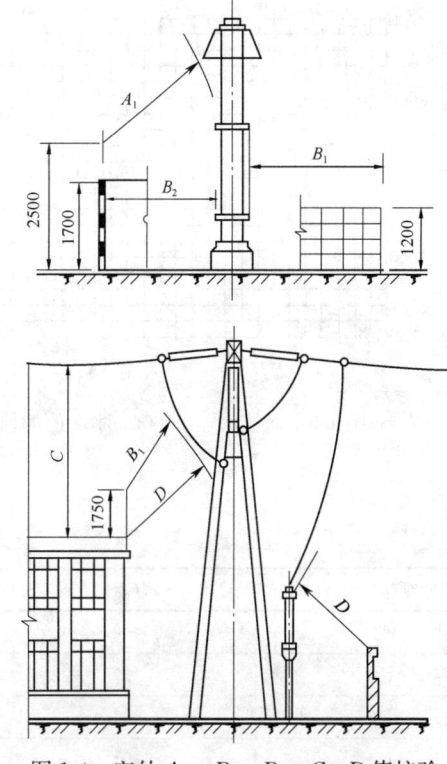

图 1-4 室外 A_1、B_1、B_2、C、D 值校验

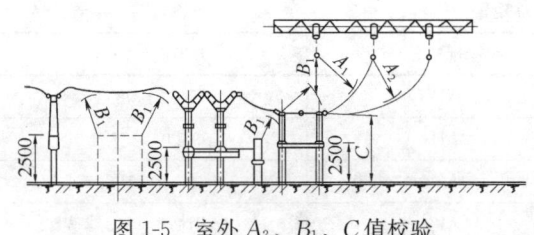

图 1-5 室外 A_2、B_1、C 值校验

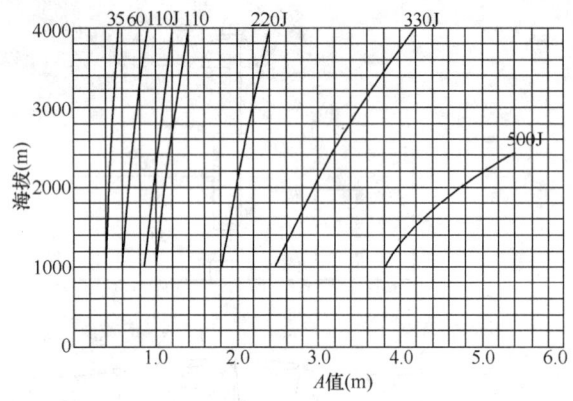

图1-6 海拔大于1000m时A值的修正

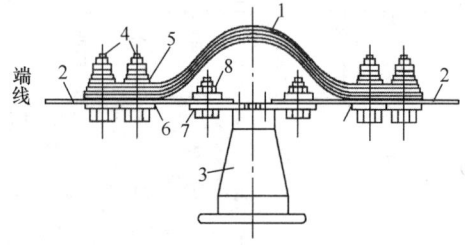

图1-7 母线伸缩节
1—补偿器；2—母线；3—支柱绝缘子；4—螺栓；
5—垫圈；6—补垫；7—盖板；8—螺栓

钢制螺栓的紧固力矩值

表1-4

螺栓规格（mm）	力矩值（N·m）	螺栓规格（mm）	力矩值（N·m）
M8	8.8～10.8	M16	78.5～98.1
M10	17.7～22.6	M18	98.0～127.4
M12	31.4～39.2	M20	156.9～196.2
M14	51.0～60.8	M24	274.6～343.2

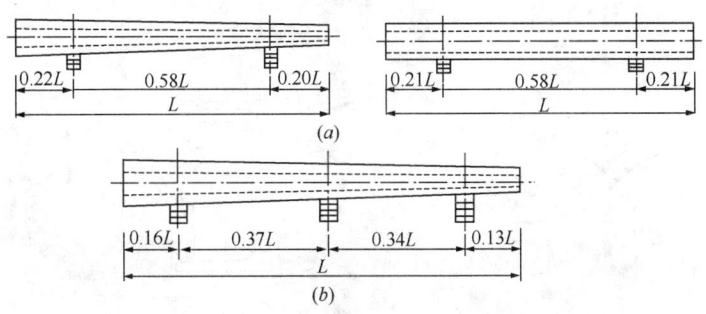

图 1-8　电杆堆放支撑图

（a）两支点位置；（b）三支点位置

L—电杆长度

管卡间的最大距离

表 1-5

敷设方式	导管种类	导管直径（mm）			
		15～20	25～32	40～50	65 以上
		管卡间最大距离（m）			
支架或沿墙明敷	壁厚＞2mm 刚性钢导管	1.5	2.0	2.5	3.5
	壁厚≤2mm 刚性钢导管	1.0	1.5	2.0	—
	刚性塑料导管	1.0	1.5	2.0	2.0

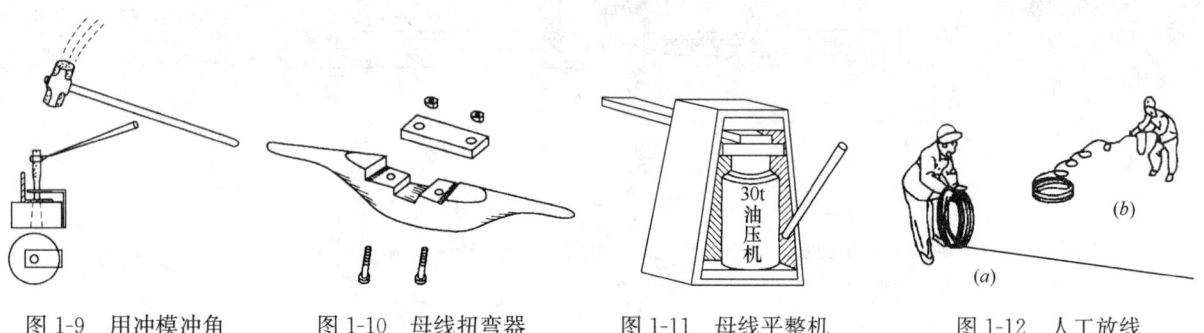

图 1-9　用冲模冲角　　　图 1-10　母线扭弯器　　　图 1-11　母线平整机　　　图 1-12　人工放线
　　　　　钢眼孔　　　　　　　　　　　　　　　　　　　　　　　　　　　　　　　　　　（a）正确方法；（b）错误方法

电缆保护管管径的选择

表 1-6

钢管直径	纸绝缘三芯电力电缆截面（mm²）			四芯电力电缆截面
（mm）	1kV	6kV	10kV	（mm²）
50	≤10	≤25	—	≤50
70	95～150	35～70	≤40	70～120
80	185	95～150	70～120	150～185
100	240	185～240	150～240	240

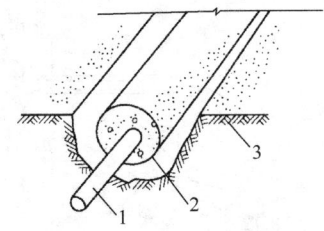

图 1-13　埋地线管混凝土保护层

1—线管；2—混凝土保护层；3—土

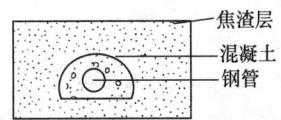

焦渣层
混凝土
钢管

图 1-14　焦渣层内管线保护层

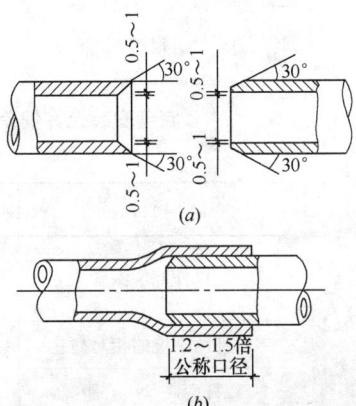

(a)

1.2~1.5倍
公称口径

(b)

图 1-15　塑料管一步连接法

(a) 管口倒角；(b) 插接情况

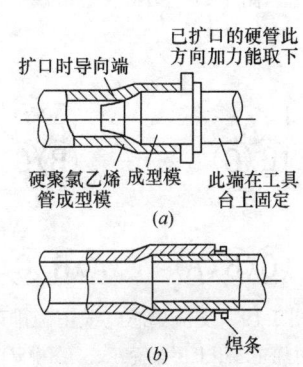

已扩口的硬管此
方向加力能取下

扩口时导向端

硬聚氯乙烯
管成型模

成型模

此端在工具
台上固定

(a)

焊条

(b)

图 1-16　塑料管二步连接法

(a) 成型模具插入；(b) 焊接连接

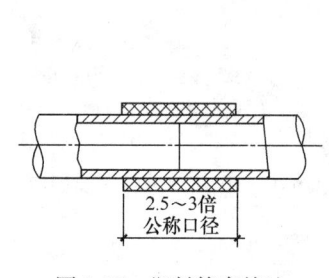

图 1-17　塑料管套接法

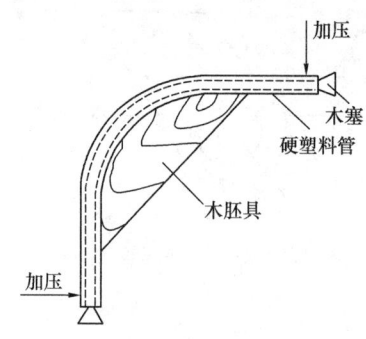

图 1-18　塑料管弯曲

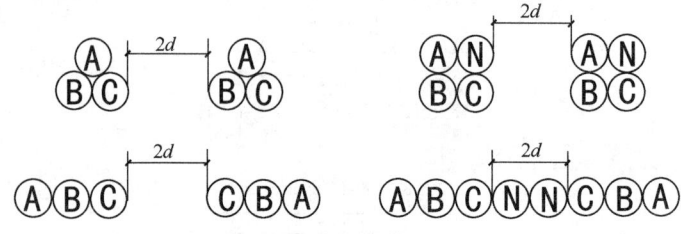

图 1-19　交流单芯电缆正确排列

注：排布时优先选用上层布置方式，图中 d 为电缆直径

底盘安装允许偏差值（mm）

表 1-7

项目	允许偏差
单杆基坑深度	＋100 －50
双杆两基坑的相对高差	≤20
双杆两底盘中心距离	≤30

1.1.2 布线系统质量标准及验收方法

1. 母线槽安装

母线槽安装的质量标准及验收方法应符合表 1-8 的规定。

母线槽安装的质量标准及验收方法

表 1-8

项目	项次	合格质量标准	检查数量	检验方法
主控项目	1	母线槽的金属外壳等外露可导电部分应与保护导体可靠连接，并应符合下列规定： (1) 每段母线槽的金属外壳间应连接可靠，且母线槽全长与保护导体可靠连接不应少于 2 处 (2) 分支母线槽的金属外壳末端应与保护导体可靠连接 (3) 连接导体的材质、截面积应符合设计要求	全数检查	观察检查并用尺量检查
	2	当设计将母线槽的金属外壳作为保护接地导体（PE）时，其外壳导体应具有连续性且应符合现行国家标准《低压成套开关设备和控制设备 第 1 部分：总则》GB 7251.1 的规定	全数检查	观察检查并查验材料合格证明文件、CCC型式试验报告和材料进场验收记录
	3	当母线与母线、母线与电器或设备接线端子采用螺栓搭接连接时，应符合下列规定： (1) 母线的各类搭接连接的钻孔直径和搭接长度应符合表 1-9 的规定，连接螺栓的力矩值应符合表 1-4 的规定；当一个连接处需要多个螺栓连接时，每个螺栓的拧紧力矩值应一致 (2) 母线接触面应保持清洁，宜涂抗氧化剂，螺栓孔周边应无毛刺 (3) 连接螺栓两侧应有平垫圈，相邻垫圈间应有大于 3mm 的间隙，螺母侧应装有弹簧垫圈或锁紧螺母 (4) 螺栓受力应均匀，不应使电器或设备的接线端子受额外应力	按每检验批的母线连接端数量抽查 20%，且不得少于 2 个连接端	观察检查并用尺量检查和用力矩测试仪测试紧固度

项目	项次	合格质量标准	检查数量	检验方法
主控项目	4	母线槽安装应符合下列规定： （1）母线槽不宜安装在水管正下方 （2）母线应与外壳同心，允许偏差应为±5mm （3）当母线槽段与段连接时，两相邻段母线及外壳宜对准，相序应正确，连接后不应使母线及外壳受额外应力 （4）母线的连接方法应符合产品技术文件要求 （5）母线槽连接用部件的防护等级应与母线槽本体的防护等级一致	第1款全数检查，其余按每检验批的母线连接端数量抽查20%，且不得少于2个连接端	观察检查并用尺量检查，查阅母线槽安装记录
	5	母线槽通电运行前应进行检验或试验，并应符合下列规定： （1）高压母线交流工频耐压试验应按《建筑电气工程施工质量验收规范》GB 50303—2015第3.1.5条的规定交接试验合格 （2）低压母线绝缘电阻值不应小于0.5MΩ （3）检查分接单元插入时，接地触头应先于相线触头接触，且触头连接紧密，退出时，接地触头应后于相线触头脱开 （4）检查母线槽与配电柜、电气设备的接线相序应一致	全数检查	用绝缘电阻测试仪测试，试验时观察检查并查阅交接试验记录、绝缘电阻测试记录
一般项目	6	母线槽支架安装应符合下列规定： （1）除设计要求外，承力建筑钢结构构件上不得熔焊连接母线槽支架，且不得热加工开孔 （2）与预埋铁件采用焊接固定时，焊缝应饱满；采用膨胀螺栓固定时，选用的螺栓应适配，连接应牢固 （3）支架应安装牢固、无明显扭曲，采用金属吊架固定时应有防晃支架，配电母线槽的圆钢吊架直径不得小于8mm；照明母线槽的圆钢吊架直径不得小于6mm （4）金属支架应进行防腐，位于室外及潮湿场所的应按设计要求做处理	第1款全数检查，第2～4款按每个检验批的支架总数抽查10%，且各不得少于1处并应覆盖支架的不同固定形式	观察检查并用尺量或卡尺检查

项目	项次	合格质量标准	检查数量	检验方法
一般项目	7	对于母线与母线、母线与电器或设备接线端子搭接，搭接面的处理应符合下列规定： （1）铜与铜：当处于室外、高温且潮湿的室内时，搭接面应搪锡或镀银；干燥的室内，可不搪锡、不镀银 （2）铝与铝：可直接搭接 （3）钢与钢：搭接面应搪锡或镀锌 （4）铜与铝：在干燥的室内，铜导体搭接面应搪锡；在潮湿场所，铜导体搭接面应搪锡或镀银，且应采用铜铝过渡连接 （5）钢与铜或铝：钢搭接面应镀锌或搪锡	按每个检验批的母线搭接端子总数抽查10%，且各不得少于1处，并应覆盖不同材质的不同连接方式	观察检查
	8	当母线采用螺栓搭接时，连接处距绝缘子的支持夹板边缘不应小于50mm	连接头总数量抽查20%，且不得少于1处	观察检查并用尺量检查
	9	当设计无要求时，母线的相序排列及涂色应符合下列规定： （1）对于上、下布置的交流母线，由上至下或由下至上排列应分别为L1、L2、L3；直流母线应正极在上、负极在下 （2）对于水平布置的交流母线，由柜后向柜前或由柜前向柜后排列应分别为L1、L2、L3；直流母线应正极在后、负极在前 （3）对于面对引下线的交流母线，由左至右排列应分别为L1、L2、L3；直流母线应正极在左、负极在右 （4）对于母线的涂色，交流母线L1、L2、L3应分别为黄色、绿色和红色；中性导体应为淡蓝色；直流母线应正极为赭色、负极为蓝色；保护接地导体PE应为黄—绿双色组合色，保护中性导体（PEN）应为全长黄—绿双色、终端用淡蓝色或全长淡蓝色、终端用黄—绿双色；在连接处或支持件边缘两侧10mm以内不应涂色	按直流和交流的不同布置形式回路各抽查20%，且各不得少于1个回路	观察检查

项目	项次	合格质量标准	检查数量	检验方法
一般项目	10	母线槽安装应符合下列规定： （1）水平或垂直敷设的母线槽固定点应每段设置一个，且每层不得少于一个支架，其间距应符合产品技术文件的要求，距拐弯 0.4～0.6m 处应设置支架，固定点位置不应设置在母线槽的连接处或分接单元处 （2）母线槽段与段的连接口不应设置在穿越楼板或墙体处，垂直穿越楼板处应设置与建（构）筑物固定的专用部件支座，其孔洞四周应设置高度为 50mm 及以上的防水台，并应采取防火封堵措施 （3）母线槽跨越建筑物变形缝处时，应设置补偿装置；母线槽直线敷设长度超过 80m，每 50～60m 宜设置伸缩节 （4）母线槽直线段安装应平直，水平度与垂直度偏差不宜大于 1.5‰，全长最大偏差不宜大于 20mm；照明用母线槽水平偏差全长不应大于 5mm，垂直偏差不应大于 10mm （5）外壳与底座间、外壳各连接部位及母线的连接螺栓应按产品技术文件要求选择正确、连接紧固 （6）母线槽上无插接部件的接插口及母线端部应采用专用的封板封堵完好 （7）母线槽与各类管道平行或交叉的净距应符合表 1-10 的规定	第 3、6、7 款全数检查，其余按每个检验批的母线槽数量抽查 20%，且各不得少于 1 个，并应覆盖不同的敷设形式	观察检查并用水平仪、线坠尺量检查

母线螺栓搭接尺寸

表 1-9

搭接形式	类别	序号	连接尺寸（mm）			钻孔要求		螺栓规格
			b_1	b_2	a	Φ (mm)	个数	
	直线连接	1	125	125	b_1 或 b_2	21	4	M20
		2	100	100	b_1 或 b_2	17	4	M16
		3	80	80	b_1 或 b_2	13	4	M12
		4	63	63	b_1 或 b_2	11	4	M10
		5	50	50	b_1 或 b_2	9	4	M8
		6	45	45	b_1 或 b_2	9	4	M8
		7	40	40	80	13	2	M12
		8	31.5	31.5	63	11	2	M10
		9	25	25	50	9	2	M8
	垂直连接	10	125	125	—	21	4	M20
		11	125	100~80	—	17	4	M16
		12	125	63	—	13	4	M12
		13	100	100~80	—	17	4	M16
		14	80	80~63	—	13	4	M12
		15	63	63~50	—	11	4	M10
		16	50	50	—	9	4	M8
		17	45	45	—	9	4	M8

搭接形式	类别	序号	连接尺寸（mm）			钻孔要求		螺栓规格
			b_1	b_2	a	Φ（mm）	个数	
		18	125	50～40	—	17	2	M16
		19	100	63～40	—	17	2	M16
		20	80	63～40	—	15	2	M14
		21	63	50～40	—	13	2	M12
		22	50	45～40	—	11	2	M10
		23	63	31.5～25	—	11	2	M10
		24	50	31.5～25	—	9	2	M8
	垂直连接	25	125	31.5～25	60	11	2	M10
		26	100	31.5～25	50	9	2	M8
		27	80	31.5～25	50	9	2	M8
		28	40	40～31.5	—	13	1	M12
		29	40	25	—	11	1	M10
		30	31.5	31.5～25	—	11	1	M10
		31	25	22	—	9	1	M8

母线槽及电缆梯架、托盘和槽盒与管道的最小净距（mm）　　表1-10

管道类别		平行净距	交叉净距
一般工艺管道		400	300
可燃或易燃易爆气体管道		500	500
热力管道	有保温层	500	300
	无保温层	1000	500

2. 梯架、托盘和槽盒安装

梯架、托盘和槽盒安装的质量标准及验收方法应符合表1-11的规定。

梯架、托盘和槽盒安装的质量标准及验收方法　　表1-11

项目	项次	合格质量标准	检查数量	检验方法
主控项目	1	金属梯架、托盘或槽盒本体之间的连接应牢固可靠，与保护导体的连接应符合下列规定： （1）梯架、托盘和槽盒全长不大于30m时，不应少于2处与保护导体可靠连接；全长大于30m时，每隔20~30m应增加一个连接点，起始端和终点端均应可靠接地 （2）非镀锌梯架、托盘和槽盒本体之间连接板的两端应跨接保护联结导体，保护联结导体的截面积应符合设计要求 （3）镀锌梯架、托盘和槽盒本体之间不跨接保护联结导体时，连接板每端不应少于两个有防松螺帽或防松垫圈的连接固定螺栓	第1款全数检查，第2款和第3款按每个检验批的梯架或托盘或槽盒的连接点数量各抽查10%，且各不得少于两个点	观察检查并用尺量检查

项目	项次	合格质量标准	检查数量	检验方法
主控项目	2	电缆梯架、托盘和槽盒转弯、分支处宜采用专用连接配件，其弯曲半径不应小于梯架、托盘和槽盒内电缆最小允许弯曲半径，电缆最小允许弯曲半径应符合表 1-12 的规定	按每个检验批的梯架、托盘或槽盒的弯头数量各抽查 10%，且各不得少于 1 个弯头	观察检查并用尺量检查
一般项目	3	当直线段钢制或塑料梯架、托盘和槽盒长度超过 30m，铝合金或玻璃钢制梯架、托盘和槽盒长度超过 15m，应设置伸缩节；当梯架、托盘和槽盒跨越建筑物变形缝处时，应设置补偿装置	全数检查	观察检查并用尺量检查
	4	梯架、托盘和槽盒与支架间及连接板的固定螺栓应紧固无遗漏，螺母应位于梯架、托盘和槽盒外侧；当铝合金梯架、托盘和槽盒与钢支架固定时，应有相互间绝缘的防电化腐蚀措施	按每个检验批的梯架或托盘或槽盒的固定点数量各抽查 10%，且各不得少于两个点	观察检查
	5	当设计无要求时，梯架、托盘、槽盒及支架安装应符合下列规定： （1）电缆梯架、托盘和槽盒宜敷设在易燃易爆气体管道和热力管道的下方，与各类管道的最小净跨应符合表 1-10 的规定 （2）配线槽盒与水管同侧上下敷设时，宜安装在水管的上方；与热水管、蒸气管平行上下敷设时，应敷设在热水管、蒸气管的下方，当有困难时，可敷设在热水管、蒸气管的上方；相互间的最小距离宜符合表 1-13 的规定	第 1～5 款全数检查，其余按每个检验批的支架总数抽查 10%，且各不得少于 1 处并应覆盖支架的安装形式	观察检查并用尺量和卡尺检查

项目	项次	合格质量标准	检查数量	检验方法
一般项目	5	（3）敷设在电气竖井内穿楼板处和穿越不同防火区的梯架、托盘和槽盒，应有防火隔堵措施 （4）敷设在电气竖井内的电缆梯架或托盘，其固定支架不应安装在固定电缆的横担上，且每隔 3～5 层应设置承重支架 （5）对于敷设在室外的梯架、托盘和槽盒，当进入室内或配电箱（柜）时应有防雨水措施，槽盒底部应有泄水孔 （6）承力建筑钢结构构件上不得熔焊支架，且不得热加工开孔 （7）水平安装的支架间距宜为 1.5～3.0m，垂直安装的支架间距不应大于 2m （8）采用金属吊架固定时，圆钢直径不得小于 8mm 并应有防晃支架，在分支处或端部 0.3～0.5m 处应有固定支架	第 1～5 款全数检查，其余按每个检验批的支架总数抽查 10%，且各不得少于 1 处并应覆盖支架的安装形式	观察检查并用尺量和卡尺检查
	6	支吊架设置应符合设计或产品技术文件要求，支吊架安装应牢固、无明显扭曲；与预埋件焊接固定时，焊缝应饱满；膨胀螺栓固定时，螺栓应选用适配、防松零件齐全的、连接紧固	按每个检验批的支架总数抽查 10%，且各不得少于 1 处，并应覆盖支架的安装形式	观察检查
	7	金属支架应进行防腐，位于室外及潮湿场所的应按设计要求做处理	按每个检验批的金属支架总数抽查 10%，且不得少于 1 处	观察检查

电缆最小允许弯曲半径 表 1-12

电缆形式		电缆外径（mm）	多芯电缆	单芯电缆
塑料绝缘电缆	无铠装	—	15D	20D
	有铠装		12D	15D
橡皮绝缘电缆			10D	
控制电缆	非铠装型、屏蔽型软电缆	—	6D	—
	铠装型、铜屏蔽型		12D	
	其他		10D	
铝合金导体电力电缆			7D	
氧化镁绝缘刚性矿物绝缘电缆		<7	2D	
		≥7 且<12	3D	
		≥12 且<15	4D	
		≥15	6D	
其他矿物绝缘电缆		—	10D	

注：D 为电缆外径。

导管或配线槽盒与热水管、蒸汽管间的最小距离（mm）　　　表 1-13

导管或配线槽盒的敷设位置	管道种类	
	热水	蒸汽
在热水、蒸汽管道上面平行敷设	300	1000
在热水、蒸汽管道下面或水平平行敷设	200	500
与热水、蒸汽管道交叉敷设	不小于其平行的净距	

注：1. 对有保温措施的热水管、蒸汽管，其最小距离不宜小于 200mm。

2. 导管或配线槽盒与不含可燃及易燃易爆气体的其他管道的距离，平行或交叉敷设不应小于 100mm。

3. 导管或配线槽盒与可燃及易燃易爆气体不宜平行敷设，交叉敷设处不应小于 100mm。

4. 达不到规定距离时应采取可靠、有效的隔离保护措施。

3. 导管敷设

导管敷设的质量标准及验收方法应符合表 1-14 的规定。

导管敷设的质量标准及验收方法　　　表 1-14

项目	项次	合格质量标准	检查数量	检验方法
主控项目	1	金属导管应与保护导体可靠连接，并应符合下列规定： （1）镀锌钢导管、可弯曲金属导管和金属柔性导管不得熔焊连接 （2）当非镀锌钢导管采用螺纹连接时，连接处的两端应熔焊焊接保护联结导体 （3）镀锌钢导管、可弯曲金属导管和金属柔性导管连接处的两端宜采用专用接地卡固定保护联结导体	按每个检验批的导管连接头总数抽查 10%，且各不得少于 1 处，并应能覆盖不同的检查内容	施工时观察检查并查阅隐蔽工程检查记录

项目	项次	合格质量标准	检查数量	检验方法
主控项目	1	（4）机械连接的金属导管，管与管、管与盒（箱）体的连接配件应选用配套部件，其连接应符合产品技术文件要求，当连接处的接触电阻值符合现行国家标准《电缆管理用导管系统 第1部分：通用要求》GB/T 20041.1—2015 的相关要求时，连接处可不设置保护联结导体，但导管不应作为保护导体的接续导体 （5）金属导管与金属梯架、托盘连接时，镀锌材质的连接端宜用专用接地卡固定保护联结导体，非镀锌材质的连接处应熔焊焊接保护联结导体 （6）以专用接地卡固定的保护联结导体应为铜芯软导线，截面积不应小于 4mm²；以熔焊焊接的保护联结导体宜为圆钢，直径不应小于 6mm，其搭接长度应为圆钢直径的 6 倍	按每个检验批的导管连接头总数抽查 10%，且各不得少于 1 处，并应能覆盖不同的检查内容	施工时观察检查并查阅隐蔽工程检查记录
	2	钢导管不得采用对口熔焊连接；镀锌钢导管或壁厚小于或等于 2mm 的钢导管，不得采用套管熔焊连接	按每个检验批的钢导管连接头总数抽查 20%，并应能覆盖不同的连接方式，且各不得少于 1 处	施工时观察检查
	3	当塑料导管在砌体上剔槽埋设时，应采用强度等级不小于 M10 的水泥砂浆抹面保护，保护层厚度不应小于 15mm	按每个检验批的配管回路数量抽查 20%，且不得少于 1 个回路	观察检查并用尺量检查，查阅隐蔽工程检查记录
	4	导管穿越密闭或防护密闭隔墙时，应设置预理套管，预埋套管的制作和安装应符合设计要求，套管两端伸出墙面的长度宜为 30～50mm，导管穿越密闭穿墙套管的两侧应设置过线盒，并应做好封堵	按套管数量抽查 20%，且不得少于 1 个	观察检查，查阅隐蔽工程检查记录

项目	项次	合格质量标准	检查数量	检验方法
一般项目	5	导管的弯曲半径应符合下列规定： （1）明配导管的弯曲半径不宜小于管外径的6倍，当两个接线盒间只有一个弯曲时，其弯曲半径不宜小于管外径的4倍 （2）埋设于混凝土内的导管的弯曲半径不宜小于管外径的6倍，当直埋于地下时，其弯曲半径不宜小于管外径的10倍 （3）电缆导管的弯曲半径不应小于电缆最小允许弯曲半径，电缆最小允许弯曲半径应符合表1-12的规定	按每个检验批的导管弯头总数抽查10%，且各不得少于1个弯头，并应覆盖不同规格和不同敷设方式的导管	观察检查并用尺量检查，查阅隐蔽工程检查记录
	6	导管支架安装应符合下列规定： （1）除设计要求外，承力建筑钢结构构件上不得熔焊导管支架，且不得热加工开孔 （2）当导管采用金属吊架固定时，圆钢直径不得小于8mm，并应设置防晃支架，在距离盒（箱）、分支处或端部0.3～0.5m处应设置固定支架 （3）金属支架应进行防腐，位于室外及潮湿场所的应按设计要求做处理 （4）导管支架应安装牢固，无明显扭曲	第1款全数检查，第2～4款按每个检验批的支吊架总数抽查10%，且各不得少于1处	观察检查并用尺量检查
	7	除设计要求外，对于暗配的导管，导管表面埋设深度与建筑物、构筑物表面的距离不应小于15mm	按每个检验批的配管回路数量抽查10%，且不得少于1个回路	观察检查并用尺量检查

项目	项次	合格质量标准	检查数量	检验方法
一般项目	8	进入配电（控制）柜、台、箱内的导管管口，当箱底无封板时，管口应高出柜、台、箱、盘的基础面50~80mm	按每个检验批的落地式柜、台、箱、盘总数抽查10%，且不得少于1台	观察检查并用尺量检查，查阅隐蔽工程检查记录
	9	室外导管敷设应符合下列规定： （1）对于埋地敷设的钢导管，埋设深度应符合设计要求，钢导管的壁厚应大于2mm （2）导管的管口不应敞口垂直向上，导管管口应在盒、箱内或导管端部设置防水弯 （3）由箱式变电所或落地式配电箱引向建筑物的导管，建筑物一侧的导管管口应设在建筑物内 （4）导管的管口在穿入绝缘导线、电缆后应做密封处理	按每个检验批各种敷设形式的总数抽查20%，且各不得少于1处	观察检查并用尺量检查，查阅隐蔽工程检查记录
	10	照明的电气导管应符合下列规定： （1）导管应排列整齐、固定点间距均匀、安装牢固 （2）在距终端、弯头中点或柜、台、箱、盘等边缘150~500mm范围内应设有固定管卡，中间直线段固定管卡间的最大距离应符合表1-15的规定 （3）明配管采用的接线或过渡盒（箱）应选用明装盒（箱）	按每个检验批的导管固定点或盒（箱）的总数各抽查20%，且各不得少于1处	观察检查并用尺量检查

项目	项次	合格质量标准	检查数量	检验方法
一般项目	11	塑料导管敷设应符合下列规定： （1）管口应平整光滑，管与管、管与盒（箱）等器件采用插入法连接时，连接处结合面应涂专用胶合剂，接口应牢固密封 （2）直埋于地下或楼板内的刚性塑料导管，在穿出地面或楼板易受机械损伤的一段应采取保护措施 （3）当设计无要求时，埋设在墙内或混凝土内的塑料导管应采用中型及以上的导管 （4）沿建筑物、构筑物表面和在支架上敷设的刚性塑料导管，应按设计要求装设温度补偿装置	第2、4款全数检查，其余按每个检验批的接头或导管数量各抽查10%，且各不得少于1处	观察检查和手感检查，查阅隐蔽工程检查记录，核查材料合格证明文件和材料进场验收记录
	12	可弯曲金属导管及柔性导管敷设应符合下列规定： （1）刚性导管经柔性导管与电气设备、器具连接时，柔性导管的长度在动力工程中不宜大于0.8m，在照明工程中不宜大于1.2m （2）可弯曲金属导管或柔性导管与刚性导管或电气设备、器具间的连接应采用专用接头；防液型可弯曲金属导管或柔性导管的连接处应密封良好，防液覆盖层应完整无损 （3）当可弯曲金属导管有可能受重物压力或明显机械撞击时，应采取保护措施 （4）明配的金属、非金属柔性导管固定点间距应均匀，不应大于1m；管卡与设备、器具、弯头中点、管端等边缘的距离应小于0.3m （5）可弯曲金属导管和金属柔性导管不应做保护导体的接续导体	第1、2、5款按每个检验批的导管连接点或导管总数抽查10%，且各不得少于1处；第3款全数检查；第4款按每个检验批的导管固定点总数抽查10%，且各不得少于1处并应能覆盖不同的导管和不同的固定部位	观察检查并用尺量检查，查阅隐蔽工程检查记录

项目	项次	合格质量标准	检查数量	检验方法
一般项目	13	导管敷设应符合下列规定： （1）导管穿越外墙时应设置防水套管，且应做好防水处理 （2）钢导管或刚性塑料导管跨越建筑物变形缝处应设置补偿装置 （3）除埋设于混凝土内的钢导管内壁应防腐处理，外壁可不防腐处理外，其余所敷设的钢导管内、外壁均应做防腐处理 （4）导管与热水管、蒸汽管平行敷设时，宜敷设在热水管、蒸汽管的下面。当有困难时，可敷设在其上面；相互间的最小距离宜符合表 1-13 的规定	第 1、2 款全数检查，第 3、4 款按每个检验批的导管总数抽查 10%，且各不得少于 1 根（处），并应覆盖不同的敷设场所及不同规格的导管	观察检查并查阅隐蔽工程检查记录

管卡间的最大距离 表 1-15

敷设方式	导管种类	导管直径（mm）			
		15～20	25～32	40～50	65 以上
		管卡间最大距离（m）			
支架或沿墙敷设	壁厚>2mm 的刚性钢导管	1.5	2.0	2.5	3.5
	壁厚≤2mm 的刚性钢导管	1.0	1.5	2.0	—
	刚性塑料导管	1.0	1.5	2.0	2.0

4. 电缆敷设

电缆敷设的质量标准及验收方法应符合表 1-16 的规定。

电缆敷设的质量标准及验收方法

表 1-16

项目	项次	合格质量标准	检查数量	检验方法
主控项目	1	金属电缆支架必须与保护导体可靠连接	明敷的全数检查，暗敷的按每个检验批抽查20%，且不得少于2处	观察检查并查阅隐蔽工程检查记录
	2	电缆设不得存在绞拧、铠装压扁、护层断裂和表面严重划伤等缺陷	全数检查	观察检查
	3	当电缆敷设存在可能受到机械外力损伤、振动、浸水及腐蚀性或污染物质等损害时，应采取防护措施	全数检查	观察检查
	4	除设计要求外，并联使用的电力电缆的型号、规格、长度应相同	全数检查	核对设计图观察检查
	5	交流单芯电缆或分相后的每相电缆不得单根独穿于钢导管内，固定用的夹具和支架不应形成闭合磁路	全数检查	核对设计图观察检查
	6	当电缆穿过零序电流互感器时，电缆金属护层和接地线应对地绝缘。对穿过零序电流互感器后制作的电缆头，其电缆接地线应回穿互感器后接地；对尚未穿过零序电流互感器的电缆接地线应在零序电流互感器前直接接地	按电缆穿过零序电流互感器的总数抽查5%，且不得少于1处	观察检查
	7	电缆的敷设和排列布置应符合设计要求，矿物绝缘电缆敷设在温度变化大的场所、振动场所或穿越建筑物变形缝时，应采取"S"弯或"Ω"弯	全数检查	观察检查

项目	项次	合格质量标准	检查数量	检验方法
一般项目	8	电缆支架安装应符合下列规定： （1）除设计要求外，承力建筑钢结构构件上不得熔焊支架，且不得热加工开孔 （2）当设计无要求时，电缆支架层间最小距离不应小于表 1-17 的规定，层间净距不应小于 2 倍电缆外径加 10mm，35kV 电缆不应小于 2 倍电缆外径加 50mm （3）最上层电缆支架距构筑物顶板或梁底的最小净距应满足电缆引接至上方配电柜、台、箱、盘时电缆弯曲半径的要求，且不宜小于表 1-17 所列数再加 80～150mm；距其他设备的最小净距不应小于 300mm，当无法满足要求时应设置防护板 （4）当设计无要求时，最下层电缆支架距沟底、地面的最小距离不应小于表 1-18 的规定 （5）当支架与预埋件焊接固定时，焊缝应饱满；当采用膨胀螺栓固定时，螺栓应适配、连接紧固、防松零件齐全，支架安装应牢固、无明显扭曲 （6）金属支架应进行防腐，位于室外及潮湿场所的应按设计要求做处理	第 1 款全数检查，第 2～6 款按每个检验批的支架总数抽查 10%，且各不得少于 1 处	观察检查，并用尺量检查

项目	项次	合格质量标准	检查数量	检验方法
一般项目	9	电缆敷设应符合下列规定: (1) 电缆的敷设排列应顺直、整齐,并宜少交叉 (2) 电缆转弯处的最小弯曲半径应符合表 1-12 的规定 (3) 在电缆沟或电气竖井内垂直敷设或大于 45°倾斜敷设的电缆应在每个支架上固定 (4) 在梯架、托盘或槽盒内大于 45°倾斜敷设的电缆应每隔 2m 固定,水平敷设的电缆,首尾两端、转弯两侧及每隔 5~10m 处应设固定点 (5) 当设计无要求时,电缆支持点间距不应大于表 1-19 的规定 (6) 当设计无要求时,电缆与管道的最小净距应符合表 1-10 的规定 (7) 无挤塑外护层电缆金属护套与金属支(吊)架直接接触的部位应采取防电化腐蚀的措施 (8) 电缆出入电缆沟,电气竖井,建筑物,配电(控制)柜、台、箱处以及管子管口处等部位应采取防火或密封措施 (9) 电缆出入电缆梯架、托盘、槽盒及配电(控制)柜、台、箱、盘处应做固定 (10) 当电缆通过墙、楼板或室外敷设穿导管保护时,导管的内径不应小于电缆外径的 1.5 倍	按每检验批电缆线路抽查 20%,且不得少于 1 条电缆线路并应能覆盖上述不同的检查内容	观察检查并用尺量检查,查阅电缆敷设记录

项目	项次	合格质量标准	检查数量	检验方法
一般项目	10	直埋电缆的上、下应有细沙或软土，回填土应无石块、砖头等尖锐硬物	全数检查	施工中观察检查并查阅隐蔽工程检查记录
	11	电缆的首端、末端和分支处应设标志牌，直埋电缆应设标志桩	按每检验批的电缆线路抽查 20%，且不得少于 1 条电缆线路	观察检查

电缆支架层间最小距离（mm） 表 1-17

电缆种类		支架上敷设	梯架、托盘内敷设
控制电缆明敷		120	200
电力电缆明敷	10kV 及以下电力电缆（除 6～10kV 交联聚乙烯绝缘电力电缆）	150	250
	6～10kV 交联聚乙烯绝缘电力电缆	200	300
	35kV 单芯电力电缆	250	300
	35kV 三芯电力电缆	300	350
电缆敷设在槽盒内		$h+100$	

注：h 为槽盒高度。

最下层电缆支架距沟底、地面的最小净距（mm） 表 1-18

电缆敷设场所及其特征		垂直净距
电缆沟		50
隧道		100
电缆夹层	非通道处	200
	至少在一侧不小于 800mm 宽通道处	1400
公共廊道中电缆支架无围栏防护		1500
室内机房或活动区间		2000
室外	无车辆通过	2500
	有车辆通过	4500
屋面		200

电缆支持点间距（mm） 表 1-19

电缆种类		电缆外径	敷设方式	
			水平	垂直
电力电缆	全塑型	—	400	1000
	除全塑型外的中低压电缆		800	1500
	35kV 高压电缆		1500	2000
	铝合金带联锁铠装的铝合金电缆		1800	1800
	控制电缆		800	1000

电缆种类	电缆外径	敷设方式	
		水平	垂直
矿物绝缘电缆	<9	600	800
	≥9 且<15	900	1200
	≥15 且<20	1500	2000
	≥20	2000	2500

5. 导管内穿线和槽盒内敷线

导管内穿线和槽盒内敷线的质量标准及验收方法应符合表 1-20 的规定。

导管内穿线和槽盒内敷线的质量标准及验收方法　　　　表 1-20

项目	项次	合格质量标准	检查数量	检验方法
主控项目	1	同一交流回路的绝缘导线不应敷设于不同的金属槽盒内或穿于不同金属导管内	按每个检验批的配线总回路数抽查 20%，且不得少于 1 个回路	观察检查
	2	除设计要求以外，不同回路、不同电压等级和交流与直流线路的绝缘导线不应穿于同一导管内	按每个检验批的配线总回路数抽查 20%，且不得少于 1 个回路	观察检查
	3	绝缘导线接头应设置在专用接线盒（箱）或器具内，不得设置在导管和槽盒内，盒（箱）的设置位置应便于检修	按每个检验批的配线回路总数抽查 10%，且不得少于 1 个回路	观察检查并用尺量检查

项目	项次	合格质量标准	检查数量	检验方法
一般项目	4	除塑料护套线外，绝缘导线应采取导管或槽盒保护，不可外露明敷	按每个检验批的绝缘导线配线回路数抽查10%，且不得少于1个回路	观察检查
	5	绝缘导线穿管前，应清除管内杂物和积水，绝缘导线穿入导管的管口在穿线前应装设护线口	按每个检验批的绝缘导线穿管数抽查10%，且不得少于1根导管	施工中观察检查
	6	与槽盒连接的接线盒（箱）应选用明装盒（箱）；配线工程完成后，盒（箱）盖板应齐全、完好	全数检查	观察检查
	7	当采用多相供电时，同一建（构）筑物的绝缘导线绝缘层颜色应一致	按每个检验批的绝缘导线配线总回路数抽查10%，且不得少于1个回路	观察检查
	8	槽盒内敷线应符合下列规定： （1）同一槽盒内不宜同时敷设绝缘导线和电缆 （2）同一路径无防干扰要求的线路，可敷设于同一槽盒内；槽盒内的绝缘导线总截面积（包括外护套）不应超过槽盒内截面积的40%，且载流导体不宜超过30根 （3）当控制和信号等非电力线路敷设于同一槽盒内时，绝缘导线的总截面积不应超过槽盒内截面积的50%	按每个检验批的槽盒总长度抽查10%，且不得少于1m	观察检查并用尺量检查

项目	项次	合格质量标准	检查数量	检验方法
一般项目	8	（4）分支接头处绝缘导线的总截面面积（包括外护层）不应大于该点盒（箱）内截面面积的75% （5）绝缘导线在槽盒内应留有一定余量，并应按回路分段绑扎，绑扎点间距不应大于1.5m；当垂直或大于45°倾斜敷设时，应将绝缘导线分段固定在槽盒内的专用部件上，每段至少应有一个固定点；当直线段长度大于3.2m时，其固定点间距不应大于1.6m；槽盒内导线排列应整齐、有序 （6）敷线完成后，槽盒盖板应复位，盖板应齐全、平整、牢固	按每个检验批的槽盒总长度抽查10%，且不得少于1m	观察检查并用尺量检查

6. 塑料护套线直敷布线

塑料护套线直敷布线的质量标准及验收方法应符合表1-21的规定。

塑料护套线直敷布线的质量标准及验收方法　　　　　　　　表1-21

项目	项次	合格质量标准	检查数量	检验方法
主控项目	1	塑料护套线严禁直接敷设在建筑物顶棚内、墙体内、抹灰层内、保温层内或装饰面内	全数检查	施工中观察检查
	2	塑料护套线与保护导体或不发热管道等紧贴和交叉处及穿梁、墙、楼板处等易受机械损伤的部位，应采取保护措施	全数检查	观察检查
	3	塑料护套线在室内沿建筑物表面水平敷设高度距地面不应小于2.5m，垂直敷设时距地面高度1.8m以下的部分应采取保护措施	全数检查	观察检查并用尺量检查

项目	项次	合格质量标准	检查数量	检验方法
一般项目	4	当塑料护套线侧弯或平弯时，其弯曲处护套和导线绝缘层均应完整无损伤，侧弯和平弯弯曲半径应分别不小于护套线宽度和厚度的3倍	按侧弯及平弯的总数量抽查20%，且各不得少于1处	尺量检查、观察检查
	5	塑料护套线进入盒（箱）或与设备、器具连接，其护套层应进入盒（箱）或设备、器具内，护套层与盒（箱）入口处应密封	全数检查	观察检查
	6	塑料护套线的固定应符合下列规定： （1）固定应顺直，不松弛、不扭绞 （2）护套线应采用线卡固定，固定点间距应均匀、不松动，固定点间距宜为150～200mm （3）在终端、转弯和进入盒（箱）、设备或器具等处，均应装设线卡固定，线卡距终端、转弯中点、盒（箱）、设备或器具边缘的距离宜为50～100mm （4）塑料护套线的接头应设在明装盒（箱）或器具内，多尘场所应采用IP5X等级的密闭式盒（箱），潮湿场所应采用IPX5等级的密闭式盒（箱），盒（箱）的配件应齐全，固定应可靠	按每检验批的配线回路数量抽查20%，且不得少于1处	观察检查
	7	多根塑料护套线平行敷设的间距一致，分支和弯头处应整齐，弯头应一致	按多根塑料护套线平行敷设的数量抽查20%，且不得少于1处	观察检查

7. 钢索配线

钢索配线的质量标准及验收方法应符合表 1-22 的规定。

钢索配线的质量标准及验收方法

表 1-22

项目	项次	合格质量标准	检查数量	检验方法
主控项目	1	钢索配线应采用镀锌钢索，不应采用含油芯的钢索。钢索的钢丝直径应小于 0.5mm，钢索不应有扭曲和断股等缺陷	全数检查	尺量检查、观察检查，查验材料证明文件及材料进场验收记录
	2	钢索与终端拉环套接应采用心形环，固定钢索的线卡不应少于 2 个，钢索端头应用镀锌铁线绑扎紧密，且应与保护导体可靠连接	全数检查	施工中观察检查并查阅隐蔽工程检查记录
	3	钢索终端拉环埋件应牢固、可靠，并应能承受在钢索全部负荷下的拉力，在挂索前应对拉环做过载试验，过载试验的拉力应为设计承载拉力的 3.5 倍	全数检查	试验时观察检查并查阅过载试验记录
	4	当钢索长度小于或等于 50m 时，应在钢索一端装设索具螺旋扣紧固；当钢索长度大于 50m 时，应在钢索两端装设索具螺旋扣紧固	全数检查	观察检查
一般项目	5	钢索中间吊架间距不应大于 12m，吊架与钢索连接处的吊钩深度不应小于 20mm，并应有防止钢索跳出的锁定零件	按钢索总数抽查 50%，且不得少于 1 道钢索	观察检查并用尺量检查
	6	绝缘导线和灯具在钢索上安装后，钢索应承受全部负载，且钢索表面应整洁、无锈蚀	全数检查	观察检查
	7	钢索配线的支持件之间及支持件与灯头盒之间最大距离应符合表 1-23 的规定	按支持件和灯头盒的总数抽查 20%，且不得少于 1 处	观察检查

配线种类	支持件之间的最大距离（mm）	支持件与灯头盒之间的最大距离（mm）
钢管	1500	200
塑料导管	1000	150
塑料护套线	200	100

8. 电缆头制作、导线连接和线路绝缘测试

电缆头制作、导线连接和线路绝缘测试的质量标准及验收方法应符合表 1-24 的规定。

电缆头制作、导线连接和线路绝缘测试的质量标准及验收方法   表 1-24

项目	项次	合格质量标准	检查数量	检验方法
主控项目	1	电力电缆通电前应按现行国家标准《电气装置安装工程 电气设备交接试验标准》GB 50150—2016 的规定进行耐压试验，并应合格	全数检查	试验时观察检查并查阅交接试验记录
	2	低压或特低电压配电线路线间和线对地间的绝缘电阻测试电压及绝缘电阻值不应小于表 1-25 的规定，矿物绝缘电缆线间和线对地间的绝缘电阻应符合国家现行有关产品标准的规定	按每检验批的线路数量抽查 20%，且不得少于 1 条线路，并应覆盖不同型号的电缆或电线	用绝缘电阻测试仪测试并查阅绝缘电阻测试记录

项目	项次	合格质量标准	检查数量	检验方法
主控项目	3	电力电缆的铜屏蔽层和铠装护套及矿物绝缘电缆的金属护套和金属配件应采用铜绞线或镀锡铜编织线与保护导体做连接,其连接导体的截面积不应小于表 1-26 的规定。当铜屏蔽层和铠装护套及矿物绝缘电缆的金属护套和金属配件作保护导体时,其连接导体的截面积应符合设计要求	按每检验批的电缆线路数量抽查 20%,且不得少于 1 条电缆线路并应覆盖不同型号的电缆	观察检查
	4	电缆端子与设备或器具连接应符合表 1-8 中项次 3 和项次 7 的规定	按每检验批的电缆线路数量抽查 20%,且不得少于 1 条电缆线路	观察检查并用力矩测试仪测试紧固度
一般项目	5	电缆头应可靠固定,不应使电器元器件或设备端子承受额外应力	按每检验批的电缆线路数量抽查 20%,且不得少于 1 条电缆线路	观察检查
	6	导线与设备或器具的连接应符合下列规定: (1) 截面积在 10mm² 及以下的单股铜芯线和单股铝/铝合金芯线可直接与设备或器具的端子连接 (2) 截面积在 2.5mm² 及以下的多芯铜芯线应接续端子或拧紧搪锡后再与设备或器具的端子连接 (3) 截面积大于 2.5mm² 的多芯铜芯线,除设备自带插接式端子外,应接续端子后与设备或器具的端子连接;多芯铜芯线与插接式端子连接前,端部应拧紧搪锡 (4) 多芯铝芯线应接续端子后与设备、器具的端子连接,多芯铝芯线接续端子前应去除氧化层并涂抗氧化剂,连接完成后应清洁干净 (5) 每个设备或器具的端子接线不多于 2 根导线或 2 个导线端子	按每检验批的配线回路数量抽查 5%,且不得少于 1 条配线回路,并应覆盖不同型号和规格的导线	观察检查

项目	项次	合格质量标准	检查数量	检验方法
一般项目	7	截面积 6mm² 及以下铜芯导线间的连接应采用导线连接器或缠绕搪锡连接，并应符合下列规定： （1）导线连接器应符合现行国家标准《家用和类似用途低压电器用的连接器件》GB 13140—2008 的相关规定，并应符合下列规定： 1）导线连接器应与导线截面相匹配 2）单芯导线与多芯软导线连接时，多芯软导线宜搪锡处理 3）与导线连接后不应明露线芯 4）采用机械压紧方式制作导线接头时，应使用确保压接力的专用工具 5）多尘场所的导线连接应选用 IP5X 及以上的防护等级连接器；潮湿场所的导线连接应选用 IPX5 及以上的防护等级连接器 （2）导线采用缠绕搪锡连接时，连接头缠绕搪锡后应采取可靠的绝缘措施	按每检验批的线间连接总数抽查 5％，且各不得少于 1 个型号及规格的导线，并应覆盖其连接方式	观察检查
	8	铝/铝合金电缆头及端子压接应符合下列规定： （1）铝/铝合金电缆的联锁铠装不应作为保护接地导体（EP）使用，联锁铠装应与保护接地导体连接 （2）线芯压接面应去除氧化层并涂抗氧化剂，压接完成后应清洁表面 （3）线芯压接工具及模具应与附件相匹配	按每个检验批电缆头数量抽查 20％，且不得少于 1 个	观察检查

项目	项次	合格质量标准	检查数量	检验方法
一般项目	9	当采用螺纹型接线端子与导线连接时，其拧紧力矩值应符合产品技术文件的要求。当无要求时，应符合表 1-27 的规定	按每检验批的螺纹型接线端子的数量抽查 10%，且不得少于 1 个端子，并应覆盖不同的导线	核对产品技术文件，观察检查并用力矩测试仪测试紧固度
	10	绝缘导线、电缆的线芯连接金具（连接管和端子），其规格应与线芯的规格适配且不得采用开口端子，其性能应符合国家现行有关产品标准的规定	按每检验批的线芯连接数量抽查 10%，且不得少于 2 个连接点	观察检查，并查验材料合格证明文件和材料进场验收记录
	11	当接线端子规格与电气器具规格不配套时，不应采取降容的转接措施	按每个检验批的不同接线端子规定的总数量抽查 20%，且各不得少于 1 个	观察检查

低压或特低电压配电线路绝缘电阻测试电压及绝缘电阻最小值　　　　表 1-25

标称回路电压（V）	直流测试电压（V）	绝缘电阻（MΩ）
SELV 和 PELV	250	0.5
500V 及以下，包括 FELV	500	0.5
500V 以上	1000	1.0

电缆终端保护联结导体的截面（mm^2）　　　　表 1-26

电缆相导体截面积	保护联结导体截面积
≤16	与电缆导体截面相同
>16 且≤120	16
≥150	25

螺纹型接线端子的拧紧力矩

表 1-27

螺纹直径（mm）		拧紧力矩（N·m）		
标准值	直径范围	Ⅰ	Ⅱ	Ⅲ
2.5	$\phi\leqslant2.8$	0.2	0.4	0.4
3.0	$2.8<\phi\leqslant3.0$	0.25	0.5	0.5
—	$3.0<\phi\leqslant3.2$	0.3	0.6	0.6
3.5	$3.2<\phi\leqslant3.6$	0.4	0.8	0.8
4	$3.6<\phi\leqslant4.1$	0.7	1.2	1.2
4.5	$4.1<\phi\leqslant4.7$	0.8	1.8	1.8
5	$4.7<\phi\leqslant5.3$	0.8	2.0	2.0
6	$5.3<\phi\leqslant6.0$	1.2	2.5	3.0
8	$6.0<\phi\leqslant8.0$	2.5	3.5	6.0
10	$8.0<\phi\leqslant10.0$	—	4.0	10.0
12	$10<\phi\leqslant12$	—	—	14.0
14	$12<\phi\leqslant15$	—	—	19.0
16	$15<\phi\leqslant20$	—	—	25.0
20	$20<\phi\leqslant24$	—	—	36.0
24	$\phi>24$	—	—	50.0

注：第Ⅰ列：适用于拧紧时不突出孔外的无头螺钉和不能用刀口宽度大于螺钉顶部直径的螺钉旋具拧紧的其他螺钉。

第Ⅱ列：适用于可用螺钉旋具拧紧的螺钉和螺母。

第Ⅲ列：适用于不可用螺钉旋具拧紧的螺钉和螺母。

1.2 变配电设备安装

1.2.1 质量通病原因分析及防治措施

为了保证变配电设备安装的质量，要求相关工作人员必须熟悉质量问题的现象和防治方法。常见的变配电设备安装的质量问题列于表 1-28 中。

变配电设备安装质量通病分析及防治措施

表 1-28

质量通病现象	原因分析	防治措施
配电柜（屏、台）漆层破坏脱落或颜色不一致	（1）施工人员在施工过程中不小心导致漆层脱落 （2）施工人员对规范要求不熟悉，缺乏施工经验	配电柜（屏、台）安装好后，柜（屏、台）面油漆应完好，清洁整齐，漆层不能破坏脱落。如漆层破坏或成列的柜（屏、台）面颜色不一致，应重新喷漆，使成列配电柜（屏）整齐，并且漆面不能出现反光炫目现象，安装在同一室内且经常监视的柜（屏）面颜色和谐一致，否则会影响观感质量 主控制柜面应有模拟母线，模拟母线的标志颜色应符合表 1-29 的规定
变压器进场后未做详细检查	变压器进场时，若不对产品进行详细的检查，一旦在安装时，才发现规格、型号不符，附件不齐，技术资料不全等，将影响工程进度	变压器进场时，应对产品进行检查，并应符合下列要求： （1）设备和器材到达现场后应及时按下列规定验收检查： 1）包装及密封应良好 2）应开箱检查并清点，规格应符合设计要求，附件、备件应齐全 3）产品的技术文件应齐全 4）按规定要求作外观检查 （2）设备到达现场后，应及时按下列规定进行外观检查：

质量通病现象	原因分析	防治措施
变压器进场后未做详细检查	变压器进场时，若不对产品进行详细的检查，一旦在安装时，才发现规格、型号不符，附件不齐，技术资料不全等，将影响工程进度	1) 油箱及所有附件应齐全，无锈蚀及机械损伤，密封应良好 2) 油箱箱盖或钟罩法兰及封板的连接螺栓应齐全，紧固良好，无渗漏；充油或充干燥气体运输的附件应密封无渗漏并装有监视压力表 3) 套管包装应完好，无渗油、瓷体无损伤；运输方式应符合产品技术要求 4) 充干燥气体运输的变压器、电抗器，油箱内应为正压，其压力为 0.01～0.03MPa，现场应办理交接签证并移交压力监视记录 5) 检查运输和装卸过程中设备受冲击情况，并应记录冲击值、办理交接签证手续
照明配电箱进场后未做检查	若照明配电箱进场未做检查，往往安装后才发现，其二层板没有专用接地螺栓，保护地线截面小，装有电器的可开放门没有裸铜软线与金属构架可靠连接，导线与器具连接不牢固，有反圈现象，螺栓不用镀锌件，导线线径不符合要求，没有按色标标识，没有卡片和电气线路图，器具布局、间隔不合理，没有设置 N 和 PE 端子排，N 端子排没有绝缘等缺陷	在加工订货时，应向厂家提出符合设计和规范标准的技术要求，请厂家做出样品后，经验收合格后方可生产，并在产品进场时严格按设计和规范标准要求进行检查验收，确认合格后再进行安装 照明配电箱内，应分别设置零线（N 线）和保护地线（PE 线）汇流排，要求 PE 线和 N 线截然分开，零线和保护地线应在汇流排上连接，决不允许两者混合连接，并且应设有编号

质量通病现象	原因分析	防治措施
变压器出现的异常响声	（1）"嗡嗡"声大或比平时尖锐，但响声均匀，是由于电源电压过高造成的。"嗡嗡"声时高时低但无杂声，是由于变压器负荷变化较大而引起的。"嗡嗡"声大而沉重但无杂声，是由于过负荷引起的。"嗡嗡"声大而嘈杂，有时会出现"叮当"击打声或"呼呼"吹气声，是由于内部结构松动时受到振动而引起的 （2）"吱吱"放电声或"噼啪"爆裂声，是由于跌落式熔断器接触不良、变压器内部有放电闪络或绝缘击穿而引起的。当绝缘击穿造成严重短路时，甚至会出现巨大的轰鸣声，并伴有喷油或冒烟着火 （3）"嘶嘶"声，是由于变压器高压套管脏污、表面釉质脱落或有裂纹而产生的电晕放电引起的。也可能是由于引线离地面的距离不够而出现间隙放电，并伴有放电火花。"轰轰"声，是由于变压器低压侧架空线发生接地引起的。"咕噜咕噜"声，是由于变压器绕组匝间短路产生短路电流，使变压器油局部发热沸腾引起的 （4）间歇性的"哧哧"声，一般是由于铁芯接地不良而引起的	为消除异常响声可采取如下防治措施： （1）与供电部门联系，降低电源电压，或切除高压侧的部分电容器 （2）通过调整使变压器负荷尽量均衡，使变压器在额定负荷状态下运行 （3）减少负荷并加强监视，必要时停电吊芯检查铁芯有无缺片，铁芯是否夹紧，铁芯紧固螺栓有无松动，并进行相应处理 （4）停电检查，重点检查绝缘套管、高低压引线连接处、高低压绕组与铁芯之间的绝缘是否损坏等。如果变压器油箱内有"吱吱"放电声，并且伴随着放电声，电流表读数明显变化，有时气体保护发出信号，应对变压器调压分接开关进行检修，使其接触良好，并处理好抽头引出线处的绝缘

质量通病现象	原因分析	防治措施
柴油发电机组安装程序混淆	若土建基础未经验收，场地未清理干净或道路不畅通时就进行机组安装，将会影响工作进度及安装质量	柴油发电机组的安装应符合下列规定： （1）机组安装前，基础应验收合格 （2）机组安放后，采取地脚螺栓固定的机组应初平、螺栓孔灌浆、精平、紧固地脚螺栓、二次灌浆等安装合格；安放式的机组底部应垫平、垫实 （3）空载试运行前，油、气、水准、风冷、烟气排放等系统和隔振器材防噪声设施应完成安装，消防器材应配置齐全、到位且符合设计要求，发电机应进行静态试验，随机配电盘、柜接线经检查应合格，柴油发电机组接地检查应符合设计要求 （4）负荷试运行前，空载试运行和试验调整应合格 （5）投入备用状态前，应在规定时间内，连续无故障负荷试运行合格
柜体内二次回路接线杂乱、受损，线头压接不牢	若柜体内二次回路接线杂乱无序，未绑扎成束，剥线损伤截面，线头压接不牢，无防松装置，接地无固定的专用螺栓，地线与相线匹配不合要求，地线串接等，严重影响正常使用，造成安全隐患	柜体内的二次回路接线应符合下列规定： （1）应按有效图纸施工，接线应正确 （2）导线与电气元件间应采用螺栓连接、插接、焊接或压接等，且均应牢固可靠 （3）盘、柜内的导线不应有接头，芯线应无损伤 （4）多股导线与端子、设备连接应压终端附件 （5）电缆芯线和所配导线的端部均应标明其回路编号，编号应正确，字迹应清晰，不易脱色 （6）配线应整齐、清晰、美观，导线绝缘应良好 （7）每个接线端子的每侧接线宜为1根，不得超过2根；对于插接式端子，不同截面的两根导线不得接在同一端子中；螺栓连接端子接两根导线时，中间应加平垫片

质量通病现象	原因分析	防治措施
变压器喷油甚至油箱炸裂	（1）变压器过负荷。当变压器过负荷时，将引起变压器内部过热，会加快绝缘材料的热分解，使变压器内产气速度加快、产气量增大，从而增高了油箱内的气体压力，当气体压力大于大气压力时，在吸湿器或呼吸器等密封薄弱环节处就有可能出现喷油现象 （2）分接开关和绕组接头等接触不良。分接开关和绕组接头等接触不良使变压器发生局部过热，也会造成喷油 （3）变压器内部发生绝缘击穿、短路和接地，使气体压力剧增，若不能及时发现或继电保护拒绝动作，除可能在吸湿器发生喷油外，还有可能在变压器箱体上承受压力的薄弱点，如箱体盖下的密封垫等处发生喷油。如油箱内压力超过油箱的允许压力，则会发生箱体炸裂	（1）做好变压器负荷管理。避免变压器超过允许的正常过负荷能力或事故过负荷能力，确保变压器的正常散热，使其在允许的温升范围内运行 （2）保持分接开关和绕组接头等接触部位的良好性能 1）焊接接头应防止出现虚焊、夹渣、脱焊等现象 2）螺栓连接的接头应防止氧化和松动 3）调压分接开关应保证有效的接触面积和压力，定期将分接开关反复转动几次，以除去触点表面的氧化膜和油污，调节后还应复查变压器绕组的直流电阻 （3）保持变压器的良好绝缘 变压器的绝缘包括绕组、变压器油、瓷套管、铁芯等，应按规定定期做预防性试验 （4）配备完善可靠的保护装置 变压器的保护装置主要包括一、二次侧的继电器保护和油箱防爆保护装置
低压柜内母线涂色及相序错误	（1）漆色及相序不清楚，难于识别或者错误，不符合施工规范要求，施工人员缺乏施工经验 （2）周围环境温度过高，通风不良，测量不准确	（1）施工人员应严格按照施工规范进行施工，低压柜内母线的漆色及相序应符合表 1-30 的规定（以低压柜正视方向为准） （2）采取正确的测量方法并保证通风良好，低压柜内导体相互连接处，当通过额定电流（对铝母线通过最大工作电流）时，最高温度及允许温升不得超过表 1-31 所列数值

质量通病现象	原因分析	防治措施
箱式变电所交接试验时出现严重缺陷	（1）高压真空断路器由于长期放置造成漏气或真空度下降 （2）油断器安装完毕后漏检，造成内缺变压器油 （3）电压互感器或电流互感器变比不符合设计要求，是由于中途修改设计或因合同中交代不清 （4）二次控制线路中电子元件在调试过程中采用绝缘摇表做试验，造成元器件损坏 （5）高压断路器操动机构机械连锁部分，其螺栓松紧程度、刀口角度、刀片与刀口的接触部位不正确 （6）在搬运电压表或电流表时，表内轴尖或游丝移位或卡住 （7）断路器分合显示红绿指示牌在搬运过程中受振动，螺栓松动，造成翻牌失灵 （8）带指示灯分合隔离开关的拉合角度不对，刀口间隙过大，造成接触不良或缺相 （9）高压开关柜放置过久，带电间隔机械部分锈蚀，造成机械连锁不灵活 （10）母线门的机械连锁部位螺栓固定过紧，造成母线门开启不畅 （11）机械连锁部位螺栓固定太紧	（1）高压真空断路器应定期进行检测，同时应选用有"三证"的企业生产的产品，在安装调试前，应预先做好测试检验 （2）制订油断路器安装制度，明确要求对油断路器各个部位进行检查，并且发现的问题应有修复记录 （3）加强电压互感器或电流互感器各个环节的检查，其变比应严格按设计规定制作，对不符合设计规定的应及时更换，不允许不合格产品交付使用 （4）检查调试二次控制线路中的电子元件时，不允许电子元件回路通过大电流或高电压，因此该部分不允许使用绝缘摇表做试验，只允许采用高阻万能表进行检测 （5）高压开关操动机构之间的机械连锁部分，经过调整应达到机械连锁的作用。如防止带负荷分合的隔离开关，应保证当断路器处于合闸状态时，隔离开关不能进行分合闸操作。当断路器处于分闸状态时，才允许隔离开关进行分合闸。开关应操作灵活，合闸时刀口接合良好，分闸刀口与闸刀断间隙应符合设计规定 （6）装在高压柜盘面上的电压表或电流表拆除输入端短路线后，调整机械调零旋钮使指针回零，再经通电检查半载或满刻度是否正常。经检验合格后才允许使用，否则必须更换合格的电压表或电流表

质量通病现象	原因分析	防治措施
箱式变电所的内外涂层不完整	由于箱式变电所通常放置在绿地、路旁或施工现场等户外公共场所，受日光辐射、雨淋及化工、灰尘的腐蚀。若箱式变电所的内外涂层不完整、有损伤，则易被锈蚀，影响箱式变电所的美观，减少使用寿命	箱式变电所外壳应具有防腐蚀的性能，箱壳应能耐受日光辐射及化工腐蚀。因此箱式变电所的内外涂层应完整、无损伤。安装在公共场所的箱变应根据实际需要，提出外壳防护等级的设计要求，应符合以下几点： （1）防止人体接近壳内危险部件 （2）防止固体异物进入壳内设备 （3）防止由于水进入壳内，对设备造成有害影响
铅酸蓄电池安装前未检查	若铅酸蓄电池安装前未检查产品是否满足安装条件，安装时又不按规范去做，这样不但不能保证安装的质量，而且达不到安全使用要求	（1）蓄电池安装前，应按下列规定进行外观检查： 1）蓄电池外观应无裂纹、无损伤；密封应良好，应无渗漏；安全排气阀应处于关闭状态 2）蓄电池的正、负端接线柱应极性正确，应无变形、无损伤 3）透明的蓄电池槽，应检查极板无严重变形；槽内部件应齐全，无损伤 4）连接条、螺栓及螺母应齐全 （2）清除蓄电池表面污垢后，对塑料制作的外壳应用清水或弱碱性溶液擦拭，不得用有机溶剂清洗 （3）蓄电池组的每个蓄电池应在外表面用耐酸材料标明编号

质量通病现象	原因分析	防治措施
变压器的电压切换装置安装不当	若变压器的电压切换装置的各分接点与线圈和转动点接触不紧密、位置不当、动作不灵活，一旦变压器需要进行电压切换时，则起不到应有的作用，以至于影响安全使用	由于电网电压存在波动，因此，为确保用户的电压能够达到正常的使用范围，变压器切换装置的安装应符合以下要求： （1）变压器电压切换装置各分接点与线圈的连接应紧固正确，且接触紧密良好，转动点应正确留在各个位置上，并与指示位置一致 （2）电压切换装置的拉杆、分接头的凸轮、小轴销子等应完好无损，转动盘应动作灵活，密封良好 （3）电压切换装置的传动机构（包括有载调压装置）的固定应牢固，传动机构的摩擦部分应有足够的润滑油 （4）有载调压切换装置的调换开关的触头及铜辫子软线完整无损，触头间应有足够的压力（一般为 80～100N） （5）有载调压切换装置转动到极限位置时，应装有机械联锁与带有限位开关的电气联锁 （6）有载调压切换装置的控制箱一般应安装在值班室或操作台上，连线应正确无误，并应调整好，手动、自动工作正常，挡位指示正确
电容器构架选择可燃型	若电容器的构架选用材质是可燃型的，构架间距离不够、距地高度不够，将影响其安全使用	成套电容器柜组安装前，应按设计要求做好型钢基础 组装式电容器安装前，应按设计要求做好框架，电容器可分层安装，一般不超过三层，层间不应加设隔板，电容器的构架应采用非可燃材料制成，构架间的水平距离不小于 500mm，下层电容器的底部距地不应小于 300mm，电容器的母线对上层构架的距离不应小于 200mm，每台电容器之间的距离按厂家或设计要求安装，如无要求时应不小于 50mm 基础型钢及构架必须按要求刷漆和做好接地

质量通病现象	原因分析	防治措施
装有气体继电器的变压器安装不合理	由于对气体继电器的安装要求不熟悉，导致装有气体继电器顶盖没有坡度，导油管与变压器顶盖连接处凸出边缘等	气体继电器安装在变压器油箱和油枕之间的连接管道中。为了保证气体保护的灵敏性和可靠性，必须使变压器油箱内部产生的气体全部顺利地进入气体继电器；当气体充满继电器后，又可畅通地进入油枕中去，为此，为了使气体继电器能够可靠地动作，正确地安装气体继电器是一项很重要的工作。安装气体继电器应注意以下事项： （1）导油管应安装在变压器顶盖的最高部位。变压器顶盖沿气体继电器方向与水平应具有 $1\%\sim1.5\%$ 的升高坡度，导油管应具有不小于 $2\%\sim4\%$ 的升高坡度。气体继电器的安装如图 1-20 所示，以确保气体能够顺利地进入气体继电器和储油柜，防止气体滞留在顶盖下部或导油管中。为满足这一要求，一般会将油枕一侧垫高，加垫方法是将变压器用千斤顶顶起，然后用垫板垫在油枕侧两滚轮下，垫板的厚度可由两轮轨中心距离乘以 $1\%\sim1.5\%$ 求得。例如，轮轨距为 1m，则垫板的厚度应为 $10\sim15mm$ （2）导油管内径应和气体继电器法兰盘内径相同。当法兰盘之间采用耐油橡胶衬垫时，衬垫内径应比法兰盘内径稍大些，以免衬垫受到压力而延伸时，缩小有效内径 （3）导油管与变压器顶盖连接处不应凸出边缘，以免影响

质量通病现象	原因分析	防治措施
装有气体继电器的变压器安装不合理	由于对气体继电器的安装要求不熟悉，导致装有气体继电器顶盖没有坡度，导油管与变压器顶盖连接处凸出边缘等	气体进入气体继电器。而防爆筒进入变压器顶盖处则需要凸出边缘，以防止气体进入防爆筒内，这样可以提高气体继电器动作的灵敏度。变压器防爆筒的安装应如图 1-21 所示 （4）气体继电器的底部应高于变压器顶盖。储油柜的最低部位至少应比气体继电器顶盖高出 5cm，以防止变压器在低温运行时，由于油面降低进入气体继电器而发生误动作 （5）气体继电器与储油柜之间的导油管上应装设平板型阀门，在更换或试验气体继电器时，应将阀门关闭，储油柜不必放油。阀门全部开启时，其阀门处直径应不小于导油管内径，以免妨碍气体和油的流通，阀门上须有明显的开/闭标志，以防止阀门误关闭，在运行中发生气体保护失效以及造成防爆筒膜片破裂的故障 （6）气体继电器的箭头应指向储油柜方向；否则，在变压器内部发生故障时，气体继电器将拒绝动作 （7）由于变压器油对控制电缆橡胶绝缘的腐蚀作用可造成气体保护误动作，因此，气体继电器的引出线和电缆应分别接在端子箱内端子排的两侧，以防止变压油对电缆绝缘的腐蚀 （8）气体继电器的端盖部分和电缆出线的端子箱应有防水措施，以防雨水侵入而发生误动作

质量通病现象	原因分析	防治措施
变压器进行干燥时温度过高	变压器进行干燥时，未对各部温度进行监控	设备进行干燥时，应采用真空热油循环干燥法。带油干燥时，上层油温不得超过 85℃，线圈温度不得超过 95℃ 干式变压器干燥时，其温度必须低于其最高允许温度，根据现行国家标准《电力变压器　第 11 部分：干式变压器》GB 1094.11 的规定：干式变压器线圈的最高允许温度见表 1-32（按电阻法测量） 在保持温度不变的情况下，绕组的绝缘电阻下降后再回升。110kV 及以下的变压器、电抗器持续 6h，220kV 及以上的变压器、电抗器持续 12h 保持稳定，且真空滤油机中无凝结水产生时，可认为干燥完毕
配电箱箱体过小	若配电箱订货时事先未核实箱体尺寸和电器接线桩头大小，配电箱厂家片面追求降低成本，致使箱体尺寸过小，箱内未留过线和转线空间，致使配电箱安装完成后，才发现导线较大，无法直接和电器相连，造成停工，影响质量和工期	配电箱订货时应附电气系统图及技术要求，生产厂家根据图中导线的大小及开关电器型号、规格和技术要求，确定预留足够的过线和接线空间，保证导线与电器之间的连接
电池组焊接接头不牢固、不平整	（1）电池组焊接时，由于火力过猛，致使焊料迅速填满 （2）焊料未采用纯铅，不符合规范要求 （3）熔铅温度未控制好，温度过高或过低	电池组装完成后，在两个电池连接处的正负极耳上，放上铅连接条（或铅过桥——主要指固定铅酸蓄电池），正负极耳和铅连接条事先都应将其面层氧化膜打磨干净，然后装上焊卡具，逐一进行焊接 焊接方法包括氧焊法、电焊法、气焊法及红外线焊法等，常用的焊接工具如图 1-22 所示

质量通病现象	原因分析	防治措施
柜（屏、台）内电器元件、瓷件、油漆损伤	若柜（屏、台）内电器元件、瓷件损坏，将使柜子（屏、台）不能使用，要更换元件，增加了成本，耽误工期。若油漆损坏，将影响观感质量	（1）柜（屏、台）电器元件、瓷件、油漆不得在搬运、安装中损伤 （2）配电柜（屏、台）在施工现场运输时，可采用液压叉车、倒链、人力平板车或钢管滚杠运输，在装卸时不应采用人力撬动，大型的设备应由起重工作业 （3）配电柜顶部有吊环者，吊索应穿在吊环内；无吊环者，应挂在四角主要承力结构处。吊装时且保留并利用包装箱底盘，避免索具直接接触柜体。不许将吊索挂在设备部件上吊装 （4）搬运过程中，应采取防倾倒措施，同时避免发生碰撞和剧烈振动，以免损坏设备。不到安装时，不得拆除设备的包装箱或包装皮 （5）安装时要谨慎小心，防止工具和梯子砸坏电器元件、瓷件和柜体油漆 （6）配电柜（屏、台）安装好后，本体外观应无损伤及变形，油漆完整无损。柜（屏、台）内部电器装置元件、绝缘瓷件齐全、无损伤及裂纹等缺陷

质量通病现象	原因分析	防治措施
照明配电箱安装位置不恰当	施工人员缺乏施工经验，不了解施工规范和要求	配电箱一般设置在过道内，但对于公共建筑场所，应设在管理区域内。多层建筑各层配电箱应尽量设置在同一垂直位置上，以便于干线立管敷设和供电。住宅楼总配电箱、单元及梯间配电箱，一般应安装在梯间过道的墙壁上，以便于支线立管的敷设 （1）为了保证其安全使用，配电箱与采暖管的距离不应小于300mm，与给水排水管道不应小于200mm，与煤气管、表不应小于300mm （2）配电箱不应设置在散热器上方，如图1-23所示。也不应安装在水池或水门的上、下侧，若必须安装在水池、水门的两侧时，其垂直距离应保持在1m以上，水平距离不得小于0.7m （3）配电箱不宜设置在建筑物外墙内侧，以防止室内外温差变化大，使箱体内结露，产生不安全因素 （4）配电箱不应设置在楼梯踏步的侧墙上，否则既不利于操作和维修，也不安全 （5）当配电箱安装在墙角处时，其安装位置应能保证箱门向外开启180°，以方便维修和操作。此外，配电箱也不宜设置在建筑物的纵横墙交接处，箱体及引上导管将影响墙体砌筑的接槎，减弱墙体的拉结强度，如图1-24所示 （6）普通砖砌体墙，在门、窗、洞口旁设置配电箱时，箱体边缘距门、窗框或洞口边缘不宜小于0.37m，如图1-25所示

质量通病现象	原因分析	防治措施
混凝土墙内安装配电箱处墙背面出现裂缝	（1）在24cm厚的砖墙或16cm厚的混凝土墙内暗装配电箱，因墙体薄，箱体背面又未钉钢板网，抹灰层不粘结，致使墙面出现裂缝 （2）施工人员在施工中未对砖及墙进行浇水，只采用干砖加水	为防止墙背面出现裂缝，可采取如下防治措施： （1）在24cm厚的砖墙内暗装配电箱时，箱的厚度要小于22cm，保持背面缩进墙内2～4cm，先在背面两连钉木条，然后再钉钢板网（直径为2mm，网孔为10cm×10cm）封住，再用水泥砂浆（水为1、水泥为2的1：2水泥砂浆）抹好，以防墙面开裂，做法如图1-26所示 （2）对于16cm厚的混凝土墙内的暗配电箱，为了保证安装电能表，必须正面凸出墙面。盘面前应至少有12cm空间距离（电能表厚度为11cm），如图1-26（b）、（c）所示 （3）一般正面做箱套加厚，以增加它的厚度。砖墙留洞后，在抹水泥砂浆前，应预埋好木砖，钉好钢板网和二层板的木带，以便装贴脸门扇，如图1-26（d）所示 （4）配电箱背面已经出现裂缝，应将已裂的抹灰层凿去，重新钉钢板网，以高强度水泥砂浆填补，白灰膏罩面抹平
暗装配电箱与导管连接不当	暗装配电箱与导管连接时管口不整齐，进入的导管长短不一致，或配电箱开孔不符合要求，开长孔，或导管与箱连接时，没有采取不同的管子，用不同的连接方法，都将影响工程质量	连接各种电源、负载管应从左到右按顺序排列整齐。配电箱箱体内引上管敷设应与土建施工配合预埋，配管应与箱体先连接好，在墙体内砌筑固定牢固。配管与箱体的连接可以采用以下方法施工： （1）螺纹连接 镀锌钢管与配电箱进行螺纹连接时，应先

质量通病现象	原因分析	防治措施
暗装配电箱与导管连接不当	暗装配电箱与导管连接时管口不整齐，进入的导管长短不一致，或配电箱开孔不符合要求，开长孔，或导管与箱连接时，没有采取不同的管子，用不同的连接方法，都将影响工程质量	将管口端部套丝，拧入锁紧螺母，然后插入箱体内，再拧上锁紧螺母，露出 2～3 扣的螺纹长度，拧上护圈帽。钢管与配电箱体螺纹连接完成后，应采用相应直径的圆钢作接地跨接线，把钢管与箱体的棱边焊接起来 　　(2) 焊接连接　暗敷钢管与铁制配电箱箱体采用焊接连接时，不宜把管与箱体直接焊接，可在入箱管端部适当位置上用两根圆钢在钢管管端两侧横向焊接。配管插入箱体敲落孔后，管口露出箱体长度应为 3～5mm，把圆钢焊在箱体棱边上，可以作为接地跨接线 　　(3) 塑料管与箱体连接　塑料管与配电箱的连接，可以使用配套供应的管接头。先把连接管端部结合面涂上专用胶合剂，插入导管接头中，用管接头同箱体的敲落孔进行连接 　　配管与配电箱箱体的连接无论采用哪种方式，均应做到一管一孔顺直入箱，露出长度小于 5mm 和入箱管管口平齐，管孔吻合（图 1-27），不用敲落孔的不应敲落；箱体与配管连接处不应开长孔和用电、气焊开孔。自配电箱箱体向上配管，当建筑物有吊顶时，为与吊顶内配管连接，引上管的上端应弯成 90°，沿墙体垂直进入吊顶顶棚内

质量通病现象	原因分析	防治措施
变压器绝缘件有裂纹、缺损	当变压器外部绝缘件有裂纹、缺损；瓷件和瓷釉有损坏，外表不清洁，有尘垢时。如不认真检查或不做耐压试验而初通电，将会发生电气故障	变压器就位后，要在其上部配线装进出入母线和其他有关部件，在施工中，往往由于工作不慎，会给变压器外部的绝缘器件造成损伤，所以对就位变压器高压和低压瓷套管以及环氧树脂铸件应采用防碰、防砸措施，最好用木盒或纸板将瓷套管、绝缘件罩住，以防止其损坏，出现裂纹、缺损等缺陷。在变压器上方作业时，操作人员不得蹬踩变压器，并且应携带工具袋以防工具材料掉下砸伤或砸坏变压器。变压器上方操作电焊时，应对变压器进行全方位保护，以防止焊渣掉落下来，损伤变压器的绝缘件、瓷套管以及其他部件
配电箱（柜）基础尺寸规格差	（1）施工人员不熟悉设计图纸，未与设备厂家提前沟通，凭经验施工 （2）设计选址不当 （3）施工单位未及时就现场问题与设计、监理等单位协调沟通	（1）加强施工人员培训，提前与设备厂家沟通，严格按图施工 （2）做好设计定点画线，合理选址 （3）施工单位应提高沟通协调意识
柜体内电器元件安装不牢固	若柜体的电器元件质量不好，安装不牢固，排列不齐，更换不方便，没有足够的安全距离等，将影响柜体的质量，造成安全隐患	柜体上的电器安装应达到以下的要求： （1）电元元件质量良好，型号、规格应符合设计要求，外观应完好且附件齐全，排列整齐，固定牢固，密封良好 （2）各电器应能单独拆装、更换，而不应影响其他电器及导线束的固定 （3）发热元件宜安装在散热良好的地方，两个发热元件之间的连线应采用耐热导线或裸铜线套瓷管

质量通病现象	原因分析	防治措施
柜体内电器元件安装不牢固	若柜体的电器元件质量不好，安装不牢固，排列不齐，更换不方便，没有足够的安全距离等，将影响柜体的质量，造成安全隐患	（4）熔断器的熔体规格、断路器的整定值应符合设计要求 （5）切换压板应接触良好，相邻压板间应有足够安全距离，切换时不应触及相邻的压板；对于一端带电的切换压板，应使在压板断开的情况下，活动端不带电 （6）信号回路的信号灯、按钮、光字牌、电铃、电笛、事故电钟等动作和信号显示应准确，工作可靠 （7）盘上装有装置性设备或其他接地要求的电器，其外壳应可靠接地 （8）带有照明的封闭式盘、柜应保证照明完好
柴油发电机组基础不符合要求	若柴油发电机组基础体积不够大、基础表面未设置排污沟槽和地漏或钢筋混凝土基础未达到足够的凝固时间，将影响柴油机组的安装稳固性，致使设备发生晃动	柴油发电机组的基础应符合发电机组生产厂家的要求，柴油发电机组的基础应具有足够的体积，以减少振动。基础表面应设置排污沟槽和地漏，以排除表面积存的油污。钢筋混凝土基础必须达到足够的凝固时间后，方能达到强度，压力测试才能合格 此外，柴油发电机组基础还应按照生产厂家提供的基础尺寸进行施工，在基础施工时柴油发电机组地脚螺栓个数以及位置尺寸应按生产厂家提供的个数和准确位置，进行预埋或预留孔洞，采用二次灌浆的方法埋设地脚螺栓。与此同时，在基础施工时要预埋好电线、电缆导管、接地装置，以及预留相关孔洞 钢筋混凝土基础浇筑28d后，经过173kPa以上压力测试合格，基础验收后才可进行发电机组的安装

质量通病现象	原因分析	防治措施
变压器的金属防护栏接地不良	变压器的金属防护栏及其金属活动门，是经常接触到的正常非带电可接近裸露导体，若不接地或接地不可靠，当带电导体碰到后，若保护装置未能及时动作并切断带电回路，将会造成触电等事故	变压器的金属防护栏及金属活动门的接地保护线应直接与接地干线连接，采用焊接连接时应牢固可靠，如采用螺栓连接紧固件及防松零件齐全，压接牢固。活动的金属护栏门应用编织铜线连接，编织铜线的截面宜大于 16mm²，且接地处须有接地标识
不间断电源装置的引入或引出电缆	若引入或引出不间断电源装置的主回路电线、电缆和控制电缆，没有分别穿保护管敷设或电缆的屏蔽护套未接地，在其运行中将相互干扰，不能保证不间断电源的正常运行	为了防止相互干扰，确保屏蔽可靠，引入或引出不间断电源装置的主回路绝缘导线、电缆和控制绝缘导线、电缆应分别穿钢导管保护。当在电缆支架上或梯架、托盘和线槽内平行敷设时，其分隔间距应符合设计要求；绝缘导线、电缆的屏蔽护套接地应连接可靠，紧固件齐全，与接地干线应就近连接
电容器的连线不采用软导线	电容器的连线不采用软导线，压接不牢，交股线不顺畅，色标不清晰，不整齐排列，将影响美观及其安全、可靠运行	电容器的连线应符合设计要求，接线应采用软导线，接线应对称一致，整齐美观，线端加接线端子，并压接可靠。电容器组用母线连接时，不要使电容器套管（接线端子）受机械压力，压接应紧密、可靠，母线排列整齐，并刷好相色漆 电容器组控制导线的连接应符合盘柜配线、二次回路配线的要求

质量通病现象	原因分析	防治措施
油浸变压器油位不正常,有渗油现象	(1) 变压器温升过高,长期过负荷或三相电流不平衡导致某一相电流超过额定值 (2) 油缓冲器磨损、缝隙增大、隔油构件破损,油箱有砂眼、气孔	由于油浸变压器在运行时,由于温度的变化,使储油柜内的油面起浮,为了监视变压器油面高度,一般在储油柜上安装油位计。油位计分为板式、管式和铁磁式三种。板式油位计由于观察不十分清楚,有机玻璃易开裂目前已不再使用。管式油位计和铁磁式油位计见表1-33 油位表或油标管的指示必须与贮油柜的真实油位相符,不得出现假油位,安装油位计时应注意确保放气孔和导油孔畅通,玻璃层要完好,油位表动作应灵活,油位表的信号接点,位置正确,绝缘良好。变压器油量应使油标内的油面保持在不低于1/2或不超过2/3处 变压器表面应清洁,各部位不应有漏油、渗油。若有渗油、漏油现象,可能是密封垫老化、箱体有砂眼或者螺栓松动、油阀门漏油,应更换密封垫,将砂眼处焊死,紧固螺栓,更换阀门等

模拟母线的标识颜色　　　　　　　　　　　　　　表 1-29

电压 (kV)	颜色	颜色编码	电压 (kV)	颜色	颜色编码	电压 (kV)	颜色	颜色编码
交流 0.23	深灰	B01	交流 35	柠黄	Y05	交流 500	淡黄	Y06
交流 0.40	赭黄	YR02	交流 60	橘黄	YR04	交流 1000	中蓝	PB03

电压（kV）	颜色	颜色编码	电压（kV）	颜色	颜色编码	电压（kV）	颜色	颜色编码
交流 3	深绿	G05	交流 110	朱红	R02	直流	棕	YR05
交流 6	深酞蓝	PB02	交流 154	天酞蓝	PB09	直流 500	紫	P02
交流 10	铁红	R01	交流 220	紫红	R04			
交流 13.8～20	淡绿	G02	交流 330	白	—			

注：1. 模拟母线的宽度宜为 6～12mm。

    2. 设备模拟的涂色应与相同电压等级的母线颜色一致。

母线漆色及其相序 表 1-30

组别	涂漆颜色	母线安装相互位置		
		垂直布置	水平布置	引下线
A	黄	上	后	左
B	绿	中	中	中
C	红	下	前	后
正极	赭	上	后	左
负极	蓝	下	前	后
中性线	紫	—	—	—
接地线	紫底黑条	—	—	—

导线连接处温升极限

表 1-31

测温位置		最高允许温度（℃）	周围介质温度为 40℃时允许温升（℃）	测量方法
分支母线相互连接处及分支母线与电器端子连接处	铜-铜	90	50	温度计法及热电偶法
	铜镀锡-铜镀锡	100	60	
	铜镀银-铜镀银	120	80	
	铝-铜　铝-铝	（70）	（30）	
母体本体		70	30	
柜内抽屉一次隔离触头		90	50	
低压二次回路中活动触头		85	45	
低压二次回路中固定接触部分		90	50	

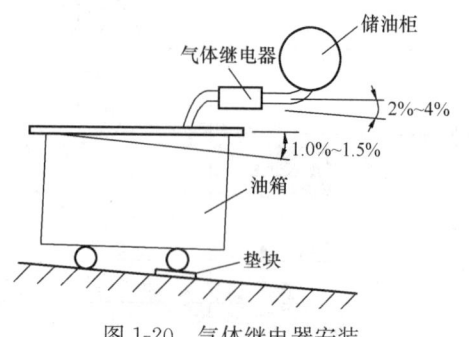

图 1-20　气体继电器安装

图 1-21　变压器防爆筒安装

干式变压器线圈的最高允许温度

表 1-32

绝缘等级	允许温度（℃）	最高允许温升（K）
A 级	105	60
E 级	120	75
B 级	130	80
F 级	155	100
H 级	180	125
C 级	220	150

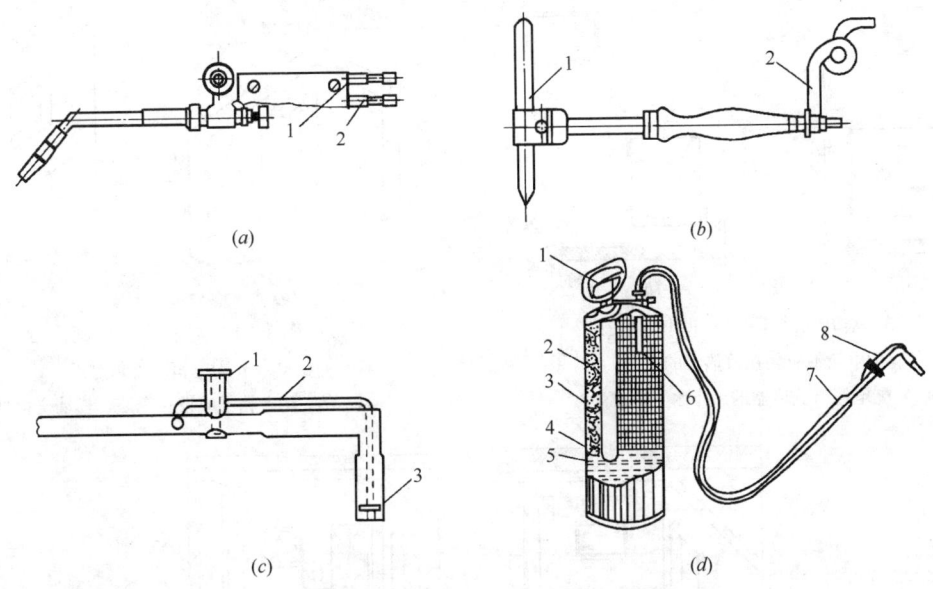

图 1-22　各种焊接工具

(a) 氧焊枪：1—乙炔气管；2—氧气管；(b) 电焊钳：1—炭精；2—导线；(c) 汽油空气焊枪：1—调节
螺钉；2—小嘴管；3—环形喷孔；(d) 汽油压缩空气焊接器：1—打气筒手柄；2—喷雾筒；3—汽油空气
混合气；4—汽油面；5—气阀；6—出气管；7—橡胶管；8—焊枪

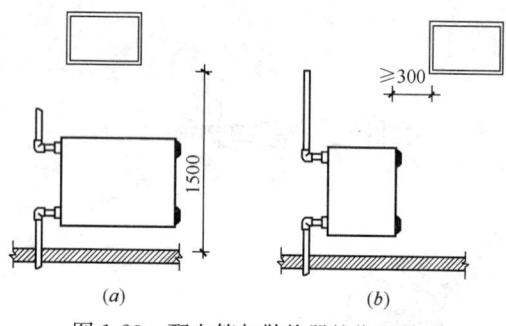

图 1-23 配电箱与散热器的位置关系

(a) 配电箱不应装在散热器的上方;

(b) 配电箱与散热器的最小水平距离

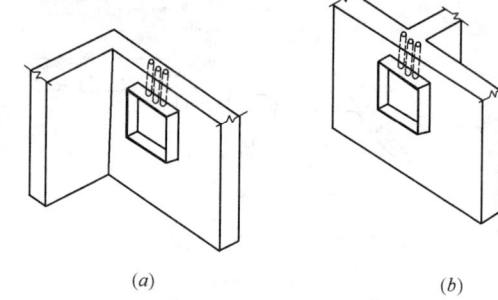

图 1-24 配电箱不正确位置

(a) 配电箱距墙角过近;

(b) 配电箱不应设在纵墙、横墙交接处

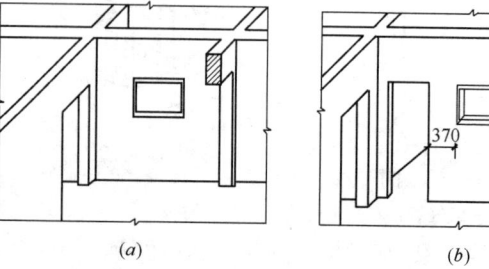

图 1-25 配电箱的正确位置

(a) 配电箱箱体在墙中间;(b) 箱体距门框边缘 0.37m

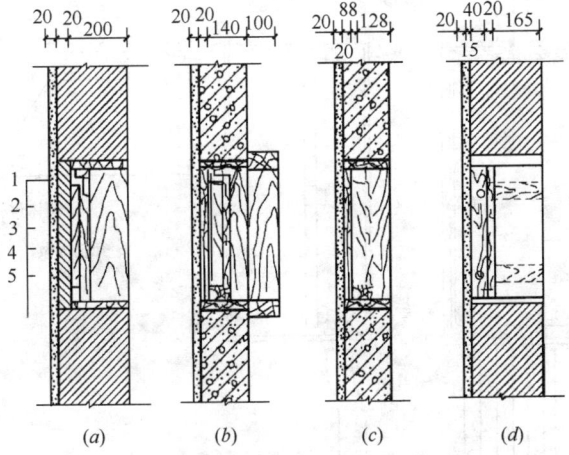

图 1-26　配电箱背面钉钢板网做法

(*a*) 24cm 砖墙内（木配电箱）；(*b*) 16cm 混凝土墙内（木配电箱加厚）；(*c*) 16cm 混凝土墙内（塑料板底及盘面）；(*d*) 24cm 砖墙内（砖洞抹水泥砂浆木盘面）

1—白灰罩面；2—水泥砂浆；3—钢板网；4—板条；5—木配电箱

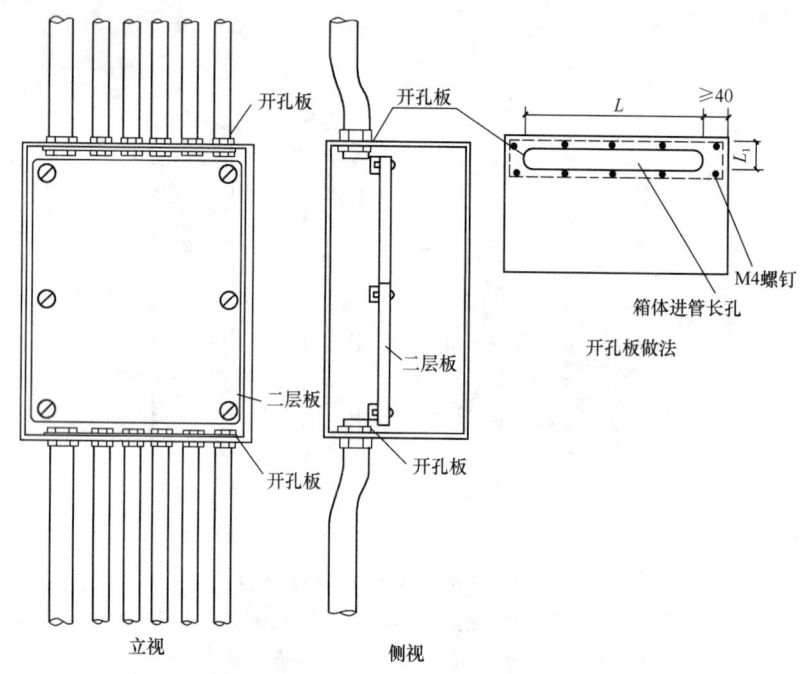

立视　　　　　　　側视

图 1-27　导管与箱体连接

注：1. 箱体的进管长孔规格（L_1、L）根据进管数量、管径、管间距离等确定，并应在配电箱加工制作时即进行开孔，活装开孔板的管孔，可在施工中再进行开孔。

2. 活装开孔板用铁板时，其厚度与箱体同；用塑料板时，其厚度≥5mm。

表 1-33

类别		图示	备注
管式油位计	小型管式油位计		小型变压器储油柜直径小于 310mm 时，都是选用小型管试油位计，它是将玻璃管用螺栓直接安装在储油柜的端盖上

类别		图示	备注
管位油位计	大型管式油位计	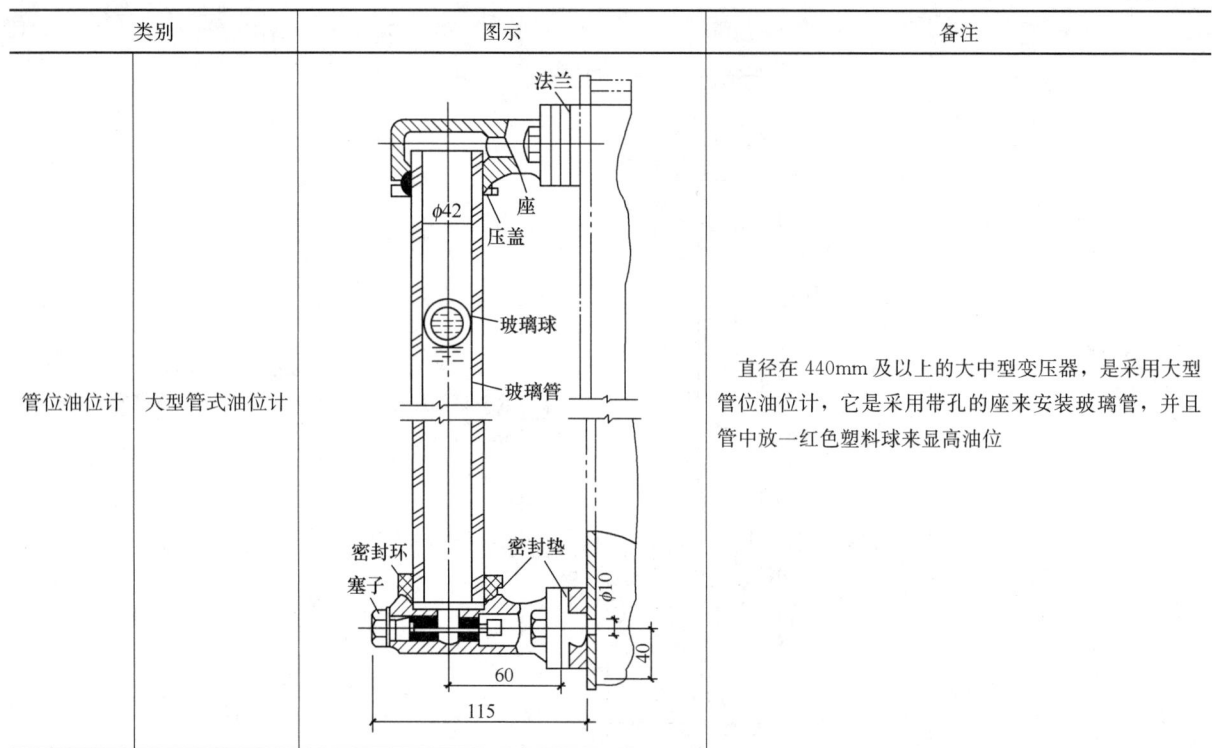	直径在 440mm 及以上的大中型变压器，是采用大型管位油位计，它是采用带孔的座来安装玻璃管，并且管中放一红色塑料球来显高油位

类别	图示	备注
铁磁式油位计	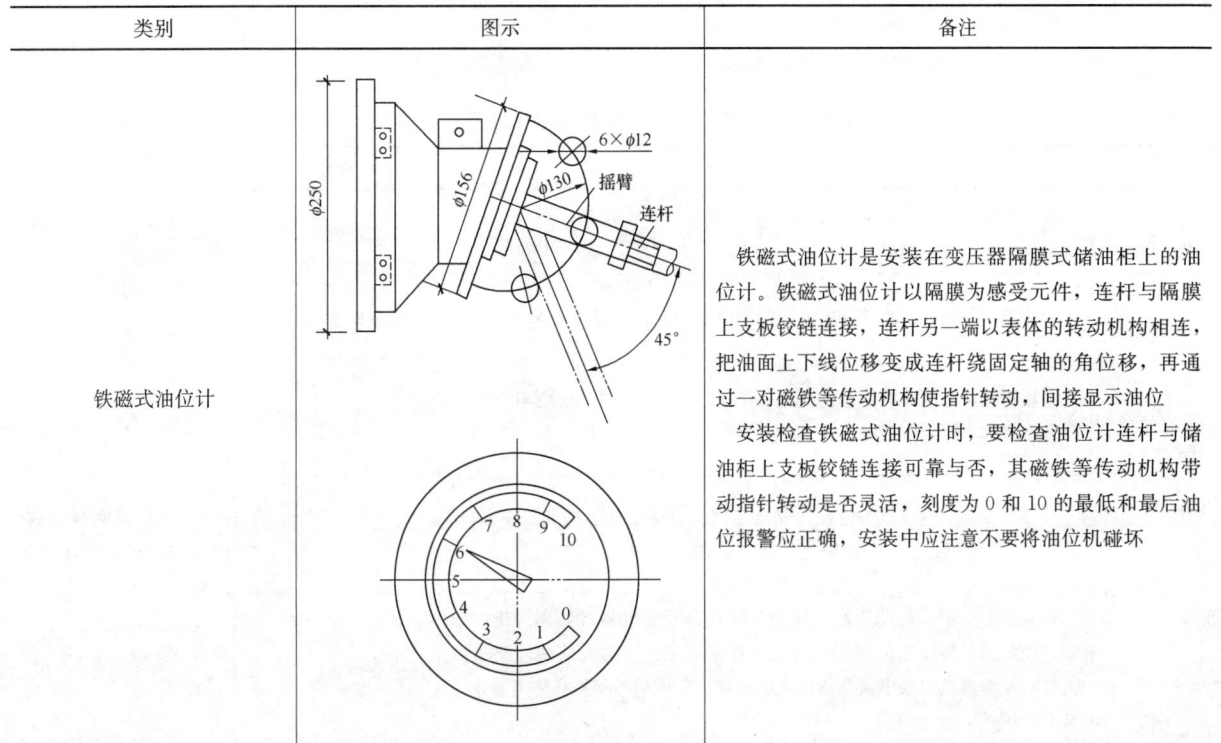	铁磁式油位计是安装在变压器隔膜式储油柜上的油位计。铁磁式油位计以隔膜为感受元件，连杆与隔膜上支板铰链连接，连杆另一端以表体的转动机构相连，把油面上下线位移变成连杆绕固定轴的角位移，再通过一对磁铁等传动机构使指针转动，间接显示油位 　　安装检查铁磁式油位计时，要检查油位计连杆与储油柜上支板铰链连接可靠与否，其磁铁等传动机构带动指针转动是否灵活，刻度为 0 和 10 的最低和最后油位报警应正确，安装中应注意不要将油位机碰坏

1.2.2 变配电设备安装质量标准及验收方法

1. 变压器、箱式变电所安装

变压器、箱式变电所安装的质量标准及验收方法应符合表 1-34 的规定。

变压器、箱式变电所安装的质量标准及验收方法   表 1-34

项目	项次	合格质量标准	检查数量	检验方法
主控项目	1	变压器安装应位置正确，附件齐全，油浸变压器油位正常，无渗油现象	全数检查	观察检查
	2	变压器中性点的接地连接方式及接地电阻值应符合设计要求	全数检查	观察检查并用接地电阻测试仪测试
	3	变压器箱体、干式变压器的支架、基础型钢及外壳应分别单独与保护导体可靠连接，紧固件及防松零件齐全	紧固件及防松零件抽查 5%，其余全数检查	观察检查
	4	变压器及高压电气设备应按《建筑电气工程施工质量验收规范》GB 50303—2015 第 3.1.5 条的规定完成交接试验且合格	全数检查	试验时观察检查或查阅交接试验记录
	5	箱式变电所及其落地式配电箱的基础应高于室外地坪，周围排水通畅。用地脚螺栓固定的螺帽应齐全，拧紧牢固；自由安放的应垫平放正。对于金属箱式变电所及落地式配电箱，箱体应与保护导体可靠连接且有标识	全数检查	观察检查和手感检查

项目	项次	合格质量标准	检查数量	检验方法
主控项目	6	箱式变电所的交接试验应符合下列规定： （1）由高压成套开关柜、低压成套开关柜和变压器三个独立单元组合成的箱式变电所高压电气设备部分，应按《建筑电气工程施工质量验收规范》GB 50303—2015 第 3.1.5 条的规定完成交接试验且合格 （2）对于高压开关、熔断器等与变压器组合在同一个密闭油箱内的箱式变电所，交接试验应按产品提供的技术文件要求执行 （3）低压成套配电柜和馈电线路的每路配电开关及保护装置的相间和相对地间的绝缘电阻值不应小于 0.5MΩ；当国家现行产品标准未做规定时，电气装置的交流工频耐压试验电压应为 1000V，试验持续时间应为 1min，当绝缘电阻值大于 10MΩ 时，宜采用 2500V 兆欧表摇测	全数检查	用绝缘电阻测试仪测试、试验并查阅交接试验记录
	7	配电间隔和静止补偿装置栅栏门应采用裸编织铜线与保护导体可靠连接，其截面积不应小于 4mm^2	全数检查	观察检查
一般项目	8	有载调压开关的传动部分润滑应良好，动作应灵活，点动给定位置与开关实际位置应一致，自动调节应符合产品的技术文件要求	全数检查	观察检查或操作检查
	9	绝缘件应无裂纹、缺损和瓷件瓷釉损坏等缺陷，外表应清洁，测温仪表指示应准确	各种规格各抽查 10%，且不得少于 1 件	观察检查
	10	装有滚轮的变压器就位后，应将滚轮用能拆卸的制动部件固定	全数检查	观察检查

项目	项次	合格质量标准	检查数量	检验方法
一般项目	11	变压器应按产品技术文件要求进行器身检查，当满足下列条件之一时，可不检查器身： （1）制造厂规定不检查器身 （2）就地生产仅作短途运输的变压器，且在运输过程中有效监督，无紧急制动、剧烈振动、冲撞或严重颠簸等异常情况	全数检查	核对产品技术文件、查阅运输过程资料
	12	箱式变电所内，外涂层应完整、无损伤，对于有通风口的，其风口防护网应完好	全数检查	观察检查
	13	箱式变电所的高压和低压配电柜内部接线应完整、低压输出回路标记应清晰，回路名称应准确	按回路数量抽查10%，且不得少于1个回路	观察检查
	14	对于油浸变压器顶盖，沿气体继电器的气流方向应有 1.0%～1.5% 的升高坡度。除与母线槽采用软连接外，变压器的套管中心线应与母线槽中心线在同一轴线上	全数检查	观察检查并采用水平仪测试
	15	对有防护等级要求的变压器，在其高压或低压及其他用途的绝缘盖板上开孔时，应符合变压器的防护等级要求	全数检查	观察检查

2. 成套配电柜、控制柜（台、箱）和配电箱（盘）安装

成套配电柜、控制柜（台、箱）和配电箱（盘）安装的质量标准及验收方法应符合表 1-35 的规定。

项目	项次	合格质量标准	检查数量	检验方法
主控项目	1	柜、台、箱的金属框架及基础型钢应与保护导体可靠连接；对于装有电器的可开启门，门和金属框架的接地端子间应选用截面积不小于 4mm² 的黄绿色绝缘铜芯软导线连接，并应有标识	全数检查	观察检查
	2	柜、台、箱、盘等配电装置应有可靠的防电击保护；装置内保护接地导体（PE）排应有裸露的连接外部保护接地导体的端子，并应可靠连接。当设计未做要求时，连接导体最小截面积应符合现行国家标准《低压配电设计规范》GB 50054 的规定	全数检查	观察检查并采用力矩扳手检查
	3	手车、抽屉式成套配电柜推拉应灵活，无卡阻、碰撞现象。动触头与静触头的中心线应一致，且触头接触应紧密，投入时，接地触头应先于主触头接触；退出时，接地触头应后于主触头脱开	全数检查	观察检查
	4	高压成套配电柜应按《建筑电气工程施工质量验收规范》GB 50303—2015 第 3.1.5 条的规定进行交接试验并合格，且应符合下列规定： （1）继电保护元器件、逻辑元件、变送器和控制用计算机等单体校验应合格，整组试验动作应正确，整定参数应符合设计要求 （2）新型高压电气设备和继电保护装置投入使用前，应按产品技术文件要求进行交接试验	全数检查	模拟试验检查或查阅交接试验记录
	5	低压成套配电柜交接试验应符合表 1-34 中项次 6 的第（3）款的规定	全数检查	用绝缘电阻测试仪测试、试验时观察检查或查阅交接试验记录

项目	项次	合格质量标准	检查数量	检验方法
主控项目	6	对于低压成套配电柜、箱及控制柜（台、箱）间线路的线间和线对地间绝缘电阻值，馈电线路不应小于 0.5MΩ，二次回路不应小于 1MΩ；二次回路的耐压试验电压应为 1000V，当回路绝缘电阻值大于 10MΩ 时，应采用 2500V 兆欧表代替，试验持续时间应为 1min 或符合产品技术文件要求	按每个检验批的配线回路数量抽查 20%，且不得少于 1 个回路	用绝缘电阻测试仪测试或试验、测试时观察检查或查阅绝缘电阻测试记录
	7	直流柜试验时，应将屏内电子器件从线路上退出，主回路线间和线对地间绝缘电阻值不应小于 0.5MΩ，直流屏所附蓄电池组的充、放电应符合产品技术文件要求；整流器的控制调整和输出特性试验应符合产品技术文件要求	全数检查	用绝缘电阻测试仪测试，调整试验时观察检查或查阅试验记录
	8	低压成套配电柜和配电箱（盘）内末端用电回路中，所设过电流保护电器兼作故障防护时，应在回路末端测量接地故障回路阻抗，且回路阻抗应满足下式要求：$$Z_s(m) \leqslant \frac{2}{3} \times \frac{U_0}{I_a}$$ 式中 $Z_s(m)$——实测接地故障回路阻抗（Ω）；U_0——相导体对接地的中性导体的电压（V）；I_a——保护电器在规定时间内切断故障回路的动作电流（A）	按末级配电箱（盘、柜）总数量抽查 20%，每个被抽查的末级配电箱至少应抽查 1 个回路，且不应少于 1 个末级配电箱	仪表测试并查阅试验记录

项目	项次	合格质量标准	检查数量	检验方法
主控项目	9	配电箱（盘）内的剩余电流动作保护器（RCD）应在施加额定剩余动作电流（$I_{\triangle n}$）的情况下测试动作时间，且测试值应符合设计要求	每个配电箱（盘）不少于1个	仪表测试并查阅试验记录
	10	柜、箱、盘内电涌保护器（SPD）安装应符合下列规定： （1）SPD的型号规格及安装布置应符合设计要求 （2）SPD的接线形式应符合设计要求，接地导线的位置不宜靠近出线位置 （3）SPD的连接导线应平直、足够短，且不宜大于0.5m	按每个检验批电涌保护器（SPD）的数量抽查20%，且不得少于1个	观察检查
	11	IT系统绝缘监测器（IMD）的报警功能应符合设计要求	全数检查	仪表测试
	12	照明配电箱（盘）安装应符合下列规定： （1）箱（盘）内配线应整齐，无绞接现象；导线连接应紧密，不伤线芯，不断股；垫圈下螺钉两侧压的导线截面积应相同，同一电器器件端子上的导线连接不应多于2根，防松垫圈等零件应齐全 （2）箱（盘）内开关动作应灵活、可靠 （3）箱（盘）内宜分别设置中性导体（N）和保护接地导体（PE）汇流排，汇流排上同一端子不应连接不同回路的N或PE	按照明配电箱（盘）数量抽查10%，且不得少于1台	观察检查及操作检查，螺钉旋具拧紧检查
	13	送至建筑智能化工程变送器的电量信号精度等级应符合设计要求，状态信号应正确；接收建筑智能化工程的指令应使建筑电气工程的断路器动作符合指令要求，且手动、自动切换功能均应正常	全数检查	模拟试验时观察检查或查阅检查记录

项目	项次	合格质量标准	检查数量	检验方法
一般项目	14	基础型钢安装允许偏差应符合表 1-36 的规定	按总数抽查 20%，且不得少于 1 台	水平仪或拉线尺量检查
	15	柜、台、箱、盘的布置及安全间距应符合设计要求	全数检查	尺量检查
	16	柜、台、箱相互间或与基础型钢间应用镀锌螺栓连接，且防松零件应齐全；当设计有防火要求时，柜、台、箱的进出口应做防火封堵，并应封堵严密	按柜、台、箱总数抽查 10%，且各不得少于 1 台	观察检查
	17	室外安装的落地式配电（控制）柜、箱的基础应高于地坪，周围排水应通畅，其底座周围应采取封闭措施	全数检查	观察检查
	18	柜、台、箱、盘应安装牢固，且不应设置在水管的正下方。柜、台、箱、盘安装垂直度允许偏差不应大于 1.5‰，相互间接缝不应大于 2mm，成列盘面偏差不应大于 5mm	按总数抽查 10%，且不得少于 1 台	线坠尺量检查、塞尺检查、拉线尺量检查
	19	柜、台、箱、盘内检查试验应符合下列规定： （1）控制开关及保护装置的规格、型号应符合设计要求 （2）闭锁装置动作应准确、可靠 （3）主开关的辅助开关切换动作应与主开关动作一致 （4）柜、台、箱、盘上的标识器件应标明被控设备编号及名称或操作位置，接线端子应有编号，且清晰、工整、不易脱色 （5）回路中的电子元件不应参加交流工频耐压试验，50V 及以下回路可不做交流工频耐压试验	按柜、台、箱、盘总数抽查 10%，且不得少于 1 台	观察检查并按设计图核对规格型号

项目	项次	合格质量标准	检查数量	检验方法
一般项目	20	低压电器组合应符合下列规定： （1）发热元件应安装在散热良好的位置 （2）熔断器的熔体规格、断路器的整定值应符合设计要求 （3）切换压板应接触良好，相邻压板间应有安全距离，切换时不应触及相邻的压板 （4）信号回路的信号灯、按钮、光字牌、电铃、电笛、事故电钟等动作和信号显示应准确 （5）金属外壳需做电击防护时，应与保护导体可靠连接 （6）端子排应安装牢固，端子应有序号，强电、弱电端子应隔离布置，端子规格应与导线截面积大小适配	按低压电器组合完成后的总数抽查10%，且不得少于1台	观察检查并按设计图核对电器技术参数
	21	柜、台、箱、盘间配线应符合下列规定： （1）二次回路接线应符合设计要求，除电子元件回路或类似回路外，回路的绝缘导线额定电压不应低于450/750V；对于铜芯绝缘导线或电缆的导体截面积，电流回路不应小于2.5mm²，其他回路不应小于1.5mm² （2）二次回路连线应成束绑扎，不同电压等级、交流、直流线路及计算机控制线路应分别绑扎，且应有标识；固定后不应妨碍手车开关或抽出式部件的拉出或推入 （3）线缆的弯曲半径不应小于线缆允许弯曲半径 （4）导线连接不应损伤线芯	按柜、台、箱、盘总数抽查10%，且不得少于1台	观察检查

项目	项次	合格质量标准	检查数量	检验方法
一般项目	22	柜、台、箱、盘面板上的电器连接导线应符合下列规定： （1）连接导线应采用多芯铜芯绝缘软导线，敷设长度应留有适当裕量 （2）线束宜有外套塑料管等加强绝缘保护层 （3）与电器连接时，端部应绞紧、不松散、不断股，其端部可采用不开口的终端端子或搪锡 （4）可转动部位的两端应采用卡子固定	按柜、台、箱、盘总数抽查10%，且不得少于1台	观察检查
	23	照明配电箱（盘）安装应符合下列规定： （1）箱体开孔应与导管管径适配，暗装配电箱箱盖应紧贴墙面，箱（盘）涂层应完整 （2）箱（盘）内回路编号应齐全，标识应正确 （3）箱（盘）应采用不燃材料制作 （4）箱（盘）应安装牢固、位置正确、部件齐全，安装高度应符合设计要求，垂直度允许偏差不应大于1.5‰	按照明配电箱（盘）总数抽查10%，且不得少于1台	观察检查并用线坠尺量检查

基础型钢安装允许偏差

表 1-36

项目	允许偏差（mm）	
	每米	全长
不直度	1.0	5.0
水平度	1.0	5.0
不平行度	—	5.0

3. 柴油发电机组安装

柴油发电机组安装的质量标准及验收方法应符合表 1-37 的规定。

柴油发电机组安装的质量标准及验收方法 表 1-37

项目	项次	合格质量标准	检查数量	检验方法
主控项目	1	发电机的试验应符合表 1-38 的规定	全数检查	试验时观察检查并查阅发电机交接试验记录
	2	对于发电机组至配电柜馈电线路的相间、相对地间的绝缘电阻值，低压馈电线路不应小于 0.5MΩ，高压馈电线路不应小于 1MΩ/kV；绝缘电缆馈电线路直流耐压试验应符合现行国家标准《电气装置安装工程　电气设备交接试验标准》GB 50150—2016 的规定	全数检查	用绝缘电阻测试仪测试检查，试验时观察检查并查阅测试、试验记录
	3	柴油发电机馈电线路连接后，两端的相序应与原供电系统的相序一致	全数检查	核相时观察检查并查阅核相记录
	4	当柴油发电机并列运行时，应保证其电压、频率和相位一致	全数检查	观察检查并查阅运行记录
	5	发电机的中性点接地连接方式及接地电阻值应符合设计要求，接地螺栓防松零件齐全且有标识	全数检查	观察检查并用接地电阻测试仪测试
	6	发电机本体和机械部分的外露可导电部分应分别与保护导体可靠连接，并应有标识	全数检查	观察检查
	7	燃油系统的设备及管道的防静电接地应符合设计要求	全数检查	观察检查

项目	项次	合格质量标准	检查数量	检验方法
一般项目	8	发电机组随机的配电柜、控制柜接线应正确，紧固件紧固状态良好，无遗漏脱落。开关、保护装置的型号、规格正确，验证出厂试验的锁定标记应无位移，有位移的应重新试验标定	全数检查	观察检查
	9	受电侧配电柜的开关设备、自动或手动切换装置和保护装置等的试验应合格，并应按设计的自备电源使用分配预案进行负荷试验，机组应连续运行无故障	全数检查	试验时观察检查并查阅电器设备试验记录和发电机负荷试运行记录

发电机交接试验

表 1-38

序号	部位	内容	试验内容	试验结果
1	静态试验	定子电路	测量定子绕组的绝缘电阻和吸收比	400V 发电机绝缘电阻值大于 $0.5M\Omega$，其他高压发电机绝缘电阻不低于其额定电压 $1M\Omega/kV$ 沥青浸胶及烘卷云母绝缘吸收比大于 1.3 环氧粉云母绝缘吸收比大于 1.6
2			常温下，绕组表面温度与空气温度差在 $\pm3℃$ 范围内测量各相直流电阻	各相直流电阻值相互间差值不大于最小值的 2%，与出厂值在同温度下比差值不大于 2%
3			1kV 以上发电机定子绕组直流耐压试验和泄漏电流测量	试验电压为电机额定电压的 3 倍。试验电压按每级 50% 的额定电压分阶段升高，每阶段停留 1min，并记录泄漏电流；在规定的试验电压下，泄漏电流应符合下列规定： （1）各相泄漏电流的差别不应大于最小值的 100%，当最大泄漏电流在 $20\mu A$ 以下，各相间的差值可不考虑 （2）泄漏电流不应随时间延长而增大 （3）泄漏电流不应随电压不成比例显著增长
4			交流工频耐压试验 1min	试验电压为 $1.6U_n+800V$，无闪络击穿现象，U_n 为发电机额定电压

序号	部位	内容	试验内容	试验结果
5	静态试验	转子电路	用1000V兆欧表测量转子绝缘电阻	绝缘电阻值大于0.5MΩ
6			在常温下，绕组表面温度与空气温度差在±3℃范围内测量绕组直流电阻	数值与出厂值在同温度下比差值不大于2%
7			交流工频耐压试验1min	用2500V摇表测量绝缘电阻替代
8		励磁电路	退出励磁电路电子器件后，测量励磁电路的线路设备的绝缘电阻	绝缘电阻值大于0.5MΩ
9			退出励磁电路电子器件后，进行交流工频耐压试验1min	试验电压1000V，无击穿闪络现象
10		其他	有绝缘轴承的用1000V兆欧表测量轴承绝缘电阻	绝缘电阻值大于0.5MΩ
11			测量检温计（埋入式）绝缘电阻，校验检温计精度	用250V兆欧表检测不短路，精度符合出厂规定
12			测量灭磁电阻，自同步电阻器的直流电阻	与铭牌相比较，其差值为±10%
13	运转试验		发电机空载特性试验	按设备说明书比对，符合要求
14			测量相序和残压	相序与出线标识相符
15			测量空载和负荷后轴电压	按设备说明书比对，符合要求

序号	部位 内容	试验内容	试验结果
16		测量启停试验	按设计要求检查，符合要求
17	运转试验	1kV以上发电机转子绕组膛外、膛内阻抗测量（转子如抽出）	应无明显差别
18		1kV以上发电机灭磁时间常数测量	按设备说明书比对，符合要求
19		1kV以上发电机短路特性试验	按设备说明书比对，符合要求

4. UPS 及 EPS 安装

UPS 及 EPS 安装的质量标准及验收方法应符合表 1-39 的规定。

UPS 及 EPS 安装的质量标准及验收方法　　　　　　　　　　　　表 1-39

项目	项次	合格质量标准	检查数量	检验方法
主控项目	1	UPS 及 EPS 的整流、逆变、静态开关、储能电池或蓄电池组的规格、型号应符合设计要求。内部接线应正确、可靠、不松动，紧固件应齐全	全数检查	核对设计图并观察检查
	2	UPS 及 EPS 的极性应正确，输入、输出各级保护系统的动作和输出的电压稳定性、波形畸变系数及频率、相位、静态开关的动作等各项技术性能指标试验调整应符合产品技术文件要求，当以现场的最终试验替代出厂试验时，应根据产品技术文件进行试验调整且符合设计文件要求	全数检查	试验调整时观察检查并查阅设计文件和产品技术文件及试验调整记录

项目	项次	合格质量标准	检查数量	检验方法
主控项目	3	EPS 应按设计或产品技术文件的要求进行下列检查： （1）核对初装容量，并应符合设计要求 （2）核对输入回路断路器的过载和短路电流整定值，并应符合设计要求 （3）核对各输出回路的负荷量，且不应超过 EPS 的额定最大输出功率 （4）核对蓄电池备用时间及应急电源装置的允许过载能力，并应符合设计要求 （5）当对电池性能、极性及电源转换时间有异议时，应由制造商负责现场测试，并应符合设计要求 （6）控制回路的动作试验，并应配合消防联动试验合格	全数检查	按设计或产品技术文件核对相关技术参数，查阅相关试验记录
	4	UPS 及 EPS 的绝缘电阻值应符合下列规定： （1）UPS 的输入端、输出端对地间绝缘电阻值不应小于 2MΩ （2）UPS 及 EPS 连线及出线的线间、线对地间绝缘电阻不应小于 0.5MΩ	第 1 款全数检查；第 2 款按回路数各抽查 20%，且各不得少于 1 个回路	用绝缘电阻测试仪测试并查阅绝缘电阻测试记录
	5	UPS 输出端的系统接地连接方式应符合设计要求	全数检查	按设计图核对检查
一般项目	6	安放 UPS 的机架或金属底座的组装应横平竖直、紧固件齐全，水平度、垂直度允许偏差不应大于 1.5‰	按设备总数抽查 20%，且各不得少于 1 台	观察检查并用拉线尺量检查、线坠尺量检查

项目	项次	合格质量标准	检查数量	检验方法
一般项目	7	引入或引出 UPS 及 EPS 的主回路绝缘导线、电缆和控制绝缘导线、电缆应分别穿钢导管保护，当在电缆支架上或在梯架、托盘和线槽内平行敷设时，其分隔间距应符合设计要求；绝缘导线、电缆的屏蔽护套接地应连接可靠、紧固件齐全，与接地干线应就近连接	按装置的主回路总数抽查 10%，且不得少于 1 个回路	观察检查并用尺量检查，查阅相关隐蔽工程检查记录
	8	UPS 及 EPS 的外露可导电部分应与保护导体可靠连接，并应有标识	按设备总数抽查 20%，且不得少于 1 台	观察检查
	9	UPS 正常运行时产生的 A 声级噪声应符合产品技术文件要求	全数检查	用 A 声级计测量检查

1.3 受电设备工程

1.3.1 质量通病原因分析及防治措施

为了保证受电设备工程的质量，要求相关工作人员必须熟悉质量问题的现象和防治方法。常见的受电设备工程的质量问题列于表 1-40 中。

受电设备工程质量通病分析及防治措施
表 1-40

质量通病现象	原因分析	防治措施
电动机启动方式选择不当	若电动机启动方式选择不当，如容量较大的直接启动，通上电源后，可能会使电机运转不起来或给电网上其他正在运行的设备带来不良影响	电动机启动方式有两种，全压启动和降压启动 （1）全压启动 电动机直接接入额定电压，一般是 10kV 及以下的采用这种方式，但是在变压器容量够大，电动机启动电流不超过变压器的额定电流 20%～30% 的较大容量的电动机可以直接启动 （2）降压启动 电动机接入低于额定电压值，其启动方式有：

质量通病现象	原因分析	防治措施
电动机启动方式选择不当	若电动机启动方式选择不当，如容量较大的直接启动，通上电源后，可能会使电机运转不起来或给电网上其他正在运行的设备带来不良影响	1）Y/△启动 2）三角形启动 3）电抗器启动 4）自耦降压器启动
电动机的抽芯检查不到位	在电动机抽芯后，要对其转子、定子等进行细致的检查，若由于检查不到位或不彻底，再返工，不仅浪费时间，也不容易保证质量	电动机抽芯检查是一项技术性较高的工作，一定要保证拆卸和组装质量，不得碰伤绕组和铁芯及其他部件。其具体检查内容有： （1）电动机内部应清洁，无杂物 （2）电动机的铁芯、轴颈、集电环和换向器应清洁，无伤痕和锈蚀，通风孔无阻塞 （3）绕组绝缘层应完好，绑线应无松动 （4）定子槽楔应无断裂、凸出和松动，并应按产品技术文件要求检查端部槽楔应嵌紧 （5）转子的平衡块及平衡螺钉应紧固锁牢，风扇方向应正确，叶片应无裂纹 （6）磁极及铁轭固定应良好，励磁绕组应紧贴磁极且不松动 （7）鼠笼式电动机转子铜导电条和端环应无裂纹，焊接应良好，浇铸的转子表面应光滑、平整；导电条和端环不应有气孔、缩孔、夹渣、裂纹、细条、断条和浇铸不满 （8）电动机绕组的连接应正确，焊接应良好 （9）直流电动机的磁极中心线与几何中心线应一致 （10）电动机的滚动轴承检查应符合下列规定：

质量通病现象	原因分析	防治措施
电动机的抽芯检查不到位	在电动机抽芯后，要对其转子、定子等进行细致的检查，若由于检查不到位或不彻底再返工，不仅浪费时间，也不容易保证质量	1) 轴承工作面应光滑、清洁，无麻点、裂纹或锈蚀，并应记录轴承型号 2) 轴承的滚动体与内外圈接触应良好、无松动，转动应灵活、无卡涩，其间隙应满足产品技术文件要求 3) 加入轴承内的润滑脂应填满其内部空隙的 2/3；不得将不同品种的润滑脂填入同一轴承内
电动机没有进行空载试运行	若电动机未进行空载试运行，就确定不了机械装配质量。如果装配质量不好就有可能造成机械转动出现异常情况，如异常撞击声响、噪声太大以及电机温升过快。如滚动轴承润滑油脂填充量过多，将会导致轴承温度过高	电动机安装完后，应进行通电试运行，并应检查转向和机械转动。空载试运行时间宜为 2h，机身和轴承的温升、电压和电流等应符合建筑设备或工艺装置的空载状态运行要求，并应记录电流、电压、温度、运行时间等有关数据。电动机的空载电流一般为额定电流的 30%（指异步电动机）以下，机身的温升经 2h 空载试运行不会太高
交流电动机在空载状态下启动频繁	由于电动机启动瞬时电流要比额定电流大，有的达 6~8 倍，虽然空载（设备不投料）无负荷，但因被拖动的设备转动惯量大（如风机等），启动电流衰减的速度慢、时间长，所以，交流电动机在空载状态下启动频繁将造成电动机线圈过热	为防止交流电动机在空载状态下启动频繁而使线圈过热，交流电动机在空载状态下可启动次数及间隔时间应符合产品技术条件的要求。无要求时，连续启动 2 次的时间间隔不应小于 5min，并应在电动机冷却至常温下再次启动

质量通病现象	原因分析	防治措施
电动机绕组内部短路	电动机绕组内部由于没有安装短路保护，当发生短路时，电流突然增大，将会烧坏电动机	为了避免电动机绕组内部发生短路现象，应安装采用熔断器作为短路保护 熔断器包括填料塞式熔断器、保护半导体器件熔断器、无填料密封管式熔断器以及自复熔断器。一般用作交、直流线路和设备的短路或过载保护 熔断器的安装应当符合以下要求： (1) 熔断器及熔体的容量应符合设计要求： 1) 对于变压器、电炉和照明等负载，熔体的额定电流应略大于或等于负载电流 2) 对于输配电线路，熔体的额定电流应略小于或等于线路的安全电流 3) 对电动机负载，因为启动电流较大，一般可按下列公式计算： 对于一台电动机负载的短路保护： $$I_{熔体额定电流} \geqslant (1.5 \sim 2.5) I_{电机额定电流}$$ 式中 $(1.5 \sim 2.5)$ ——系数，视负载性质和启动方式不同而选取；对轻载启动，启动次数少、时间短或降压启动时，取小值；对重载启动，启动频繁、启动时间长或全压启动时，取大值 对于多台电动机负载的短路保护： $$I_{熔体额定电流} \geqslant (1.5 \sim 2.5) I_{最大电机额定电流} + 其余电动机的计算负荷电流$$ 4) 熔断器的选择：额定电压应大于或等于线路工作电压；额定电流应大于或等于所装熔体的额定电流 (2) 安装位置及相互间距应符合设计要求，并应便于拆卸、更换熔体；更换熔丝时，应切断电源，更不允许带负荷换熔丝，并应换上相同额定电流的熔丝 (3) 有熔断指示器的熔断器，指示器应保持正常状态，并应装在便于观察的一侧

质量通病现象	原因分析	防治措施
电动机绕组内部短路	电动机绕组内部由于没有安装短路保护,当发生短路时,电流突然增大,将会烧坏电动机	(4) 瓷质熔断器在金属底板上安装时,其底座应垫软绝缘衬垫。螺旋式熔断器安装时,其底座不应松动,电源进线应接地熔芯引出的接线端子上,出线应接在螺纹壳的接线端上 (5) 安装时应保证熔体和触刀以及触刀和刀座接触良好,以免因熔体温度升高发生误动作。安装熔体时,必须注意不要使它受到机械损伤,以免减少熔体截面积,产生局部发热而产生误动作
电动机定子绕组首末端未判明就进行接线	若电动机没有铭牌或端子标号不清楚,就进行接线,一旦绕组出线端的头尾接错了,当电动机启动时,绕组中流过的电流方向即与原来相反,使电动机的电动势和电抗发生不平衡,使电动机过热,转速降低,甚至造成电动机不动,熔丝烧断	电动机定子绕组首末端未判明前,不可进行接线,应先进行定子绕组首末端的判断 三相绕组出线端头尾的确定有以下几种方法: (1) 直流感应法　如图 1-28 所示接法,在任一相绕组上接入一个 24V 直流电源,其他一相接入直流毫安表。当接通电源的瞬间,如毫安表指向大于零的一边,则电池正极所接线头与毫安表负端所接线头同为头或尾。如指针反方向摆动,则电池正极所接线头与毫安表正端所接线头同为头或尾,再将电池接到另一相的两个线头试验,就可确定头与尾 (2) 交流电压法　如图 1-29 所示接法,在一相绕组中接入安全交流电压(如 36V 低压交流电)使流过绕组的电流低于额定电流,另外两相串联起来接上灯泡或电压表。如果灯泡发亮或电压表指示表明三相绕组头尾连接是正确的,因为作用在灯泡或电压表上的电压相绕组头尾接反;如果作用在灯泡或电压表上的电压是两相感应电动势的矢量差,正好抵消 (3) 万用表检查法　如图 1-30 所示接法。用万用表直流毫安档进行测试,此时要转动电动转子,如万用表指针不动,则证明绕组头尾连接是正确的,如万用表指针转动,表明三相绕组内头尾连接是错误的,应对调一相绕组头尾重试,直到万用表指针不动为止

质量通病现象	原因分析	防治措施
电动机无过压保护措施	电动机在运行时，突然停电，电动机停转，当再来电时，若电动机没有保护措施，而值班人员又不在，电动机自行运转是不安全的	电动机应采用接触器控制，当电源停电或电压过低时能自动脱离电源，当再来电时也不会自行启动、运行 （1）安装前检查时应符合以下要求： 1）电磁铁的铁芯表面应无锈斑及油垢，将铁芯板面上的防锈油擦净，以免油垢粘住造成接触器断电不释放，触头的接触面应平整、清洁 2）接触器、启动器的活动部件动作灵活，无卡阻；衔铁吸合后应无异常响声，触头接触紧密，断电后应能迅速脱开 3）检查接触器铭牌及线圈上的额定电压、额定电流等技术数据是否符合使用要求；电磁启动器热元件的规格应按电动机的保护特性选配；热继电器的电流调节指示位置，应调整在电机的额定电流值上，如设计有要求时，尚应按整定值进行校验 （2）安装时，接触器的底面与地面垂直，倾斜度不超过 5°。CJO 系列接触器安装时，应使有孔的两面放在上下位置，以利散热，降低线圈的温度
电动机安装前未检查绝缘性能	由于电动机经过运输和保管容易受潮，若安装前不检查其绝缘性能，并去除潮气，将应影响电动机的安全运行	应通过干燥将线圈中的潮气去除，以确保电动机的安全运行 （1）电机绝缘情况如满足下列条件之一者，可以不经干燥，直接投入运行： 1）运输和保管过程中线圈未显著受潮，电压在 1000V 以下，线圈绝缘电阻不小于 0.5MΩ；电压在 1000V 以上，在接近运行温度时，定子线圈绝缘电阻不小于 1MΩ/kV，转子线圈不小于 0.5MΩ

质量通病现象	原因分析	防治措施
电动机安装前未检查绝缘性能	由于电动机经过运输和保管容易受潮，若安装前不检查其绝缘性能，并去除潮气，将应影响电动机的安全运行	2）$R_{60}/R_{15} \geqslant 1.3$ 用绝缘电阻表测量绝缘电阻时，绝缘电阻表在 60s 时所测得的电阻值 R_{60}，绝缘电阻表在 150.2s 时所测得的电阻值为 R_{15}。R_{60}/R_{15} 称为吸收比，也称吸收系数 3）对于开始运行时，有可能在低于额定电压下运行一个时间的电机，如励磁机等，并在静止状态下干燥有困难者，其绝缘电阻值不小于 $0.2M\Omega$ 时，可以先投入运行，在运行中干燥 （2）电机绝缘情况不满足上述条件时要进行干燥。常用的电机干燥方法有以下几种： 1）磁铁感应干燥法。磁铁感应干燥法是在电机定子上绕线圈，并通以单相交流电，使电机的定子铁芯内产生磁通，而使铁芯发热，如图 1-31 所示。干燥步骤如下： ① 将干燥现场打扫干净，材料工具准备齐全 ② 在电机定子上绕线，所用导线最好用橡胶绝缘线，绕线方向应一致，绕线时不要把电机的线圈压坏，绕线圈数可按下式计算： $$N = \frac{45U}{\dfrac{QB}{1000}}$$ 式中　N——圈数； 　　　U——供电电压（220V 或 380V）； 　　　Q——磁铁横断面积，cm^2； 　　　B——磁通密度 $[(0.7 \sim 1.1)T]$。

质量通病现象	原因分析	防治措施
电动机安装前未检查绝缘性能	由于电动机经过运输和保管容易受潮，若安装前不检查其绝缘性能，并去除潮气，将应影响电动机的安全运行	所用导线截面，可根据下式确定： $$I = \frac{\pi D(1.5 \sim 2.5)}{N}$$ 式中　I——电流，A； 　　　D——磁铁平均直径（图 1-32），cm； 　　　N——绕线圈数。 　电流 I 确定后，可以根据电流密度，选择导线截面 　③ 线圈绕好后，应在电机的轴承与基础板之间垫以橡胶或青壳纸绝缘。温度计应放在上、左、右三处，其头部要贴紧磁铁，如图 1-33 所示。温度计最好用酒精温度计。为了避免散热，可用帆布或石棉板将电机遮盖，但要留一个小孔通风 　④ 测量电机和临时线路的绝缘电阻，并记录下来 　⑤ 线圈通电。线圈第一次通电时，接通后立即断开电路，检查有无异常情况，如打火、冒烟、电流过大等现象。干燥开始时，要经常检查温度和干燥情况。每隔 10min 检查一次，2h 以后，可每隔 0.5h 检查一次，并记录检查时间、温度、绝缘电阻的数据 　⑥ 温度测定与控制。电机的温度应缓慢上升，升温不可太快，一般为升温 5~8℃/h，加热温度最高 80℃，最低为 60℃。温度的调节可用增减线圈的办法控制。最高温度在上部，所以要特别注意上部温度。温度稳定后，可以每 4h 记录一次。温度和绝缘电阻的变化情况如图 1-34 所示。当测得绝缘电阻在 6h 内无变化（温度不变）时，干燥即可结束

质量通病现象	原因分析	防治措施
电动机安装前未检查绝缘性能	由于电动机经过运输和保管容易受潮，若安装前不检查其绝缘性能，并去除潮气，将应影响电动机的安全运行	⑦ 注意事项。在干燥过程中数据记录一定要清楚正确，所用绝缘电阻表不应更换。电机绝缘电阻最小容许值见表1-41 2）直流电干燥法。直流干燥法是在定子绕组中通入直流电，使绕组自己发热烘干电机。通常用于带有轴承并带有通风洞的较大交流电机干燥。方法是将被干燥电机的三相绕组串联，如图1-35所示。干燥步骤及注意事项与磁铁感应干燥法基本相同。如图1-36所示的接线法将被干燥电机接入电源。通电前，将变阻器调到最大值（此时发电机电压最小）合上开关，再调变阻器使通入足够的电流（所用电流为被干燥电机的额定电流的30%～70%）。停电时，也应把电阻调到最大值，然后断开开关。温度的调节，可用增减电流的办法控制 3）外壳铁损干燥法。外壳铁损干燥法是在外壳上缠绕励磁线圈，通以单相交流电，使机壳内产生铁损达到加热的目的。干燥接线图如图1-37所示。励磁线圈的匝数可见表1-42 4）交流电干燥法。交流电干燥法是在电机定子线圈中通入单相交流电，通过改变接在电动机定子电路中的可变电阻，使绕组中流过50%～70%的电机额定电流进行烘干，通常采用此法干燥小容量感应电机。电机定子出线头如为6个头时，先把各相线圈串联起来，再接入电源；若电机定子出线头为3个线头，则电源接到两端头上，但这时流过各相的电流不平衡，绕组加热不均匀；此时，可在一定的时间内（约1h）轮流将电源换接到不同的绕组线头上，使定子各相绕组能均匀干燥

质量通病现象	原因分析	防治措施
电动机过载运行	电动机由于长时间过载运行，电流增大，如不采用过载保护措施，电动机将严重发热，甚至被烧坏	为了避免电动机由于过载运行而烧坏电动机，应安装热继电器作为过载保护 热继电器主要用于保护电动机的过载，因此选用时必须了解电动机的情况，如工作环境、启动电流、负载性质、工作制、允许过载能力等 （1）原则上应使热继电器的安秒特性尽可能接近甚至重合电动机的过载特性，或者在电动机的过载特性之下，同时在电动机短时过载和启动的瞬间，热继电器应不受影响（不动作） （2）当热继电器用于保护长期工作制或间断长期工作制的电动机时，一般按电动机的额定电流来选用。电机额定运行，热继电器不动作。当电机过载，电流为整定电流1.2倍时，热继电器20min内动作，1.5倍时2min内动作。电机启动或短时过载时，由于热继电器的热惯性，热继电器不会动作，以保证电机正常运行。例如，热继电器的整定值可等于0.95~1.05倍的电动机的额定电流，或者取热继电器整定电流的中值等于电动机的额定电流，然后进行调整 （3）当热继电器用于保护反复短时工作制的电动机时，热继电器仅有一定范围的适应性。如果短时间内操作次数很多，就要选用带速饱和电流互感器的热继电器 （4）对于正反转和通断频繁的特殊工作制电动机，不宜采用热继电器作为过载保护装置，而应使用埋入电动机绕组的温度继电器或热敏电阻来保护

质量通病现象	原因分析	防治措施
水位自动控制系统的电动机采用一般电动机保护器	在非自动系统中工作的电动机，可用一般的质量可靠的电动机保护器加以保护，而对于应用在自动系统中工作的电动机，若仍用一般的电动机保护器，每次工作必须手动启动，这对于水位自动控制系统来说显然是行不通的，其结果是电动机无法自动启动，造成水位自动控制系统不能正常运行	水位自动控制系统的电动机必须采用能自动识别手动及自动控制电路的智能型电动机保护器
电动机的电刷安装不当	若电动机的电刷安装不当，与集电环的接触面不够，电刷不在换向器的电气中性线上，而是靠近边缘，在运转后，电刷将产生很大火花	电动机的电刷安装调整应符合下列规定： (1) 同一电机上应使用同型号、同厂家的电刷 (2) 电刷的编织带应连接牢固、接触良好，不得与转动部分或弹簧片碰触；具有绝缘垫的电刷，绝缘垫应完好 (3) 电刷在刷握内应能上下自由移动，电刷与刷握的间隙应满足产品技术文件要求；当无要求时，其间隙可为 0.1～0.2mm (4) 恒压弹簧应完好无损，型号和压力应满足产品技术文件要求；同一极上的弹簧压力偏差不宜超过 5% (5) 电刷接触面应与集电环的弧度相吻合，接触面积不应小于单个电刷截面的 75%；研磨电刷后，应将炭粉清扫干净 (6) 非恒压的电刷弹簧，压力应满足其产品技术文件要求；当无要求时，应调整到不使电刷冒火的最低压力，同一刷架上每个电刷的压力应均匀 (7) 在考虑机组冷态和机组运行轴系膨胀量的情况下，电刷均应在集电环的整个表面内工作，不得靠近集电环的边缘

质量通病现象	原因分析	防治措施
电动机电刷的刷架及刷握安装不固定不牢	由于电动机的刷架及刷握安装在电动机上，若固定不牢靠或排列位置不当，将致使电动机不能安全、正常地运行	电动机刷架、刷握及电刷的安装应符合下列规定： （1）同一组刷握应均匀排列在与轴线平行的同一直线上 （2）刷握的排列，应使相邻不同极性的一对刷架彼此错开 （3）各组电刷应调整在换向器的电气中性线上 （4）带有倾斜角的电刷的锐角尖应与转动方向相反
低压电器动力设备在通电试运行前未做检查测试	若低压电动机、电加热器及电动执行机构在通电运行前未做检查测试，一旦其与工艺要求不一致，轻则不能达到预期的功能要求，重则损坏电气设备或其他建筑设备，并存在安全隐患	低压电动机、电加热器及电动执行机构与机械设备完成连接，应进行绝缘电阻测试，绝缘电阻值不应小于 $0.5M\Omega$，经手动操作符合工艺要求才能接线 通电试运行前检查电动机、电加热器及电动执行机构的外露可导电部分是否与保护导体可靠接地

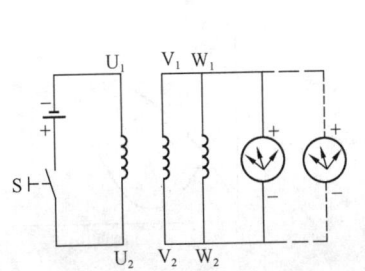

图 1-28　直流表检查绕组头尾接线

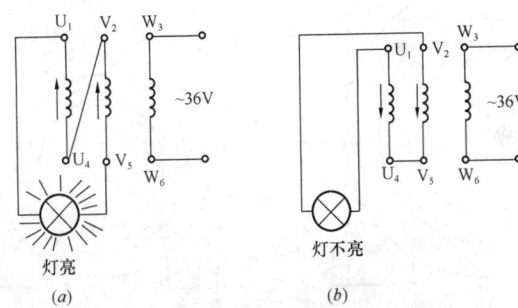

图 1-29　交流检查绕组头尾接线

（a）灯亮表示头尾连接；（b）灯不亮表示头尾接反

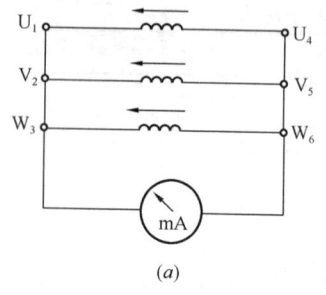

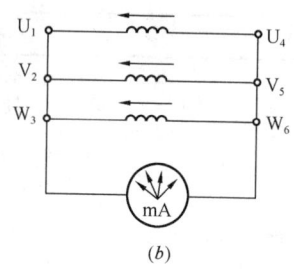

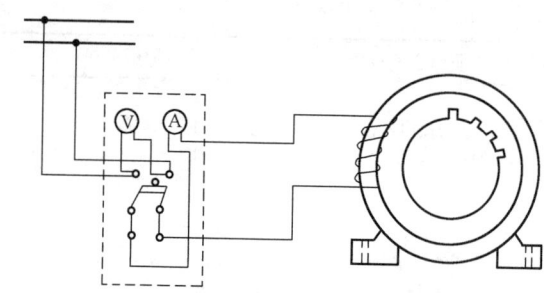

图 1-30　用万用表检查绕组头尾接线

（a）指针不动绕组头尾连接正确；（b）指针摆动绕组头尾连接错误

图 1-31　磁铁感应干燥接线图

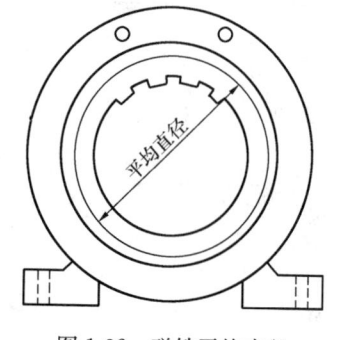

图 1-32　磁铁平均直径

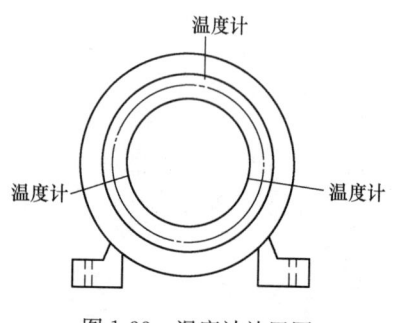

图 1-33　温度计放置图

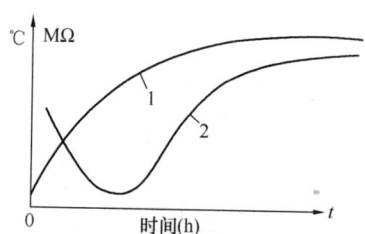

图 1-34　温度和绝缘电阻关系
1—温度；2—绝缘电阻

电机绝缘电阻最小容许值   表 1-41

电机名称	绝缘电阻最小容许值（干燥后温度为 60℃）
直流机	1MΩ
500V 以下交流机定子	1MΩ
2000V 以上交流机定子	1MΩ/kV
异步机转子	≥0.5MΩ
同步机转子	≥0.5MΩ

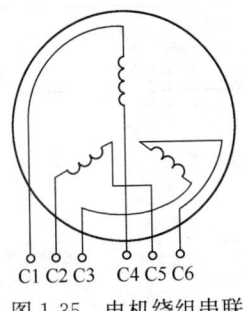

图 1-35 电机绕组串联

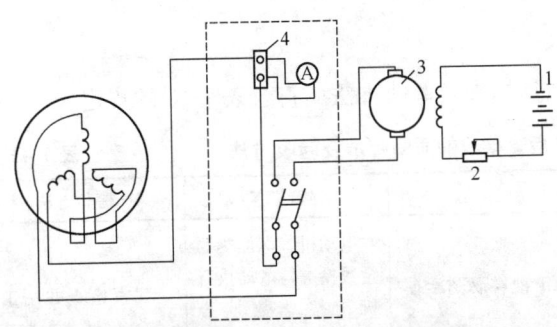

图 1-36 用直流电干燥电机接线图

1—电池；2—变阻器；3—直流发电机；4—接线端子

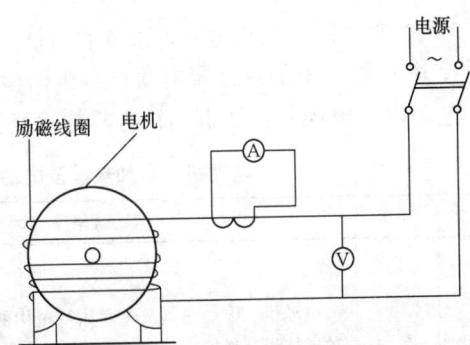

图 1-37 外壳铁损干燥法接线图

115

外壳铁损干燥法励磁线圈数据

表 1-42

电机数据			励磁线圈数据		
电压（V）	功率（kV）	转数（r/min）	电压（V）	匝数	电流（A）
500	40	960	25	8	120
6000	260	730	65	2×15	2×34
6000	500	1000	65	16	90
6000	1400	990	220	12	118
6000	1565	3000	25	6	200
6000	2500	1000	65	26	114

1.3.2 受电设备工程质量标准及验收方法

1. 电动机、电加热器及电动执行机构检查接线

电动机、电加热器及电动执行机构检查接线的质量标准及验收方法应符合表 1-43 的规定。

电动机、电加热器及电动执行机构检查接线的质量标准及验收方法

表 1-43

项目	项次	合格质量标准	检查数量	检验方法
主控项目	1	电动机、电加热器及电动执行机构的外露可导电部分必须与保护导体可靠连接	电动机、电加热器全数检查，电动执行机构按总数抽查 10%，且不得少于 1 台	观察检查并用工具拧紧检查

项目	项次	合格质量标准	检查数量	检验方法
主控项目	2	低压电动机、电加热器及电动执行机构的绝缘电阻值不应小于 0.5MΩ	按设备各抽查50%，且各不得少于1台	用绝缘电阻测试仪测试并查阅绝缘电阻测试记录
	3	高压及 100kW 以上电动机的交接试验应符合现行国家标准《电气装置安装工程　电气设备交接试验标准》GB 50150—2016 的规定	全数检查	用仪表测量并查阅相关试验或测量记录
一般项目	4	电气设备安装应牢固，螺栓及防松零件齐全、不松动。防水防潮电气设备的接线入口及接线盒盖等应做密封处理	按设备总数抽查10%，且不得少于1台	观察检查并用工具拧紧检查
	5	除电动机随机技术文件不允许在施工现场抽芯检查外，有下列情况之一的电动机应抽芯检查： (1) 出厂时间已超过制造厂保证期限 (2) 外观检查、电气试验、手动盘转和试运转有异常情况	按设备总数抽查20%，且不得少于1台	观察检查并查阅设备进场验收记录

项目	项次	合格质量标准	检查数量	检验方法
一般项目	6	电动机抽芯检查应符合下列规定： （1）电动机内部应清洁、无杂物 （2）线圈绝缘层应完好、无伤痕，端部绑线不应松动，槽楔应固定，无断裂、凸出和松动，引线应焊接饱满，内部应清洁、通风孔道无堵塞 （3）轴承应无锈斑，注油（脂）的型号、规格和数量应正确，转子平衡块应紧固、平衡螺钉锁紧、风扇叶片应无裂纹 （4）电动机的机座与端盖的止口部位应无砂眼和裂纹 （5）连接用紧固件的防松零件应齐全、完整 （6）其他指标应符合产品技术文件的要求	全数检查	查阅抽芯检查记录并核对产品技术文件要求
	7	电动机电源线与出线端子接触应良好、清洁，高压电动机电源线紧固时不应损伤电动机引出线套管	全数检查	观察检查
	8	在设备接线盒内裸露的不同相间和相对地间电气间隙应符合产品技术文件要求，或采取绝缘防护措施	按设备总数抽查20%，各不得少于1台，且应覆盖不同的电压等级	观察检查、尺量检查并查阅电动机检查记录

2. 电气设备试验和试运行

电气设备试验和试运行的质量标准及验收方法应符合表 1-44 的规定。

电气设备试验和试运行的质量标准及验收方法 表 1-44

项目	项次	合格质量标准	检查数量	检验方法
主控项目	1	试运行前，相关电气设备和线路应按《建筑电气工程施工质量验收规范》GB 50303—2015 的规定试验合格	全数检查	试验时观察检查并查阅相关试验、测试记录
	2	现场单独安装的低压电器交接试验项目应符合表 1-45 的规定	全数检查	试验时观察检查并查阅相交接试验检验记录
	3	电动机应试通电，并应检查转向和机械转动情况，电动机试运行应符合下列规定： （1）空载试运行时间宜为 2h，机身和轴承的温升、电压和电流等应符合建筑设备或工艺装置的空载状态运行要求，并应记录电流、电压、温度、运行时间等有关数据 （2）空载状态下可启动次数及间隔时间应符合产品技术文件的要求；无要求时，连续启动 2 次的时间间隔不应小于 5min，并应在电动机冷却至常温下进行再次启动	按设备总数抽查 10%，且不得少于 1 台	轴承温度采用测温仪测量，其他参数可在试验时观察检查并查阅电动机空载试运行记录
一般项目	4	电气动力设备的运行电压、电流应正常，各种仪表指示应正常	全数检查	观察检查
	5	电动执行机构的动作方向及指示应与工艺装置的设计要求保持一致	按设备总数抽查 10%，且不得少于 1 台	观察检查

低压电器交接试验 表 1-45

序号	试验内容	试验标准或条件
1	绝缘电阻	用 500V 兆欧表摇测≥1MΩ，潮湿场所≥0.5MΩ
2	低压电器动作情况	除产品另有规定外，电压、液压或气压在额定值的 85%～110%范围内能可靠动作
3	脱扣器的整定值	整定值误差不得超过产品技术条件的规定
4	电阻器和变阻器的直流电阻差值	符合产品技术条件规定

1.4 电气照明

1.4.1 质量通病原因分析及防治措施

为了保证电气照明的质量，要求相关工作人员必须熟悉质量问题的现象和防治方法。常见的电气照明的质量问题列于表 1-46 中。

电气照明质量通病分析及防治措施 表 1-46

质量通病现象	原因分析	防治措施
灯具高温部位与可燃物之间未采取防护措施	大多数灯具（特别是射灯）在持续使用后，其灯体或灯具的部分附件会产生高温。在装修中如果我们不对不同灯具安装在某些材质和不同具体位置时的安全性进行考虑，也不对灯具与可燃物之间采取隔热、散热等防火保护措施，那么，轻则灯具频繁损坏，周围装饰材料烤焦变色；重则使灯具变得极其危险或带来火灾隐患	（1）灯具高温部位（如灯杯、镇流器等）与可燃物之间应采取隔热、散热等防火保护措施。如设绝缘隔热物，以隔绝高温；加强通风降温散热措施 （2）射灯功率应小于 35W 为好，这样节电而且安全，如果将灯多分几路电则更好，这样射灯能用上三五年，无须更换且安全 （3）吸顶灯电子镇流器必须安装异常状态保护装置；否则，在异常条件下，电子镇流器会立即烧坏而使灯具变得危险和不能继续使用。吸顶灯结构设计或选用的关键零部件必须符合防触电保护的要求 （4）功率在 100W 以上的灯具不可使用塑胶灯座，而必须采用瓷质灯座。白炽灯的灯口接线应把相线即火线接芯上 （5）功率较大的白炽灯的吸顶灯，嵌入式灯应采用耐热绝缘护套对引入电源线加以保护

质量通病现象	原因分析	防治措施
手术台无影灯安装不牢固，灯具导线采用单股铜线	手术台无影灯重量较大，使用中根据需要经常调节移动，子母式更是如此，所以其固定和防松是安装的关键。手术台无影灯接线采用单股铜线，使导线与灯具的连接处在无影灯移动时，易松动和断裂，造成停电，影响工作，有可能会造成更大事故	手术台无影灯可安装在现浇混凝土板上、预制梁上及空心楼板上，如图1-38所示 在现浇混凝土板上安装时，应预埋好电线导管、接线盒及地脚螺栓等预埋件，用 M12×160 地脚螺栓预埋 4 个，并与主筋相焊接或螺栓末端弯曲与主筋绑扎牢固。在预制梁上安装，应用 L50×50×5 角钢加工支架，支架用 M12×16 膨胀螺栓固定。在空心楼板上安装用钢板、螺栓及角钢固定。另外，加工灯座钢板，固定灯具法兰，钢板上钻孔的螺栓孔数不应少于灯具法兰底座上的固定孔数。螺栓直径与底座孔径相匹配，螺栓采用双螺母锁固。手术无影灯一般有 5、9、12 孔等。螺栓应加防松螺母，底座应紧贴建筑物表面，无缝隙。表面保持清洁，无污染 开关至灯具的电线采用额定电压不低于 750V 的铜芯多股绝缘电线
选择的灯具不符合节能标准	由于灯具对节能影响很大，选择灯具时的主要指标是灯具效率和灯具配光。如果这两个指标选择不当，能量损失可高达 30%～40%；如若选择得当，可使单位面积耗电量下降，并降低初投资和运行费用	应从节能角度出发，选择灯具时应考虑以下几点： (1) 选用高效率的灯具，直接型灯的效率一般应在 0.7 以上 (2) 采用的灯具应满足节能效益比 ER (3) 优先选用块板型灯具 (4) 按照室形条件和照明环境的要求特点选用合理的配光灯具 (5) 尽量选用不带附件（格栅、玻璃等）的灯具 (6) 尽量采用具有高保持率的灯具 (7) 选用利用系数高的灯具，当利用系数低于 0.5 时应考虑改型，选用其他灯具

质量通病现象	原因分析	防治措施
采用金属导管作为游泳池灯具电源线导管	若游泳池引入灯具的导管使用金属导管，容易引入危险电压，引起触电事故。在游泳池的水中活动，人的身体浸在水中，皮肤与人体电阻降低，是易受电击的特殊危险活动场所，绝对不能存在危险电压，如果使用金属导管，容易引入危险电压，引起触电事故	游泳池用电及接地措施关系到人身安全，施工时必须高度重视，严格按规范设计要求进行电气线路和等电位联结的施工，引入灯具的线管应使用塑料导管。应做好隐蔽工程施工、验收和工序交接工作，确保使用安全
成排成行日光灯组安装不整齐、接线混乱	（1）暗配线、明配线定灯位时未弹十字线、中心线，也未加装灯位调节板。吊灯装好后未拉水平线测量定出中心位置，使安装的灯具不成行，高低不一致 （2）采用空心圆孔预制楼板的方向受到板肋的影响，造成灯具档距不一致 （3）灯具在贮存、运输、安装过程中未妥善保管，同时过早拆去包装纸	（1）成行吊式日光灯安装时，如有 3 盏以上，应做配线时就弹好十字中线，按中心线定灯位。如果灯具超过 10 盏时，可增加尺寸调节板，此时应将吊盒改用法兰盘，尺寸调节板如图 1-39 所示 （2）为了上下吊距开档一致，若灯位中心遇到楼板肋时，可用射钉枪射固定螺钉，或统一改变日光灯架环间距，使吊线（窗）上下一致 （3）吊装管式日光灯时，铁管上部可用锁母、吊钩安装，使垂直于地面，以保持灯具平正 （4）组装日光灯时，应查对镇流器的接线端头，是四个头的，还是两个头的。必须按镇流器附图的规定接线，不得接错。电容器应并联在镇流器前侧的电路配线中，不应串联在电路内，如图 1-40 所示 （5）须接地的金属灯具，应认真做好保护接地或保护接零，用 2.5mm² 的软钢线作为保护接地线 （6）灯具在安装、运输中应加强保管。成批灯具应进入成品库，设专人保管，建立责任制度，对操作人员应做好保护成品质量的技术交底，不应过早地拆去包装纸

质量通病现象	原因分析	防治措施
灯具安装不牢固	由于灯具通常悬于人们日常生活工作的正上方，若安装不牢固，在受外力冲击情况下，可能坠落（如轻度地震等），不仅损坏灯具本身及线路，甚至危及人身安全	灯具的固定必须符合规定要求： （1）灯具固定应牢固、可靠，在砌体和混凝土结构上严禁使用木楔、尼龙塞或塑料塞固定 （2）质量大于 10kg 的灯具，固定装置及悬吊装置应按灯具重量的 5 倍恒定均布载荷全数做强度试验，并且持续时间不得少于 15min。试验结束后，固定装置及悬吊装置应无明显变形或松动
灯具的选择与安装场所不协调	若灯具的选型与用途及安装场所环境不协调，将不符合使用功能，造成灯具使用寿命短、维护成本高等问题，甚至引发安全事故	灯具选型时，应与安装场所的用途和环境相协调，还应考虑到便于维修和使用安全，选择灯具应符合以下几点： （1）灯具的选用应综合考虑安装场所的用途、环境要求、照度要求等相关参数后选定，且应与安装场所的用途和环境相协调 （2）易燃易爆的场所，应采用防爆型灯具 （3）潮湿的场所和露天安装的灯具应采用有排水孔的封闭式灯具，或符合防水要求的敞开式灯具 （4）有腐蚀性的场所，采用密闭式灯具，灯具各部件应进行防腐处理 （5）多尘的场所，根据粉尘的浓度及性质采用封闭式或密闭式灯具 （6）对灯具使用安全有影响的场所应选用带有与安装场所相适应的保护装置的灯具 （7）除开敞式外，其他各类灯具的灯泡容量在 100W 及以上者均应采用瓷灯口。居民住宅内厨房、厕所敞开式灯具也应采用瓷质灯头 （8）安装位置离地面较高且维护不便的场所应选用不需要经常维护的灯具 （9）用于应急照明的光源，必须选用可以瞬时启动的光源 （10）人防工程灯具，宜选用吊式（线吊、链吊）灯具

质量通病现象	原因分析	防治措施
建筑物景观照明灯具未可靠接地	景观照明灯具的绝缘强度不够，裸露导体及金属软管未可靠接地，存在安全隐患。灯具的裸露导体接地不良，灯具的带电部分绝缘老化而漏电，使金属导体带电，接地系统起不到保护的作用，人身接触可能发生触电事故。落地式景观照明灯具的安装高度距地面小于 2.5m 时，人体容易触到灯具，造成灼伤及发生触电事故	庭院灯每套灯具都应装有熔断器，以确保每套灯具发生短路故障能自动切断电路 庭院灯和杆上路灯，现通常可根据自然光的亮度而自动启闭，即天黑了，庭院灯和路灯自动开启；天亮了，庭院灯和杆上路灯自动关闭。所以要进行调试，不像以前只要装好了，用人工开断试亮即可
应急照明灯安装不符合要求	（1）若应急照明的安全出口标志灯高度不够、疏散标志灯的设置不合理，指示灯不能正确指引逃生通道、逃生路线，将会影响应急状态下人们的逃生之路，不符合消防要求 （2）消防线路电线不穿管保护，线路采用普通铜芯电线，当发生火灾时，耐火时间达不到要求，线路容易着火而引起火灾蔓延	应急照明包括备用照明（供继续和暂时继续工作的照明）、疏散照明和安全照明。为方便确认，以利于与常规灯具区别，公共场所用的应急照明灯和疏散标志灯应有明显的标志 （1）应急照明灯具安装应符合下列规定： 1）消防应急照明回路的设置除应符合设计要求外，尚应符合防火分区设置的要求，穿越不同防火分区时应采取防火隔堵措施 2）对于应急灯具、运行中温度大于 60℃ 的灯具，当靠近可燃物时，应采取隔热、散热等防火措施

质量通病现象	原因分析	防治措施
应急照明灯安装不符合要求	(1) 若应急照明的安全出口标志灯高度不够、疏散标志灯的设置不合理，指示灯不能正确指明逃生通道、逃生路线，将会影响应急状态下人们的逃生之路，不符合消防要求 (2) 消防线路电线不穿管保护，线路采用普通铜芯电线，当发生火灾时，耐火时间达不到要求，线路容易着火而引起火灾蔓延	3) EPS 供电的应急灯具安装完毕后，应检验 EPS 供电运行的最少持续供电时间，并应符合设计要求 4) 安全出口指示标志灯设置应符合设计要求 5) 疏散指示标志灯安装高度及设置部位应符合设计要求 6) 疏散指示标志灯的设置不应影响正常通行，且不应在其周围设置容易混同疏散标志灯的其他标志牌等 7) 疏散指示标志灯工作应正常，并应符合设计要求 8) 消防应急照明线路在非燃烧体内穿钢导管暗敷时，暗敷钢导管保护层厚度不应小于 30mm (2) 备用照明安装。备用照明是除安全理由以外，正常照明出现故障而工作和活动仍需继续进行时而设置的应急照明。备用照明的照度往往利用部分或全部正常照明灯具来提供，备用照明宜安装在墙面或顶棚部位 (3) 疏散照明安装 1) 疏散照明系在紧急情况下，将人安全地从室内撤离所使用的应急照明。疏散照明按安装的位置，又分为应急出口（安全出口）照明和疏散走道照明 2) 疏散照明要求沿走道提供足够的照明，能看见所有的障碍物，清晰无误地沿指明的疏散路线，迅速找到应急出口，并能容易地找到沿疏散路线设的消防报警按钮、消防设备和配电箱 3) 疏散照明宜设在安全出口的顶部、疏散走道及其转角处距地 1m 以下的墙面上，当交叉口处墙面下侧安装难以明确表示疏散方向时也可将疏散标志灯安装在顶部。疏散走道上的标志灯应有指示疏散方向的箭头标志。疏散走道上的标志灯间距不宜大于 20m（人防工程不宜大于 10m）

质量通病现象	原因分析	防治措施
应急照明灯安装不符合要求	（1）若应急照明的安全出口标志灯高度不够、疏散标志灯的设置不合理，指示灯不能正确指明逃生通道、逃生路线，将会影响应急状态下人们的逃生之路，不符合消防要求 （2）消防线路电线不穿管保护，线路采用普通铜芯电线，当发生火灾时，耐火时间达不到要求，线路容易着火而引起火灾蔓延	4）楼梯间内的疏散标志灯宜安装在休息平台板上方的墙角处或壁装，并应用箭头和阿拉伯数字清楚标明上、下层层号。疏散标志灯的设置原则如图 1-41 所示 （4）安全照明安装 1）安全照明在正常照明故障时，能使操作人员或其他人员处于危险之中而设的应急照明。这种场合一般还必须设疏散应急照明 2）安全出口标志灯宜安装在疏散门口的上方，在首层的疏散楼梯应安装于楼梯口的里侧上方。安全出口标志灯距地高度宜不低于 2m 3）疏散走道上的安全出口标志灯可明装，而厅室内宜采用暗装。安全出口标志灯应有图形和文字符号，在有无障碍设计要求时，宜同时设有音响指示信号
照明工程竣工前未进行通电试运行	若交工前未做通电试验，就不能发现接线是否正确，开关状态是否正常，也不能确保在通电运行时能够安全使用	照明工程包括照明配电箱、线路、开关、插座和灯具等。竣工前要做通电试验，以检验施工质量和设计的预期功能 （1）通电试运行前的检查　通电试运行前应进行下列项目的检查： 1）复查总电源开关至各照明回路进线电源开关的接线是否正确 2）照明配电箱及回路标识是否正确一致 3）检查漏电保护器接线是否正确，严格区分工作零线（N）和专用保护零线（PE），专用保护零线严禁接入漏电断路器

质量通病现象	原因分析	防治措施
照明工程竣工前未进行通电试运行	若交工前未做通电试验，就不能发现接线是否正确，开关状态是否正常，也不能确保在通电运行时能够安全使用	4）检查开关箱内各接线端子连接是否正确 5）断开各回路分电源开关，合上总进线开关，检查漏电测试按钮是否灵敏、有效 （2）通电试运行程序 1）建筑物照明系统测试和通电试运行应符合下列规定： ① 导线绝缘电阻测试应在导线接续前完成 ② 照明箱（盘）、灯具、开关、插座的绝缘电阻测试应在器具就位前或接线前完成 ③ 通电试验前，电气器具及线路绝缘电阻应测试合格，当照明回路装有剩余电流动作保护器时，剩余电流动作保护器应检测合格 ④ 备用照明电源或应急照明电源做空载自动投切试验前，应卸除负荷，有载自动投切试验应在空载自动投切试验合格后进行 ⑤ 照明全负荷试验前，应确认上述工作应已完成 2）分回路试通电： ① 将各回路灯具等用电设备开关全部置于断开位置 ② 逐次合上各分回路电源开关 ③ 分回路逐次合上灯具等控制开关，检查开关与灯具控制顺序是否相对应 ④ 用试电笔检查各插座相序连接是否正确，带开关插座的开关能否正确关断相线

质量通病现象	原因分析	防治措施
照明工程竣工前未进行通电试运行	若交工前未做通电试验，就不能发现接线是否正确，开关状态是否正常，也不能确保在通电运行时能够安全使用	3）照明系统通电试运行： 照明系统通电试运行时，所有照明灯具均应同时开启，且应每 2h 按回路记录运行参数，连续试运行时间内应无故障。公共建筑的照明工程负荷大、灯具众多，且本身要求可靠性严，所以公共建筑照明系统通电连续运行时间应为 24h，以检查整个照明工程的发热稳定性和安全性 住宅建筑也要通电试运行以检查线路和灯具的可靠性和安全性，但由于容量比公用建筑要小，所以通电试运行 8h 即可
灯具进场后未进行详细检查	由于灯具是易损、易碎品，且零配件较多、配套性较强，在运输保管中若有破损或缺少，而在进场时又不逐件核实，在安装时才发现有不配套、损坏、丢失等情况时，还要到生产厂家调配齐全，以至于影响施工进度	灯具订货时，如非通用灯具，应根据设计图纸的灯具型号、规格到合格厂家加工，以确保灯具满足设计和使用要求。必须强化灯具进场验收制度，灯具进场时首先检查外观，看有无机械损伤、变形、油漆剥落、灯罩破裂、灯箱歪翘等现象，还应检查配件是否齐全，有无合格证及规范要求的相关技术文件，并对照图纸审查其型号、规格、材质、数量及制作是否符合要求 灯具配件应满足下列要求： （1）塑料（木）台　塑料台应满足强度要求，受力后无弯曲、变形等现象，木台应完整，无劈裂。油漆完好无脱落 （2）吊管　采用钢管作为灯具吊管时，钢管内径一般不小于 10mm （3）吊钩　花灯吊钩的圆钢直径不小于吊挂销钉的直径，且不得小于 6mm （4）瓷接头　应完好无损，所有配件齐全 （5）支架　必须根据灯具的质量选用相应规格的镀锌材料做成支架 （6）灯卡具（爪子）　塑料灯卡具（爪子）不得有裂纹和缺损现象

质量通病现象	原因分析	防治措施
霓虹灯高电压泄漏或气体放电	(1) 金属箱未做保护接地（零）处理 (2) 霓虹灯变压器安装位置不对	(1) 变压器应安装在角钢支架上，其支架宜设在牌匾、广告牌的后面或旁侧的墙面上，支架如埋入固定，埋入深度不得少于120mm；如用胀管螺栓固定，螺栓规格不得小于M10。角钢规格宜在L35×35×4以上，变压器外形如图1-42所示 (2) 变压器在室外明装其高度应在3m以上，距离建筑物窗口或阳台也应以人不能触及为准，如上述安全距离不足或将变压器明装于屋面、女儿墙、雨棚等人易触及的地方，均应设置围栏并覆盖金属网进行隔离、防护，确保安全 (3) 霓虹灯变压器应紧靠灯管安装，一般隐蔽在霓虹灯板之后，可以减短高压接线，但要注意切不可安装在易燃品周围。安装在室外的变压器，离地高度不宜低于3m，离阳台、架空线路等不应小于1m (4) 变压器要用螺栓紧固在支架上，或用扁钢抱箍固定。变压器外皮及支架要做接零（地）保护。为防雨、雪和尘埃的侵蚀可将变压器装于不燃或难燃材料制作的箱内加以保护，金属箱要做保护接零（地）处理 (5) 霓虹灯变压器的铁芯、金属外壳、输出端的一端以及保护箱等均应进行可靠的接地 (6) 霓虹灯专用变压器的二次侧电线和灯管间的连接线应采用额定电压不低于15kV的高压绝缘电线，二次侧电线与建筑物、构筑物表面的距离不应小于20mm，高绝缘材料的支持物固定，对于支持点的距离，水平线段不应大于0.5m，垂直线段不应大于0.75m 高压导线在穿越建筑物时，应穿双层玻璃管加强绝缘，玻璃管两端须露出建筑物两侧，长度为各50～80mm

质量通病现象	原因分析	防治措施
霓虹灯安装不牢固，发生晃动	由于施工人员没有意识到托架的重要作用，托架的选择不正确，安装时不仔细，未严格按施工规范进行，导致霓虹灯安装不牢固，霓虹灯及托架可能坠落伤人	由于霓虹灯管本身容易破碎，管端部还有高电压，因此安装时灯管要完好无破裂，且应安装在人不易触及的地方，并不应和建筑物直接接触，固定后的灯管与建筑物、构筑物表面的最小距离不宜小于 20mm （1）托架对于霓虹灯起着定位和保护作用。安装霓虹灯时，一般用角钢做成框架，框架既要美观又要牢固，在室外安装时还要经得起风吹雨淋 （2）安装时，应在固定霓虹灯管的基面上（如立体文字、图案、广告牌和牌匾的面板等），确定霓虹灯每个单元（如一个文字）的位置。灯体组装时，要根据字体和图案的每个组成件（每段霓虹灯管）所在位置安设灯管支持件（也称灯架），灯管支持件要采用绝缘材料制品（如玻璃、陶瓷、塑料等），其高度不应低于 4mm，支持件的灯管卡接口要和灯管的外径相匹配。支持件宜用一个螺钉固定，以便调节卡接口与灯管的衔接位置。灯管和支持件要用绑线绑扎牢靠，每段霓虹灯管其固定点不得少于 2 处，在灯管的较大弯曲处（不含端头的工艺弯折）应加设支持件。霓虹灯管在支持件上装设不应承受应力 （3）安装灯管时应用各种玻璃或瓷制、塑料制的绝缘支持件固定。有的支持件可以将灯管直接卡入，有的则可用 $\phi 0.5$ 的裸细铜线扎紧，如图 1-43 所示。安装灯管时不可用力过猛，用螺钉将灯管支持件固定在木板或塑料板上 （4）安装室内或橱窗里的小型霓虹灯管时，在框架上拉紧已套上透明玻璃管的镀锌钢丝，组成 200～300mm 间距的网格，然后将霓虹灯管用 $\phi 0.5$ 的裸铜丝或弦线等与玻璃管绞紧即可，如图 1-44 所示

质量通病现象	原因分析	防治措施
软线吊灯安装不符合要求	（1）采用 0.5mm² 软塑料线取代双股编织线做吊灯线，吊灯线外径太细，使保险扣从吊盒眼孔内脱出，使压线螺栓受拉力 （2）安装时不细心，又无专用工具，全凭目测，安装后吊盒与圆木不对中 （3）吊线下料过长，灯口距地面过低，两工序颠倒或装灯具后又补修浆活，采用喷浆取代刷浆，造成灯具污染	（1）吊灯线应选用双股编织花线，如果采用 0.5mm² 软塑料线时应穿软塑料管，并将该线双股并列挽保险扣，如图 1-45 所示 （2）在圆木上打眼时，预先将吊盒位置在圆木上画一圈，安装时对准画好的线拧螺栓，使吊盒装在圆木中心，预制圆孔板定灯位时，由于板肋的影响，灯位可往窗口一边偏移 6cm （3）吊灯软线与压线螺栓连接应将软线刷锡，刷锡时可先将铜芯线挽成圈再涂松香油，焊锡烧得热一点即可焊好
用钢管做灯具吊杆时，管径太小、壁厚太薄	钢管吊杆与灯具吊杆上端法兰均为螺纹连接，直径太小，壁厚太薄，均不利于套丝，套丝后强度不能保证，受外力冲撞或风吹后易发生螺纹断裂现象，使灯具坠落，对安全使用不利	当采用钢管做灯具吊杆时，钢管应有防腐措施，其内径不应小于 10mm，壁厚不应小于 1.5mm

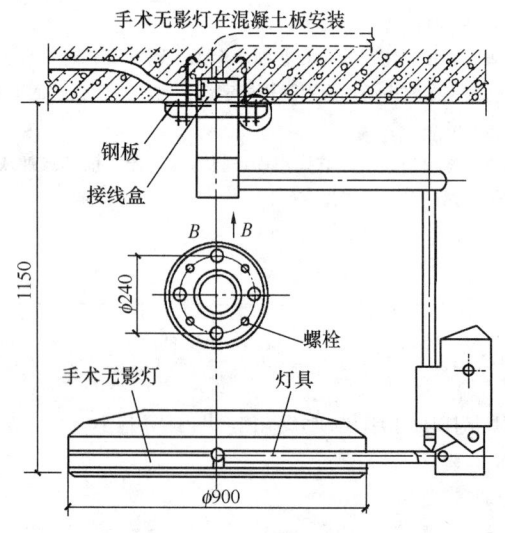

图 1-38　手术台无影灯安装

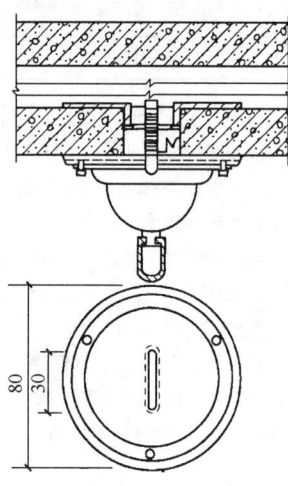

图 1-39　灯位调节板

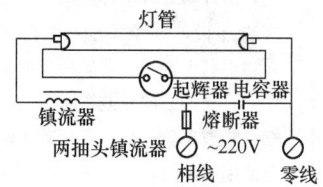

图 1-40　日光灯接线图

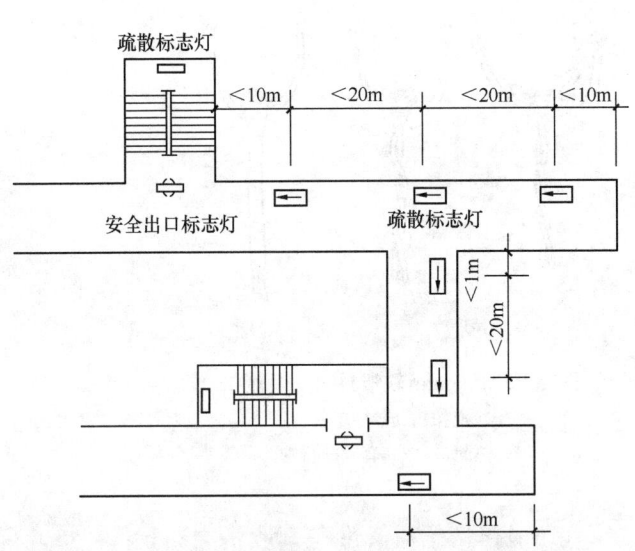

图 1-41　疏散标志灯设置原则示例图

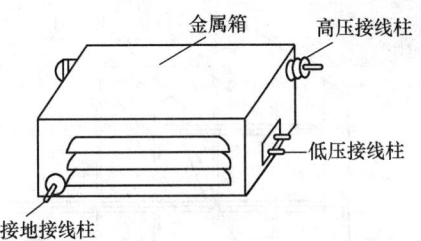

图 1-42　霓虹灯变压器外形图

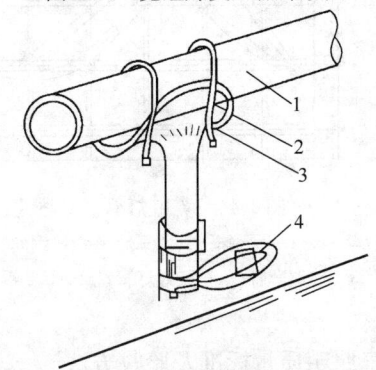

图 1-43　霓虹灯管支持件固定
1—霓虹灯管；2—绝缘支持件；
3—$\phi0.5$ 裸铜丝扎紧；4—螺钉固定

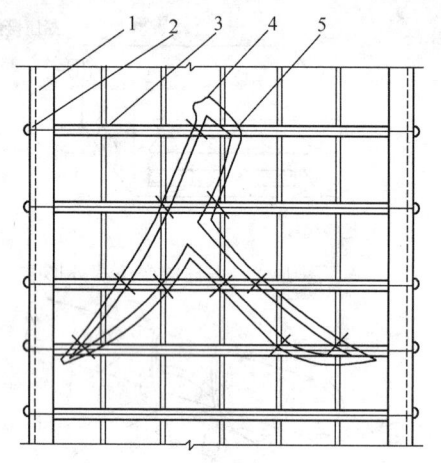

图 1-44　霓虹灯管绑扎固定

1—型钢框架；2—ϕ1.0 镀锌钢丝；

3—玻璃套管；4—霓虹灯管；5—ϕ0.5 铜丝扎紧

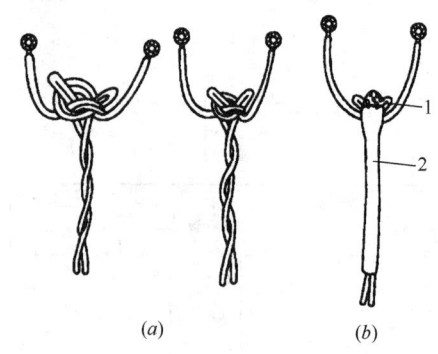

图 1-45　0.5mm^{2}软塑料线挽保险扣

(a) 挽扣；(b) 穿塑料管

1—热封口；2—套软塑料管

1.4.2　电气照明质量标准及验收方法

1. 普通灯具安装

普通灯具安装的质量标准及验收方法应符合表 1-47 的规定。

项目	项次	合格质量标准	检查数量	检验方法
主控项目	1	灯具固定应符合下列规定： （1）灯具固定应牢固可靠，在砌体和混凝土结构上严禁使用木楔、尼龙塞或塑料塞固定 （2）质量大于 10kg 的灯具，固定装置及悬吊装置应按灯具重量的 5 倍恒定均布载荷全数做强度试验，且持续时间不得少于 15min	第 1 款按每检验批的灯具数量抽查 5%，且不得少于 1 套；第 2 款全数检查	施工或强度试验时观察检查，查阅灯具固定装置及悬吊装置的载荷强度试验记录
	2	悬吊式灯具安装应符合下列规定： （1）带升降器的软线吊灯在吊线展开后，灯具下沿应高于工作台面 0.3m （2）质量大于 0.5kg 的软线吊灯，灯具的电源线不应受力 （3）质量大于 3kg 的悬吊灯具，固定在螺栓或预埋吊钩上，螺栓或预埋吊钩的直径不应小于灯具挂销直径，且不小于 6mm （4）当采用钢管作灯具吊杆时，其内径不应小于 10mm，壁厚不应小于 1.5mm （5）灯具与固定装置及灯具连接件之间采用螺纹连接的，螺纹啮合扣数不应少于 5 扣	按每检验批的不同灯具型号各抽查 5%，且各不得少于 1 套	观察检查并用尺量检查
	3	吸顶或墙面上安装的灯具，其固定用的螺栓或螺钉不应少于 2 个，灯具应紧贴饰面	按每检验批的不同安装形式各抽查 5%，且各不得少于 1 套	观察检查

项目	项次	合格质量标准	检查数量	检验方法
主控项目	4	由接线盒引至嵌入式灯具或槽灯的绝缘导线应符合下列规定： （1）绝缘导线应采用柔性导管保护，不得裸露且不应在灯槽内明敷 （2）柔性导管与灯具壳体应采用接头连接	按每检验批的灯具数量抽查 5%，且不得少于 1 套	观察检查
	5	普通灯具的Ⅰ类灯具外露可导电部分必须采用铜芯软导线与保护导体可靠连接，连接处应设置接地标识，铜芯软导线的截面积应与进入灯具的电源线截面积相同	按每检验批的灯具数量抽查 5%，且不得少于 1 套	尺量检查、工具拧紧和测量检查
	6	除采用安全电压以外，当设计无要求时，敞开式灯具的灯头对地面距离应大于 2.5m	按每检验批的灯具数量抽查 10%，且各不得少于 1 套	观察检查并用尺量检查
	7	埋地灯安装应符合下列规定： （1）埋地灯的防护等级应符合设计要求 （2）埋地灯的接线盒应采用防护等级为 IPX7 的防水接线盒，盒内绝缘导线接头应做防水绝缘处理	按灯具总数抽查 5%，且不得少于 1 套	观察检查，查阅产品进场验收记录及产品质量合格证明文件
	8	庭院灯、建筑物附属路灯安装应符合下列规定： （1）灯具与基础固定应可靠，地脚螺栓备帽应齐全；灯具接线盒应采用防护等级不小于 IPX5 的防水接线盒，盒盖防水密封垫应齐全、完整 （2）灯具的电器保护装置应齐全，规格应与灯具适配 （3）灯杆的检修门应采取防水措施，且闭锁防盗装置完好	按灯具型号各抽查 5%，且各不得少于 1 套	观察检查、工具拧紧及用手感检查，查阅产品进场验收记录及产品质量合格证明文件

项目	项次	合格质量标准	检查数量	检验方法
主控项目	9	安装在公共场所的大型灯具的玻璃罩，应采取防止玻璃罩向下溅落的措施	全数检查	观察检查
	10	LED灯具安装应符合下列规定： （1）灯具安装应牢固可靠，饰面不应使用胶类粘贴 （2）灯具安装位置应有较好的散热条件，且不宜安装在潮湿场所 （3）灯具用的金属防水接头密封圈应齐全、完好 （4）灯具的驱动电源、电子控制装置室外安装时，应置于金属箱（盒）内；金属箱（盒）的IP防护等级和散热应符合设计要求，驱动电源的极性标记应清晰、完整 （5）室外灯具配线管路应按明配管敷设且具备防雨功能，IP防护等级应符合设计要求	按灯具型号各抽查5%，且各不得少于1套	观察检查，查阅产品进场验收记录及产品质量合格证明文件
一般项目	11	引向单个灯具的绝缘导线截面积应与灯具功率相匹配，绝缘铜芯导线的线芯截面积不应小于1mm^2	按每检验批的灯具数量抽查5%，且不得少于1套	观察检查

项目	项次	合格质量标准	检查数量	检验方法
一般项目	12	灯具的外形、灯头及其接线应符合下列规定： （1）灯具及其配件应齐全，不应有机械损伤、变形、涂层剥落和灯罩破裂等缺陷 （2）软线吊灯的软线两端应做保护扣，两端线芯应搪锡；当装升降器时，应采用安全灯头 （3）除敞开式灯具外，其他各类容量在100W及以上的灯具，引入线应采用瓷管、矿棉等不燃材料作隔热保护 （4）连接灯具的软线应盘扣、搪锡压线，当采用螺口灯头时，相线应接于螺口灯头中间的端子上 （5）灯座的绝缘外壳不应破损和漏电；带有开关的灯座，开关手柄应无裸露的金属部分	按每检验批的灯具型号各抽查5%，且各不得少于1套	观察检查
	13	灯具表面及其附件的高温部位靠近可燃物时，应采取隔热、散热等防火保护措施	按每检验批的灯具总数量抽查20%，且各不得少于1套	观察检查
	14	高低压配电设备、裸母线及电梯曳引机的正上方不应安装灯具	全数检查	观察检查
	15	投光灯的底座及支架应牢固，枢轴应沿需要的光轴方向拧紧固定	按灯具总数抽查10%，且不得少于1套	观察检查和手感检查

项目	项次	合格质量标准	检查数量	检验方法
一般项目	16	聚光灯和类似灯具出光口面与被照物体的最短距离应符合产品技术文件要求	按灯具型号各抽查10%，且各不得少于1套	尺量检查，并核对产品技术文件
	17	导轨灯的灯具功率和载荷应与导轨额定载流量和最大允许载荷相适配	按灯具总数抽查10%，且不得少于1套	观察检查并核对产品技术文件
	18	露天安装的灯具应有泄水孔，且泄水孔应设置在灯具腔体的底部。灯具及其附件、紧固件、底座和与其相连的导管、接线盒等，应有防腐蚀和防水措施	按灯具数量抽查10%，且不得少于1套	观察检查
	19	安装于槽盒底部的荧光灯具应紧贴槽盒底部，并应固定牢固	按每检验批的灯具数量抽查10%，且不得少于1套	观察检查和手感检查
	20	庭院灯、建筑物附属路灯安装应符合下列规定： (1) 灯具的自动通、断电源控制装置应动作准确 (2) 灯具应固定可靠、灯位正确，紧固件应齐全、拧紧	按灯具型号各抽查10%，且各不得少于1套	模拟试验、观察检查和手感检查

2. 专用灯具安装

专用灯具安装的质量标准及验收方法应符合表 1-48 的规定。

表 1-48

项目	项次	合格质量标准	检查数量	检验方法
主控项目	1	专用灯具的Ⅰ类灯具外露可导电部分必须用铜芯软导线与保护导体可靠连接，连接处应设置接地标识，铜芯软导线的截面积应与进入灯具的电源线截面积相同	按每检验批的灯具数量抽查 5%，且不得少于 1 套	尺量检查、工具拧紧和测量检查
	2	手术台无影灯安装应符合下列规定： （1）固定灯座的螺栓数量不应少于灯具法兰底座上的固定孔数，且螺栓直径应与底座孔径相适配；螺栓应采用双螺母锁固 （2）无影灯的固定装置除应按表 1-47 项次 1 中第（2）款进行均布载荷试验外，尚应符合产品技术文件的要求	全数检查	施工或强度试验时观察检查，查阅灯具固定装置的载荷强度试验记录
	3	应急灯具安装应符合下列规定： （1）消防应急照明回路的设置除应符合设计要求外，尚应符合防火分区设置的要求，穿越不同防火分区时应采取防火隔堵措施 （2）对于应急灯具、运行中温度大于 60℃ 的灯具，当靠近可燃物时应采取隔热、散热等防火措施 （3）EPS 供电的应急灯具安装完毕后，应检验 EPS 供电运行的最少持续供电时间并符合设计要求 （4）安全出口指示标志灯设置应符合设计要求 （5）疏散指示标志灯安装高度及设置部位应符合设计要求 （6）疏散指示标志灯的设置不应影响正常通行，且不应在其周围设置容易混同疏散标志灯的其他标志牌等 （7）疏散指示标准灯工作应正常并符合设计要求 （8）消防应急照明线路在非燃烧体内穿钢导管暗敷时，暗敷钢导管保护层厚度不应小于 30mm	第 2 款全数检查；第 1、3～7 款按每检验批的灯具型号各抽查 10%，且均不得少于 1 套；第 8 款按检验批数量抽查 10%，且不少于 1 个检验批	第 1、2、4～7 款观察检查，第 3 款试验检验并核对设计文件，第 8 款尺量检查、查阅隐蔽工程检查记录

项目	项次	合格质量标准	检查数量	检验方法
主控项目	4	霓虹灯安装应符合下列规定： （1）霓虹灯管应完好、无破裂 （2）灯管应采用专用的绝缘支架固定且牢固、可靠；灯管固定后，与建（构）筑物表面的距离不宜小于20mm （3）霓虹灯专用变压器应为双绕组式，所供灯管长度不应大于允许负载长度，露天安装的应采取防雨措施 （4）霓虹灯专用变压器的二次侧和灯管间的连接线应采用额定电压大于15kV的高压绝缘导线，导线连接应牢固，防护措施应完好；高压绝缘导线与附着物表面的距离不应小于20mm	全数检查	观察检查并用尺量和手感检查
	5	高压钠灯、金属卤化物灯安装应符合下列规定： （1）光源及附件应与镇流器、触发器和限流器配套使用，触发器与灯具本体的距离应符合产品技术文件的要求 （2）电源线应经接线柱连接，不应使电源线靠近灯具表面	按灯具型号各抽查10%，且均不得少于1套	观察检查并用尺量检查，核对产品技术文件
	6	景观照明灯具安装应符合下列规定： （1）在人行道等人员来往密集场所安装的落地式灯具，当无围栏防护时，灯具距地面高度应大于2.5m （2）金属构架及金属保护管应分别与保护导体采用焊接或螺栓连接，连接处应设置接地标识	全数检查	观察检查并用尺量检查，查阅隐蔽工程检查记录

项目	项次	合格质量标准	检查数量	检验方法
主控项目	7	航空障碍标志灯安装应符合下列规定： （1）灯具安装应牢固可靠，且应有维修和更换光源的措施 （2）当灯具在烟囱顶上装设时，应安装在低于烟囱口 1.5～3m 的部位且呈正三角形水平排列 （3）对于安装在屋面接闪器保护范围以外的灯具，当需设置接闪器时，其接闪器应与屋面接闪器可靠连接	全数检查	观察检查，查阅隐蔽工程检查记录
	8	太阳能灯具安装应符合下列规定： （1）太阳能灯具与基础固定应可靠，地脚螺栓有防松措施，灯具接线盒盖的防水密封垫应齐全、完整 （2）灯具表面应平整、光洁，色泽均匀，不应有明显的裂纹、划痕、缺损、锈蚀及变形等缺陷	按灯具数量抽查 10%，且不得少于 1 套	观察检查和手感检查
	9	洁净场所灯具嵌入安装时，灯具与顶棚之间的间隙应用密封胶条和衬垫密封，密封胶条和衬垫应平整，不得扭曲、折叠	按灯具数量抽查 10%，且不得少于 1 套	观察检查
	10	游泳池和类似场所灯具（水下灯及防水灯具）安装应符合下列规定： （1）当引入灯具的电源采用导管保护时，应采用塑料导管 （2）固定在水池构筑物上的所有金属部件应与保护联结导体可靠连接，并应设置标识	全数检查	观察检查和手感检查，查阅隐蔽工程检查记录和等电位联结导通性测试记录

项目	项次	合格质量标准	检查数量	检验方法
一般项目	11	手术台无影灯安装应符合下列规定： （1）底座应紧贴顶板、四周无缝隙 （2）表面应保持整洁、无污染，灯具镀层、涂层应完整，无划伤	全数检查	观察检查
	12	当应急电源或镇流器与灯具分离安装时，应固定可靠，应急电源或镇流器与灯具本体之间的连接绝缘导线应用金属柔性导管保护，导线不得外露	按每检验批的灯具数量抽查10%，且不得少于1套	观察检查和手感检查
	13	霓虹灯安装应符合下列规定： （1）明装的霓虹灯变压器安装高度低于3.5m时应采取防护措施；室外安装距离晒台、窗口、架空线等不应小于1m，并应有防雨措施 （2）霓虹灯变压器应固定可靠，安装位置宜方便检修，且应隐蔽在不易被非检修人触及的场所 （3）当橱窗内装有霓虹灯时，橱窗门与霓虹灯变压器一次侧开关应有联锁装置，开门时不得接通霓虹灯变压器的电源 （4）霓虹灯变压器二次侧的绝缘导线应采用高绝缘材料的支持物固定，对于支持点的距离，水平线段不应大于0.5m，垂直线段不应大于0.75m （5）霓虹灯管附着基面及其托架采用金属或不燃材料制作并固定可靠，室外安装应耐风压	按灯具安装部位各抽查10%，且各不得少于1套	观察检查并用尺量和手感检查

项目	项次	合格质量标准	检查数量	检验方法
一般项目	14	高压钠灯、金属卤化物灯安装应符合下列规定： (1) 灯具的额定电压、支架形式和安装方式应符合设计要求 (2) 光源的安装朝向应符合产品技术文件的要求	按灯具型号各抽查10%，且各不得少于1套	观察检查并查验产品技术文件、核对设计文件
	15	建筑物景观照明灯具构架应固定可靠、地脚螺栓拧紧、备帽齐全，灯具的螺栓应紧固，无遗漏。灯具外露的绝缘导线或电缆应有金属柔性导管保护	按灯具数量抽查10%，且不得少于1套	观察检查和手感检查
	16	航空障碍标志灯安装位置应符合设计要求，灯具的自动通、断电源控制装置应动作准确	全数检查	模拟试验和观察检查
	17	太阳能灯具的电池板朝向和仰角调整应符合地区纬度，迎光面上应无遮挡物，电池板上方应无直射光源。电池组件与支架连接应牢固、可靠，组件的输出线不应裸露并用扎带绑扎固定	按灯具总数抽查10%，且不得少于1套	观察检查

3. 建筑物照明通电试运行

建筑物照明通电试运行的质量标准及验收方法应符合表1-49的规定。

项目	项次	合格质量标准	检查数量	检验方法
主控项目	1	灯具回路控制应符合设计要求，且应与照明控制柜、箱（盘）及回路的标识一致；开关宜与灯具控制顺序相对应，风扇的转向及调速开关应正常	按每检验批的末级照明配电箱数量抽查20%，且不得少于1台配电箱及相应回路	核对技术文件，观察检查并操作检查
	2	公共建筑照明系统通电连续试运行时间应为24h，住宅照明系统通电连续试运行时间应为8h。所有照明灯具均应同时开启，且应每2h按回路记录运行参数，连续试运行时间内应无故障	按每检验批的末级照明配电箱总数抽查5%，且不得少于1台配电箱及相应回路	试验运行时观察检查或查阅建筑照明通电试运行记录
	3	对设计有照度测试要求的场所，试运行时应检测照度，并应符合设计要求	全数检查	用照度测试仪测试，并查阅照度测试记录

1.5 接地及防雷装置安装

1.5.1 质量通病原因分析及防治措施

为了保证接地及防雷装置安装的质量，要求相关工作人员必须熟悉质量问题的现象和防治方法。常见的接地及防雷装置安装的质量问题列于表 1-50 中。

接地及防雷装置安装质量通病分析及防治措施

表 1-50

质量通病现象	原因分析	防治措施
人工接地体的埋设深度不够	人工接地体的埋设深度不够,接地体周围是浮土,与土的接触不紧密;同时,当有强大电流通过时,容易在该处产生跨步电压,不能保证电气设备和线路的正常运行,甚至危及人身安全	人工接地体的埋设深度以顶部距地面大于 0.6m 为宜。在含砂土壤中,含砂层一般都在表面层,地层深处土壤电阻率较低。应采用接地体深埋,一般应埋进地层深处 2~3m 以下,如图 1-46 所示
接地装置焊接部位未作防腐处理或防腐前未去药皮	(1) 施工过程中遗漏。接地线涂防腐漆粗糙,工艺差 (2) 施工人员自身质量要求不严、图省事	(1) 接地线未涂防腐漆的,应按规范要求涂刷防腐漆,焊接部位应做防腐处理 (2) 对施工人员进行交底,必要时制定相应的处罚措施 (3) 加强质量监督检查
接地线与接地体搭接焊,搭接长度不够	接地体(线)互相间采用焊接,如果焊接不牢固,搭接长度不够,将不能保证接地体(线)之间可靠的电气连接,而影响接地装置的使用,接地电阻值达不到要求,从而保证不了安全	接地体(线)的连接采用焊接,焊接处焊缝应饱满,并有足够的机械强度。不得有夹渣、咬肉、裂纹、虚焊、气孔等缺陷,焊接处的落皮敲净后应刷沥青,做防腐处理,以免接地体(线)锈蚀而影响使用寿命。接地体(线)的焊接应采用搭接焊,除埋设在混凝土中的焊接接头外,应采取防腐措施,焊搭接长度应符合下列规定:

质量通病现象	原因分析	防治措施
接地线与接地体搭接焊，搭接长度不够	接地体（线）互相间采用焊接，如果焊接不牢固，搭接长度不够，将不能保证接地体（线）之间可靠的电气连接，而影响接地装置的使用，接地电阻值达不到要求，从而保证不了安全	（1）扁钢与扁钢搭接不应小于扁钢宽度的 2 倍，且应至少三面施焊 （2）圆钢与圆钢搭接不应小于圆钢直径的 6 倍，且应双面施焊 （3）圆钢与扁钢搭接不应小于圆钢直径的 6 倍，且应双面施焊 （4）扁钢与钢管，扁钢与角钢焊接，应紧贴角钢外侧两面，或紧贴 3/4 钢管表面，上下两侧施焊 扁钢与钢管、扁钢与角钢焊接时，为了连接可靠，除应在其接触部位两侧进行焊接外，并应焊以由钢带弯成的弧形（或直角形）卡子或直接由钢带本身弯成弧形（或直角形）与钢管（或角钢）焊接 接地线与接地极连接的位置距离接地极最高点为 50～100mm，依次将接地线与接地极焊接，如图 1-47 所示
等电位联结安装后，未进行导通性测试	等电位联结安装完毕后，如不进行导通性测试，就无法证明等电位是有效的，不能清除自建筑物外经电气线路和各种金属管道引入的危险故障电压的危害，这是很危险的	等电位联结安装完毕后应进行导通性测试，测试用电源可采用空载电压为 4～24V 的直流或交流电源，测试电流不应小于 0.2A，当测得导电位联结端子板与等电位联结范围内的金属管道等金属体表端之间的电阻不超过 3Ω 时，可认为等电位联结是有效的。如发现导通不良的管道连接处，应做跨接线，在投入使用后应定期做导通性测试，保证工作的安全性 对等电位联结进行导通性测试，即是对等电位用的管夹，端子板、联结线、有关接头、截面和整个路径上的色标进行检验，等电位联结的有效性必须通过测定来证实

147

质量通病现象	原因分析	防治措施
等电位联结安装后，未进行导通性测试	等电位联结安装完毕后，如不进行导通性测试，就无法证明等电位是有效的，不能清除自建筑物外经电气线路和各种金属管道引入的危险故障电压的危害，这是很危险的	测量等电位联结端子板与等电位联结范围内的金属管道末端之间的电阻，有时是困难的，因为一般距离较远，建议进行分段测量，然后电阻值相加。如发现导通不良处，应作跨接。目前，已能供应进口或国产的等电位联结测试仪，用于检测比较方便，检测的方法应按产品使用说明书进行
避雷带和明敷避雷引下线不平直、安装不牢固	避雷带和明敷设避雷引下线不平直，与墙面的间距不统一，有弯曲现象，部分明装引下线被粉刷进墙内，都会影响建筑物整体美观效果；安装不牢固，一旦接地装置遭到外力破坏，将影响建筑物接地和防雷电效果，容易造成安全事故	对于接地用的扁钢或圆钢，安装前应预先冷拉调直；焊接搭接长度必须留有余量，辅助材料可以预先切割好，施焊时可在辅助母材上起弧，焊完后仍在辅助母材上收弧，这样就可以避免由于溶池收缩造成电焊咬边和无用焊点。安装完成后不应有高低起伏和弯曲现象，距离建筑物应一致 女儿墙支架应设置预留洞，埋设支架应用混凝土筑牢，不能将支架直接打入。避雷带和明敷设引下线的支架应进行预埋，埋深应大于100mm，水平敷设间距为1~1.5m，垂直敷设间距为1.5~2m，避雷带在转角部位应形成弧形，避雷带弯曲角度不得小于90°，弯曲半径不得小于圆钢直径的10倍，在转弯处应两边各设一个支架，支架距避雷带转弯中心0.5m。支架与接地装置的连接应牢固。遇有变形缝处应做好补偿处理，留有裕度。具体做法如图1-48所示 混凝土预制块底部应平整，使其与屋面接触面积加大，其达到强度后再安装避雷带。在安装引下线支架时，应用线坠吊直设置，引下线敷设前必须预先调直。引下线支架出墙长度应处理一致后再敷设，引下线敷设必须在外墙抹灰完成后进行

质量通病现象	原因分析	防治措施
避雷网（带）接地搭接长度不足、单面施焊	（1）施工前未做技术交底 （2）搭接长度不足或单面施焊使得有效接触（导通）面积减小，接地电阻增加 （3）质量员监督工作不到位	（1）进行工序技术交底、施工员加强现场管理 （2）严格遵守《电气装置安装工程 接地装置施工及验收规范》GB 50169—2016 的规定：接地体（线）的焊接应采用搭接焊，其搭接长度必须符合下列规定： 1）扁钢与扁钢搭接不应小于扁钢宽度的 2 倍，且应至少三面施焊 2）圆钢与圆钢搭接不应小于圆钢直径的 6 倍，且应双面施焊 3）圆钢与扁钢搭接不应小于圆钢直径的 6 倍，且应双面施焊 4）扁钢与钢管，扁钢与角钢焊接，应紧贴角钢外侧两面，或紧贴 3/4 钢管表面，上下两侧施焊 扁钢与钢管（或角钢）焊接时，为了连接可靠，除在其接触两侧进行焊接外，并应焊上由钢带弯成的弧形（或直角形）卡子，或直接由钢带本身弯成弧形（或直角形）与钢管（或角钢）焊接
接地模块安装不符合规定	接地模块间距过小；未采用热浸镀锌钢材。这是由于施工人员未严格按照施工规范要求进行施工，缺乏施工经验	接地模块是新型的人工接地体，埋设安装必须符合规范要求及参阅供货商提供的有关技术说明，以达到良好接地，完成接地目的 接地模块安装如图 1-49 所示 接地模块的顶面埋深不应小于 0.6m，接地模块间距不应小于模块长度的 3～5 倍。接地模块埋设基坑宜为模块外形尺寸的 1.2～1.4 倍，且应详细记录开挖深度内的地层情况；接地模块应垂直或水平就位，并应保持与原土层接触良好

质量通病现象	原因分析	防治措施
接地模块安装不符合规定	接地模块间距过小；未采用热浸镀锌钢材。这是由于施工人员未严格按照施工规范要求进行施工，缺乏施工经验	接地模块应集中引线，并应采用干线将接地模块并联焊接成一个环路，干线的材质应与接地模块焊接点的材质相同。钢制的采用热浸镀锌材料的引出线不应少于两处 坑槽回填应采用细黏土填料，不得用碎砖、砾砂等作填料，分层填设，每层填料约 30cm 厚，适当洒水夯实，夯实时注意既要使模块与土壤紧密接触，又不要损伤模块本身，然后再测量接地电阻
建筑物基础接地装置安装接地体安装不当	施工人员未严格按照施工规范进行，缺乏施工经验，对规范要求不了解	（1）条形基础内接地体安装　条形基础内接地体如采用圆钢，直径不应小于 $\phi 12$，扁钢不应小于 40mm×4mm 镀锌扁钢。条形基础内接地体安装方式如图 1-50 所示。在通过建筑物的变形缝处，应在室外或室内装设弓形跨接板，弓形跨接板的弯曲半径为 100mm。跨接板及换件外露部分应刷樟丹漆一道，面漆两道，如图 1-51 所示。当采用扁钢接地体时，可直接将扁钢接地体弯曲 （2）钢筋混凝土桩基础接地体安装　桩基础接地体如图 1-52 所示，在作为防雷引下线的柱子位置处，将基础的抛头钢筋与承台梁主筋焊接，并与上面作为引下线的柱（或剪力墙）中的钢筋焊接。每组桩基多于 4 根时，只需连接其四角桩基的钢筋作为接地体

质量通病现象	原因分析	防治措施
建筑物基础接地装置安装接地体安装不当	施工人员未严格按照施工规范进行，缺乏施工经验，对规范要求不了解	（3）独立柱基础、箱形基础接地体安装　钢筋混凝土独立基础及钢筋混凝土箱形基础作为接地体时，应将用作防雷引下线的现浇钢筋混凝土柱内的符合要求的主筋与基础底层钢筋网做焊接连接，如图 1-53 所示。钢筋混凝土独立基础如有防水油毡及沥青包裹时，应通过预埋件和引下线，跨越防水油毡及沥青层，将柱内的引下线钢筋，垫层内的钢筋与接地柱相焊接，如图 1-54 所示，利用垫层钢筋和接地桩柱作接地装置 （4）钢柱钢筋混凝土基础接地体安装　仅有水平钢筋网的钢柱钢筋混凝土基础接地体的安装，如图 1-55 所示，每个钢筋基础中应有一地脚螺栓通过连接导体（$\geqslant\phi12$ 钢筋或圆钢）与水平钢筋网进行焊接连接。地脚螺栓与连接导体、连接导体与水平钢筋网之间的搭接焊接长度不应小于 60mm。并在钢柱就位后，将地脚螺栓、螺母和钢柱焊为一体。当无法利用钢柱的地脚螺栓时，应按钢筋混凝土杯型基础接地体的施工方法施工。将连接导体引至钢柱就位的边线外，在钢柱就位后，焊接到钢柱的底板上 有垂直和水平钢筋网的钢柱钢筋混凝土基础接地体安装方法如图 1-56 所示。有垂直和水平钢筋网的基础，垂直和水平钢筋网的连接，应将与地脚螺栓相连接的一根垂直钢筋焊接到水平钢筋网上。当不能直接焊接时，应采用 $\geqslant\phi12$ 的钢筋或圆钢跨接焊接。如果四根垂直主筋能接触到水平钢筋网时，可将垂直的四根钢筋与水平钢筋网进行绑扎连接。当钢柱钢筋混凝土基础底部有桩基时，宜将每一桩基的一根主筋与承台钢筋焊接

质量通病现象	原因分析	防治措施
防雷接地装置连接不可靠，未构成闭合环路	当建筑物的顶部某一点落雷时，大量的电荷沿着防雷装置、防雷引下线通过接地装置流入地中，由于雷电冲击波是行波，具有折射和反射特性。如果某一点连接不可靠形成断点或未构成闭合环路，造成在断点处形成高电位反击	屋顶所有金属设备应与防雷接地系统可靠联结，形成环形网格，防雷引下线上下焊接，贯通成可靠的电气通路。进出建筑物的各种金属管道及电气设备的接地装置，应在进出口处与防雷接地装置连接，弱电系统进户线应装浪涌保护器
避雷引下线未做断接卡子和电阻值测试点	认为避雷引下线利用柱子钢筋，由于整个建筑物的钢筋已统一接地，就没有必要再测接地电阻值，所以漏做断接卡子和测试点。高层建筑利用建筑物的柱子钢筋作引下线，或柱子内附加引下线时，如没有在首层预焊出测量接地电阻值的测试点，以致无法测量避雷系统的接地电阻	(1) 建筑物上的防雷设施采用多根引下线时，应在各引下线距地面1.5～1.8m处设置断接卡，断接卡应加保护措施，其做法如图1-57所示 (2) 在主体结构施工时，若避雷引下线利用柱子钢筋，可在室外距地面500mm处，于建筑物的四个角焊出接地电阻测试端子，其盒子和接地测试点做法如图1-58所示 (3) 如果是在混凝土柱或墙内暗设的避雷引下线，则应在距室外地坪500mm处，逐根做接地引下线断接卡子，作为接地电阻的测试点，如图1-59所示

质量通病现象	原因分析	防治措施
突出屋面的非金属体不做防雷接地保护	如果错误地认为只有高出屋面的金属物才需要与屋面避雷装置连接，而非金属物不是导体，不会传电，因而不会遭受雷击。而实际上雷击是一种瞬间高压放电现象，这种高压、强电流足以击穿空气、击毁任何物体。因此突出屋面的非金属物不设防雷接地保护设置，存在雷击危险	突出屋面的金属和非金属物均应做防雷接地保护： （1）在建筑物屋面接闪器保护范围之外的物体金属部分应可靠接地，并和屋面防雷装置相连接，必要时增设接闪器 （2）高出屋面接闪器的玻璃钢水箱、玻璃钢冷却塔、塑料排水管透气管等须补装避雷针，并和屋面防雷装置相连，避雷针的高度应保证被保护物在其保护范围之内
等电位铜联结线与基础钢筋直接联结	等电位联结线及端子板采用铜质材料，但铜材料与基础钢筋或地下钢材管道相连时，应注意铜和铁具有不同的电位。铜的标准电位是＋0.35V，而铁的电位是－0.44V，由于土壤中的水分和盐类形成的电解液组成的原电池，产生电化学腐蚀，基础钢筋和钢管将被腐蚀	在土壤中，应避免使用裸铜线或带铜皮的钢线作为接地极引入线，宜用钢材与基础钢筋作连接，以与基础钢筋的电位基本一致，避免引起电化腐蚀

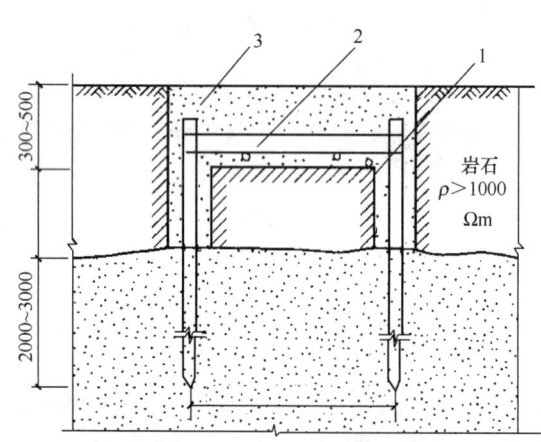

图 1-46 用深埋的方法降低接地电阻
1—接地体；2—接地线；3—黏土

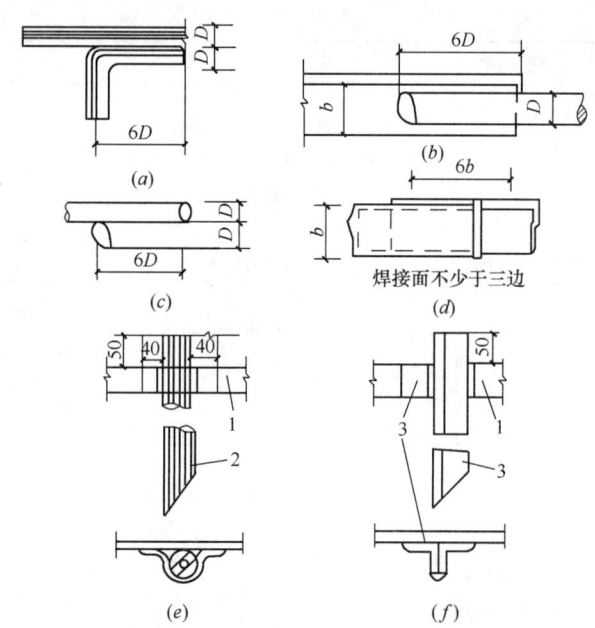

图 1-47 接地体的连接
（a）圆钢直角搭接；（b）圆钢与扁钢搭接；（c）圆钢直线搭接；
（d）扁钢与扁钢搭接；（e）垂直接地体为钢管与水平接地体扁钢连接；
（f）垂直接地体为角钢与水平接地体扁钢连接
1—扁钢；2—钢管；3—角钢
D—直径；b—扁钢宽度

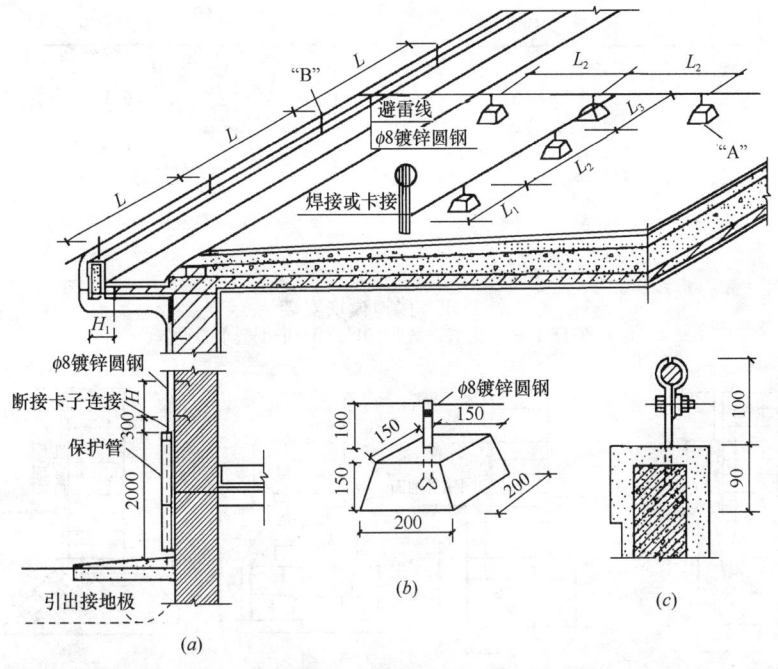

图 1-48　建筑物屋顶避雷网（带）安装

（a）平屋顶挑檐防雷装置方法示意图；（b）节点 A 混凝土支座图；（c）节点 B 挑檐支座图

$L \leqslant 1000\text{mm}$；$L_1 \leqslant 500\text{mm}$；$L_2 \leqslant 2000\text{mm}$；$H \leqslant 1500\text{mm}$

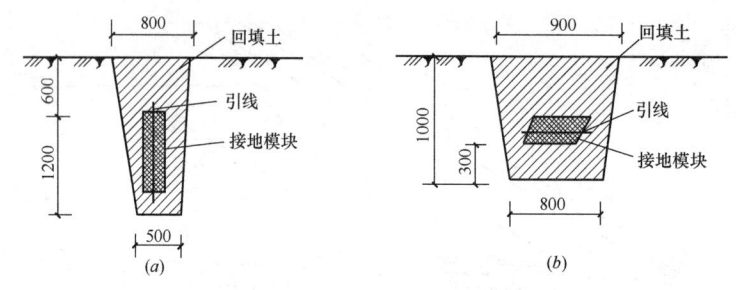

图 1-49 接地模块安装

(a) ZGD-Ⅰ-3型垂直设置；(b) ZGD-Ⅱ-1型水平设置

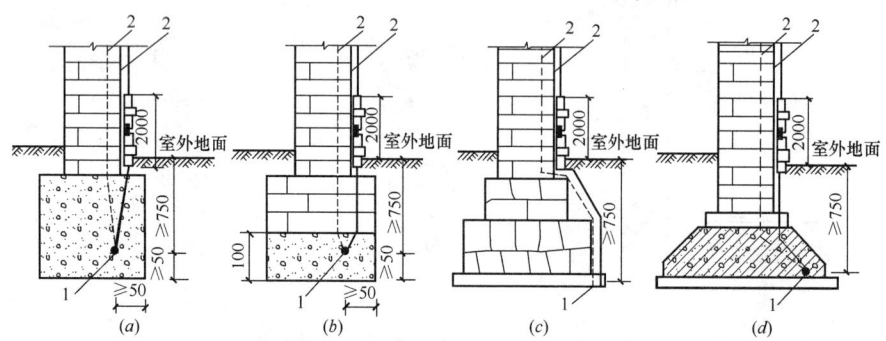

图 1-50 条形基础内接地体的安装

(a) 素混凝土基础；(b) 砖基础下方的专设混凝土层；(c) 毛石混凝土基础；(d) 钢筋混凝土基础

1—接地体；2—引下线

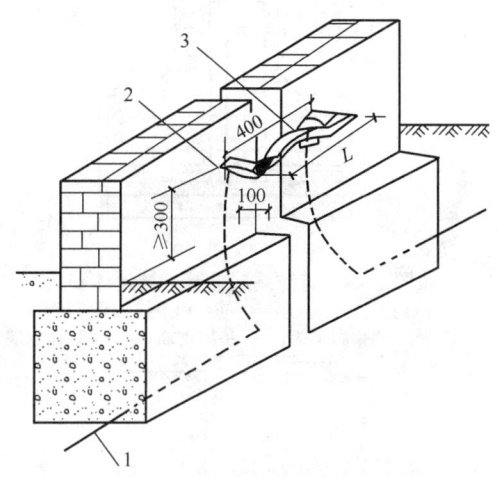

图 1-51　基础内接地体变形缝处做法

1—圆钢接地体；2—25mm×4mm 换接件；

3—弓形跨接板扁钢 25mm×4mm　$L=500$mm

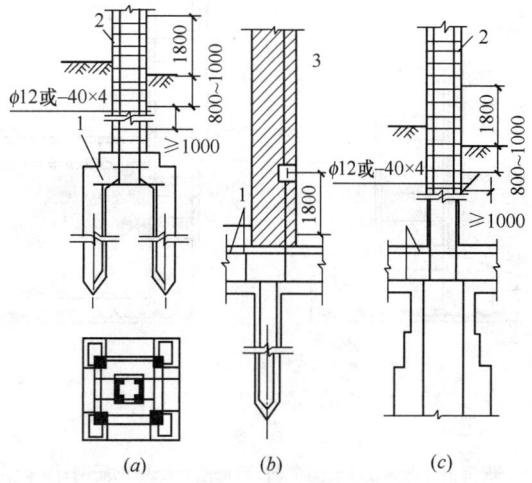

图 1-52　钢筋混凝土桩基础接地体安装

（a）独立式桩基；（b）方桩基础；（c）挖孔桩基础

1—承台架钢筋；2—柱主筋；3—独立引下线

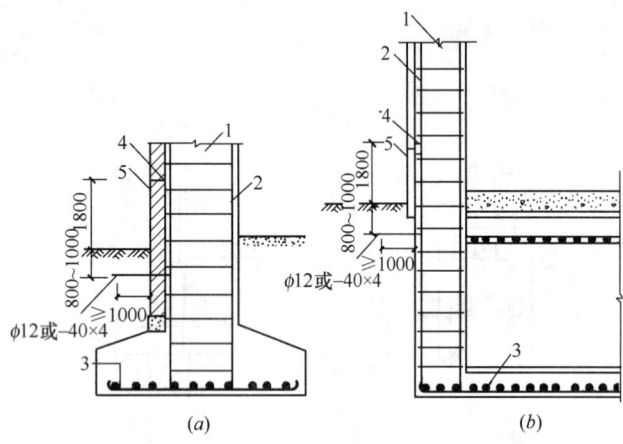

图 1-53　独立基础与箱形基础接地体安装

（a）独立基础；（b）箱形基础

1—现浇混凝土柱；2—柱主筋；3—基础底层钢筋网；

4—预埋连接件；5—引出连接板

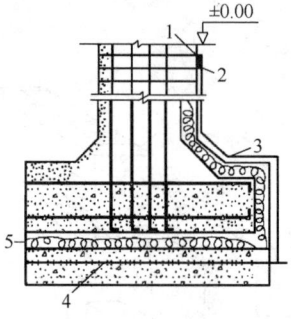

图 1-54　有防潮层的基础接地体安装

1—柱主筋；2—连接柱筋与引下线的预埋铁件；

3—φ12 圆钢引下线；4—垫层钢筋；5—油毡防水层

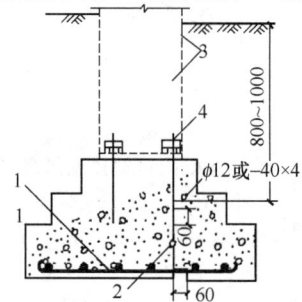

图 1-55　仅有水平钢筋网的基础接地体安装

1—水平钢筋网；2—连接导体；3—钢柱；4—地脚螺栓

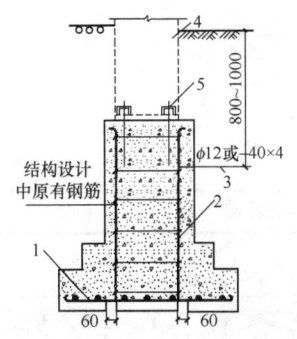

图 1-56　有垂直和水平钢筋网
的基础接地体安装
1—水平钢筋网；2—垂直钢筋网；
3—连接导体；4—钢柱；5—地脚螺栓

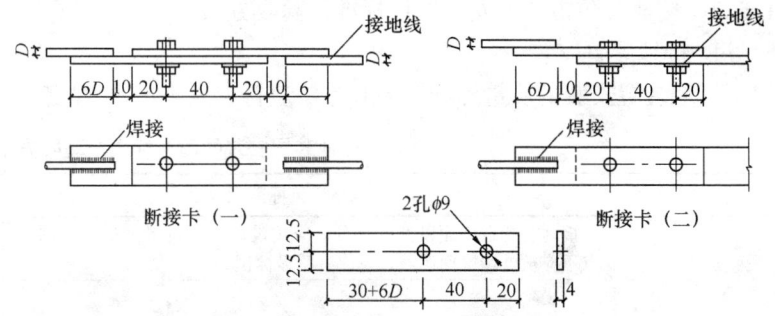

图 1-57　避雷引下线的断接卡做法
D—接地线直径

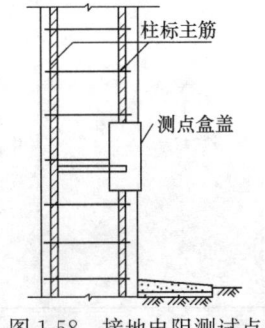

图 1-58　接地电阻测试点

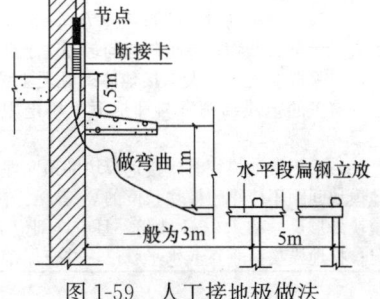

图 1-59　人工接地极做法

1.5.2 接地及防雷装置安装质量标准及验收方法

1. 接地装置安装

接地装置安装的质量标准及验收方法应符合表 1-51 的规定。

接地装置安装的质量标准及验收方法 表 1-51

项目	项次	合格质量标准	检查数量	检验方法
主控项目	1	接地装置在地面以上的部分,应按设计要求设置测试点,测试点不应被外墙饰面遮蔽,且应有明显标识	全数检查	观察检查
	2	接地装置的接地电阻值应符合设计要求	全数检查	用接地电阻测试仪测试,并查阅接地电阻测试记录
	3	接地装置的材料规格、型号应符合设计要求	全数检查	观察检查或查阅进场验收记录
	4	当接地电阻达不到设计要求,需采取措施降低接地电阻时,应符合下列规定: (1) 采用降阻剂时,降阻剂应为同一品牌的产品,调制降阻的水应无污染和杂物;降阻剂应均匀灌注于垂直接地体周围 (2) 采取换土或将人工接地体外延至土壤电阻率较低处时,应掌握有关的地质结构资料和地下土壤电阻率的分布,并应做好记录 (3) 采用接地模块时,接地模块的顶面埋深不应小于 0.6m,接地模块间距不应小于模块长度的 3～5 倍。接地模块埋设基坑宜为模块外形尺寸的 1.2～1.4 倍,且应详细记录开挖深度内的地层情况;接地模块应垂直或水平就位,并应保持与原土层接触良好	全数检查	施工中观察检查,并查阅隐蔽工程检查记录及相关记录

项目	项次	合格质量标准	检查数量	检验方法
一般项目	5	当设计无要求时，接地装置顶面埋设深度不应小于 0.6m，且应在冻土层以下。圆钢、角钢、钢管、铜棒、铜管等接地极应垂直埋入地下，间距不应小于 5m；人工接地体与建筑物的外墙或基础之间的水平距离不宜小于 1m	全数检查	施工中观察检查并用尺量检查，查阅隐蔽工程检查记录
	6	接地装置的焊接应采用搭接焊，除埋设在混凝土中的焊接接头外，应采取防腐措施，焊接搭接长度应符合下列规定： （1）扁钢与扁钢搭接不应小于扁钢宽度的 2 倍，且应至少三面施焊 （2）圆钢与圆钢搭接不应小于圆钢直径的 6 倍，且应双面施焊 （3）圆钢与扁钢搭接不应小于圆钢直径的 6 倍，且应双面施焊 （4）扁钢与钢管，扁钢与角钢焊接，应紧贴角钢外侧两面，或紧贴 3/4 钢管表面，上下两侧施焊	按不同搭接类别各抽查 10%，且均不得少于 1 处	施工中观察检查并用尺量检查，查阅相关隐蔽工程检查记录
	7	当接地极为铜材和钢材组成，且铜与铜或铜与钢材连接采用热剂焊时，接头应无贯穿性的气孔且表面平滑	按焊接接头总数量抽查 10%，且不得少于 1 个	观察检查并查阅施工记录
	8	采取降阻措施的接地装置应符合下列规定： （1）接地装置应被降阻剂或低电阻率土壤所包覆 （2）接地模块应集中引线，并应采用干线将接地模块并联焊接成一个环路，干线的材质应与接地模块焊接点的材质相同，钢制的采用热浸镀锌材料的引出线不应少于 2 处	全数检查	观察检查，并查阅隐蔽工程检查记录

2. 变配电室及电气竖井内接地干线敷设

变配电室及电气竖井内接地干线敷设的质量标准及验收方法应符合表 1-52 的规定。

变配电室及电气竖井内接地干线敷设的质量标准及验收方法 表 1-52

项目	项次	合格质量标准	检查数量	检验方法
主控项目	1	接地干线应与接地装置可靠连接	全数检查	观察检查
	2	接地干线的材料型号、规格应符合设计要求	全数检查	观察检查，查阅材料进场验收记录和隐蔽工程检查记录
一般项目	3	接地干线的连接应符合下列规定： （1）接地干线搭接焊应符合表 1-51 中项次 6 的规定 （2）采用螺栓搭接的连接应符合表 1-8 中项次 7 的规定，搭接钻孔直径和搭接长度应符合表 1-9 的规定，连接螺栓的力矩值应符合表 1-4 的规定 （3）铜与铜或铜与钢采用热剂焊（放热焊接）时，应符合表 1-51 中项次 7 的规定	按不同连接方式的总数量各抽查 5%，且均不得少于 2 处	观察检查并用力矩扳手拧紧测试，查阅相关施工记录
	4	明敷的室内接地干线支持件应固定可靠，支持件间距应均匀，扁形导体支持件固定间距宜为 500mm；圆形导体支持件固定间距宜为 1000mm；弯曲部分宜为 0.3~0.5m	按不同部位各抽查 10%，且均不得少于 1 处	观察检查并用尺量和手感检查

项目	项次	合格质量标准	检查数量	检验方法
一般项目	5	接地干线在穿越墙壁、楼板和地坪处应加套钢管或其他坚固的保护套管，钢套管应与接地干线做电气连通，接地干线敷设完成后保护套管管口应封堵	按不同部位各抽查10%，且均不得少于1处	观察检查
	6	接地干线跨越建筑物变形缝时，应采取补偿措施	全数检查	观察检查
	7	对于接地干线的焊接接头，除埋入混凝土内的接头外，其余均应做防腐处理且无遗漏	按焊接接头总数抽查10%，且不得少于2处	施工中观察检查，并查阅施工记录
	8	室内明敷接地干线安装应符合下列规定： （1）敷设位置应便于检查，不应妨碍设备的拆卸、检修和运行巡视，安装高度应符合设计要求 （2）当沿建筑物墙壁水平敷设时，与建筑物墙壁间的间隙宜为10～20mm （3）接地干线全长度或区间段及每个连接部位附近的表面，应涂以15～100mm宽度相等的黄色和绿色相间的条纹标识 （4）变压器室、高压配电室、发电机房的接地干线上应设置不少于2个供临时接地用的接线柱或接地螺栓	按不同场所各抽查1处	观察检查，并用尺量检查

3. 防雷引下线及接闪器安装

防雷引下线及接闪器安装的质量标准及验收方法应符合表 1-53 的规定。

表1-53

项目	项次	合格质量标准	检查数量	检验方法
主控项目	1	防雷引下线的布置、安装数量和连接方式应符合设计要求	明敷的引下线全数检查，利用建筑结构内钢筋敷设的引下线或抹灰层内的引下线按总数量各抽查5%，且均不得少于2处	明敷的观察检查，暗敷的施工中观察检查并查阅隐蔽工程检查记录
	2	接闪器的布置、规格及数量应符合设计要求	全数检查	观察检查并用尺量检查，核对设计文件
	3	接闪器与防雷引下线必须采用焊接或卡接器连接，防雷引下线与接地装置必须采用焊接或螺栓连接	全数检查	观察检查，并采用专用工具拧紧检查
	4	当利用建筑物金属屋面或屋顶上旗杆、栏杆、装饰物、铁塔、女儿墙上的盖板等永久性金属物做接闪器时，其材质及截面应符合设计要求，建筑物金属屋面板间的连接、永久性金属物各部件之间的连接应可靠、持久	全数检查	观察检查，核查材质产品质量证明文件和材料进场验收记录，并核对设计文件

项目	项次	合格质量标准	检查数量	检验方法
一般项目	5	暗敷在建筑物抹灰层内的引下线应有卡钉分段固定；明敷的引下线应平直、无急弯，并应设置专用支架固定，引下线焊接处应刷油漆防腐且无遗漏	抽查引下线总数的10%，且不得少于2处	明敷的观察检查，暗敷的施工中观察检查并查阅隐蔽工程检查记录
	6	设计要求接地的幕墙金属框架和建筑物的金属门窗，应就近与防雷引下线连接可靠，连接处不同金属间应采取防电化学腐蚀措施	按接地点总数抽查10%，且不得少于1处	施工中观察检查并查阅隐蔽工程检查记录
	7	接闪杆、接闪线或接闪带安装位置应正确，安装方式应符合设计要求，焊接固定的焊缝应饱满无遗漏，螺栓固定的应防松零件齐全，焊接连接处应防腐完好	全数检查	观察检查
	8	防雷引下线、接闪线、接闪网和接闪带的焊接连接搭接长度及要求应符合表1-51中项次6的规定	全数检查	观察检查并用尺量检查，查阅隐蔽工程检查记录
	9	接闪线和接闪带安装应符合下列规定： （1）安装应平正顺直、无急弯，其固定支架应间距均匀、固定牢固 （2）当设计无要求时，固定支架高度不宜小于150mm，间距应符合表1-54的规定 （3）每个固定支架应能承受49N的垂直拉力	第1、2款全数检查，第3款按支持件总数抽查30%，且不得少于3个	观察检查并用尺量、用测力计测量支架的垂直受力值
	10	接闪带或接闪网在过建筑物变形缝处的跨接应有补偿措施	全数检查	观察检查

明敷引下线及接闪导体固定支架的间距（mm） 表1-54

布置方式	扁形导体固定支架间距	圆形导体固定支架间距
安装于水平面上的水平导体		
安装于垂直面上的水平导体	500	1000
安装于高于 20m 以上垂直面上的垂直导体		
安装于地面至 20m 以下垂直面上的垂直导体	1000	1000

4. 建筑物等电位联结

建筑物等电位联结的质量标准及验收方法应符合表 1-55 的规定。

建筑物等电位联结的质量标准及验收方法 表1-55

项目	项次	合格质量标准	检查数量	检验方法
主控项目	1	建筑物等电位联结的范围、形式、方法、部位及联结导体的材料和截面积应符合设计要求	全数检查	施工中核对设计文件观察检查并查阅隐蔽工程检查记录，核查产品质量证明文件、材料进场验收记录
	2	需做等电位联结的外露可导电部分或外界可导电部分的连接应可靠。采用焊接时，应符合表 1-51 中项次 6 的规定；采用螺栓连接时，应符合表 1-52 项次 3 中第（2）款的规定，其螺栓、垫圈、螺母等应为热镀锌制品，且应连接牢固	按总数抽查 10%，且不得少于 1 处	观察检查

项目	项次	合格质量标准	检查数量	检验方法
一般项目	3	需做等电位联结的卫生间内金属部件或零件的外界可导电部分，应设置专用接线螺栓与等电位联结导体连接，并应设置标识；连接处螺帽应紧固、防松零件应齐全	按连接点总数抽查10％，且不得少于1处	观察检查和手感检查
	4	当等电位联结导体在地下暗敷时，其导体间的连接不得采用螺栓压接	全数检查	施工中观察检查并查阅隐蔽工程检查记录

2 建筑给水排水工程

2.1 室内给水系统安装

2.1.1 质量通病原因分析及防治措施

为了保证室内给水系统安装的质量，要求相关工作人员必须熟悉质量问题的现象和防治方法。常见的室内给水系统安装的质量问题列于表 2-1 中。

室内给水系统安装质量通病分析及防治措施 表 2-1

质量通病现象	原因分析	防治措施
给水管道直接穿越沉降缝和伸缩缝	若在管道穿过构筑物伸缩缝、防震缝、沉降缝未设保护措施直接穿越，当构筑物进行伸缩、振动、沉降时，就会使管道受到垂直方向或水平方向的应力，发生变形、移位，使接口处渗漏，严重时还会造成管道断裂，破坏整个管道系统的正常运行	在管道安装过程中，应尽量避免管道穿过构筑物的伸缩缝、防震缝及沉降缝处。如必须穿过时，为确保管道能随构筑物伸缩、沉降变化而相应地发生位移，应根据情况采取下列保护措施： (1) 在墙体两侧采取柔性连接。当管道内介质为常温时可采用橡胶软管连接，当管道内介质为高温或低温时，可采用金属波纹管连接，如图 2-1 所示 (2) 在管道或保温层外皮上、下部留有不小于 150mm 的净空间，如图 2-2 所示，这也称为活动支架法 (3) 在穿墙处将管道做成方形补偿器，水平安装，如图 2-3 所示。当沉降缝两侧墙体发生沉降或位移时，其变化量可由方形补偿器来吸纳，从而确保管道系统的安全正常运行

质量通病现象	原因分析	防治措施
消火栓箱门关闭不严	消防箱安装堵缝后，箱体变形或消防箱钢板厚度不够，导致消防箱门长期关闭不严实。若强行关闭，则门框变形	(1) 消防箱安装时，箱内应设支撑，防止箱体变形 (2) 消防箱钢板厚度按要求应为 1.2mm 的冷轧钢板加工制作 (3) 当箱体厚度为 200mm 时，消火栓应使用旋转式的，否则关不上箱门
给水管道的布置不合理	给水管道布置是否合理，直接关系到给水系统的工程投资、运行费用、供水可靠性、安装维护和操作使用，甚至会影响到生产和建筑物的使用	由于给水管道的布置受建筑结构、用水要求、配水点和室外给水管道的位置以及其他设备工程管线位置等因素的影响，所以，进行管道布置时，不仅要处理、协调好与各种相关因素的关系，而且还应符合以下基本要求： (1) 管道尽可能与墙、梁、柱平行，呈直线走向，宜采用枝状布置，力求管线简短，以减小工程量，降低造价 (2) 不允许间断供水的建筑，应从室外环状管网不同管段设两条或两条以上的引入管，在室内将管道连成环状或贯通树枝状进行双向供水，如图 2-4 所示；若条件不允许，可采取设贮水池或增设第二水源等安全供水措施 (3) 给水埋地管应避免布置在可能受重物压坏的地方，如生产设备基础、伸缩缝和沉降缝等处。若遇特殊情况必须穿越时，应采取保护措施 (4) 管道不要布置在妨碍生产操作和交通运输的地方，也不要布置在遇水易引起燃烧、爆炸或损坏的原料设备和产品之上，不得穿过配电间，不宜穿过橱窗壁柜和吊柜等设施以及不应从机械设备上通过，以免影响各种设施的功能和设备的起吊维修 (5) 室内给水管道与排水管道平行埋设和交叉埋设时，管外壁的最小距离分别为 0.5m 和 0.15m

质量通病现象	原因分析	防治措施
给水管道的布置不合理	给水管道布置是否合理，直接关系到给水系统的工程投资、运行费用、供水可靠性、安装维护和操作使用，甚至会影响到生产和建筑物的使用	（6）交叉埋设时，给水管应布置在排水管上面。当地下管道较多，敷设有困难时，可先在给水管道外面加设套管，再由排水管下面通过 （7）给水管道可与其他管道同沟或共架敷设，但给水管应布置在排水管和冷冻管的上面，热水管或蒸气管的下面。给水管道不宜与输送易燃、易爆或有害的气体及液体的管道同沟敷设 （8）管道周围应留有一定的空间。当管道井需进入维修时，其通道不宜小于 0.6m，维修门应开向走廊 （9）为防止管道腐蚀，给水管不允许布置在烟道和风道内，不允许穿越大、小便槽，当干管位于小便槽端部不大于 0.5m 时，在小便槽端部应有建筑隔断措施。生活给水管道不能敷设在排水沟内
给水管支吊架及支墩安装偏差大	（1）支吊架选型不合理，制作时不按标准图（或工艺标准）选择型材，片面追求省料，制作下料时采用电焊、气焊切割开孔，毛刺未经打磨 （2）支吊架根部处理不规范，焊接不牢固，放线定位不准，管道支吊架偏移、间距过大等 （3）有热伸缩管道的支吊架安装时，未考虑管道的热伸缩性	（1）管道支吊、托架的形式、尺寸及规格应按设计或标准图集加工制作，型材与所固定的管道相称，孔、眼应采用电钻或冲床加工，焊接处不得有漏焊、欠焊或焊接裂纹等缺陷，金属支、吊、托架应做好防锈处理 （2）支吊、托架间距应按规范要求设置，直线管道上的支架应采用拉线检查的方法使支架保持同一直线，以便使管道排列整齐，管道与支架间紧密接触，铜管与金属支架间还应加橡胶等绝缘垫 （3）对于墙上的支架，如墙上有预留孔洞的，可将支架横梁埋入墙内，埋入墙内部分一般不小于 120mm 且应开脚，埋设前应清除孔洞内的杂物及灰尘，并用水将孔洞浇湿，以 M5 水泥砂浆和适量石子填塞密实、饱满。对于吊架安装在楼板下时，可采用穿吊型，即吊杆贯穿楼板，但必须在楼板面层施工前钻孔安装，适用于 DN15～DN300 的管道

质量通病现象	原因分析	防治措施
给水管支吊架及支墩安装偏差大	（1）支吊架选型不合理，制作时不按标准图（或工艺标准）选择型材，片面追求省料，制作下料时采用电焊、气焊切割开孔，毛刺未经打磨 （2）支吊架根部处理不规范，焊接不牢固，放线定位不准，管道支吊架偏移、间距过大等 （3）有热伸缩管道的支吊架安装时，未考虑管道的热伸缩性	（4）钢筋混凝土构件上的支吊架也可在浇筑时于各支吊架位置处预埋钢板，安装时将支吊架根部焊接在预埋钢板上 （5）在没有预留孔洞和预埋钢板的砖或混凝土构件上，对于 $DN15\sim DN150$ 的管道支吊架可以用膨胀螺栓固定支吊架，但膨胀螺栓距结构物边缘、螺栓间距及螺栓的承载力应符合要求 （6）沿柱敷设的管道，可采用抱柱式支架 （7）有热伸长的管道支吊架应按设计设置固定及滑动支吊架，明管敷设的支吊架对管道线膨胀采取措施时，应按固定点要求施工，管道的各配水点、受力点以及穿墙支管节点处，应采取可靠的固定措施 （8）埋地管道的支墩（座）必须设置在坚实的老土上，松土地基必须夯实
室内楼板主筋被切断	（1）凿孔前不按设计要求的孔位进行放线、定位凿孔造成的 （2）混凝土板的预留孔位不正，从而进行改孔，扩大孔径或任意凿孔也会切断受力主筋	（1）楼地面上的管道孔位预留要准确，严禁乱凿 （2）各种管道孔位，必须根据设计要求进行放线定位，凿孔应严格按照孔位的放线定位进行打孔 （3）对于因扩大孔径或任意凿孔而使楼板受力钢筋的部位受到破坏，要会同土建工程技术人员共同研究并采取加固补强的技术措施进行处理

质量通病现象	原因分析	防治措施
给水管道未做防噪声处理	管道噪声源主要来自于水泵运行、水流速度较大、阀门或水龙头启闭引起的水击等原因，主要指气流通过管道时产生的噪声。管道噪声严重影响了人们正常的生产和生活。水泵运行时产生噪声的主要原因有： （1）水泵地脚螺栓松动或基础不稳固 （2）泵轴与电机轴不同心 （3）水泵叶轮不平衡 （4）水泵出水管支吊架偏少、偏小，固定不牢靠或未按设计采用弹性吊架 （5）水泵底座无防振措施	减弱和消除这些噪声的措施，除了在设计方面采用合理流速、水泵减振等方法外，从安装角度考虑，主要是利用吸声材料隔离管道与其依托的建筑实体的硬接触。如暗装管和穿墙管填充矿渣棉、管道托架及立管卡和管子之间衬垫橡胶或毛毡以及水龙头采用软管连接等。其具体操作方法如下： （1）设计施工过程中应严格按照上述要求实施，水泵机组安装时应均匀紧固地脚螺栓或增设减振装置 （2）对于现场组装的水泵机组，应先安装固定水泵再装电机，安装电机时以水泵为基准。安装时应将电动机轴中心调整到与水泵轴中心在同一条直线上。通常是以测量水泵与电机连接处2个联轴器的相对位置为准，即把2个联轴器调整到既同心又相互平行。2个联轴器间的轴向间隙的要求如下： 　1）小型水泵（吸入口径在300mm以下）间隙为2～4mm 　2）中型水泵（吸入口径在350～500mm）间隙为4～6mm 　3）大型水泵（吸入口径在600mm以上）间隙为4～8mm （3）对于叶轮不平衡时，应更换该叶轮，管道进、出水管上应按设计及规范要求作支吊架（或弹性吊架），制作安装要求参考标准图集 （4）按设计在水泵进出水管上设置橡胶软接头

质量通病现象	原因分析	防治措施
室内给水管道水流不畅	（1）安装前未认真清理管子内部，断口有毛刺或缩口现象 （2）施工过程中，管子未及时封堵或封堵不严，水箱未及时加盖，致使杂物落入，堵塞或污染管道 （3）溢水管直接插入排水系统，造成污水污染水质 （4）不按规定进行水压试验和通水前的冲洗	（1）管子安装前，应认真清理内部，特别是安装已用过的管道，必须用钢丝扎布反复拉拽几次，以清除管内锈蚀或杂物 （2）使用管子割刀切断管子时，管口易产生缩口现象，一般应用管铣再扩口一下，以保证断面不缩小 （3）管道在安装过程中，应随时加管堵封严，以防交叉施工时异物的落入。给水系统上安装的储水箱应及时加盖，防止杂物落入 （4）水箱的上水溢流管不要通入排水管道，可隔开一定距离 （5）管道安装完毕，必须按设计或施工验收规范规定的要求进行水压试验。在系统投入使用前，应用水反复对系统进行冲洗 （6）当发现管道流水不畅或有堵塞时，必须仔细观察，确定堵塞水点，然后拆开疏通
不锈钢管道与支架连接处腐蚀	（1）对不锈钢安装要求缺乏基本的知识 （2）焊接操作不符合规程要求，操作不熟练 （3）安装前管内杂物未清除干净，管壁伤痕未处理 （4）在运输、堆放和安装中部分不锈钢管与碳钢直接接触产生点腐蚀和晶间腐蚀	（1）不锈钢管安装前应进行检查，检查管子有无异常，检查管子内外壁有无机械损伤、管内有无异物。其检查方法是：直管可将管子对着光检查，弯管则可用管子内径为 0.86 倍的硬质木球或不锈钢球作通球试验；如有异物，应用压缩空气吹净等方法吹除 （2）不锈钢管道安装前应进行清洗，除去油渍及其他污物，并用净布擦干。当管子表面有机械损伤时，必须加以修整，使其光滑，并要进行酸洗和钝化处理（当划痕在 0.2mm 以下且无黑斑时，允许不进行处理）

173

质量通病现象	原因分析	防治措施
不锈钢管道与支架连接处腐蚀	（1）对不锈钢安装要求缺乏基本的知识 （2）焊接操作不符合规程要求，操作不熟练 （3）安装前管内杂物未清除干净，管壁伤痕未处理 （4）在运输、堆放和安装中部分不锈钢管与碳钢直接接触产生点腐蚀和晶间腐蚀	（3）不锈钢管不允许直接与碳钢支架接触，应在支架与管道之间垫入不锈钢垫片、塑料片、橡胶片或其他隔垫物，有时也可以在碳钢支架上涂刷耐久而结实的油漆作为隔离层 （4）不锈钢管道可采用手动或自动氩弧焊、埋弧自动焊、手工电弧焊等焊接法。为了防止管材受损，焊工使用的锤子和刷子宜用不锈钢制作。焊接前应将坡口上的毛刺等用锉刀或砂纸清除干净，再用不锈钢刷及丙酮或其他有机溶液（如酒精、香蕉水等）将管子对口端的坡口面及管内外壁 30mm 以内的脏物清除干净，清除工作不应早于施焊前 2h。为了防止飞溅物落在管壁上，焊前应在距焊口 4～5mm 以外，涂 1 道宽 40～50mm 的石灰浆保护层，也可用石棉橡胶板包敷予以保护 不锈钢管焊接，要由有经验的焊工操作。焊接后，焊缝及邻近区域应进行酸洗和钝化处理 酸洗钝化处理是消除管子在预制加工、焊接和热处理过程中使管子表面的氧化膜遭受破坏、氧化或在加工、安装过程中有可能使碳素钢或其他不耐腐蚀物的颗粒粘附在不锈钢的表面上，从而将会引起局部腐蚀。为了除去管子和焊缝表面的附着物，并使其形成一层新的氧化膜，在焊接或热处理后进行一次酸性和钝化处理。酸洗和钝化处理可按下述步骤进行： 清除附着的油脂→酸洗处理→冷水冲洗→钝化处理→冷水冲洗→吹干 酸洗和钝化处理溶液配方及处理时间见表 2-2

质量通病现象	原因分析	防治措施
硬聚氯乙烯塑料管有弯扁、过烧现象	管子安装后弯曲不直、变形较大的原因是多方面的，如塑料管的使用温度为－10～60℃，因此由于安装时的温度和使用温度有变化，安装时管身未调直，安装的支架距离不符合要求等都会导致管子变形。弯管时由于加热温度掌握不好和操作不当，产生弯扁或过烧等缺陷	（1）调直　硬聚氯乙烯管道如产生弯曲，必须调直后才可使用。调直方法是把弯曲的管子放在平直的调直平台上，在管内通入蒸汽，使管子变软，以其本身重量调直 （2）切断　硬聚氯乙烯管采用木工锯或粗齿钢锯切割，坡口使用木工锉或破口器加工成 45°坡口 （3）弯曲 1）加热。硬聚氯乙烯管加热温度应控制在 135～150℃，在此温度下，硬聚氯乙烯管的延伸率为 100% 2）热弯。$\phi \leqslant 40mm$ 的硬聚氯乙烯管热弯时可不灌砂，直接在电炉或煤炉上加热，加热长度为弯头展开长度。当弯成所需角度后，立即用湿布擦拭，使其冷却定型。弯管操作可放在平板上进行，使弯成的弯头不产生扭曲 $\phi 50 \sim \phi 2000$ 的硬聚氯乙烯管弯管时，应在弯曲部分灌以 80℃的热砂，并要打实。加热时，应将管段放到能自动控制温度的烘箱或电炉上进行（在烘箱内的加热温度为 135±5℃，历时 15min）。加热过程中，管段经常转动，使加热均匀，并防止管段产生扭曲现象 当加热到一定软态时，可用手揿压管壁检视其是否呈现柔软状态。当温度符合要求后立即将管段放到平台上靠模进行弯制，同时用湿布擦拭冷却。待全部冷却后，方可清除管段内的砂子 弯管应检查其椭圆度，以不超过管径的 3%～4% 为合格，外表面应无皱折及凸起

质量通病现象	原因分析	防治措施
硬聚氯乙烯塑料管有弯扁、过烧现象	管子安装后弯曲不直、变形较大的原因是多方面的，如塑料管的使用温度为－10～60℃，因此由于安装时的温度和使用温度有变化，安装时管身未调直，安装的支架距离不符合要求等都会导致管子变形。弯管时由于加热温度掌握不好和操作不当，产生弯扁或过烧等缺陷	(4) 翻边　采用卷边活套法兰连接的聚氯乙烯管口必须翻出卷边肩，如图2-5所示 　　管口翻边应严格掌握温度。使用加热工具是一具甘油加热锅。锅底部垫一层砂，厚30mm，以防止加热的管端与锅底接触 　　加热时，先将锅内的甘油加热到140～150℃，再把加工成内坡口的管端放到锅内并经常转动管段，使其均匀加热，加热时间见表2-3 　　(5) 焊接弯头 $\phi \leqslant 200mm$ 的无缝聚氯乙烯管，应采用热煨弯头，如不能时，才使用焊接弯头。卷焊管一般采用焊接弯头 　　焊接弯头的弯曲半径应不小于公称直径的1.5倍，90°焊接弯头的节数不应少于3节，45°焊接弯头的节数不应少于2节
消防管网上阀门选型和安装不合理	(1) 室内消防管道上的阀门，应处于常开状态，当管段或阀门检修时，可以关闭相应的阀门。为防止检修后忘开阀门，阀门应设有明显的启闭标志（例如采用明杆阀门），以便检查，及时开启阀门，保证管网水流畅通。如采用没有明显启闭标志的冷门，将不便于发现和监视阀门的启闭状况，严重时可能会耽误火情，导致灭火失败 　　(2) 一般蝶阀的结构，阀瓣的开、关是用蜗杆传动，在使用中受振动时，阀瓣容易变位，改变其规定位置，甚至自行关闭，因此如果没有可靠的锁定装置，将会带来不良后果	安装前应仔细检查，核对阀门的型号、规格是否符合设计要求。根据阀门的型号和出厂说明书，检查它们是否可以在所要求的条件下应用，并且按设计和规范规定进行试压 　　检查填料及压盖螺栓，必须有足够的节余量，并要检查阀杆是否转动灵活，有无卡涩现象和歪斜情况，法兰和螺栓连接的阀门应加以关闭 　　阀门在安装时应根据管道介质流向确定其安装方向。安装一般的截止阀时，应使介质自阀盘下面流向上面，俗称"低进高出"。安装闸阀、旋塞时，允许介质从任意一端流入流出。安装止回阀时，必须特别注意介质的流向（阀体上有箭头表示），才能保证阀盘能自由开启。对于升降式止回阀，应保证阀盘中心线与水平面互相垂直。对旋启式止回阀，应保证其摇板的旋转枢轴装成水平。安装杠杆式安全阀和减压阀时，必须使阀盘中心线与水平面相互垂直，发现斜倾时应予以校正。安装法兰式阀门时，应保证两法兰端面相互平行和同心。尤其是安装铸铁等材质较脆的阀门时，应避免因强力连接或受力不均引起的损坏，拧螺栓应对称或十字交叉进行。螺纹式阀门应保证螺纹完整无缺，并按不同介质要求涂以密封填料物，拧紧时必须用扳手咬牢，拧入管子一端的六棱体上，以保证阀体不致拧变形或损坏

质量通病现象	原因分析	防治措施
埋地给水管运行后渗漏	（1）水压试验或检查不认真，未能发现渗漏点，没有及时处理 （2）水压试验时未放干净的水，冬天管道冻裂，引起渗漏 （3）管道支墩位置不合适及回填土方法不当，使管道连接处受到外力作用，产生裂纹或错位而引起渗漏	为了保证埋地给水管道的严密性，必须做到以下几点： （1）埋地给水管道隐蔽前应认真进行水压试验，仔细检查有无渗漏点，并及时修补 （2）冬天管道水压试验后，应及时排净管道内存水，防止结冰冻裂管道 （3）管道支墩间距、位置应符合设计要求，防止管道下沉，连接处受力，引起接口渗漏 （4）回填土时，对于管道周围应采用人工回埋并分层夯实，防止机械夯实时撞击管道，损伤管件和连接口，引起渗漏
消火栓箱内配件不齐全	（1）对消防施工验收规范、规定和安装标准不熟悉，施工不认真 （2）未按国家标准图集加工消火栓箱和配置消防器材	（1）消火栓箱内配件安装 1）箱体内的配件安装，应在交工前进行 2）消防水龙带应采用内衬胶麻带或锦纶带，折好放在挂架上或卷实、盘紧放在箱内，消防水枪要竖放在箱体内侧，自救式水枪和软管应盘卷在卷盘上 3）消防水龙带与水枪和快速接头的连接，一般用14号钢丝绑扎两道，每道不少于2圈。使用卡箍时，在里侧加1道钢丝 4）设有电控按钮时，应注意与电气专业配合施工 5）室内消火栓、消防软管卷盘组合安装如图2-6所示 （2）消火栓箱标识　消火栓安装完毕，应消除箱内的杂物，箱体内外局部刷漆有损坏的要补刷，暗装在墙内的消火栓箱体周围不应出现空鼓现象，管道穿过箱体处的空隙应用水泥砂浆或密封胶封严。箱门上应标出"消火栓"三个红色大字

质量通病现象	原因分析	防治措施
给水管道穿越基础或承重墙时未预留管孔	构筑物的承重墙及基础是建筑物承重的关键部位，都承载着构筑物的重量，维持着构筑物的稳定和安全。如果随意开孔打洞，就会使其强度减弱，由于重力作用，轻则就会使构筑物局部产生裂纹，严重时还会发生倒塌事故，危及人们的生命及财产安全	由于构筑物的承重墙及基础不允许随意打洞，所以当给水管道穿越时，应在土建施工时进行密切配合，预留好孔洞，一般管顶上部净空不小于 0.1m，具体尺寸如表 2-4 所示
给水管道安装前未清扫管腔	给水管道在安装前，如果没有进行管腔清扫，极易造成管内脏物不能清除，使管道及设备堵塞，造成管道及设备不能正常运行，影响工程质量和工期	管道安装前必须清扫管腔，大管要用钢丝捆绑粗麻绳往反拉腔，小管要将管道竖起敲打进行清扫，使管内不能有任何杂物
栓口无法朝外，栓阀启闭困难	由于安装人员缺乏消火栓灭火常识，未按施工规范及"室内消火栓安装"图集施工，消火栓箱尺寸小于规定值，栓口无法朝外，栓阀启闭困难	（1）消火栓安装时，首先要以栓阀位置和标高定出消火栓支管甩口位置，经核定消火栓栓口（注意不是栓阀中心）距地面高度为 1.1m，然后稳固消火栓箱 （2）箱体找正稳固后再把栓阀安装好，栓口应朝外或朝下 （3）栓阀侧装在箱内时应安装在箱门开启的一侧，箱门开启应灵活 （4）消火栓箱体安装在轻体隔墙上应有加固措施（如在隔墙两面贴钢板并用螺栓固定） （5）消防箱安装可分为暗装式、半暗装式和明装式三种，如图 2-7 所示

质量通病现象	原因分析	防治措施
给水管道和阀门安装位置偏差过大	（1）由于设计原因，多层建筑的同一位置的各层墙体不在同一轴线上 （2）施工中技术变更，墙体移位 （3）施工放线不准确或施工误差，使多层建筑同一位置的各层墙体不在同一轴线上 （4）管道安装未吊通线，管道偏斜	给水管道安装时，水平管应将始端和终端连成一条直线，管道就位时管中心线与连线重合。垂直管安装时也应从上端向下吊线，使垂直管中心线与吊线重合。这样安装才能符合管线敷设横平竖直的要求 同一平面上成排管段和成排阀门安装时，它们之间的距离应用尺子测量，使其保持相等距离 成排管道安装时保持均匀相等的间隔距离，直线部分应互相平行，曲线部分：当管道水平或垂直并行时，应与直线部分保持等距。当管道水平上下并行时，曲率半径应相等 给水管道和阀门安装的允许偏差见表2-5
水泵软接头安装后产生静态变形	（1）软接头静态变形不能起到正常的伸缩作用，使得水泵振动较大 （2）软接头两法兰盘不平行成喇叭状或不同心，将造成软接头受力不均；水压大时，单边受力，软接头甚至会爆裂，造成水淹事故	（1）装软接头时应先将软接头两法兰盘按自然状态固定好，使其成为一个刚性的整体 （2）沿水流方向当软接头与水泵其他管件连接固定好后，再将固定措施拆除

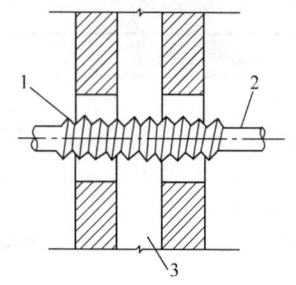

图 2-1　软性接头法

1—软管；2—管道；3—沉降缝

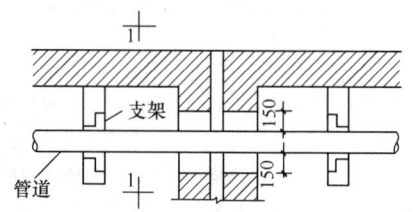

图 2-2　管道外皮上下各留不小于 150mm 的空间

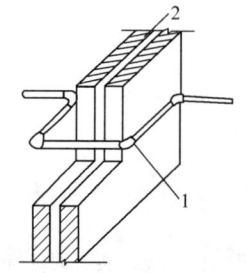

图 2-3　方形补偿器水平安装

1—水平安装的方形补偿器；

2—沉降缝

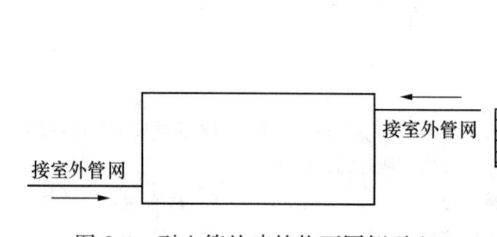

图 2-4　引入管从建筑物不同侧引入

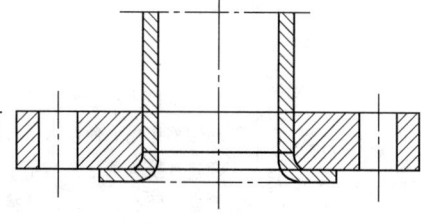

图 2-5　卷边活套法兰

酸洗和钝化处理溶液配方及处理时间

表 2-2

名称		酸洗液（质量分数,%）	酸洗液（体积分数,%）	钝化液（质量分数,%）
配方	盐酸	45	—	—
	硝酸	5	15	25
	氢氟酸	—	4	—
	水	50	84	75
温度（℃）		室温	49～60	室温
处理时间（min）		15	15	20

硬聚氯乙烯管翻边加热时间

表 2-3

管径（mm）	50	65	80	100	125	150	200
加热时间（min）	2～3	2～3	3～4				4～5

管道穿承重墙及基础时预留洞的尺寸（mm）

表 2-4

管径	15～50	50～100	125～150
孔洞尺寸（高×宽）	200×200	300×300	400×400

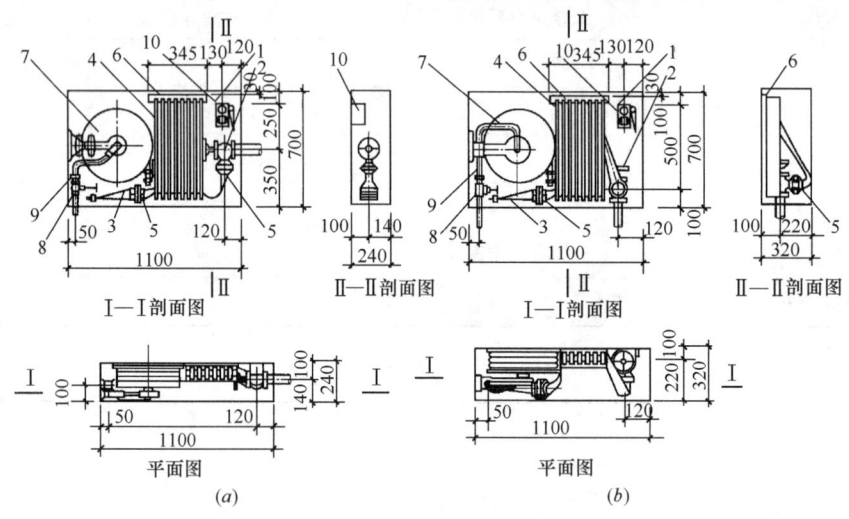

图 2-6　室内消火栓、消防软管卷盘组合安装图

（a）甲型室内消火栓、消防软管卷盘组合型安装图；（b）乙型室内消火栓、消防软管卷盘组合型安装图

1—消火栓箱；2—消火栓；3—水枪；4—水龙带；5—水龙带接扣；6—挂架；

7—消防软管卷盘；8—暗杆楔式闸阀；9—软管；10—消防按钮

管道和阀门安装的允许偏差 表 2-5

项次	项目			允许偏差（mm）
1	水平管道纵横方向弯曲	钢管	每米全长 25m 以上	1 ≤25
		塑料复合管	每米全长 25m 以上	1.5 ≤25
		铸铁管	每米全长 25m 以上	2 ≤25
2	立管垂直度	钢管	每米全长 25m 以上	3 ≤8
		塑料复合管	每米全长 25m 以上	2 ≤8
		铸铁管	每米全长 25m 以上	3 ≤10
3	成排管段和成排阀门	在同一平面上的间距		3

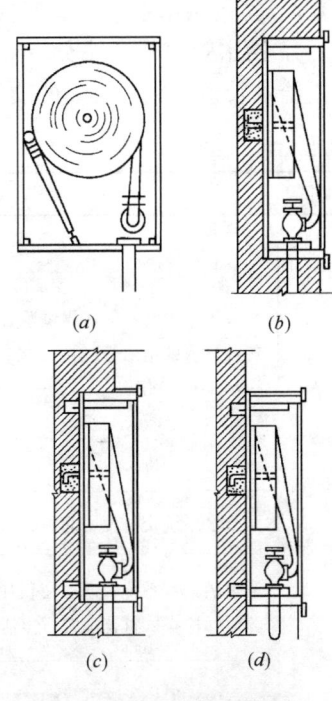

图 2-7　消防箱安装图
（a）立面图；（b）暗装侧面图；
（c）半明装侧面图；（d）明装侧面图

2.1.2 室内给水系统安装质量标准及验收方法

1. 给水管道及配件安装

给水管道及配件安装的质量标准及验收方法应符合表 2-6 的规定。

给水管道及配件安装的质量标准及验收方法　　　　　　表 2-6

项目	合格质量标准	检验方法
主控项目	室内给水管道的水压试验必须符合设计要求。当设计未注明时，各种材质的给水管道系统试验压力均为工作压力的 1.5 倍，但不得小于 0.6MPa	金属及复合管给水管道系统在试验压力下观测 10min，压力降不应大于 0.02MPa，然后降到工作压力进行检查，应不渗、不漏；塑料管给水系统应在试验压力下稳压 1h，压力降不得超过 0.05MPa，然后在工作压力的 1.15 倍状态下稳压 2h，压力降不得超过 0.03MPa，同时检查各连接处不得渗漏
	给水系统交付使用前，必须进行通水试验并做好记录	观察和开启阀门、水嘴等放水
	生活给水系统管道在交付使用前，必须冲洗和消毒并经有关部门取样检查，符合国家《生活饮用水卫生标准》方可使用	检查有关部门提供的检测报告
	室内直埋给水管道（塑料管道和复合管道除外）应做防腐处理。埋地管道防腐层材质和结构应符合设计要求	观察或局部解剖检查

项目	合格质量标准	检验方法
一般项目	给水引入管与排水排出管的水平净距不得小于 1m。室内给水与排水管道平行敷设时，两管间的最小水平净距不得小于 0.5m；交叉铺设时，垂直净距不得小于 0.15m。给水管应铺在排水管上面，若给水管必须铺在排水管的下面时，给水管应加套管，其长度不得小于排水管管径的 3 倍	尺量检查
	管道及管件焊接的焊缝表面质量应符合下列要求： （1）焊缝外形尺寸应符合图纸和工艺文件的规定，焊缝高度不得低于母材表面，焊缝与母材应圆滑过渡 （2）焊缝及热影响区表面应无裂纹、未熔合、未焊透、夹渣、弧坑和气孔等缺陷	观察检查
	给水水平管道应有 2‰～5‰的坡度坡向泄水装置	水平尺和尺量检查
	给水管道和阀门安装的允许偏差应符合表 2-5 的规定	—
	管道的支吊架安装应平整、牢固，其间距应符合《建筑给水排水及采暖工程施工质量验收规范》GB 50242—2002 第 3.3.8 条、第 3.3.9 条或第 3.3.10 条的规定	观察、尺量及手扳检查
	水表应安装在便于检修、不受暴晒、污染和冻结的地方。安装螺翼式水表，表前与阀门应有不小于 8 倍水表接口直径的直线管段。表外壳距墙表面净距为 10～30mm；水表进水口中心标高按设计要求，允许偏差为±10mm	观察和尺量检查

2. 室内消火栓系统安装

室内消火栓系统安装的质量标准及验收方法应符合表 2-7 的规定。

表 2-7

室内消火栓系统安装的质量标准及验收方法

项目	合格质量标准	检验方法
主控项目	室内消火栓系统安装完成后应取屋顶层（或水箱间内）试验消火栓和首层取二处消火栓做试射试验，达到设计要求为合格	实地试射检查
一般项目	安装消火栓水龙带，水龙带与水枪和快速接头绑扎好后，应根据箱内构造将水龙带挂放在箱内的挂钉、托盘或支架上	观察检查
	箱式消火栓的安装应符合下列规定： （1）栓口应朝外，并不应安装在门轴侧 （2）栓口中心距地面为 1.1m，允许偏差±20mm （3）阀门中心距箱侧面为 140mm，距箱后内表面为 100mm，允许偏差±5mm （4）消火栓箱体安装的垂直度允许偏差为 3mm	观察和尺量检查

3. 给水设备安装

给水设备安装的质量标准及验收方法应符合表 2-8 的规定。

给水设备安装的质量标准及验收方法

表 2-8

项目	合格质量标准	检验方法
主控项目	水泵就位前的基础混凝土强度、坐标、标高、尺寸和螺栓孔位置必须符合设计规定	观照图纸用仪器和尺量检查

项目	合格质量标准	检验方法
主控项目	水泵试运转的轴承温升必须符合设备说明书的规定	温度计实测检查
	敞口水箱的满水试验和密闭水箱（罐）的水压试验必须符合设计与《建筑给水排水及采暖工程施工质量验收规范》GB 50242—2002 的规定	满水试验静置 24h 观察，不渗、不漏；水压试验在试验压力下 10min 压力不降、不渗、不漏
一般项目	水箱支架或底座安装，其尺寸及位置应符合设计规定，埋设平整牢固	观照图纸，尺量检查
	水箱溢流管和泄放管应设置在排水地点附近但不得与排水管直接连接	观察检查
	立式水泵的减振装置不应采用弹簧减振器	观察检查
	室内给水设备安装的允许偏差应符合表 2-9 的规定	—
	管道及设备保温层的厚度和平整度的允许偏差应符合表 2-10 的规定	—

室内给水设备安装的允许偏差和检验方法　　　　　　　　表 2-9

项次	项目			允许偏差（mm）	检验方法
1	静置设备	坐标		15	经纬仪或拉线、尺量
		标高		±5	用水准仪、拉线和尺量检查
		垂直度（m）		5	吊线和尺量检查
2	离心式水泵	立式泵体垂直度（m）		0.1	水平尺和塞尺检查
		卧式泵体水平度（m）		0.1	
		联轴器同心度	轴向倾斜（m）	0.8	在联轴器互相垂直的四个位置上，用水准仪、百分表或测微螺钉和塞尺检查
			径向位移	0.1	

表 2-10

项次	项目		允许偏差（mm）	检验方法
1	厚度		$+0.1\delta$ -0.05δ	用钢针刺入
2	表面 平整度	卷材	5	用 2m 靠尺和楔形塞尺检查
		涂抹	10	

注：δ 为保温层厚度。

2.2 室内排水系统安装

2.2.1 质量通病原因分析及防治措施

为了保证室内排水系统安装的质量，要求相关工作人员必须熟悉质量问题的现象和防治方法。常见的室内排水系统安装的质量问题列于表 2-11。

室内排水系统安装质量通病分析及防治措施 表 2-11

质量通病现象	原因分析	防治措施
排水管材和管件不配套	（1）材料采购时未注意色泽是否一致 （2）材料堆放的场地不一样（在室内外），导致管材颜色变化不一样	（1）设计时应要求排水塑料管管材、管件厂家配套，施工采购时应确保采购同一生产厂家的产品，同时应于采购前对管材、管件进行比较，选择色泽无差异（或差异较小）、管材管件配套、管件齐全、质量可靠的生产厂家供货 （2）管材、管件等材料应有出厂合格证，管材应标有规格、生产厂家的名称和执行的标准号，在管件上应有明显的商标和规格。包装上应标有批号、数量、生产日期和检验代号

质量通病现象	原因分析	防治措施
排水管材和管件不配套	（1）材料采购时未注意色泽是否一致 （2）材料堆放的场地不一样（在室内外），导致管材颜色变化不一样	（3）管材、管件材质、规格必须符合设计要求，内外壁应光洁、平整，无气泡、裂口、裂纹、脱皮且色泽基本一致 （4）加强现场验收环节，承包方应在材料进场时先自验，并填报材料进场申报表以及使用报审表。监理工程师严格把关，对不合格产品一律不予进场和使用
排水管道布置在餐厅、厨房等上方	餐厅、食堂、厨房、饮食业的主副食操作烹调区域往往温度较高，湿度较大，使得其上部的排水管道很容易产生凝结水而发生污染。此外，排水管道一旦发生渗水、漏水，也会引起严重的污染事故	排水管道不得布置在餐厅、食堂等区域的上面，也不得在厨房、饮食业的主副食操作烹调区域的上方敷设。如无法避免，可采取以下措施： （1）在进行建筑平面设计时，把食堂、饮食业厨房这些区域与其顶部的其他用水房间错开布置或上部采用同层排水 （2）在食堂、餐饮业厨房的主副食操作备餐区域的正上方设置硬质吊顶，吊顶内设坡并做防水 （3）沿排水管排水方向，设置与排水管同坡度的集水托槽，在该托槽末端设置排水沟或地漏
排水立管检查口设置不符合要求	（1）排水管道上无检查口，管道堵塞时无法清通 （2）排水立管检查口间距太大，不便于管道清通 （3）排水立管检查口中心距操作地面高度过低，在管道堵塞时，可能污水会从检查口溢出	在排水管上设置检查口应符合下列规定： （1）立管上设置检查口，应在地（楼）面以上 1.00m，并应高于该层卫生器具上边缘 0.15m （2）埋地横管上设置检查口时，检查口应设在砖砌的井内 注：可采用密闭塑料排水检查井替代检查口。 （3）地下室立管上设置检查口时，检查口应设置在立管底部之上 （4）立管上检查口检查盖应面向便于检查清扫的方位；横干管上的检查口应垂直向上

质量通病现象	原因分析	防治措施
排水管道存水弯的水封高度太小	水封装置中水柱高度也称水封高度。排水系统中一定高度的水封是否遭遇破坏与管内气压变化、水蒸发率、水量损失、水中杂质的含量及相对密度等因素有关。水封高度过大,抵抗管内压力波动能力强,排水管管径可小些,但器具排水的流速不能将污水中的固体杂质带到排水横管,易堵塞管道,而且水封太高会妨碍卫生器具的安装。水封高度太小,污水中固体杂质虽不易沉积,但抵抗管内压力波动能力差,管内气体易进入室内,污染环境	存水弯是设在卫生器具排水支管或卫生器具内部的有一定高度的水柱,存水弯内一定高度的水柱称为水封,用来防止排水管道系统中的气体窜入室内。存水弯按构造不同分为管式存水弯和瓶式存水弯。管式存水弯是利用排水管道几何形状的变化形成的存水弯,有 S 形、P 形和 U 形三种类型,如图 2-8 所示 水封就是利用水将要隔离的两部分气体隔离开来的一种分隔方式。这种方式是利用水封装置中一定高度的水柱来实现的,建筑排水系统的水封作用是阻隔排水管道内的气体通过卫生器具进入建筑内而污染环境。根据实践总结,建筑内各种卫生器具中水封高度一般为 50～100mm 因此,在构造内无存水弯的卫生器具(座式大便器内部有存水弯)与生活污水管道或其他可能产生有害气体的排水管道连接时,必须在该器具排水口以下安装水封高度不小于 50mm 的存水弯。设置在同一房间内的成组洗脸盆,其数量不超过 6 个时,可共用一个管径为 50mm 的存水弯
管道排水不畅、堵塞	(1) 使用的排水管及零件安装前没有进行清膛,特别是铸铁件没有彻底清除内壁残附的砂子 (2) 施工中甩口不及时,封堵或保护不当,土建施工时的杂物,特别是水磨石的泥浆进入管内,沉淀后堵塞管道 (3) 管道安装时坡度不均匀,甚至局部倒坡 (4) 支架间距偏大,过墙不规矩,管子存在"塌腰"现象 (5) 管道接口零件选用不当,造成管道局部阻力偏大 (6) 没有按相关规定进行通水试验或试验不符合要求	(1) 在安装排水管道前应认真清理所使用的管材和管件内部,尤其是铸铁件,必须清除内部残留的砂子,以免堵塞管道 (2) 施工中应及时堵死、封严管道甩口,防止杂物落入 (3) 安装排水管道,必须掌握好坡度,严防倒坡,这是防堵、防漏的关键 (4) 支吊架间距要准确,安装要牢固,防止管子发生"塌腰"现象(塌腰处易积存杂物,造成管道堵塞或流水不畅)。排水管道固定件间距,横管不得大于 2m,立管不得大于 3m。层高小于或等于 4m,立管间安装一个固定件 (5) 使用的管件应符合相关规定的要求

质量通病现象	原因分析	防治措施
塑料管穿板处漏水	(1) 房间未设置地漏，使积水不能排走 (2) 地坪找坡时未坡向地漏，使积水不能排走 (3) 因 PVC-U 管管壁光滑，补管洞时未按程序，又没有采取相应的技术措施，使管外壁与楼板结合不紧密，形成渗漏	(1) 易产生积水的房间，如厨房和厕所等，应设置地漏 (2) 地坪应严格找坡，坡向地漏，坡度以 1‰为宜 (3) PVC-U 管穿板处如固定，应按图 2-9（a）所示进行施工，在管外壁粘结与管道同材质的止水环，补洞捣灌细石混凝土分两次进行，细心捣实。与细石混凝土接触的管外壁可刷胶粘剂再涂抹细砂 PVC-U 管穿板处如不固定，应按图 2-9（b）所示施工，即设置钢套管，套管底部平板底，上端高出板面 2cm，管周围油麻嵌实，套管上口沥青油膏嵌缝
排水用塑料管无伸缩节	由于建筑排水用硬聚氯乙烯（PVC-U）塑料管热胀冷缩系数较大，当温度变化较大时，如不按照规定设置伸缩节，将会导致管道热变形补偿不均匀，使管道发生变形甚至破裂	(1) 胶粘剂粘结连接的管道系统中，横管伸缩节的设置应符合下列规定： 1) 当排水横支管、横干管管段无汇合管道接入，且与立管相连管段的直线长度大于 2.2m 时，应在靠近汇合管件的横管一侧设置伸缩节 2) 当排水立管设置在管道井或管窿内时，应在靠近管道井井壁或管窿墙体的外侧设置伸缩节 3) 不设伸缩节管段的直线长度不宜超过 6.0m (2) 排水立管伸缩节的设置应符合下列规定： 1) 楼层内有横管接入，当汇合管件设在楼板下部时，应在汇合管件的下方设置伸缩节；当汇合管件设在楼板上部且靠近地面时，应在汇合管件上方设置伸缩节

质量通病现象	原因分析	防治措施
排水用塑料管无伸缩节	由于建筑排水用硬聚氯乙烯（PVC-U）塑料管热胀冷缩系数较大，当温度变化较大时，如不按照规定设置伸缩节，将会导致管道热变形补偿不均匀，使管道发生变形甚至破裂	2）在楼层内无横管接入，宜在距离地面 1.0～1.2m 处设置伸缩节 3）高层建筑中，当排水立管穿越楼板部位为不封堵楼层时，伸缩节之间的最大间距应为 4m 且伸缩节设置固定支承 （3）胶粘剂粘结连接的排水管道及通气管道系统应设置伸缩节，且伸缩节的最大允许伸缩量应符合表 2-12 的规定
雨水斗设置不合格	（1）天面侧排雨水直接排入管道 （2）天面雨水斗未按标准制作、设置 （3）采用地漏代替雨斗	安装雨水斗时，是将其安放在事先预留的孔洞内。屋面防水层应伸入环形筒下，雨水斗四周防水油毡弯折应平缓；雨水斗下的短管应牢固固定在屋面承重结构上，以免由于屋面水流冲击以及连接管自重的作用而削弱或破坏雨水斗与天沟沟体连接处的强度，造成接缝处漏水 雨水斗的安装具体要求如下： （1）雨水斗水平高差应不大于 5mm。设置在阳台的雨水斗，上口距阳台板底应为 180～400mm （2）雨水管伸入雨水斗上口深度 30～40mm，且雨水管口距雨水斗内壁不小于 20mm （3）雨水斗排水口与雨水管连接处，雨水管上端面应留有 6～10mm 的伸缩余量 （4）雨水斗的连接应固定在屋面承重结构上。雨水斗边缘与屋面相连处应严密不漏。连接管管径当设计无要求时，不得小于 100mm （5）雨水斗安装完毕，随雨水管露明表面刷设计要求的面漆

质量通病现象	原因分析	防治措施
地下埋设管道漏水	（1）PVC-U 管下部有尖硬物或浅层覆土后即用机械夯打，造成管道损坏 （2）管道安装完成后没有认真进行闭水试验，未能及时发现管道和管件的裂缝、砂眼以及接口处的渗漏 （3）预制铸铁管段时，接口养护不认真，搬动过早，致使接口活动，产生缝隙 （4）施工程序不对，入窨井或管沟的管段埋设过早，土建施工时损坏该管段 （5）冬期施工时，铸铁管道接口保温养护不好，管道水泥接口受冻损坏 （6）冬期施工时，没有认真排除管道内的积水，造成管道或管件冻裂 （7）管道支墩位置不合适，在回填土夯实时，管道因局部受力过大而破坏，或接口处因活动而产生缝隙	（1）埋地管段宜分段施工，第一段先做正负零以下室内部分，直到伸出外墙为止。待土建施工结束后，再铺设第二段，即把伸出外墙处的管段接入窨井或管沟 （2）管道支墩要牢靠，位置要合适，支墩基础过深时应分层回填土，回填时严防直接撞压管道 （3）铸铁管段预制时，要认真做好接口养护，防止水泥接口活动 （4）PVC-U 管下部的管沟底面应平整，无突出的尖硬物，并应做 10～15cm 的细砂或细土垫层。管道上部 10cm 处应用细砂或细土覆盖，然后分层回填，人工夯实 （5）冬期施工前应注意排除管道内的积水，防止管道内结冰 （6）严格按照施工规范进行管道闭水试验，认真检查是否有渗漏现象。若发现问题，应及时处理

质量通病现象	原因分析	防治措施
排水横管无坡度或坡度偏小	若施工不认真，排水横管上不设置坡度或设置的坡度偏小，不符合实际要求，将造成排水不顺畅，甚至堵塞管道	（1）安装前先按照确定的卫生器具安装尺寸修整孔洞。根据图纸要求并结合实际情况，按修整后孔洞位置测量尺寸，绘制加工草图，根据草图量好管道尺寸，进行裁管、预制，排水横管变径时应保证管顶平接 （2）沿管道走向在管段的始末端按设计坡度拉线，根据设计或规范要求并结合管节长度确定支吊架的位置，按拉线处该位置与支吊架固定点的垂直距离制作支吊架 （3）将预制好的管段用钢丝临时吊挂，查看无误后进行粘结，按规定校正管道坡度。待粘结固化后，再紧固支承件 （4）生活污水铸铁管道的最小设计坡度必须符合设计或表 2-13 的规定。塑料排水管道的最小坡度必须符合表 2-14 的规定
排水立管挡住插座面板	安装时考虑不周，未按图纸施工	（1）结构预留时做好审图工作，要综合全面考虑专业配合问题，从源头控制此类问题 （2）提前剔墙移动盒位，减少施工影响

质量通病现象	原因分析	防治措施
管件使用不当，影响污物或臭气的正常排放	如干线管道垂直相交连接使用 T 形三通、立管与排出管连接使用弯曲半径较小的 90°弯头、检查口或清扫口数量设置不够、位置不正确或朝向不对，均会影响污物或臭气的正常排放，同时也给系统检修带来困难。产生这一现象的主要原因有：施工人员对验收规范的掌握和执行不严或因材料供应品种不齐全，用其他不合格产品代替	在选择管件时，应注意如下问题： （1）严格按验收规范要求选料施工。即排水管道的横管与横管、横管与立管的连接，应采用 45°三通或 45°四通及 90°斜三通或 90°斜四通。立管与排出管端部的连接，宜采用两个 45°弯头或弯曲半径不小于 4 倍管径的 90°弯头。室内排水管的连接如图 2-10 所示 （2）应按规范要求在立管上每两个楼层设置一个检查口，并且在最底层和有卫生器具的最高层必须设置检查口。检查口的高度应由地面至检查口中心一般为 1m，朝向应便于检修 （3）在连接 2 个及 2 个以上大便器或 3 个及 3 个以上卫生器具的污水横管上应设置清扫口。当污水管在楼板下悬吊敷设，可将清扫口设在上一层地面上。污水管起点的清扫口与管道相垂直的墙面距离，不得小于 200mm。若污水管起点设置堵头代替清扫口，与墙面距离不得小于 400mm

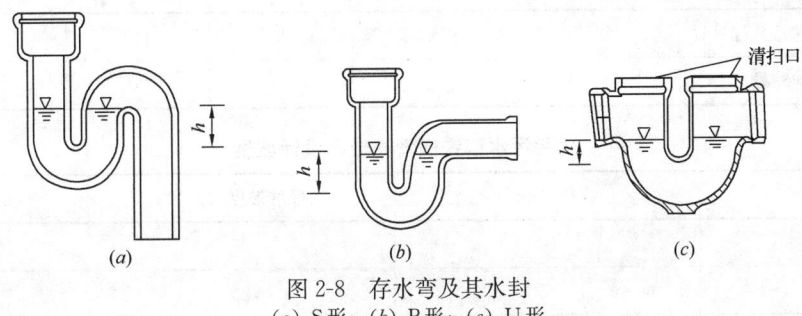

图 2-8　存水弯及其水封
(*a*) S 形；(*b*) P 形；(*c*) U 形
h—水封高度

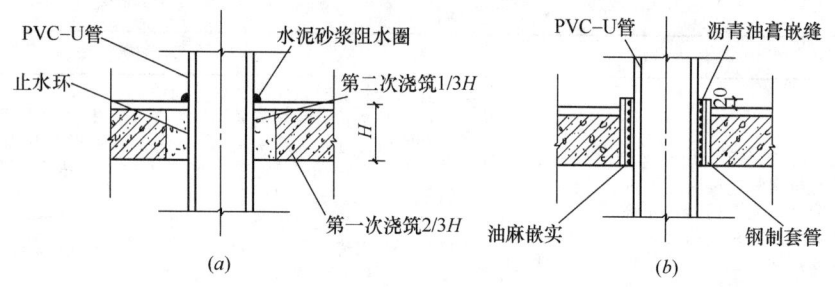

图 2-9　PVC-U 管穿楼板的技术处理

H—加固层厚度

伸缩节最大允许伸缩量（mm）　　表 2-12

排水管道或通气管道公称外径	50	75	90	110	125	160
最大允许伸缩量	12	15	20	20	20	25

生活污水铸铁横管的最小设计坡度　　表 2-13

项次	管径（mm）	标准坡度（‰）	最小坡度（‰）
1	50	35	25
2	75	25	15
3	100	20	12

项次	管径（mm）	标准坡度（‰）	最小坡度（‰）
4	125	15	10
5	150	10	7
6	200	8	5

塑料排水横管的最小设计坡度　　　　　　表 2-14

项次	外径（mm）	标准坡度（‰）	最小坡度（‰）
1	50	25	12
2	75	15	6
3	110	12	4
4	125	10	3.5
5	160	7	3
6	200	5	3
7	250	5	3
8	315	5	3

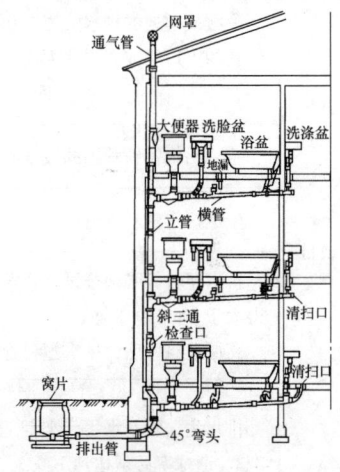

图 2-10　室内排水系统的连接

2.2.2 室内排水系统安装质量标准及验收方法

1. 排水管道及配件安装

排水管道及配件安装的质量标准及验收方法应符合表 2-15 的规定。

排水管道及配件安装的质量标准及验收方法

表 2-15

项目	合格质量标准	检验方法
主控项目	隐蔽或埋地的排水管道在隐蔽前必须做灌水试验，其灌水高度应不低于底层卫生器具的上边缘或底层地面高度	满水 15min 水面下降后，再灌满观察 5min，液面不降，管道及接口无渗漏为合格
	生活污水铸铁管道的坡度必须符合设计或表 2-16 的规定	水平尺、拉线尺量检查
	生活污水塑料管道的坡度必须符合设计或表 2-17 的规定	水平尺、拉线尺量检查
	排水塑料管必须按设计要求及位置装设伸缩节。如设计无要求时，伸缩节间距不得大于 4m 高层建筑中明设排水塑料管道应按设计要求设置阻火圈或防火套管	观察检查
	排水主立管及水平干管管道均应做通球试验，通球球径不小于排水管道管径的 2/3，通球率必须达到 100%	通球检查

项目	合格质量标准	检验方法
一般项目	在生活污水管道上设置的检查口或清扫口，当设计无要求时应符合下列规定： （1）在立管上应每隔一层设置一个检查口，但在最底层和有卫生器具的最高层必须设置。如为两层建筑时，可仅在底层设置立管检查口；如有乙字弯管时，则在该层乙字弯管的上部设置检查口。检查口中心高度距操作地面一般为1m，允许偏差±20mm；检查口的朝向应便于检修。暗装立管，在检查口处应安装检修门 （2）在连接2个及2个以上大便器或3个及3个以上卫生器具的污水横管上，应设置清扫口。当污水管在楼板下悬吊敷设时，可将清扫口设在上一层楼地面上，污水管起点的清扫口与管道相垂直的墙面距离不得小于200mm；若污水管起点设置堵头代替清扫口时，与墙面距离不得小于400mm （3）在转角小于135°的污水横管上，应设置检查口或清扫口 （4）污水横管的直线管段应按设计要求的距离设置检查口或清扫口	观察和尺量检查
	埋在地下或地板下的排水管道的检查口，应设在检查井内。井底表面标高与检查口的法兰相平，井底表面应有5%坡度，坡向检查口	尺量检查
	金属排水管道上的吊钩或卡箍应固定在承重结构上。固定件间距：横管不大于2m；立管不大于3m。楼层高度小于或等于4m，立管可安装1个固定件。立管底部的弯管处应设支墩或采取固定措施	观察和尺量检查
	排水塑料管道支吊架间距应符合表2-18的规定	尺量检查

项目	合格质量标准	检验方法
一般项目	排水通气管不得与风道或烟道连接，且应符合下列规定： （1）通气管应高出屋面 300mm，但必须大于最大积雪厚度 （2）在通气管出口 4m 以内有门、窗时，通气管应高出门、窗顶 600mm 或引向无门、窗一侧 （3）在经常有人停留的平屋顶上，通气管应高出屋面 2m，并应根据防雷要求设置防雷装置 （4）屋顶有隔热层应从隔热层板面算起	观察和尺量检查
	安装未经消毒处理的医院含菌污水管道，不得与其他排水管道直接连接	观察检查
	饮食业工艺设备引出的排水管及饮用水水箱的溢流管，不得与污水管道直接连接，并应留出不小于 100mm 的隔断空间	观察和尺量检查
	通向室外的排水管，穿过墙壁或基础必须下返时，应采用 45°三通和 45°弯头连接，并应在垂直管段顶部设置清扫口	观察和尺量检查
	由室内通向室外排水检查井的排水管，井内引入管应高于排出管或两管顶相平，并有不小于 90°的水流转角，如跌落差大于 300mm 可不受角度限制	观察和尺量检查
	用于室内排水的水平管道与水平管道、水平管道与立管的连接，应采用 45°三通或 45°四通和 90°斜三通或 90°斜四通。立管与排出管端部的连接，应采用两个 45°弯头或曲率半径不小于 4 倍管径的 90°弯头	观察和尺量检查
	室内排水管道安装的允许偏差应符合表 2-19 的相关规定	—

生活污水铸铁管道的坡度

表 2-16

项次	管径（mm）	标准坡度（‰）	最小坡度（‰）
1	50	35	25
2	75	25	15
3	100	20	12
4	125	15	10
5	150	10	7
6	200	8	5

生活污水塑料管道的坡度

表 2-17

项次	管径（mm）	标准坡度（‰）	最小坡度（‰）
1	50	25	12
2	75	15	8
3	110	12	6
4	125	10	5
5	160	7	4

排水塑料管道支吊架最大间距（m）

表 2-18

管径（mm）	50	75	110	125	160
立管	1.2	1.5	2.0	2.0	2.0
横管	0.5	0.75	1.10	1.30	1.6

室内排水和雨水管道安装的允许偏差和检验方法

表 2-19

项次	项目				允许偏差（mm）	检验方法
1	坐标				15	
2	标高				±15	
3	横管纵横方向弯曲	铸铁管		每米	≤1	用水准仪（水平尺）、直尺、拉线和尺量检查
				全长（25m 以上）	≤25	
		钢管	每米	管径小于或等于 100mm	1	
				管径大于 100mm	1.5	
			全长（25m 以上）	管径小于或等于 100mm	≤25	
				管径大于 100mm	≤38	
		塑料管		每米	1.5	
				全长（25m 以上）	≤38	
		钢筋混凝土管、混凝土管		每米	3	
				全长（25m 以上）	≤75	
4	立管垂直度	铸铁管		每米	3	吊线和尺量检查
				全长（25m 以上）	≤15	
		钢管		每米	3	
				全长（25m 以上）	≤10	
		塑料管		每米	3	
				全长（25m 以上）	≤15	

2. 雨水管道及配件安装

雨水管道及配件安装的质量标准及验收方法应符合表 2-20 的规定。

雨水管道及配件安装的质量标准及验收方法 表 2-20

项目	合格质量标准	检验方法
主控项目	安装在室内的雨水管道安装后应做灌水试验，灌水高度必须到每根立管上部的雨水斗	灌水试验持续 1h，不渗、不漏
	雨水管道如采用塑料管，其伸缩节安装应符合设计要求	对照图纸检查
	悬吊式雨水管道的敷设坡度不得小于 5‰；埋地雨水管道的最小坡度，应符合表 2-21 的规定	水平尺、拉线尺量检查
一般项目	雨水管道不得与生活污水管道相连接	观察检查
	雨水斗管的连接应固定在屋面承重结构上。雨水斗边缘与屋面相连处应严密不漏。连接管管径当设计无要求时，不得小于 100mm	观察和尺量检查
	悬吊式雨水管道的检查口或带法兰堵口的三通的间距不得大于表 2-22 的规定	拉线、尺量检查
	雨水管道安装的允许偏差应符合表 2-19 的规定	—
	雨水钢管管道焊接的焊口允许偏差应符合表 2-23 的规定	—

地下埋设雨水排水管道的最小坡度 表 2-21

项次	管径（mm）	最小坡度（‰）
1	50	20
2	75	15
3	100	8
4	125	6
5	150	5
6	200～400	4

表 2-22

项次	悬吊管直径（mm）	检查口间距（m）
1	≤150	≤15
2	≥200	≤20

钢管管道焊口允许偏差和检验方法

表 2-23

项次	项目		允许偏差	检验方法
1	焊口平直度	管壁厚 10mm 以内	管壁厚 1/4	焊接检验尺和游标卡尺检查
2	焊缝加强面	高度	+1mm	
		宽度		
3	咬边	深度	小于 0.5mm	直尺检查
		长度　连续长度	25mm	
		总长度（两侧）	小于焊缝长度的 10%	

2.3 室内热水供应系统安装

2.3.1 质量通病原因分析及防治措施

为了保证室内热水供应系统安装的质量，要求相关工作人员必须熟悉质量问题的现象和防治方法。常见的室内热水供应系统安装的质量问题列于表 2-24 中。

质量通病现象	原因分析	防治措施
保温隔热层保温性能不良	（1）保温材料表观密度太大，含有过多较大颗粒或过多粉末。例如，粒状珍珠岩散料保持 0.15～0.6mm 粒度、膨胀蛭石保持 3～15mm 粒度，则具有最佳阻值。在保温结构中如果粒度超过上述范围的 30%，保温隔热性能就会大大降低 （2）松散材料含水分过多；或由于保温层防潮层破坏，雨水或潮气侵入 （3）保温结构薄厚不均，甚至小于规定厚度 （4）保温材料填充不实，存在空洞；拼接型板状或块状材料接口不严 （5）防潮层有损坏或接口不严	（1）松散保温材料应严格按标准选用、保管和发用，并抽样检查，合格者才能使用 （2）使用的散状保温材料，使用前必须晒干或烘干，除去水分 （3）施工时必须严格按设计或规定的厚度进行施工 （4）松散材料应填充密实，块状材料应预制成扇形块并捆扎牢固 （5）油毡或其他材料的防潮层应缠紧并应搭接，搭接宽度为 30～50mm；缝口朝下，并用热沥青封口
补偿器投入运行后，管道变形、支座偏斜	若热水供应系统的补偿器安装不当，投入运行时，极易出现管道变形，支座偏斜，严重时还会使接口开裂，从而严重影响使用。引起这种现象的主要原因有： （1）补偿器安装位置不当 （2）未按要求作预拉伸 （3）制作不符合要求	（1）在预制补偿器时，几何尺寸要符合设计要求。由于顶部受力最大，因而要求用一根管子煨成，不准有接口。四角管弯在组对时要在同一个平面上，以防止投入运行后产生横向位移，从而使支架偏心受力 （2）补偿器安装的位置要符合设计规定，并应处在两个固定支架之间 （3）在冷状态下安装时，可按规定的补偿量进行预拉伸，拉伸的方法如图 2-11 所示。拉伸前应将两端固定的支架焊好，补偿器两端的直管与连接末端之间应预留一定的间隙，其间隙值应等于设计补偿量的 1/4，然后用拉管器进行拉伸，再进行焊接

质量通病现象	原因分析	防治措施
热水管过墙、楼板处没有安装套管	若热水管过墙或楼板处不安装套管，则会影响管道伸缩，由于热胀冷缩会使墙面拉裂，墙皮脱落	套管安装时，应符合下列规定： （1）套管应随同干管、立管和支管安装，将预制好的套管套在管道上，放在指定位置 （2）过楼板套管安装时，可在套管上焊一横钢筋棍，担在预留孔的地面上，防止脱落。待干管和立管安装完成并找正后，再调整好间隙加以固定，进行封固 （3）铜管过墙及穿楼板应加钢套管，套管内应填加绝缘物 （4）楼板、隔墙和墙内的穿管孔隙在安完管道后，应按相关工艺支模进行填塞和封堵 在安装刚性套管之前应根据所穿构筑物的厚度及管径尺寸确定套管规格和长度，下料后套管内刷一道防锈漆。刚性套管安装时，应在主体结构钢筋绑扎完成后，再按照图纸几何尺寸找准位置，然后将套管准确定位。套管与附加筋焊接，附加筋与主筋绑扎牢，并做好套管的防堵工作 穿墙套管的安装。在结构专业砌筑隔墙时，按专业施工图坐标及标高尺寸将套管置于隔墙中，用砌块找平后用砂浆固定，然后交给结构专业继续施工
集中热水供应系统未设置回水管	集中热水供应系统未设回水管，会造成每次使用时浪费一些冷水，在水资源日益匮乏的今天，这种浪费是不能允许的，另外也给用户带来了不便及经济损失	热水供应系统应设热水回水管道，其设置应符合下列要求： （1）热水供应系统应保证干管和立管中的热水循环 （2）要求随时取得不低于规定温度的热水建筑物，应保证支管中的热水循环或有保证支管中热水温度的措施。热水供应系统设循环干管和立管，如图 2-12 和图 2-13 所示，设支管循环的热水系统如图 2-14 所示

质量通病现象	原因分析	防治措施
保温结构松散，保温层厚度不均	在施工管壳、瓦块和缠绕式保温结构时，管道和保温层粘结不牢或镀锌钢丝绑扎方法不当，绑扎不紧；用涂抹式或松散型材料进行立管保温时，未加支撑环或支撑环固定不牢；保温层外壳粗糙，厚薄不均	(1) 采用管壳、瓦块和聚苯乙烯硬塑料泡沫板保温时，须用热沥青或胶泥等与管道粘牢，同层的接缝要错开，内外层厚度要均匀，外层的纵向接缝设置在管道两侧。热保温管壳缝隙应小于 5mm，冷保温小于 2mm，其间隙应用胶泥或软质保温材料填塞紧密，并每隔 200～250mm 用直径 1.0～1.2mm 的镀锌钢丝绑扎两圈，严禁螺旋状捆扎 (2) 用玻璃棉毡、沥青矿渣棉毡缠包式保温时，应按管径大小或按管道周长剪成 200～300mm 的条带，以螺旋状包缠在已涂好防锈漆的管道上，边缠、边压、边抽紧，并将保温厚度修正均匀，绑扎方法同管壳结构 (3) 松散型和涂抹式保温材料在立管上保温时，必须在立管卡上部 200mm 处焊接或卡牢同保温层厚度相等的支撑托板，使保温层结构牢固，保温厚度一致；如保温结构松散或厚度超过允许偏差（负值）时，应拆下重做
管道瓦块保温不良	(1) 瓦块材料配合也不当，强度不够，保温隔热效果下降 (2) 绑扎瓦块时，瓦块的放置方法不对，使用钢丝过细，间距不合适	供热管道的保温结构主要由保温层和保护层两部分组成，通常在水压试验合格后进行。如果必须先进行保温，应将管道的连接处留出，待水压试验合格后，再将管道连接处填充保温材料。所有保温材料的强度、容重、导热系数以及含水率等均应符合设计规定 (1) 管道的保温厚度应符合设计规定，允许厚度偏差为 5%～10%

质量通病现象	原因分析	防治措施
管道瓦块保温不良	（1）瓦块材料配合也不当，强度不够，保温隔热效果下降 （2）绑扎瓦块时，瓦块的放置方法不对，使用钢丝过细，间距不合适	（2）安装保温瓦块时，应将瓦块内侧抹5~10mm的石棉灰泥，作为填充料。瓦块的纵缝搭接应错开，横缝应朝上下 （3）预制瓦块根据直径大小选用18~20号镀锌钢丝进行绑扎，固定，绑扎接头不宜过长，并将接头插入瓦块内。预制瓦块绑扎完后，应用石棉灰泥将缝隙处填充，勾缝抹平 （4）在固定支架、法兰、阀门及活接头两边留出100mm的间隙不做保温，并抹成60°~90°斜坡 （5）外抹石棉水泥保护壳（其配比石棉灰：水泥＝3：7）时，应按设计规定厚度抹平压光. 设计无规定时，其厚度为10~15mm （6）采用硬质保温瓦时，在直线管段上每隔5~7m应留一条膨胀缝，膨胀缝的间隙为5mm。在弯管处也应留出膨胀缝，管径≤300mm应留一条，膨胀缝的间隙为20~30mm。弯管处留膨胀缝的位置见图2-15。膨胀缝须用柔性保温材料（石棉绳或玻璃棉）填充 保温瓦的接缝应错开。多层保温瓦应盖缝绑扎，并用石棉水泥勾缝 绑扎保温瓦时，必须用镀锌钢丝，在每节保温瓦上应绑扎两道。当管径为25~100mm时，用18号钢丝；管径为125~200mm时，用16号钢丝 （7）在高压蒸汽及高压热水管道的拐弯处或胀缩拐角处，均应留出20mm的伸缩缝，并填充石棉绳 （8）瓦块的罩面层材料应采用合理的配合比，认真进行罩面层的施工操作

质量通病现象	原因分析	防治措施
管道热胀冷缩补偿措施不当	(1) 固定支架和活动支架不加区分，有时用 U 形螺栓将管子全部轧牢，使管子不能自由伸缩 (2) 利用弯管作自然补偿时，未按照管子伸长情况设置固定支架，使管子不能按设计要求的方向伸缩	热水供应管道应尽量利用自然弯补偿热伸缩，直线段过长则应设置补偿器。补偿器形式、规格、位置应符合设计要求，并按有关规定进行预拉伸 (1) 补偿器预拉伸。安装补偿器应按设计要求做预拉。套管补偿器预拉伸长度可按表 2-25 的规定执行。方形补偿器预拉伸长度可为其伸长量的一半。安装铜质波形补偿器时，其直管长度不小于 100mm (2) 波纹管补偿器安装 1) 补偿器进场时应进行检查验收，核对其类型、规格、型号、额定工作压力是否符合设计要求，应有产品出厂合格证；同时检查外观质量，包装有无损坏，外露的波纹管表面有无碰伤。应注意在安装前不得拆卸补偿器上的拉杆，不得随意拧动拉杆螺母 2) 装有波纹补偿器的管道支架不能按常规布置，应按设计要求或生产厂家的安装说明书的规定布置：一般在轴向型波纹管补偿器的一侧应有可靠固定支架；另一侧应有 2 个导向支架，第 1 个导向支架离补偿器边应等于 4 倍管径，第 2 个导向支架离第一个导向支架的距离应等于 14 倍管径，再远处才可按常规布置滑动架（图 2-16)，管底应加滑托。固定支架的做法应符合设计或指定的国家标准图的要求 3) 轴向波纹管补偿器的安装，应按补偿器的实际长度并考虑配套法兰的位置或焊接位置，在安装补偿器的管道位置上画下料线，依线切割管子，做好临时支撑后进行补偿器的焊接连接或法兰连接。在焊接连接或法兰连接时必须注意找平找正，使补偿器中心与管道中心同轴，不得偏斜安装 4) 待热水管道系统水压试验合格后，通热水运行前，要把波纹管补偿器的拉杆螺母卸去，以便补偿器能发挥补偿作用

质量通病现象	原因分析	防治措施
太阳能热水器的集热效果不好	(1) 集热器的安装方位和倾角不符合要求 (2) 循环管管路过长造成损失 (3) 循环管坡度未调整造成气阻沸流	(1) 集热器的布置与安装要求 1) 集热器的安装方位：在北半球，集热器的最佳布置方位是朝正南，如客观条件不允许时，可以在偏东或偏西15°范围内安装 2) 集热器安装倾角（与地面夹角）：池式、袋式（薄膜式）集热器只能水平设置。其他形式的集热器，最佳设置夹角应根据热水器使用季节和当地的地理纬度来确定。当春夏秋三季度使用时，集热器夹角等于当地纬度；仅在夏季使用时，集热器夹角可比当地纬度少10°左右；全年使用或仅在冬季使用时，集热器夹角可比纬度多10°左右。如北京地区的纬度为39°，则集热器的最佳夹角为：春秋季均为39°，仅夏季使用为29°，全年使用为49° 3) 热水器的设置应避开其他建筑物的阴影。为了减少热损失，热水器的位置应避开风口，同时也应避免设在烟囱或其他产生烟尘设施的下风口，以防止烟尘污染透明罩（或玻璃），影响透光 4) 制作吸热钢板槽时，其圆度应准确，间距一致。安装集热排管时，应用卡箍和钢丝紧固在钢板凹槽内 5) 集热器玻璃宜采用3～5mm厚的含铁量少的钢化玻璃，安装宜顺水流方向搭接或框式连接 6) 集热器布置在屋面，距屋面檐口距离应在1.5m以上，集热器之间应留有0.2～0.5m的间距，以便维修和管理

质量通病现象	原因分析	防治措施
太阳能热水器的集热效果不好	(1) 集热器的安装方位和倾角不符合要求 (2) 循环管管路过长造成损失 (3) 循环管坡度未调整造成气阻沸流	（2）自然循环配水管路安装要求 1）管道布置应以管线短，转弯少，便于安装和维修为原则。水平敷设的管道，应有不小于 0.005 的坡度，坡向集热器。在系统的最低点应设排水装置，以便检修时排放系统内存水 2）循环管道的管材宜采用镀锌钢管和螺纹连接。填料也宜采用聚四氟乙烯生料带。管道要固定在支架上面 3）管路上不宜设置阀门 4）在设置几台集热器时，集热器可以并联、串联或混联，但要保证循环流量均匀分布，为防止短路和滞流，循环管路要对称安装，各回路的循环水头损失平衡 5）集热器与循环总管连接时，为便于检修拆卸，宜采用活接头连接。循环水管的出水管上应设置阀门，以便控制水量和水温 6）管道全部安装完毕，应进行通水试验，试验压力为其工作压力的 1.5 倍，以不泄漏为合格。试验后的管道要保温 （3）水箱的布置与安装要求。循环水箱和补给水箱一般布置在建筑物的屋面上。如果是强制循环式系统，也可以布置在低于集热器的场所。当屋面结构是空心楼板时，就不能直接在屋面上装设水箱。水箱可布置在集热器的一侧或中间，不管布置在什么位置，都要考虑水箱所产生的阴影不要投在集热器上，以免影响集热器的集热效果

质量通病现象	原因分析	防治措施
太阳能热水器的集热效果不好	(1) 集热器的安装方位和倾角不符合要求 (2) 循环管管路过长造成损失 (3) 循环管坡度未调整造成气阻沸流	水箱应牢固地安装在钢筋混凝土或钢支架上，循环水箱底应高出集热器中心线，以确保系统的正常循环。循环水箱与补给水箱之间的连接管道上应装设止回阀，防止循环水箱的热水在补给水箱浮球阀发生故障时，倒流入补给水箱内，补给水箱的进水管上应有阀门的装置。循环水箱和补给水箱的溢水管和泄水管可分别连接，连接后的管道直径要比原管径大1~2号，溢水管和泄水管可经隔断水箱排入排水管道，也可直接排入屋面天沟内 有条件时，循环水箱要保温防护 太阳能热水器可装设在屋顶上（图2-17），也可在阳台和墙面上装设（图2-18）
热水循环采用异程布置	热水循环采用异程布置，如图2-19所示，会造成短路循环，使距离较远的用水点回水不畅，造成使用过程中浪费的冷水过多	在集中热水供应系统应做成同程式，如图2-20所示，以保证热水系统的有效循环。同程式热水供水系统的每一个热水循环环路长度均相等，虽然回水管道长度增加，循环水泵扬程增大和增加一次投资，但各环路阻力损失接近，对于防止系统中热水短路循环，保证整个系统的循环效果，各用水点能随时获取所需温度的热水，对节能、节水起着重要的作用，并能减少调节维护工作量，使用舒适

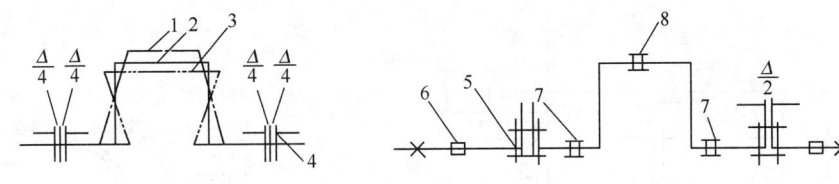

图 2-11 补偿器安装

1—安装状态；2—自由状态；3—工作状态；4—总补偿量；5—拉管器；6、7—活动管托；8—吊架

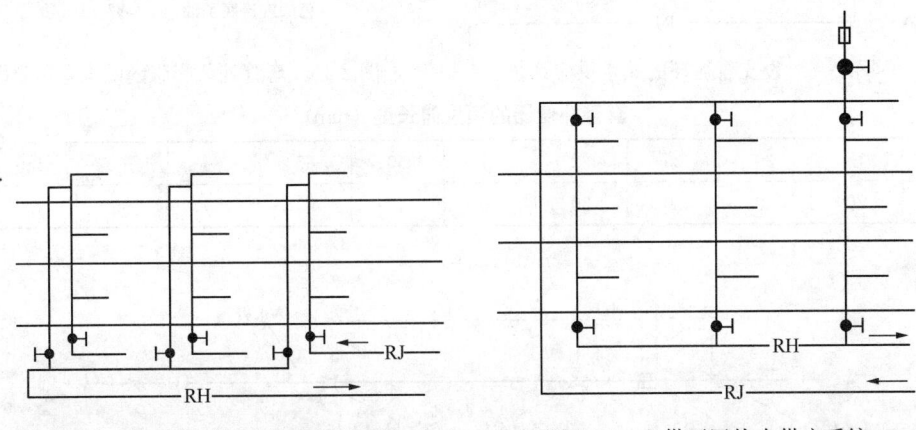

图 2-12 下供下回式热水供应系统　　　　图 2-13 上供下回热水供应系统

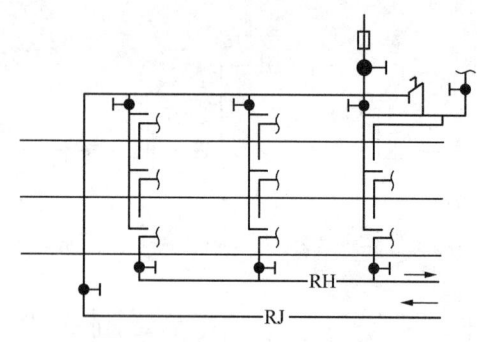

图 2-14　设支管循环的热水供应系统

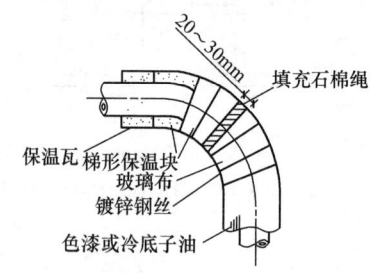

图 2-15　弯管处留膨胀缝的位置示意图

套管补偿器的预拉伸长度（mm）

表 2-25

补偿器规格	15	20	25	32	40	50	65	80	100	125	150
拉出长度	20	20	30	30	40	40	56	59	59	59	63

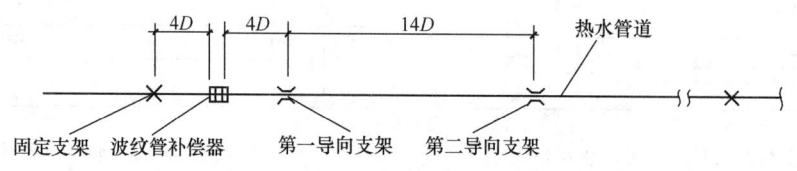

图 2-16　管道支架布置（D 为管道直径）

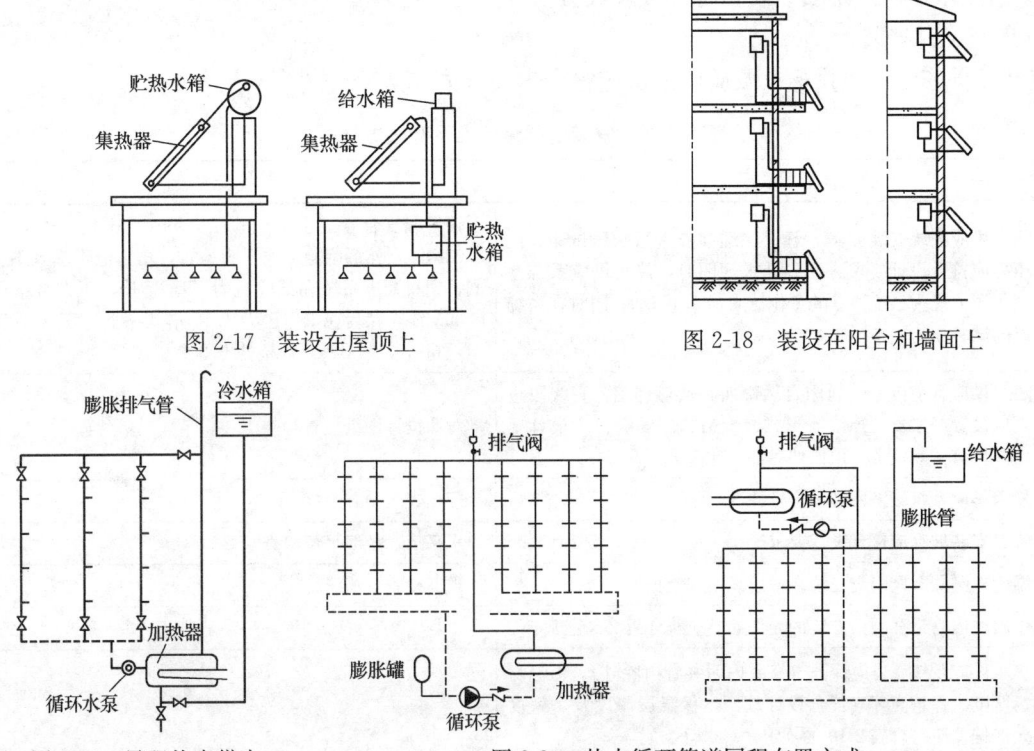

图 2-17 装设在屋顶上

图 2-18 装设在阳台和墙面上

图 2-19 异程热水供水

图 2-20 热水循环管道同程布置方式

2.3.2 室内热水供应系统安装质量标准及验收方法

1. 管道及配件安装

管道及配件安装的质量标准及验收方法应符合表 2-26 的规定。

管道及配件安装的质量标准及验收方法

表 2-26

项目	合格质量标准	检验方法
主控项目	热水供应系统安装完毕，管道保温前应进行水压试验。试验压力应符合设计要求。当设计未注明时，热水供应系统水压试验压力应为系统顶点的工作压力加 0.1MPa，同时在系统顶点的试验压力不小于 0.3MPa	钢管或复合管道系统试验压力下 10min 内压力降不大于 0.02MPa，然后降至工作压力检查，压力应不降且不渗、不漏；塑料管道系统在试验压力下稳压 1h，压力将不得超过 0.05MPa，然后在工作压力 1.15 倍状态下稳压 2h，压力将不得超过 0.03MPa，连接处不得渗漏
	热水供应管道应尽量利用自然弯曲补偿热伸缩，直线段过长则应设置补偿器。补偿器形式、规格、位置应符合设计要求，并按有关规定进行预拉伸	对照设计图纸检查
	热水供应系统竣工后必须进行冲洗	现场观察检查
一般项目	管道安装坡度应符合设计要求	水平尺、拉线尺量检查
	温度控制器及阀门应安装在便于观察和维护的位置	观察检查
	热水供应管道和阀门安装的允许偏差应符合表 2-5 的规定	—
	热水供应系统管道应保温（浴室内明装管道除外），保温材料、厚度、保护壳等应符合设计规定。保温层厚度及平整度的允许偏差应符合表 2-10 的规定	—

2. 辅助设备安装

辅助设备安装的质量标准及验收方法应符合表 2-27 的规定。

辅助设备安装的质量标准及验收方法 表 2-27

项目	合格质量标准	检验方法
主控项目	安装太阳能集热器玻璃前，应对集热排管和上、下集管做水压试验，试验压力为工作压力的 1.5 倍	试验压力下 10min 内压力不降、不渗、不漏
	热交换器应以工作压力的 1.5 倍做水压试验。蒸汽部分应不低于蒸汽供汽压力加 0.3MPa；热水部分应不低于 0.4MPa	试验压力下 10min 内压力不降、不渗、不漏
	水泵就位前的基础混凝土强度、坐标、标高、尺寸和螺栓孔位置必须符合设计要求	对照图纸用仪器和尺量检查
	水泵试运转的轴承温升必须符合设备说明书的规定	温度计实测检查
	敞口水箱的满水试验和密闭水箱（罐）的水压试验必须符合设计与《建筑给水排水及采暖工程施工质量验收规范》GB 50242—2002 的规定	满水试验静置 24h，观察不渗、不漏；水压试验在试验压力下 10min 压力不降、不渗、不漏
一般项目	安装固定式太阳能热水器，朝向应正南。如受条件限制时，其偏移角不得大于 15°。集热器的倾角，对于春、夏、秋三个季节使用的，应采用当地纬度为倾角；若以夏季为主，可比当地纬度减少 10°	观察和分度仪检查
	由集热器上、下集管接往热水箱的循环管道，应有不小于 5‰ 的坡度	尺量检查

项目	合格质量标准	检验方法
一般项目	自然循环的热水箱底部与集热器上集管之间的距离为 0.3～1.0m	尺量检查
	制作吸热钢板凹槽时,其圆度应准确,间距一致。安装集热排管时,应用卡箍和钢丝紧固在钢板凹槽内	手扳和尺量检查
	太阳能热水器的最低处应安装泄水装置	观察检查
	热水箱及上、下集管等循环管道均应保温	观察检查
	凡以水作介质的太阳能热水器,在 0℃以下地区使用应采取防冻措施	观察检查
	热水供应辅助设备安装的允许偏差应符合表 2-9 的规定	—
	太阳能热水器安装的允许偏差应符合表 2-28 的规定	

太阳能热水器安装的允许偏差和检验方法　　　　　表 2-28

项目			允许偏差	检验方法
板式直管太阳能热水器	标高	中心线距地面（mm）	±20	尺量
	固定安装朝向	最大偏移角	不大于 15°	分度仪检查

2.4 卫生器具安装

2.4.1 质量通病原因分析及防治措施

为了保证卫生器具安装的质量，要求相关工作人员必须熟悉质量问题的现象和防治方法。常见的卫生器具安装的质量问题列于表 2-29 中。

卫生器具安装质量通病分析及防治措施   表 2-29

质量通病现象	原因分析	防治措施
卫生器具安装不牢固	(1) 可能是固定卫生器具的墙壁难以生根，例如空心砖墙等不能产生足够的压力使螺栓固定牢固 (2) 固定螺栓选用不合适，例如选用的螺栓规格太小，产生的固定力不能满足卫生器具所需的承重力 (3) 采用木楔固定，长时间木楔腐朽、松动 (4) 支架表面不平整，使卫生器具各受力点不在同一平面内 (5) 受力点悬空、受力不均。例如洗脸盆左右两个支架不在同一水平面上，脸盆就位后，一边支架受力大，一边支架受力小 (6) 卫生器具与支架之间不垫橡胶垫时，与支架接触不严密	要使卫生器具固定牢固，安装前应检查固定支架的墙壁，是否符合支架生根。一般情况下，埋设支架的墙壁，要求实心砖墙或钢筋混凝土墙，如果遇到空心砖墙、轻度砖墙时应预埋水泥预制块或防腐木砖。预埋块应牢固，表面平整，外表面应低于饰后墙面 8～10mm。如预埋块为水泥预制块，要待预制块达到要求强度后，再用膨胀螺栓安装固定支承卫生器具的支架，如预埋块为防腐木砖，可用木螺钉固定支架。支架固定好后，可用水平尺检查两侧支架安装的水平度，确保在同一平面内。安装时卫生洁具与支架之间应垫以橡胶垫，使两者紧密接触，以防止卫生器具滑移、晃动。若固定卫生洁具的墙壁为钢筋混凝土墙时，可以用膨胀螺栓将支架固定在墙壁上，也可以用预埋螺栓安装固定支架或卫生器具

质量通病现象	原因分析	防治措施
地漏盖高出地坪并堵塞	（1）地漏盖高出地坪的原因是：在安装地漏时没有把握好施工中地坪高度变化的准确数值及地坪施工的误差 （2）地漏堵塞的原因是：在地漏施工过程中敞口未封闭，使土建施工中的水泥砂浆等杂物进入地漏内，造成地漏堵塞	地漏安装过程中，应密切配合土建施工，地漏安装应做到平正、牢固，低于排水地面。并且，施工过程中地漏的敞口要封闭，防止杂物进入敞口内，形成堵塞。同时，在安装地漏盖前应进行检查，如果发现有堵塞现象应及时清理，干净后方可安装地漏盖 安装地漏时，周边应做好防水工作，地漏水封高度不得小于 50mm，并设有防水翼环。多功能地漏除了排除地面积水外，还可连接洗衣机的排水管
地漏安装位置不合理	前期土建水电定的地漏位置不合适，后期施工人员放线定位不到位，没有及时调整地漏位置，排水不畅	（1）在施工前做好图纸和技术交底工作，定位准确 （2）前期按施工图放线过程中发现地漏位置影响，应及时调整，将地漏位置移至合适的位置
洗脸盆和洗涤盆下未装存水弯	（1）在设计图纸表示不详的情况下，施工安装人员经常误认为洗脸盆和洗涤盆下的存水弯安装在楼板上和楼板下是一回事，其实不然 （2）洗脸盆和洗涤盆下的存水弯由于毛发、碎屑等杂物，非常容易堵塞，必要时需要打开存水弯上的检查口清通。如果存水弯安装在楼板下方，清通时就必须到楼下的卫生间或厨房，如果有吊顶，就更显得非常不方便	（1）将 S 形存水弯安装在楼板的上方（但不能同时串接两个存水弯），这样用户随时可以方便清通 （2）严格按照施工标准图集施工

质量通病现象	原因分析	防治措施
坐便器安装时，管洞处不抹平，安装结束后坐便器四周用硅胶密封	(1) 管洞处不抹平，密封胶圈安装时会同样不平，坐便器会因此定位不准而漏气、漏水、返臭 (2) 坐便器四周用硅胶密封，会影响美观	(1) 坐便器安装前，管洞处必须用砂浆抹平，与地面层平齐，地面要清洁、不潮湿 (2) 落水口必须使用橡胶密封圈 (3) 定位画线，在轮廓线内打硅胶，注意硅胶要均匀 (4) 轻轻放置坐便器，硅胶基本都在坐便器底座内侧，以达到密封、稳固的效果 (5) 用干抹布清理坐便器四周硅胶 (6) 注意要关水不使用，最好保持24h，至少8h，使硅胶干透
蹲式大便器与上、下水管道连接处漏水	(1) 大便器上水接口的胶皮碗破裂，安装时未发现，绑扎胶皮碗所用的钢丝，容易锈蚀、断裂，从而使胶皮碗松动或绑扎方法不对 (2) 施工过程中，大便器上水接口处被砸坏 (3) 排水管甩口高度不足，大便器出口插入排水管的深度不够 (4) 大便器出口与排水管连接处没有认真填抹严实 (5) 土建施工时厕所地面防水处理不好或遭到破坏，使上层渗水顺管道四周和砖墙缝流到下层房间	(1) 大便器接上水管时要仔细检查接口的胶皮碗是否破裂，如有毛病则不得使用。在绑扎胶皮碗与大便器和上水管连接处，必须使用14号铜丝，两道要错开并拧紧。冲洗管插入胶皮碗的角度应合适，严禁使用钢丝 (2) 在施工过程中，特别是土建最后砌抹蹲台时要注意保护大便器和接口处，以防砸坏漏水 (3) 安装大便器排水管时，甩口高度必须合适，且高出地面10mm，同时排水管甩口要选择内径较大、内口平整的承口或套袖，以确保大便器出口有足够的插入深度 (4) 大便器出口与排水管连接处的缝隙，须用油灰或1:3白灰水泥混合膏填实抹平，以防污水外漏 (5) 做好厕所地面防水，确保油毡完好无损。油毡搭接处与管道相交处均需用热沥青浇灌。在楼板预留管口处必须用豆石混凝土浇灌密实，防止漏水

质量通病现象	原因分析	防治措施
小便器角型阀冲洗管漏水或反水弯脱落漏水	（1）小便器反水弯脱落漏水的原因是：接口连接处封闭不严密、不牢固或接头处破裂 （2）角型阀冲洗管漏水的原因是：出水杆上压盖处的橡胶圈破裂，引起泄漏	安装小便器水封存水弯时，上、下接口连接处的缝隙要用密封胶或油灰填充饱满，严实、封堵牢固。对安装好的水封存水弯应加强成品保护，防止砸裂。角型阀冲洗阀管在角型阀出水杆上压盖处必须垫上完好橡胶圈且拧紧
墙面开横槽	1）按照水管在墙面的铺设一般要求，不允许在墙面开横槽，会破坏墙面结构和强度，而且不容易维修 2）后期在安装五金件时可能把水管打破，引起麻烦	卫生间各支管分别从顶面主管道分支垂直向下接至各用水点
卫生间排水管道安装不规范	（1）排水立管距墙距离偏大，造成洁具安装困难，如浴盆安装，影响正常使用 （2）卫生间排水横管敷设高度偏低，造成卫生间吊顶低过窗口，影响正常使用	（1）设计图纸应注明立管距墙尺寸。排水立管离墙距离及管道间距设计合理，满足施工维修需要，尽量靠近墙体，不影响卫生洁具布置，管卡安装在墙体上，高度一致，不要在通风道等处安装管卡 （2）排水横管起点距楼板应为250mm左右，坡度合理，吊卡安装牢固，间距符合规范要求 （3）排水立管三通甩口距顶板尺寸要准确 （4）宜采取同层排水技术 （5）卫生间排气道与排水管道应尽可能靠近，以方便业主装修封围施工

质量通病现象	原因分析	防治措施
大便器安装完成后出现位置不正、破损、渗漏及排水管道堵塞	（1）大便器安装前未核实大便器的型号，产品样本与设计图纸不符，预留排水甩口不准确 （2）安装时未检查大便器有无裂纹与缺损，安装过程中方法不正确或成品保护不善导致器具破损 （3）水箱进水管的接口不严密导致渗漏 （4）安装前未清理干净预留排水管内的垃圾、杂物；安装完毕未及时冲洗，安装时的填料存于管内	（1）安装大便器之前必须核实大便器选定的型号、厂家产品样本是否与设计图纸相符，检查预留排水甩口位置是否准确 （2）安装前应检查大便器有无裂纹与缺损，清楚连接大便器承口周围的杂物，检查有无堵塞 （3）坐便器安装顺序一般为稳住坐便器、水箱配件安装、水箱安装、进水阀及坐便盖安装；安装时，应将坐便器排水口插入甩口内，预先在接大便器底部均匀的铺上5mm左右油灰层，坐便器平稳地坐在油灰层上，用水平尺找平找正。安装完毕后用水冲洗器具，冲掉可能进入管内的多余填料 （4）安装蹲便器时，应在排水管甩口处抹上油灰，蹲便器底部填石膏，将蹲便器排水口插入排水管甩口内稳好，用水平尺找正、调平，并使进水口与预留给水甩口对应；稳好后四周用砖固定，进水胶皮碗大小两头均应采用喉箍箍紧或采用铜丝绑扎，胶皮碗及冲洗管四周填干砂，砂上面抹一层水泥砂浆；如多个大便器成排安装，应保证在同一直线位置上

质量通病现象	原因分析	防治措施
洗脸盆安装高度错误、固定方式错误、冷热水管及给水配件安装错误	（1）洗脸盆选型不符合设计和规范要求 （2）未按洗脸盆安装程序施工，固定不牢固或者固定方式不对	（1）洗脸盆应按设计要求选型，暗装敷设的冷热水管道甩口应按选定的脸盆的样本尺寸施工，洗脸盆安装应保证位置准确、高度无误 （2）洗脸盆安装时一般先将水龙头及排水栓固定于洗脸盆上，再进行正式安装固定 （3）台式洗脸盆安装时，托架应采用螺栓固定于台面支撑角钢上，不能直接焊接，并且洗脸盆与支架之间应垫橡胶板，防止洗脸盆的损坏
高低水箱分体式坐便器冲水管接口处渗漏	（1）水箱与坐便器中心线错位，使冲洗管受力歪扭不正 （2）锁紧螺母和压盖处垫圈有损伤 （3）拧压盖时用力过猛，造成裂纹	安装高低水箱分体式坐便器时，首先应确保水箱与坐便器的中心线一致，这样冲洗连接后，上、下两个接头可防止受扭曲力作用。当坐便器和高低水箱安装固定时，要严格按照事先画出的统一中心线调准位置。在拧紧锁母时，应检查橡胶圈的质量，如有裂纹应及时更换，否则不可使用，同时拧紧螺母时应用力均匀，以防用力过猛产生裂纹

质量通病现象	原因分析	防治措施
浴盆排水管、溢水管及排水栓连接处渗漏	(1) 浴盆安装不平稳，位置不正 (2) 排水栓、排水管、溢流管安装方法不正确 (3) 接口填料过少等	(1) 浴盆安装前应先测量好定位尺寸，按照定位尺寸用砖砌支座，当支座达到要求强度后安装浴盆，安装时应做到浴盆就位平正、稳固，使浴盆的排水口对准已做好的排水管管口 (2) 安装排水栓及排水管时，先将浴盆配件中的弯头与抹匀铅油缠好麻丝的短横管相连接，然后将横管另一端插入浴盆三通中口内，拧紧锁母。三通的下口插入竖直短管，连接好接口，再将竖管的下端插入排水管预留管口内。排水栓圆盘下应加进橡胶垫，抹匀铅油，插入浴盆的排水孔内，孔外也应加橡胶垫和垫圈，在螺纹上抹匀铅油，缠好麻丝，用扳手卡住排水口上的十字筋与弯头拧紧连接好。将溢水立管套上锁母，缠紧油盘根，插入三通的上口，对准浴盆溢水孔，拧紧螺母，如图2-21所示 (3) 连接浴盆出水口和排水管预留管口时，应将排出口接入水封存水弯或存水盒内，应保证插入足够的深度。上述工作完成后应给浴盆加水检查排水栓安装质量及严密性，如有问题应及时处理。当浴盆及排水系统安装合格后才能砌筑浴盆挡墙。砌挡墙时，应保护浴盆不被移位、砸伤，并且在地面低点留出检查门的位置，以便以后检查、维修

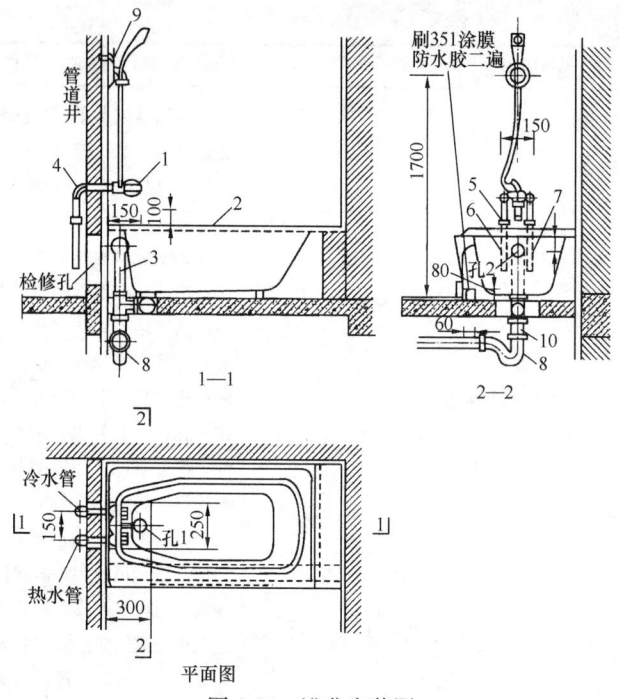

图 2-21 浴盆安装图

1—浴盆三连混合龙头；2—裙板浴盆；3—排水配件；4—弯头；5—活接头；6—热水管；7—冷水管；

8—存水弯；9—喷头固定架；10—排水管

2.4.2 卫生器具安装质量标准及验收方法

1. 卫生器具安装

卫生器具安装的质量标准及验收方法应符合表 2-30 的规定。

卫生器具安装的质量标准及验收方法
表 2-30

项目	合格质量标准	检验方法
主控项目	排水栓和地漏的安装应平正、牢固,低于排水表面,周边无渗漏。地漏水封高度不得小于 50mm	试水观察检查
	卫生器具交工前应做满水和通水试验	满水后各连接件不渗、不漏;通水试验给水排水畅通
一般项目	卫生器具安装的允许偏差应符合表 2-31 的规定	—
	有饰面的浴盆,应留有通向浴盆排水口的检修门	观察检查
	小便槽冲洗管,应采用镀锌钢管或硬质塑料管。冲洗孔应斜向下方安装,冲洗水流同墙面成 45°角。镀锌钢管钻孔后应二次镀锌	观察检查
	卫生器具的支托架必须防腐良好,安装平整、牢固,与器具接触紧密、平稳	观察和手扳检查

卫生器具安装的允许偏差和检验方法
表 2-31

项次	项目		允许偏差(mm)	检验方法
1	坐标	单独器具	10	拉线、吊线和尺量检查
		成排器具	5	

项次	项目		允许偏差（mm）	检验方法
2	标高	单独器具	±15	拉线、吊线和尺量检查
		成排器具	±10	
3	器具水平度		2	用水平尺和尺量检查
4	器具垂直度		3	吊线和尺量检查

2. 卫生器具给水配件安装

卫生器具给水配件安装的质量标准及验收方法应符合表 2-32 的规定。

卫生器具给水配件安装的质量标准及验收方法　　　　　　表 2-32

项目	合格质量标准	检验方法
主控项目	卫生器具给水配件应完好、无损伤，接口严密，启闭部分灵活	观察及手扳检查
一般项目	卫生器具给水配件安装标高的允许偏差应符合表 2-33 的规定	—
	浴盆软管淋浴器挂钩的高度，如设计无要求，应距地面 1.8m	尺量检查

卫生器具给水配件安装标高的允许偏差和检验方法　　表 2-33

项次	项目	允许偏差（mm）	检验方法
1	大便器高、低水箱角阀及截止阀	±10	尺量检查
2	水嘴	±10	
3	淋浴器喷头下沿	±15	
4	浴盆软管淋浴器挂钩	±20	

3. 卫生器具排水管道安装

卫生器具排水管道安装的质量标准及验收方法应符合表 2-34 的规定。

卫生器具排水管道安装的质量标准及验收方法　　表 2-34

项目	合格质量标准	检验方法
主控项目	与排水横管连接的各卫生器具的受水口和立管均应采取妥善、可靠的固定措施；管道与楼板的接合部位应采取牢固、可靠的防渗、防漏措施	观察和手扳检查
	连接卫生器具的排水管道接口应紧密不漏，其固定支架、管卡等支撑位置应正确、牢固，与管道的接触应平整	观察及通水检查
一般项目	卫生器具排水管道安装的允许偏差应符合表 2-35 的规定	—
	连接卫生器具的排水管管径和最小坡度，如设计无要求时，应符合表 2-36 的规定	用水平尺和尺量检查

卫生器具排水管道安装的允许偏差 表 2-35

项次	项目		允许偏差（mm）	检验方法
1	横管弯曲度	每 1m 长	2	用水平尺量检查
		横管长度≤10m，全长	<8	
		横管长度>10m，全长	10	
2	卫生器具的排水管及横支管的纵、横坐标	单独器具	10	用尺量检查
		成排器具	5	
3	卫生器具的接口标高	单独器具	±10	用水平尺和尺量检查
		成排器具	±5	

连接卫生器具的排水管管径和最小坡度 表 2-36

项次	卫生器具名称		排水管管径（m）	管道的最小坡度（‰）
1	污水盆（池）		50	25
2	单、双格洗涤盆（池）		50	25
3	洗手盆、洗脸盆		32～50	20
4	浴盆		50	20
5	淋浴器		50	20
6	大便器	高、低水箱	100	12
		自闭式冲洗阀	100	12
		拉管式冲洗阀	100	12

项次		卫生器具名称	排水管管径（m）	管道的最小坡度（‰）
7	小便器	手动、自闭式冲洗阀	40～50	20
		自动冲洗水箱	40～50	20
8		化验盆（无塞）	40～50	25
9		净身器	40～50	20
10		饮水器	20～50	10～20
11		家用洗衣机	50（软管为30）	—

2.5 室外给水管网安装

2.5.1 质量通病原因分析及防治措施

为了保证室外给水管网安装的质量，要求相关工作人员必须熟悉质量问题的现象和防治方法。常见的室外给水管网安装的质量问题列于表 2-37。

室外给水管网安装质量通病分析及防治措施   表 2-37

质量通病现象	原因分析	防治措施
室外给水管道敷设在排水管下面	室外给水管道敷设在排水管下面时，当污水管泄漏或检修时，污水就会滴落到给水管上，使给水管受到污染和腐蚀，严重时会引起给水管泄漏，污染整个给水系统	室外给水管道应敷设在排水管道的上面。当给水管道与排水管道在不同标高平行敷设时，其垂直间距在 500mm 以内，且给水管径小于或等于 200mm 时，给水管道与排水管道的管壁间距应大于或等于 1.5m；给水管径大于 200mm 时，其管壁间距应大于或等于 3m

质量通病现象	原因分析	防治措施
沟槽底部浸水	(1) 雨天降水或沟槽附近有其他废水流入槽底 (2) 对于地下水或浅层滞水，未采取排降水措施或措施不力	(1) 雨期施工时，应在沟槽四周叠筑闭合的土埂，必要时要在埂外开挖排水沟，防止沟槽附近有其他废水流入槽底 (2) 在地下水位以下或有浅层滞水地段挖槽，应使排水沟、集水井或各种井点排降水设备经常保持完好状态，保证正常运行 (3) 排水管接通河道或接入老的雨水管渠的沟段，开槽应在枯水期先行施工，以防下游水倒灌入沟槽 (4) 沟槽见底后应随即进行一道工序，否则槽底以上应暂留20cm 土层不予挖出，作为保护层 (5) 如果沟槽已经被泡水，应立即检查排降水设备，疏通排水沟，将水引走、排净 (6) 已经被水浸泡而受扰动的地基土，可以根据具体情况处理。一般当土层扰动在 10cm 以内时，要挖出扰动土，换填级配砂砾或砾石夯实；当土层扰动深度达到 30cm 但下部坚硬时，要挖出扰动土换填大卵石或块石，并用砾石填充空隙，将表面找平夯实
给水铸铁管系统试压时没有采取加固措施	室外给水铸铁管系统，水压试验时没有在受力处采取特别加固措施，会引起接口处断裂漏水，需返工修理，拖延工期，甚至造成人员伤害和财产损失	(1) 管道安装检查合格后，除接口外，管道两侧及管顶以上回填高度不应小于 0.5m (2) 水压试验的管段长度不应超过 1000m。管件的支墩、锚固设施已达到设计强度，但没有设支墩及锚固设施的管件应采取临时后背等加固措施

质量通病现象	原因分析	防治措施
室外消火栓安装不符合要求	(1) 地下消火栓的顶部出口与井盖底面距离不符合规范要求 (2) 管道穿过井壁处漏水 (3) 消火栓、水表、闸门安装不符合设计要求	(1) 严格检查消火栓的各处开关是否灵活、严密、吻合，所配的附属设备配件是否齐全 (2) 为满足灭火供给强度的需要，其配置要求见表 2-38 (3) 室外消火栓距街道、道路边应不超过 2m (4) 距建筑物外墙不小于 5m；如有困难，这一间距还可以减少，但最小应不少于 1.5m (5) 室外地下消火栓应砌筑消火栓井，室外地上消火栓应砌筑消火栓闸门井。在高级和一般路面上，井盖上表面同路面相平，允许偏差±5mm，无正规路时，井盖高出室外设计标高 50mm，并应在井口周围以 0.02 的坡度向外做护坡 (6) 室外地下消火栓与主管连接的三通或弯头下部带座和无座的，均应先稳固在混凝土支墩上，管下皮距井底不应小于 0.2m，消火栓顶部距井盖底面，不应大于 0.4m，如果超过 0.4m 应增加短管 (7) 按标准有关工艺要求，进行法兰闸阀、双法兰短管及水龙带接扣安装，接出的直管高于 1m 时，应加固定卡子一道，井盖上铸有明显的"消火栓"字样 (8) 室外消火栓地上安装时，一般距地面高度为 640mm，首先应将消火栓下部的弯头带底座安装在混凝土支墩上，安装应稳固

质量通病现象	原因分析	防治措施
室外消火栓安装不符合要求	(1) 地下消火栓的顶部出口与井盖底面距离不符合规范要求 (2) 管道穿过井壁处漏水 (3) 消火栓、水表、闸门安装不符合设计要求	(9) 安装消火栓开闭闸门,两者距离不应超过2.5m (10) 地下消火栓安装时,如设置闸门井,必须将消火栓自身的放水口堵死,在井内另设放水门 (11) 使用的闸门井的井盖上应有"消火栓"字样 (12) 管道穿过井壁处应严密、不漏水
室外消防水泵接合器及消火栓设置不合理	(1) 消防用水未采用城市给水管直接供水 (2) 室外消火栓位置设置不合理 (3) 消火栓和水泵接合器没有明显的标志	(1) 消防用水宜采用城市给水管直接供水。当城市给水管道等水源不能确保消防用水要求时,在工程进口以外应设室外消火栓(或消防水池)、水泵接合器。当工程内已设置消防水泵和消防水池时,可不设室外消火栓和水泵接合器 (2) 消防水池的容量,按1h消防用水总量计算。消防水池的补水时间,不应超过48h。消防用水宜与其他用水合用1个水池,但消防用水应有平时不被他用的技术措施 (3) 室外消火栓和水泵接合器的数量应按工程内消防用水总量确定(每个室外消火栓、水泵接合器的流量应按10~15L/s计算)。室外消火栓应设在距工程进口不大于40m的范围内。室外消火栓给水管直径不应小于100mm。在距水泵接合器40m的范围内应设有室外消火栓(或消防水池)。消火栓和水泵接合器应各有明显的标志

质量通病现象	原因分析	防治措施
检查井的井圈、井盖安装不符合要求	(1) 施工单位对检查井盖的安装敷衍了事，对检查井盖的安装在检查井质量上和使用功能上的重要性不够了解和重视 (2) 井圈必须与井墙紧密连接，以保障井圈在检查井上的牢固性和稳定性，保证地面行人、车辆的安全通行，而且保护排水管不掉入泥土和杂物，保证泄水正常的运行 (3) 通过井盖的外露，标志管线的准确位置，防止人为侵占 (4) 通过井盖的特征，能区别于其他专业设施	(1) 施工技术人员必须首先了解安装井盖在检查井质量和使用功能上的重要性，加强对工人的施工交底 (2) 井圈与井墙之间必须做水泥砂浆。未经铺装的地面上的检查井，周围必须浇筑水泥混凝土墙，要露出地面。安装混凝土预制井圈，应将井圈端部洗干净并用水泥砂浆将接缝抹光 (3) 严格按照各专业的井盖专用的原则，安装排水井盖。在道路上必须安装重型井盖。重型和轻型井盖不得混用 (4) 在高级和一般跨面上，井盖上表面同路面相平，允许偏差为±5mm。无路面时，井盖应高出室外设计标高 50mm，并应在井口周围以 0.02 的坡度向外作护坡。如采用混凝土井盖，标高应以井口计算
检查井基础施工质量不符合要求	(1) 在浇筑管道平基混凝土时，检查井的准确位置还没有测量标定出来，只顾浇平基，不管检查井基础，造成检查井基础未能与平基同步施工 (2) 在必须于检查井处设置施工缝或沉降缝时，没有按规定的工艺要求严格操作，从而降低了检查井基础混凝土的整体性能	(1) 在安排和测量管道平基混凝土的中线和高程的同时，应安排测量检查井混凝土基础位置，使检查井基础与平基混凝土同步施工 (2) 当检查井基础混凝土与管道平基混凝土必须分两次浇筑时，应按施工缝工艺要求进行处理

质量通病现象	原因分析	防治措施
室外给水管道埋地深度不够	室外给水管道埋地深度不够时，冬天会将管道冻裂或被地面上重物或机动车辆砸坏，造成泄漏而影响正常使用	室外给水管道在埋地敷设时，应在当地的冰冻线以下，如必须在冰冻线以上敷设时，应做可靠的保温防冻措施。在无冰冻的地区，埋地敷设时，管顶的覆土深度不得小于500mm，穿越道路部位的埋深不得小于700mm，以防地面上的重物或车辆砸（压）坏管道
室外给水管基下沉	（1）地基不均匀沉陷，部分管道悬空 （2）刚性接头过多，弯管处的支墩强度不足 （3）给水管接头松动或橡胶圈扭曲，突出原位置	（1）更换新管，对较小裂缝可采用钢板夹卡紧裂纹处或用焊接钢套管浇铸接口，修复沉陷的地基 （2）加强管道支墩 （3）将原接口填料挖出，重新打口，填塞石棉水泥或自应力水泥砂浆。对橡胶圈吐出漏水的，应将橡胶圈重新打回原位，填塞自应力水泥砂浆
管道连接处渗、漏水	（1）承插式接口对口间隙不匀，麻辫填塞没有按规定操作，搭接长度不够，未将油麻打紧、打实 （2）橡胶圈填塞位置不到位或有扭曲等缺陷 （3）使用过期水泥或者使用拌合后时间过长的石棉水泥灰	（1）填打石棉水泥口时，一定要从下而上分层填灰、打实，应认真操作 （2）石棉水泥接口要有专人负责养护 （3）钢管铺设上应防止暴晒，以免产生温度应力，拉坏附件法兰而漏水 （4）冬期施工，要有可靠、安全的技术措施，防止管道冻裂

质量通病现象	原因分析	防治措施
沟槽回填土施工不合格	（1）松土回填，未分层夯实，或虽然分层但超厚夯实，一旦地面水浸入或经地面荷载作用，造成沉陷 （2）沟槽中的积水、淤泥、有机杂物没有清除和认真处理，虽经夯打，但在饱和土上不可能夯实，有机杂物一旦腐烂，必定造成回填土下沉 （3）部分槽段，特别是小管径或雨水口连接管的沟槽，槽宽较窄，夯实不力，没有达到要求的密实度 （4）使用压路机碾压回填土的沟槽，在检查井周围和沟槽边角碾压不到的部位，又未用小型夯具夯实，造成局部漏夯 （5）在回填土中含有较大的干土块或含水量大的黏土块较多，回填土的夯实质量达不到要求 （6）回填土不用夯压方法，采用水沉法（纯砂性土除外），密实度达不到要求	（1）沟槽回填管道应符合以下规定： 1）压力管道水压试验前，除接口外，管道两侧及管顶以上回填高度不应小于0.5m；水压试验合格后，应及时回填沟槽的其余部分 2）无压管道在闭水或闭气试验合格后应及时回填 （2）管道沟槽回填应符合下列规定： 1）沟槽内砖、石、木块等杂物清除干净 2）沟槽内不得有积水 3）保持降排水系统正常运行，不得带水回填 （3）井室、雨水口及其他附属构筑物周围回填应符合下列规定： 1）井室周围的回填，应与管道沟槽回填同时进行；不便同时进行时，应留台阶形接槎 2）井室周围回填压实时，应沿井室中心对称进行且不得漏夯 3）回填材料压实后应与井壁紧贴 4）路面范围内的井室周围，应采用石灰土、砂、砂砾等材料回填，其回填宽度不宜小于400mm 5）严禁在槽壁取土回填 （4）除设计有要求外，回填材料应符合下列规定：

质量通病现象	原因分析	防治措施
沟槽回填土施工不合格	（1）松土回填，未分层夯实，或虽然分层但超厚夯实，一旦地面水浸入或经地面荷载作用，造成沉陷 （2）沟槽中的积水、淤泥、有机杂物没有清除和认真处理，虽经夯打，但在饱和土上不可能夯实，有机杂物一旦腐烂，必定造成回填土下沉 （3）部分槽段，特别是小管径或雨水口连接管的沟槽，槽宽较窄，夯实不力，没有达到要求的密实度 （4）使用压路机碾压回填土的沟槽，在检查井周围和沟槽边角碾压不到的部位，又未用小型夯具夯实，造成局部漏夯 （5）在回填土中含有较大的干土块或含水量大的黏土块较多，回填土的夯实质量达不到要求 （6）回填土不用夯压方法，采用水沉法（纯砂性土除外），密实度达不到要求	1）采用土回填时，应符合下列规定： ① 槽底至管顶以上 500mm 范围内，土中不得含有机物、冻土以及大于 50mm 的砖、石等硬块；在抹带接口处、防腐绝缘层或电缆周围，应采用细粒土回填 ② 冬期回填时管顶以上 500mm 范围以外可均匀掺入冻土，其数量不得超过填土总体积的 15％且冻块尺寸不得超过 100mm ③ 回填土的含水量，宜按土类和采用的压实工具控制在最佳含水率±2％范围内 2）采用石灰土、砂、砂砾等材料回填时，其质量应符合设计要求或有关标准规定 （5）每层回填土的虚铺厚度，应根据所采用的压实机具按表 2-39 的规定选取 （6）回填土或其他回填材料运入槽内时不得损伤管道及其接口，并应符合下列规定： 1）根据每层虚铺厚度的用量将回填材料运至槽内，且不得在影响压实的范围内堆料 2）管道两侧和管顶以上 500mm 范围内的回填材料，应由沟槽两侧对称运入槽内，不得直接回填在管道上；回填其他部位时，应均匀运入槽内，不得集中推入

质量通病现象	原因分析	防治措施
沟槽回填土施工不合格	（1）松土回填，未分层夯实，或虽然分层但超厚夯实，一旦地面水浸入或经地面荷载作用，造成沉陷 （2）沟槽中的积水、淤泥、有机杂物没有清除和认真处理，虽经夯打，但在饱和土上不可能夯实，有机杂物一旦腐烂，必定造成回填土下沉 （3）部分槽段，特别是小管径或雨水口连接管的沟槽，槽宽较窄，夯实不力，没有达到要求的密实度 （4）使用压路机碾压回填土的沟槽，在检查井周围和沟槽边角碾压不到的部位，又未用小型夯具夯实，造成局部漏夯 （5）在回填土中含有较大的干土块或含水量大的黏土块较多，回填土的夯实质量达不到要求 （6）回填土不用夯压方法，采用水沉法（纯砂性土除外），密实度达不到要求	3）需要拌合的回填材料，应在运入槽内前拌合均匀，不得在槽内拌合 （7）回填作业每层土的压实遍数，按压实度要求、压实工具、虚铺厚度和含水量，应经现场试验确定 （8）采用重型压实机械压实或较重车辆在回填土上行驶时，管道顶部以上应有一定厚度的压实回填土，其最小厚度应按压实机械的规格和管道的设计承载力，通过计算确定 （9）软土、湿陷性黄土、膨胀土、冻土等地区的沟槽回填，应符合设计要求和当地工程标准规定 （10）刚性管道沟槽回填的压实作业应符合下列规定： 1）回填压实应逐层进行，且不得损伤管道 2）管道两侧和管顶以上500mm范围内胸腔夯实，应采用轻型压实机具，管道两侧压实面的高差不应超过300mm 3）管道基础为土弧基础时，应填实管道支撑角范围内腋角部位；压实时，管道两侧应对称进行，且不得使管道位移或损伤 4）同一沟槽中有双排或多排管道的基础底面位于同一高程时，管道之间的回填压实应与管道与槽壁之间的回填压实对称进行 5）同一沟槽中有双排或多排管道但基础底面的高程不同时，

质量通病现象	原因分析	防治措施
沟槽回填土施工不合格	（1）松土回填，未分层夯实，或虽然分层但超厚夯实，一旦地面水浸入或经地面荷载作用，造成沉陷 （2）沟槽中的积水、淤泥、有机杂物没有清除和认真处理，虽经夯打，但在饱和土上不可能夯实，有机杂物一旦腐烂，必定造成回填土下沉 （3）部分槽段，特别是小管径或雨水口连接管的沟槽，槽宽较窄，夯实不力，没有达到要求的密实度 （4）使用压路机碾压回填土的沟槽，在检查井周围和沟槽边角碾压不到的部位，又未用小型夯具夯实，造成局部漏夯 （5）在回填土中含有较大的干土块或含水量大的黏土块较多，回填土的夯实质量达不到要求 （6）回填土不用夯压方法，采用水沉法（纯砂性土除外），密实度达不到要求	应先回填基础较低的沟槽；回填至较高基础底面高程后，再按上一款规定回填 6）分段回填压实时，相邻段的接槎应呈台阶形且不得漏夯 7）采用轻型压实设备时，应夯夯相连；采用压路机时，碾压的重叠宽度不得小于200mm 8）采用压路机、振动压路机等压实机械压实时，其行驶速度不得超过2km/h 9）接口工作坑回填时底部凹坑应先回填压实至管底，然后与沟槽同步回填 （11）柔性管道的沟槽回填作业应符合下列规定： 1）回填前，检查管道有无损伤或变形，有损伤的管道应修复或更换 2）管内径大于800mm的柔性管道，回填施工时应在管内设有竖向支撑 3）管基有效支承角范围应采用中粗砂填充密实，与管壁紧密接触，不得用土或其他材料填充 4）管道半径以下回填时应采取防止管道上浮、位移的措施 5）管道回填时间宜在一昼夜中气温最低时段，从管道两侧同时回填，同时夯实

质量通病现象	原因分析	防治措施
沟槽回填土施工不合格	（1）松土回填，未分层夯实，或虽然分层但超厚夯实，一旦地面水浸入或经地面荷载作用，造成沉陷 （2）沟槽中的积水、淤泥、有机杂物没有清除和认真处理，虽经夯打，但在饱和土上不可能夯实，有机杂物一旦腐烂，必定造成回填土下沉 （3）部分槽段，特别是小管径或雨水口连接管的沟槽，槽宽较窄，夯实不力，没有达到要求的密实度 （4）使用压路机碾压回填土的沟槽，在检查井周围和沟槽边角碾压不到的部位，又未用小型夯具夯实，造成局部漏夯 （5）在回填土中含有较大的干土块或含水量大的黏土块较多，回填土的夯实质量达不到要求 （6）回填土不用夯压方法，采用水沉法（纯砂性土除外），密实度达不到要求	6）沟槽回填从管底基础部位开始到管顶以上 500mm 范围内，必须采用人工回填；管顶 500mm 以上部位，可用机械从管道轴线两侧同时夯实；每层回填高度应不大于 200mm 7）管道位于车行道下，铺设后即修筑路面或管道位于软土地层以及低洼、沼泽、地下水位高地段时，沟槽回填宜先用中、粗砂将管底腋角部位填充密实后，再用中、粗砂分层回填到管顶以上 500mm 8）回填作业的现场试验段长度应为一个井段或不少于 50m，因工程因素变化改变回填方式时，应重新进行现场试验 （12）柔性管道回填至设计高程时，应在 12～24h 内测量并记录管道变形率，管道变形率应符合设计要求；设计无要求时，钢管或球墨铸铁管道变形率应不超过 2%，化学建材管道变形率应不超过 3%；当超过时，应采取下列处理措施： 1）当钢管或球墨铸铁管道变形率超过 2%，但不超过 3% 时；化学建材管道变形率超过 3%，但不超过 5% 时，应采取下列处理措施： ① 挖出回填材料至露出管径 85% 处，管道周围内应人工挖掘以避免损伤管壁 ② 挖出管节局部有损伤时，应进行修复或更换

241

质量通病现象	原因分析	防治措施
沟槽回填土施工不合格	(1) 松土回填，未分层夯实，或虽然分层但超厚夯实，一旦地面水浸入或经地面荷载作用，造成沉陷 (2) 沟槽中的积水、淤泥、有机杂物没有清除和认真处理，虽经夯打，但在饱和土上不可能夯实，有机杂物一旦腐烂，必定造成回填土下沉 (3) 部分槽段，特别是小管径或雨水口连接管的沟槽，槽宽较窄，夯实不力，没有达到要求的密实度 (4) 使用压路机碾压回填土的沟槽，在检查井周围和沟槽边角碾压不到的部位，又未用小型夯具夯实，造成局部漏夯 (5) 在回填土中含有较大的干土块或含水量大的黏土块较多，回填土的夯实质量达不到要求 (6) 回填土不用夯压方法，采用水沉法（纯砂性土除外），密实度达不到要求	③ 重新夯实管道底部的回填材料 ④ 选用适合回填材料定重新回填施工，直至设计高程 ⑤ 按规定重新检测管道变形率 2) 钢管或球墨铸铁管道的变形率超过 3% 时，化学建材管道变形率超过 5% 时，应挖出管道并会同设计单位研究处理 (13) 管道埋设的管顶覆土最小厚度应符合设计要求，且满足当地冻土层厚度要求。管顶覆土回填压实度应符合设计要求。设计无要求时，应符合表 2-40 和表 2-41 的规定。柔性管道沟槽回填部位与压实度如图 2-22 所示
给水直埋管直接敷设在未经处理的松土上	建筑给水直埋管道直接敷设在未经处理的松土上时，当管沟受压时，管沟底将会下沉，使管道与管沟底接触不紧密，在地面重物及重力作用下，管会下沉、变弯曲，使管道接口处成为多种应力的集中点，管道容易产生裂纹，严重时还会断裂，造成泄漏。另外，由于管道的变形、移位，水流通过时，还可能产生水击现象，会破坏整个给水系统的平衡	给水直埋管道施工时，应先对原土层进行夯实加固，对管沟底找平找坡，然后修筑管道基础。管道基础根据所用的材料有土砂、混凝土和钢筋混凝土基础及其他经过特殊处理的基础。一般情况下，刚性接口的管道应敷设在刚性基础上，柔性接口的管道应敷设在柔性基础上，管道的基础是管道及管内介质的支承结构，完成后应经过验收合格后才可进行管道敷设

质量通病现象	原因分析	防治措施
沟槽开挖不符合要求	(1) 测量放线或复核标高时出现错误，造成超挖 (2) 采用机械挖槽时控制不严，局部多挖	(1) 应安排专业测量人员严格按图进行测量放线，认真落实测量复核制度，挖槽时要设专人把关检查 (2) 按人数和最佳操作面划分段，沿灰线直边切出沟槽边轮廓线，按照从深到浅的顺序进行开挖 (3) 一、二类土可按 30cm 分层逐层开挖，倒退踏步型挖掘，三、四类土先用镐翻松，再按 30cm 左右分层正向开挖 (4) 每挖 1 层清底 1 次，挖深 1m 切坡成型 1 次，并同时抄平，在边坡上打好水平控制小木桩 (5) 挖掘管沟和检查井底槽时，沟底留出 15～20cm 暂不挖。待下道工序进行前，按事前抄好平的沟槽木桩挖平，如果个别地方由于不慎破坏了天然土层，须先清除松动土壤，用砂或砾石填至标高 (6) 岩石类的管基填以厚度不小于 100mm 的砂层或砾石层 (7) 在遇有地下水时，排水或人工抽水应保证在下道工序进行前将水排除 (8) 为了防止塌方，沟槽开挖后应留有一定的坡度，边坡的大小与土质和沟深有关，当设计无规定时，深度在 5m 以内的沟槽，最大边坡应符合表 2-42 的规定 (9) 为便于管段下沟，挖沟槽的土应堆放在沟的一侧，且土堆底边与沟边应保持一定距离

质量通病现象	原因分析	防治措施
沟槽开挖不符合要求	(1) 测量放线或复核标高时出现错误，造成超挖 (2) 采用机械挖槽时控制不严，局部多挖	(10) 机械挖槽应确保槽底土层结构不被扰动或破坏，用机械挖槽或开挖沟槽后，当天不能下管时，沟底应留出 0.2m 左右一层不挖，待铺管前人工清挖 (11) 沟槽开挖时，如遇有管道、电缆、建筑物、构筑物或文物古迹，应予保护，并及时与有关单位和设计部门联系，严防事故发生造成损失 (12) 沟底要求是坚实的自然土层，如果是松散的回填土或沟底有不易清除的石块时，都要进行处理，防止管子产生不均匀下沉而造成质量事故。松土层应夯实，加固密实，对块石则应将其上部铲除，然后铺上一层大于 150mm 厚度的回填土整平夯实或用黄砂铺平。管道的支撑和支墩不得直接铺设在冻土和未经处理的松土上 (13) 沟槽检验合格后，即可开挖操作坑。先根据单根管子长度在沟中准确量得各管接口的位置，并作上标记（注意各部件、附件的长度和操作坑的位置），再画出各操作坑的实挖位置。操作坑的大小和深度因土质、管径、接口方法的差异而不同，一般以方便操作为宜 (14) 使用机械挖槽时，在设计槽底高程以上一般预留 20cm 土层，待人工清挖 (15) 槽底干燥时，超挖可用原土回填夯实，其密实度不应低于原地基天然土的密实度

质量通病现象	原因分析	防治措施
沟槽开挖不符合要求	（1）测量放线或复核标高时出现错误，造成超挖 （2）采用机械挖槽时控制不严，局部多挖	（16）槽底有地下水或地基土壤含水量较大为淤泥质土，不适于加夯时，一般可用天然级配砂砾回填 （17）当沟槽槽底为回填土或局部有块石等时，应及时与设计单位沟通，并按设计要求进行槽底基础的处理
检查井的踏步（爬梯）、脚窝安装制作不规矩	（1）铸铁踏步材质不合格，厂家不按标准图的规格尺寸铸造。原因在产品价格上，谁的产品便宜，谁的就好卖，所以厂家竞相减少铸铁的单位使用量，造成踏步断面又窄又薄 （2）施工单位的技术管理人员和操作人员，对踏步安装的水平间距、垂直间距和外露长度三个尺寸，脚窝的长、宽、高的制作规格掌握不全面 （3）未充分认识到污水井踏步防腐涂漆的重要性	（1）关于铸铁踏步的材质问题，它是一种市政工程专用的建材产品，应由当地市政工程质量监督站和监理单位监督管理起来，纠正材质不合格问题 （2）对于踏步、脚窝的安装和制作，首先是工程技术管理人员要弄清楚，在做工序交底时，向操作者交代清楚，并检查实际安装、制作的效果 （3）排水检查井的踏步禁止使用钢筋煨制，必须使用灰口铸铁踏步
用户使用时，管道长时间流黄水	管道试验后，没有按照相关规定认真地进行管道清洗和消毒工作	新铺给水管道竣工后或旧管道检修后，均应进行冲洗消毒 （1）冲洗消毒前，应把管道中已安装好的水表拆下，以短管代替，使管道接通，并将需要冲洗消毒的管道与其他正常供水干线或支线断开 （2）消毒前，先用高速水流冲洗水管，在管道末端选择几点将冲洗水排出。当冲洗到所排出的水内不含杂质时，即可进行消毒处理

质量通病现象	原因分析	防治措施
用户使用时，管道长时间流黄水	管道试验后，没有按照相关规定认真地进行管道清洗和消毒工作	（3）进行消毒处理时，先把消毒段所需的漂白粉放入水桶内，加水搅拌使之溶解，然后随同管内充水一起加入到管段，浸泡24h，然后放水冲洗，并连续测定管内水的浓度和细菌含量，直到合格为止 （4）新安装的给水管道消毒时，每100m管道用水及漂白粉用量可按表2-43进行选用

消火栓的配置要求　　　　　　　　　　　　　　　　表 2-38

公称压力（MPa）	保护半径（m）	配置要求	
		间距（m）	数量
1.0	150	不超过 120	按消火栓间距布置
1.6	60	不超过 60	

每层回填土的虚铺厚度（mm）　　　　　　　　　　　　　表 2-39

压实机具	木夯、铁夯	轻型压实设备	压路机	振动压路机
虚铺厚度	≤200	200～250	200～300	≤400

刚性管道沟槽回填土压实度

表 2-40

序号	项目			最低压实度（%）		检查数量		检查方法
				重型击实标准	轻型击实标准	范围	点数	
1	石灰土类垫层			93	95	100m		用环刀法检查或采用现行国家标准《土工试验方法标准》GB/T 50123—1999（2007 年版）中其他方法
2	沟槽在路基范围外	管侧		87	90		每层每侧一组（每组3 点）	
		管顶以上 500mm		87±2（轻型）				
		其余部分		≥90（轻型）或按设计要求				
		农田或绿地范围表层 500mm 范围内		不宜压实，预留沉降量，表面整平				
3	沟槽在路基范围内	管侧		87	90	两井之间或 1000m²		
		管顶以上 250mm		87±2（轻型）				
		由路槽底算起的深度范围（mm）	≤800	快速路及主干路	95	98		
				次干路	93	95		
				支路	90	92		
			>800～1500	快速路及主干路	93	95		
				次干路	90	92		
				支路	87	90		
			>1500	快速路及主干路	87	90		
				次干路	87	90		
				支路	87	90		

注：表中重型击实标准的压实度和轻型击实标准的压实度，分别以相应的标准击实试验法求得的最大干密度为100%。

柔性管道沟槽回填土压实度

表 2-41

槽内部位		压实度（%）	回填材料	检查数量		检查方法
				范围	点数	
管道基础	管底基础	≥90	中、粗砂	—	—	用环刀法检查或采用现行国家标准《土工试验方法标准》GB/T 50123—1999（2007 年版）中其他方法
	管道有效支撑角范围	≥95		每 100m	每层每侧一组（每组 3 点）	
管顶以上500mm	管道两侧	≥95	中、粗砂、碎石屑，最大粒径小于40mm 的砂砾或符合要求的原土	两井之间或每 1000m²		
	管道两侧	≥90				
	管道上部	85±2				
管顶 500～1000mm		≥90	原土回填			

注：回填土的压实度，除设计要求用重型击实标准外，其他皆以轻型击实标准试验获得最大干密度为 100%。

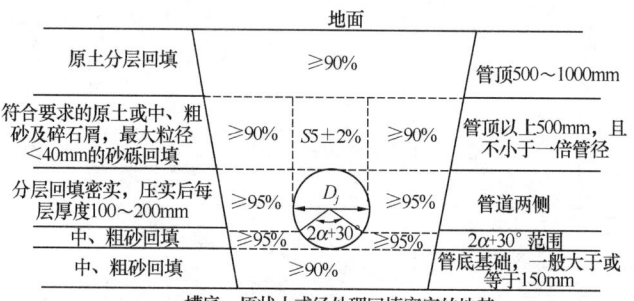

图 2-22　柔性管道沟槽回填部位与压实度示意图

深度在 5m 以内的沟槽最大边坡坡度（不加支撑） 表 2-42

土的类别	边坡坡度		
	人工挖土，并将土抛于沟边上	机械挖土	
		在沟底挖土	在沟上挖土
砂土	1：1.00	1：0.75	1：1.00
粉质砂土	1：0.67	1：0.50	1：0.75
粉质黏土	1：0.50	1：0.33	1：0.75
粒土	1：0.33	1：0.25	1：0.67
含砾石、卵石	1：0.67	1：0.50	1：0.75
泥炭岩白土	1：0.33	1：0.25	1：0.67
干黄土	1：0.25	1：0.10	1：0.33

注：1. 如人工挖土不把土抛于沟槽上边而随时运走时，即可采用机械在沟底挖土的坡度。
　　2. 表中砂土不包括细砂和松砂。
　　3. 在个别情况下，如有足够依据或采用多种挖土机，均可不受本表的限制。
　　4. 距离沟边 0.8m 以内，不应堆集弃土和材料，弃土堆置高度不超过 1.5m。

每 100m 管道消毒用水量及漂白粉量 表 2-43

管径 DN（mm）	15～50	75	100	150	200	250	300	350	400	450	500	600
用水量（m³）	0.8～5	6	8	14	22	32	42	56	75	93	116	168
漂白粉用量（kg）	0.09	0.11	0.14	0.14	0.38	0.55	0.93	0.97	1.3	1.61	2.02	2.9

2.5.2 室外给水管网安装质量标准及验收方法

1. 给水管道安装

给水管道安装的质量标准及验收方法应符合表 2-44 的规定。

给水管道安装的质量标准及验收方法

表 2-44

项目	合格质量标准	检验方法
主控项目	给水管道在埋地敷设时，应在当地的冰冻线以下，如必须在冰冻线以上铺设时，应做可靠的保温防潮措施。在无冰冻地区，埋地敷设时，管顶的覆土埋深不得小于 500mm，穿越道路部位的埋深不得小于 700mm	现场观察检查
	给水管道不得直接穿越污水井、化粪池、公共厕所等污染源	观察检查
	管道接口法兰、卡扣、卡箍等应安装在检查井或地沟内，不应埋在土壤中	观察检查
	给水系统各种井室内的管道安装，如设计无要求，井壁距法兰或承口的距离：管径小于或等于 450mm 时，不得小于 250mm；管径大于 450mm 时，不得小于 350mm	尺量检查
	管网必须进行水压试验，试验压力为工作压力的 1.5 倍，但不得小于 0.6MPa	管材为钢管、铸铁管时，试验压力下 10min 内压力降应不大于 0.05MPa，然后降至工作压力进行检查，压力应保持不变，不渗、不漏；管材为塑料管时，试验压力下，稳压 1h 压力降不大于 0.05MPa，然后降至工作压力进行检查，压力应保持不变，不渗、不漏

项目	合格质量标准	检验方法
主控项目	镀锌钢管、钢管的埋地防腐必须符合设计要求，如设计无规定时，可按表 2-45 的规定执行。卷材与管材间应粘贴牢固，无空鼓、滑移、接口不严等	观察和切开防腐层检查
	给水管道在竣工后，必须对管道进行冲洗，饮用水管道还要在冲洗后消毒，满足饮用水卫生要求	观察冲洗水的浊度，查看有关部门提供的检验报告
一般项目	管道的坐标、标高、坡度应符合设计要求，管道安装的允许偏差应符合表 2-46 的规定	—
	管道和金属支架的涂漆应附着良好，无脱皮、起泡、流淌和漏涂等缺陷	现场观察检查
	管道连接应符合工艺要求，阀门、水表等安装位置应正确。塑料给水管道上的水表、阀门等设施其重量或启闭装置的扭矩不得作用于管道上，当管径≥50mm 时必须设独立的支撑装置	现场观察检查
	给水管道与污水管道在不同标高平行敷设，其垂直间距在 500mm 以内时，给水管管径小于或等于 200mm 的，管壁水平间距不得小于1.5m；给水管管径大于 200mm 的，管壁水平间距不得小于 3m	观察和尺量检查
	铸铁管承插捻口连接的对口间隙应不小于 3mm，最大间隙不得大于表 2-47 的规定	尺量检查

项目	合格质量标准	检验方法
一般项目	铸铁管沿直线敷设，承插捻口连接的环型间隙应符合表 2-48 的规定；沿曲线敷设，每个接口允许有 2°转角	尺量检查
	捻口用的油麻填料必须清洁，填塞后应捻实，其深度应占整个环形间隙深度的 1/3	观察和尺量检查
	捻口用水泥强度不应低于 32.5 级，接口水泥应密实饱满，其接口水泥面凹入承口边缘的深度不得大于 2mm	观察和尺量检查
	采用水泥捻口的给水铸铁管，在安装地点有侵蚀性的地下水时，应在接口处涂抹沥青防腐层	观察检查
	采用橡胶圈接口的埋地给水管道，在土壤或地下水对橡胶圈有腐蚀的地段，在回填土前应用沥青胶泥、沥青麻丝或沥青锯末等材料封闭橡胶圈接口。橡胶圈接口的管道，每个接口的最大偏转角不得超过表 2-49 的规定	观察和尺量检查

管道防腐层种类　　　　　　　　　　　　　　表 2-45

防腐层层次	正常防腐层	加强防腐层	特加强防腐层
（从金属表面起）1	冷底子油	冷底子油	冷底子油
2	沥青涂层	沥青涂层	沥青涂层

防腐层层次	正常防腐层	加强防腐层	特加强防腐层
3	外包保护层	加强包扎层	加强保护层
		（封闭层）	（封闭层）
4		沥青涂层	沥青涂层
5		外保护层	加强包扎层
6			（封闭层）
			沥青涂层
7			外包保护层
防腐层厚度不小于（mm）	3	6	9

室外给水管道安装的允许偏差和检验方法 表2-46

项目			允许偏差（mm）	检验方法
坐标	铸铁管	埋地	100	拉线和尺量检查
		敷设在沟槽内	50	
	钢管、塑料管、复合管	埋地	100	
		敷设在沟槽内或架空	40	

项目			允许偏差（mm）	检验方法
标高	铸铁管	埋地	±50	拉线和尺量检查
		敷设在地沟内	±30	
	钢管、塑料管、复合管	埋地	±50	
		敷设在地沟内或架空	±30	
水平管纵、横向弯曲	铸铁管	直段（25m以上）起点～终点	40	
	钢管、塑料管、复合管	直段（25m以上）起点～终点	30	

铸铁管承插捻口的对口最大间隙（mm）　表 2-47

管径	沿直线敷设	沿曲线敷设
75	4	5
100～250	5	7～13
300～500	6	14～22

铸铁管承插捻口的环形间隙（mm）　表 2-48

管径	标准环形间隙	允许偏差
75～200	10	+3，－2
250～450	11	+4，－2
500	12	+4，－2

橡胶圈接口最大允许偏转角　　表 2-49

公称直径（mm）	100	125	150	200	250	300	350	400
允许偏转角度	5°	5°	5°	5°	4°	4°	4°	3°

2. 消防水泵接合器及室外消火栓安装

消防水泵接合器及室外消火栓安装的质量标准及验收方法应符合表 2-50 的规定。

消防水泵接合器及室外消火栓安装的质量标准及验收方法 表 2-50

项目	合格质量标准	检验方法
主控项目	系统必须进行水压试验，试验压力为工作压力的 1.5 倍，但不得小于 0.6MPa	试验压力下，10min 内压力降不大于 0.05MPa，然后降至工作压力进行检查，压力保持不变，不渗、不漏
	消防管道在竣工前，必须对管道进行冲洗	观察冲洗出水的浊度
	消防水泵接合器和消火栓的位置标志应明显，栓口的位置应方便操作。消防水泵接合器和室外消火栓当采用墙壁式时，如设计未要求，进水、出水栓口的中心安装高度距地面应为 1.10m，其上方应设有防坠落物击打的措施	观察和尺量检查
一般项目	地下式消防水泵接合器顶部进水口或地下式消火栓的顶部出水口与消防井盖底面的距离不得大于 400mm，井内应有足够的操作空间并设爬梯。寒冷地区井内应做防冻保护	观察和尺量检查
	消防水泵接合器的安全阀及止回阀安装位置和方向应正确，阀门启闭应灵活	现场观察和手扳检查
	室外消火栓和消防水泵接合器的各项安装尺寸应符合设计要求，栓口安装高度允许偏差为±20mm	尺量检查

3. 管沟及井室

管沟及井室的质量标准及验收方法应符合表 2-51 的规定。

管沟及井室的质量标准及验收方法   表 2-51

项目	合格质量标准	检验方法
主控项目	管沟的基层处理和井室的地基必须符合设计要求	现场观察检查
	各类井室的井盖应符合设计要求，应有明显的文字标识，各种井盖不得混用	现场观察检查
	设在通车路面下或小区道路下的各种井室，必须使用重型井圈和井盖，井盖上表面应与路面相平，允许偏差为±5mm。绿化带上和不通车的地方可采用轻型井圈和井盖，井盖的上表面应高出地坪 50mm 并在井口周围以 2% 的坡度向外做水泥砂浆护坡	观察和尺量检查
	重型铸铁或混凝土井圈，不得直接放在井室的砖墙上，砖墙上应做不少于 80mm 厚的细石混凝土垫层	观察和尺量检查
一般项目	管沟的坐标、位置、沟底标高应符合设计要求	观察、尺量检查
	管沟的沟底层应是原土层或夯实的回填土，沟底应平整，坡度应顺畅，不得有尖硬的物体、块石等	观察检查
	如沟基为岩石、不易清除的块石或为砾石层时，沟底应下挖 100～200mm，填铺细砂或粒径不大于 5mm 的细土，夯实到沟底标高后，方可进行管道敷设	观察和尺量检查
	管沟回填土，管顶上部 200mm 以内应用砂子或无块石及冻土块的土，并不得用机械回填；管顶上部 500mm 以内不得回填直径大于 100mm 的块石和冻土块；500mm 以上部分回填土中的块石或冻土块不得集中。上部用机械回填时，机械不得在管沟上行走	观察和尺量检查

项目	合格质量标准	检验方法
一般项目	井室的砌筑应按设计或给定的标准图施工。井室的底标高在地下水位以上时，基层应为素土夯实；在地下水位以下时，基层应打 100mm 厚的混凝土底板。砌筑应采用水泥砂浆，内表面抹灰后应严密、不透水	观察和尺量检查
	管道穿过井壁处，应用水泥砂浆分两次填塞严密、抹平，不得渗漏	观察检查

2.6 室外排水管网安装

2.6.1 质量通病原因分析及防治措施

为了保证室外排水管网安装的质量，要求相关工作人员必须熟悉质量问题的现象和防治方法。常见的室外排水管网安装的质量问题列于表 2-52 中。

室外排水管网安装质量通病分析及防治措施　　　　　　　　　　　表 2-52

质量通病现象	原因分析	防治措施
排水检查井流槽不符合要求	（1）施工人员没有熟读各类形式检查井的结构图，未认真进行技术交底 （2）对流槽施工不够重视，认为只要能流水就行	（1）检查井的流槽很重要：流槽过小或不做，将限制过水流量，不能充分发挥设计管径的使用效能 （2）在检查井的施工前，施工员必须熟悉规范及图集中对不同功能检查井的流槽的要求，并向操作人员做好技术交底，在施工过程中注意检查，控制施工质量 （3）施工人员及操作人员要重视检查井的质量：检查井时排水管道质量检查的重要窗口，除了管道主体要做好外，检查井各部位也应做好

质量通病现象	原因分析	防治措施
平基法管道安装质量差	(1) 槽基标高控制不准出现局部槽底高突，平基表面设计高程不变，造成平基厚度不达标 (2) 平基表面标高控制偏低，基槽设计高程不变，也同样造成平基厚度不达标 (3) 平基和管座应结合在一起，形成整体受力。平基不凿毛，反而夹带土和杂物，达不到整体受力效果，降低管道使用寿命	(1) 安装程序　当管径 $DN \geqslant 600$mm，地基不良，工人操作不熟练时，宜采用平基法安装。平基法安装的安装顺序为：支设平基模板→浇筑平基混凝土→下管和稳管→支设管座模板→浇筑管座混凝土→管口抹带→养护→砌筑检查井→闭水试验（污水管）→沟槽回填等工序 (2) 支设模板 1) 可选用木模板、钢木混合夹板。土质好时，平基也可用土模 2) 模板制作应便于分层，浇筑混凝土时尽快支搭，接缝严密，防止漏浆 3) 平基模板沿基础边线垂直竖立，内模可用钢钎支撑，外侧用撑木撑牢 4) 模板支设尺寸应符合设计要求并满足允许偏差范围 (3) 浇筑平基混凝土 1) 验槽合格后，尽快浇筑平基混凝土，减少扰动地基的可能性 2) 严格控制平基顶面高程，只允许低于设计高程10mm，不得高于设计标高，以免影响稳管高程

质量通病现象	原因分析	防治措施
平基法管道安装质量差	（1）槽基标高控制不准出现局部槽底高突，平基表面设计高程不变，造成平基厚度不达标 （2）平基表面标高控制偏低，基槽设计高程不变，也同样造成平基厚度不达标 （3）平基和管座应结合在一起，形成整体受力。平基不凿毛，反而夹带土和杂物，达不到整体受力效果，降低管道使用寿命	3）平基混凝土强度达到5MPa以上，方可下管和稳管 4）混凝土浇筑后至终凝前，防止沟槽内积水 （4）浇筑管座混凝土 1）混凝土浇筑前，平基表面先凿毛、冲洗干净 2）管身与平基接触三角区部位，应先填满混凝土并注意振捣密实，且不得管身移位 3）浇筑管座混凝土，应先从管身一侧入灰，另一侧见灰后，再入灰。振捣时，振捣棒不得接触管身 4）管径 $DN \leqslant 500mm$，可用麻袋球拖拉管内接口处渗入灰浆拉平 5）若为钢丝网水泥砂浆抹带，在浇筑管座混凝土时，将钢丝网片插入管座混凝土接口两侧，位置符合抹带要求
排水管管口的外壁不凿毛	如果排水管钢水泥砂浆抹带接口管口的外壁没有凿毛，在用水泥砂浆、沥青胶泥堵塞后，与抹带部分的管口粘结不牢，会造成渗漏	排水管钢水泥砂浆抹带接口管口抹带时，应将管口外壁凿毛、洗净，当管径小于或等于400mm时，水泥砂浆抹带可一次抹成，当管径大于400mm时，应分两层抹成

质量通病现象	原因分析	防治措施
排水混凝土管道局部管节发生位移	（1）管道安装时一般多挂边线，高度是在管子半径处，如果挂线出现松弛，发生了严重垂线，就会造成管段中部出现缓弯现象 （2）管道安装时支垫不牢，在支搭管座模板或浇筑管座混凝土时，受碰撞变位未进行矫正 （3）浇筑混凝土管座时，单侧灌注混凝土高度过高，侧压力过大，将管推动移位 （4）管道胸腔回填土时，单侧夯填高度过高，土的侧压力推动管子位移	（1）采用挂边线安管时，管子半径高度要丈量准确，线要绷紧，管道安装过程中要随时检查 （2）在调整每节管子的中心线和高程时，要用石块支垫，并要支垫牢固，不得松动，不得用土块、木块和砖块支垫 （3）在浇筑管座前，要用平基混凝土同强度等级的混凝土砂浆，将管子两侧与平基相接处的三角部分填满填实后，再在两侧同时浇筑混凝土
化粪池顶端不安装通往大气层的透气管	当化粪池在楼前安装时，如果不安装通往大气层的透气管，会由井盖缝隙处放出难闻的臭气，严重污染环境卫生。特别是在一些高级宾馆写字楼前设置化粪池产生臭气，会产生恶劣影响	化粪池顶端必须安装通往大气层的透气管，在人员经常来往的地方要将透气管引往屋顶或远离人员经常来往的地方
集水池无盖或设置固定盖板，池内潜水泵未自控	（1）集水池无盖易发生安全事故 （2）水池盖开启不方便，不利于物业管理 （3）集水池内潜水泵不能自动控制排水，易导致水淹事故	（1）集水池应设置较易开启的池盖，以方便水泵维修。必要时可采用自动耦合装置的污水泵 （2）污水泵房和集水间的建造布置，应特别注意良好的通风设施。泵房内集水池的排污泵应设置备用泵，污水泵排水应能达到自控

260

质量通病现象	原因分析	防治措施
集水池无盖或设置固定盖板，池内潜水泵未自控	(1) 集水池无盖易发生安全事故 (2) 水池盖开启不方便，不利于物业管理 (3) 集水池内潜水泵不能自动控制排水，易导致水淹事故	(3) 集水池容积的确定是设计污水泵房的关键问题之一。当水泵为自动启闭时，有效容积不得小于一台最大水泵5min的出水量（水泵每1h启动次数不得超过6次）；水泵为人工启闭时，为了便于运行管理，水泵可作人工定时启动，此时集水池的有效容积应能容纳两次启动间的最大流入量。但为防止污水在集水池内腐化而使建筑物卫生条件变坏，对于生活排水不得大于6h的平均小时流入量；对于工业废水，不得大于最大班4h的流入量；对于排除工厂淋浴废水，可采用一次淋浴的排水量

2.6.2　室外排水管网安装质量标准及验收方法

1. 排水管道安装

排水管道安装的质量标准及验收方法应符合表 2-53 的规定。

排水管道安装的质量标准及验收方法

表 2-53

项目	合格质量标准	检验方法
主控项目	排水管道的坡度必须符合设计要求，严禁无坡或倒坡	用水准仪、拉线和尺量检查
	管道埋设前必须做灌水试验和通水试验，排水应畅通、无堵塞，管接口无渗漏	按排水检查并分段试验，试验水头应以试验段上游管顶加 1m，时间不少于 30min，逐段观察

项目	合格质量标准	检验方法
一般项目	管道的坐标和标高应符合设计要求，安装的允许偏差应符合表 2-54 的规定	—
	排水铸铁管采用水泥捻口时，油麻填塞应密实，接口水泥应密实、饱满，其接口面凹入承口边缘且深度不得大于 2mm	观察和尺量检查
	排水铸铁管外壁在安装前应除锈，涂二遍石油沥青漆	观察检查
	承插接口的排水管道安装时，管道和管件的承口应与水流方向相反	观察检查
	混凝土管或钢筋混凝土管采用抹带接口时，应符合下列规定： （1）抹带前应将管口的外壁凿毛、扫净，当管径小于或等于 500mm 时，抹带可一次完成；当管径大于 500mm 时，应分两次抹成，抹带不得有裂纹 （2）钢丝网应在管道就位前放入下方，抹压砂浆时应将钢丝网抹压牢固，钢丝网不得外露 （3）抹带厚度不得小于管壁的厚度，宽度宜为 80～100mm	观察和尺量检查

室外排水管道安装的允许偏差和检验方法　　　　　　表 2-54

项目		允许偏差（mm）	检验方法
坐标	埋地	100	拉线尺量
	敷设在沟槽内	50	
标高	埋地	±20	用水平仪、拉线和尺量
	敷设在沟槽内	±20	

项目		允许偏差（mm）	检验方法
水平管道纵横向弯曲	每 5m 长	10	拉线尺量
	全长（两井间）	30	

2. 排水管沟及井池

排水管沟及井池的质量标准及验收方法应符合表 2-55 的规定。

排水管沟及井池的质量标准及验收方法　　表 2-55

项目	合格质量标准	检验方法
主控项目	沟基的处理和井池的底板强度必须符合设计要求	现场观察和尺量检查，检查混凝土强度报告
	排水检查井、化粪池的底板及进水管、出水管的标高，必须符合设计，其允许偏差为±15mm	用水准仪及尺量检查
一般项目	井、池的规格、尺寸和位置应正确，砌筑和抹灰符合要求	观察及尺量检查
	井盖选用应正确，标志应明显，标高应符合设计要求	观察、尺量检查

2.7　建筑中水系统安装

2.7.1　质量通病原因分析及防治措施

为了保证建筑中水系统安装的质量，要求相关工作人员必须熟悉质量问题的现象和防治方法。常见的建筑中水系统安装的质量问题列于表 2-56 中。

质量通病现象	原因分析	防治措施
游泳池未设置毛发聚集器	(1) 承包人对工程质量不负责，片面追求进度，赶工期 (2) 安装工人不懂施工验收规范，违背了操作技术规程 (3) 工程缺乏有效的质量监督	当游泳池的水进入循环系统时，应先进行预净化处理，以防止水中夹带颗粒状物、泳者遗留下的毛发及纤维物体进入水泵及过滤器。否则，既会损坏水泵叶轮又影响滤层的正常工作。所以，在循环回水进入水泵前、吸水管阀门后，必须设置毛发聚集器 毛发聚集器的原理与给水管道上的 Y 形过滤器相同，但因聚集器的过滤筒必须经常取出清洗，因此取出滤筒处的压盖不要采用法兰盘连接，而应采用快开式的压盖，否则每次清扫前需要较长时间 毛发聚集器一般用铸铁制造，其内壁应衬有防腐层，也有用不锈钢制造的，防腐性能较佳。过滤筒应用不锈钢或紫铜制造，滤孔直径宜采用 3mm 目前，国内生产的快开式毛发聚集器有 $DN100$、$DN150$、$DN200$、$DN250$ 等规格，当流量超过单个设备的过水能力时可并联使用
中水管道与生活饮用水给水管道连接	(1) 设施维修、使用的安全，特别是埋地式或地下式设施的使用和维修 (2) 用水安全，因中水是非饮用水，必须严格限制其使用范围，根据不同的水质标准要求，用于不同的使用目标，必须保障使用安全，采取严格的安全防护措施，为防止发生误接、误用，严禁中水管道与生活饮用水管道任何方式的连接	中水工程设计必须采取确保使用、维修的安全措施，而且严禁中水进入生活饮用水给水系统

质量通病现象	原因分析	防治措施
中水供水系统未独立设置	（1）中水供水系统不能以位间形式与自来水系统连接，单流阀、双阀加泄水等连接都是不允许的，同时也是在强调中水系统的独立性功能。中水系统一经建立，就应保障其使用功能，不能总依靠自来水 （2）自来水的补给只能是应急的，有计量的，而且要有确保不污染自来水的措施	中水供水系统必须独立设置
中水系统管道布置不合理	（1）中水引入管未从建筑物用水量最大处引入 （2）中水管道敷设在排水沟、烟道和风道内 （3）管道布置时，未力求长度短	（1）建筑中水引入管的位置，要根据室外中水分配位置、建筑物的布置等因素决定。中水引入管一般应从建筑物用水量最大处引入 当建筑物使用中水卫生器具位置比较均匀时，宜在建筑物中央部位引入，这样可使配水均匀，同时减少管段传输长度，从而使管网的水头损失也减小 当室内中水管网为杂用、消防共用系统时，而建筑物的消火栓在10个以上时，为保证供水安全可靠，引入管应该设置成两条，并从建筑物不同侧的室外中水管网引入 当受到室内中水管条件限制，只能从一侧引入，则两根引入管间距不宜小于10m，并应在两根引入管之间设闸门 （2）室内中水管道布置与建筑物性质、建筑物使用中水的卫生器具的位置、数量以及采用的供水方式有关。管道布置时应力求长度短，尽可能呈直线走向，并与墙、梁、柱平行敷设 （3）中水管道不允许敷设在排水沟、烟道和风道内，以避免管道过快地被腐蚀。也不应穿越橱窗、壁柜和木装修，以利管道维修。尽量不直接穿越建筑物沉降缝，如必须穿越时，要采取相应的措施，如柔性软管等

2.7.2 建筑中水系统安装质量标准及验收方法

1. 建筑中水系统管道及辅助设备安装

建筑中水系统管道及辅助设备安装的质量标准及验收方法应符合表 2-57 的规定。

建筑中水系统管道及辅助设备安装的质量标准及验收方法

表 2-57

项目	合格质量标准	检验方法
主控项目	中水高位水箱应与生活高位水箱分设在不同的房间内，如条件不允许只能设在同一房间时，与生活高位水箱的净距离应大于 2m	观察和尺量检查
	中水给水管道不得装设取水水嘴。便器冲洗宜采用密闭型设备和器具。绿化、浇洒、汽车冲洗宜采用壁式或地下式的给水栓	观察检查
	中水供水管道严禁与生活饮用水给水管道连接，并应采取下列措施： （1）中水管道外壁应涂浅绿色标志 （2）中水池（箱）、阀门、水表及给水栓均应有"中水"标志	观察检查
	中水管道不宜暗装于墙体和楼板内。如必须暗装于墙槽内时，必须在管道上有明显且不会脱落的标志	观察检查
一般项目	中水给水管道管材及配件应采用耐腐蚀的给水管管材及附件	观察检查
	中水管道与生活饮用水管道、排水管道平行埋设时，其水平净距离不得小于 0.5m；交叉埋设时，中水管道应位于生活饮用水管道的下面，排水管道的上面，其净距离应不小于 0.15m	观察和尺量检查

2. 游泳池水系统安装

游泳池水系统安装的质量标准及验收方法应符合表 2-58 的规定。

项目	合格质量标准	检验方法
主控项目	游泳池的给水口、回水口、泄水口应采用耐腐蚀的铜、不锈钢、塑料等材料制造。溢流槽、格栅均为耐腐蚀材料制造,并为组装型。安装时,其外表面应与池壁或池底面相平	观察检查
	游泳池的毛发聚集器应采用铜或不锈钢等耐腐蚀材料制造,过滤筒(网)的孔径应不大于3mm,其面积应为连接管截面积的 1.5~2 倍	观察和尺量计算方法
	游泳池地面,应采取有效措施防止冲洗排水流入池内	观察检查
一般项目	游泳池循环水系统加药(混凝剂)的药品溶解池、溶液池及定量投加设备应采用耐腐蚀材料制作。输送溶液的管道应采用塑料管、胶管或铜管	观察检查
	游泳池的浸脚、浸腰消毒池的给水管、投药管、溢流管、循环管和泄空管采用耐腐蚀材料制成	观察检查

3 建筑采暖工程

3.1 室内采暖系统安装

3.1.1 质量通病原因分析及防治措施

　　为了保证室内采暖系统安装的质量，要求相关工作人员必须熟悉质量问题的现象和防治方法。常见的室内采暖系统安装的质量问题列于表 3-1 中。

室内采暖系统安装质量通病分析及防治措施　　　　　　　　　　　表 3-1

质量通病现象	原因分析	防治措施
低温地板辐射系统通热后渗漏	（1）交联塑料管的材质控制不严，对其他塑料管代替交联塑料管的错误做法管控不严 （2）隐蔽前，未进行试压试验就回填 （3）热熔接口操作人员未经培训考试合格，无上岗证	为了保证低温地板辐射采暖系统的安装质量及运行后严密不漏和畅通无阻。安装时必须按照以下程序进行： 　材料的选择和准备→清理地面→铺设保温板→铺试交联管→试压冲洗 　（1）严格控制交联塑料管的材质，选择合格的交联聚乙烯（XLPE）管，严禁用其他塑料管代替交联塑料管。埋地盘管不应有接头，防止渗漏 　（2）隐蔽前，必须试压合格方可回填 　（3）热熔接口操作人员必须经培训考试合格，持上岗证上岗操作

质量通病现象	原因分析	防治措施
蒸汽管网调试运行时阀门开启过快	系统调试运行时，若阀门开启过快，则会造成大量的蒸汽瞬间被送往管路，而此时管道温度较低，管路上将有大量的凝结水析出，一方面会产生水击、振动，另一方面管路上会出现汽液两相流动，即管子断面的上半部流动着高温高压的蒸汽，而管子的下半部流动着温度较低的凝结水，使管子的上、下半部产生较大温差，导致管道发生变形甚至破裂	系统调试运行时，阀门要缓缓开启，先向管网送入适量的蒸汽，再将阀门关闭，让管内蒸汽将管子"暖和"一下（称为"暖管"），然后再将阀门打开一点，再向管网送点汽，继续暖管，再关闭阀门，如此反复进行几次，再逐渐开大阀门，直到调试完毕
采暖干管支、托架安装不牢固	(1) 固定支架没有按规定焊装挡板 (2) 活动支架的 U 形卡两头套丝并拧紧了螺母（图 3-1），使活动支架失效	(1) 固定支架应按规定焊装止动板，制止管道不应有的滑动（图 3-2），固定支架安装位置是由设计确定的。一般在伸缩器工作的直管道的两端、节点分支处、热源出口和用户入口处应布置固定支架。当支架固定在预留孔洞中时，埋在墙内深度应不小于 120mm，且洞口不宜过大。埋入支架时应将洞内的碎砖、灰土清扫干净，并用水浸湿后填入水泥砂浆，插入支架并加入碎石卡紧支架，然后填实水泥砂浆。且应注意洞口应略低于墙面，以便修补墙面时找平 支架焊接在预埋件上时，要把焊接处污物除去并焊接牢固。不得随意在承重梁及屋架的钢筋上焊接支架，如有特殊需要时必须经建筑结构人员同意

质量通病现象	原因分析	防治措施
采暖干管支、托架安装不牢固	(1) 固定支架没有按规定焊装挡板 (2) 活动支架的 U 形卡两头套丝并拧紧了螺母（图 3-1），使活动支架失效	冬期施工时，埋设支架要采取冬期施工措施。所有预留孔洞及支架埋设处的墙面应在管道安装后，装修工程完成前填堵 　　固定支架的最大间距应不超过表 3-2 的规定 (2) 活动支架的 V 形卡应一端套丝，并安装两个螺母。另一端不套丝，插入支架的孔眼中，以确保管道自由滑动如图 3-3 所示，活动支架安装位置一般设计不予明确，必须由施工现场参照表 3-3 的规定值具体定位 (3) 型钢支架应用台钻打眼，不应用气焊刺眼，确保孔眼合适
暖气立管上弯头或支管甩口不准	(1) 测量立管时，使用工具不当，测量偏差较大 (2) 各组散热器连接支管的长度相差较大时，立管的支管开挡采取同一尺寸，造成短的支管坡度大，长的支管坡度小 (3) 地面施工的标高偏差较大，导致立管原甩口不合适	(1) 测量立管尺寸最好使用木尺杆，并做好记录 (2) 支管的灯叉弯的椭圆率应符合要求。管径不小于或等于 100mm 时，允许偏差为 10%；管径大于 100mm 时，允许偏差为 8% (3) 暗装或半暗装的散热器支管灯叉弯必须与散热器槽墙角相适应，达到美观 (4) 连接散热器的支管应有坡度。当支管全长小于或等于 500mm 时，坡降值为 5mm；当支管全长大于 500mm 时，坡降值为 10mm。上供下回的供水支管坡向散热器，回水支管坡

质量通病现象	原因分析	防治措施
暖气立管上弯头或支管甩口不准	（1）测量立管时，使用工具不当，测量偏差较大 （2）各组散热器连接支管的长度相差较大时，立管的支管开挡采用同一尺寸，造成短的支管坡度大，长的支管坡度小 （3）地面施工的标高偏差较大，导致立管原甩口不合适	向立管。下供下回双管式在顶层供水立管上没有排气装置，供、回水支管坡向立管，其他层供水支管坡向散热器，回水支管坡向立管 （5）立管的支管开挡尺寸要适合支管的坡度要求，一般支管坡度以1％为宜，如图3-4所示 （6）为了减少地面施工标高偏差的影响，散热器应尽量挂装 （7）地面施工应严格遵照基准线，以确保其偏差不超出安装散热器要求的范围
采暖系统试运行时，升温过快	采暖系统试运行时升温过快，极易造成管道弯曲、跳动，接口渗漏，直接影响采暖系统的安全、正常运行 采暖系统试运行时，升温过快将会引起管道的弯曲变形。由于管道各部分升温不均匀，有的地方温度高，有的地方温度低，在同一段管道中，上下温度不同，上面温度高，热伸长量大；下面温度低，热伸长量小，就会形成弯曲。管道跳动的原因是：管内有空气存在、水击现象或支架安装不牢固	为了保证采暖系统试运行安全、顺利地进行，在充入介质时，应先排除系统内的空气，升温应均匀、缓慢，防止出现水击和升温过急现象 热水采暖系统试运行应先充水。其方法是先开启进口的阀门，当系统最高点的集气罐上的阀门冒水时，系统充水完毕。也可以从回水管上给系统充水。当系统充满水后，可以启动泵进行加热，使系统升温，便可启动运行。送热的顺序一般是从远到近，也可以从大管到小管，升温应缓慢、均匀 当一个锅炉房，同时给数个建筑物供暖时，可采用各建筑物进口的调压装置进行调整，使各建筑物入口压力保持平衡，

质量通病现象	原因分析	防治措施
采暖系统试运行时，升温过快	采暖系统试运行时升温过快，极易造成管道弯曲、跳动，接口渗漏，直接影响采暖系统的安全、正常运行 采暖系统试运行时，升温过快将会引起管道的弯曲变形。由于管道各部分升温不均匀，有的地方温度高，有的地方温度低，在同一段管道中，上下温度不同，上面温度高，热伸长量大；下面温度低，热伸长量小，就会形成弯曲。管道跳动的原因是：管内有空气存在、水击现象或支架安装不牢固	达到设计要求。室内一般用各立管上的阀门调节其流量，使其温度达到设计要求 蒸汽采暖系统通汽时应先打开疏水装置和放空阀，然后缓慢打开蒸汽阀门向用户送汽暖管，均匀升温，用各建筑物进口的调压装置进行调压，使入口压力达到设计要求压力。室内采暖系统是用立管及各支管的阀门来调节流量，使其温度达到设计要求
部分散热器不热	（1）水力不平衡，距热源远的散热器因管网阻力大而热媒分配少，导致散热器不热 （2）散热器未设置跑风门或跑风门位置不对，以致散热器内空气难以排出而影响散热 （3）蒸汽采暖的疏水器选择不当，因而造成介质流通不畅，使散热器达不到预期效果 （4）管道堵塞 （5）管道坡度不当，影响介质的正常循环	（1）设计时应做好水力计算，当管网较大时宜作同程式布置，而不宜采用异程式。图 3-5 所示为单管式热水采暖异程式系统和同程式系统示意图 （2）散热器应正确设置跑风门。如为蒸汽采暖，跑风门的位置应在距底部 1/3 处；如为热水采暖，跑风门的位置应在上部 （3）疏水器选用不仅要考虑排水量，还要根据压差选型，否则容易漏气，破坏系统运行的可靠性或疏水器失灵，凝结水不能顺利排出

质量通病现象	原因分析	防治措施
散热器排气阀设置不合理	(1) 施工人员对施工规范不熟悉，操作不严 (2) 排气阀的性能不好	(1) 需要安装排气阀的散热器组，当水压试验合格后，在散热器上钻孔攻丝，装上排气阀 (2) 对于蒸汽采暖系统，在每组散热器 1/3 高度处安装排气阀 (3) 对于热水采暖系统，当散热器为多层布置时，在顶层每组散热器上端安装排气阀；当系统单层水平串联布置时，在每组散热器上端安装排气阀。散热器排气阀安装位置如图 3-6 所示
采暖干管三通甩口不准	(1) 测量管道甩口尺寸时，使用工具不当，如使用皮卷尺，误差较大 (2) 土建施工中，墙轴线允许偏差大	(1) 干管的立管甩口尺寸应在现场用钢卷尺实际测量 (2) 各工种要共同严格按设计的墙轴线施工，统一允许偏差 (3) 供水供暖入口应按设计要求设置压力表、温度计等装置 (4) 供暖干管变径不得使用补心变径，应按排气要求使用偏心变径。变径位置应不大于分支点 300mm (5) 住宅工程室内供暖干管安装不应使用活接头连接，如设计要求必须为可拆连接件时，应采用法兰连接件 (6) 供暖管道用焊接钢管，连接时直径≥DN40 时，宜采用焊接；管道直径<DN40 时，宜采用丝接

质量通病现象	原因分析	防治措施
采暖干管三通甩口不准	（1）测量管道甩口尺寸时，使用工具不当，如使用皮卷尺，误差较大 （2）土建施工中，墙轴线允许偏差大	（7）供暖干管分环路进行分支连接时，应考虑管道伸缩要求，一般不得用丁字直线管段连接 （8）制作羊角弯时，应煨两个75°左右的弯头，在连接处锯出坡口，主管锯成鸭嘴形，拼好后即应点焊，找平、找正、找直后再施焊。羊角弯接合部位的口径必须与主管口径相等，其弯曲半径应为管径的2.5倍左右 （9）干管采用方形分路时，横短管为$3D+100$，竖短管为$6D+100$（其中，D为干管直径） （10）干管分路阀门离分路点不宜过远。若分路处是系统的最低点，则必须在分路阀门前加泄水丝堵 （11）供暖干管最高点或可能有空气集聚处应设排气装置，最低点或可能有水积存处应设泄水装置。住宅工程的自动排气阀或集气罐应安装在厨厕间 （12）供暖干管坡度一般为0.003，但不得小于0.002 （13）干管的弯曲部位及焊缝处严禁焊接支管，接口焊缝距起弯点、支吊架边缘必须大于50mm
散热器与墙的安装距离过近或过远	（1）散热器散热是靠空气对流量实现的，贴墙安装不利于散热 （2）散热器安装距墙远，影响使用面积	散热器安装位置应正确，与墙的距离及安装允许偏差见表3-4和表3-5

质量通病现象	原因分析	防治措施
室内采暖立管安装偏差过大	（1）进行现场测量时，偏差过大 （2）进行支管配管时，由于支管长短不一，造成支管短的坡度大，支管长的坡度小 （3）没有考虑管道的伸缩，接管不符合规定	（1）核对各层预留孔洞位置是否垂直，吊线、剔眼、栽卡子。将预制好的管道按编号顺序运到安装地点 （2）安装前先卸下阀门盖，有钢套管的先穿到管上，按编号从第一节开始安装。涂铅油缠麻，将立管对准接口转动入扣，一把管钳咬住管件，一把管钳拧管，拧到松紧适度，对准调直时的标记要求，螺纹外露 2～3 个螺距，预留口平正为止并清净麻头 （3）检查立管的每个预留口标高、方向、半圆弯等是否准确、平正。将事先栽好的管卡子松开，把管放入卡内拧紧螺栓，用吊杆、线坠从第一节管开始找好垂直度，扶正钢套管，最后填堵孔洞，预留口必须加好临时丝堵 （4）立管遇支管垂直交叉时，立管应设半圆形让弯绕过支管 （5）顶棚内立管与干管连接形式如图 3-7 所示 （6）室内干管与立管连接形式如图 3-8 所示 （7）地沟内干管与立管的连接形式如图 3-9 所示 （8）主立管用管卡或托架安装在墙壁上，其间距为 3～4m，主立管的下端要支撑在坚固的支架上。管卡和支架不能妨碍主立管的胀缩 （9）当立管与预制楼板的主要承重部位相碰时，应将钢管弯制绕过或在安装楼板时，把立管弯成乙字弯（也叫来回弯），也可以把立管缩到墙内，如图 3-10 所示

质量通病现象	原因分析	防治措施
采暖管道堵塞	暖气系统在使用中，管道堵塞或局部堵塞，影响气或水流量的合理分配，使供热工作不能正常和顺利进行。在寒冷地区，往往还会使系统局部受冻损坏	（1）管材灌砂煨弯后，必须认真清通管腔 （2）管材锯断后，管口的飞刺应及时清除干净 （3）铸铁散热器组对时，应注意将遗留的砂子清除干净 （4）安装管道时，应及时用临时堵头把管口堵好 （5）使用管材时，必须做到一敲二看，保证管内通畅 （6）将管道气焊开口时落入管中的铁渣清除干净 （7）管道全部安装后，应按规范规定先冲洗干净，再与外线连接 （8）按设计图纸或规范规定，在系统高点安装放气阀 （9）选择合格的集气罐，增设放气管及阀门
散热器组对安装不平、不严	（1）散热片组对前未认真清理和检查接口及对丝，使用的垫片不符合规定。组对后未进行水压试验或试压时间和压力不符合规定 　　（2）未按规定清理和组对	钢排管散热器是用钢管焊接而成，钢串片散热器是用管接头连接而成的，圆翼形散热器是用法兰连接而成的。其他散热器一般都是用具有正反螺纹的对丝接头，将片状的散热片组对成所要求的一个整体 　　（1）散热器的组对准备工作 　　1）首先，检查单片散热器的质量，看每个单片散热器是否有裂纹、砂眼，体腔内是否有砂、土等杂物 　　2）检查散热器和对丝、丝堵的螺纹是否良好，密封面是否平整，同侧两端连接口的密封面是否在同一平面内。对丝及丝堵如图 3-11 所示

质量通病现象	原因分析	防治措施
散热器组对安装不平、不严	(1) 散热片组对前未认真清理和检查接口及对丝，使用的垫片不符合规定。组对后未进行水压试验或试压时间和压力不符合规定 (2) 未按规定清理和组对	3) 对单片散热器除锈刷油，对螺纹连接密封面用钢丝刷或细砂布清理干净，露出金属光泽，必要时可涂上机油 4) 做好螺纹连接口密封面的环形垫片 5) 做好组对散热器用的工具钥匙 (2) 组对施工 1) 散热片上台。对柱形散热器应为足片（或中片）。将端片平放在工作台上，使散热器正丝面朝上，如图 3-12 所示。对于长翼型散热器，应使散热片平放，接口的反螺纹朝右侧 2) 上对丝。将刷有白厚漆的垫片套到丝上，用对丝正扣拧入散热片，如手拧入轻松则可退回，使其仅拧入两扣即可 3) 合片。将第二片的反丝面端正地放在上下接口对丝上，应注意散热片顶面、底面和边片一致 4) 组对。将对口平面清理干净，从散热片接口上方插入钥匙，钥匙的方头正好卡住对丝的突缘处（图 3-13）。这时，一人扶稳散热器，另一人先轻轻地按加力的反方向扭动钥匙，使对丝外退。当听到有"叭"的声响时，说明对丝正面、反面方向已扣。此时，改变加力方向继续扭动钥匙，使接口正反两方向对丝同时进扣，直至用手扭不动后，再插入加力杠（DN25 钢管，长为 0.8～1.0m）加力，直到垫圈压紧

质量通病现象	原因分析	防治措施
散热器组对安装不平、不严	(1) 散热片组对前未认真清理和检查接口及对丝,使用的垫片不符合规定。组对后未进行水压试验或试压时间和压力不符合规定 (2) 未按规定清理和组对	组对时,应特别注意使上下(左右)两接扣均匀进扣,不可在一个接扣上加力过快;否则,除操作困难外,常常会扭碎对丝 5) 上堵头及补心。当组对最后一边片后,应进行上堵头、上补心,堵头及补心应加垫片,再拧入散热器边片
散热器布置不合理	(1) 散热器布置未达到尽量使房间内温度分布均匀的原则 (2) 未考虑到缩短管路长度和房间布置协调、美观方面的要求	散热器的布置原则是尽量使房间内温度分布均匀,同时也要考虑到缩短管路长度和房间布置协调、美观等方面的要求 根据对流的原理,散热器布置在房间外窗的窗台下最合理,如图3-14所示。经散热器加热的空气沿外窗上升,能阻止渗入的冷空气沿外窗下降,从而防止了冷空气直接进入室内工作地区。在某些民用建筑中要求不高的房间,为了缩短系统管路的长度,散热器也可以沿内墙布置 一般情况下,散热器在房间内都是敞露装置的,即明装。这样散热效果好,易于清扫和检修。当在建筑方面要求美观或由于热媒温度高,防止烫伤或碰伤时,就需要将散热器用格栅、挡板、罩等加以围挡,即暗装 楼梯间或净空高的房间内散热器应尽量布置在下部。因为散热器所加热的空气能自行上升,从而补偿了上部的热损失。散热器数量多的楼梯间,其散热器的布置参照表3-6 为了防止冻裂,在双层门的外室以及门斗中不宜设置散热器

质量通病现象	原因分析	防治措施
低温热水辐射地板供暖系统室温偏低	（1）楼地面采暖盘管的曲率半径小，系统阻力增大，盘管内热水流速低，减少水流量，地面温度偏低 （2）辐射采暖地板沿外墙的周边没有绝热层，地盘管下面绝热层材料厚度不够或导热系数偏大，保温板铺设不严密，缝隙大，向下传热偏多，热损偏大 （3）地盘管未按设计图纸敷设，盘管长度不够，散热量不够，室温偏低	（1）低温热水辐射采暖地板内盘管的曲率半径，塑料管不应小于管道外径的8倍，复合管不应小于管道外径的5倍，不得出现硬折弯现象 （2）低温热水辐射采暖地板沿外墙的周边铺设绝热层，采暖盘管下面绝热层材料厚度、导热系数满足设计或规范要求，保温板铺设平整、严密，接缝处用胶带粘结 （3）采暖盘管的环路长度、管道间距、弯曲半径严格按照施工图纸及规范施工，隐蔽前经监理工程师确认
安装减压阀时，未加装过滤器或使用前不清理积存污物	（1）施工人员对工作不负责，未严格按规范施工 （2）过滤器可以过滤水中的杂质，防备杂质进入减压阀后，造成减压阀失灵 （3）积存污物增多，以致介质流通不畅，最终导致管道超压造成事故	减压阀是利用蒸汽通过断面收缩阀孔时因节流损失而降低压力的原理制成的，它可以依靠启闭阀孔对蒸汽节流而达到减压的目的，并且能够控制阀后压力。常用的减压阀有活塞式、波纹管式两种，分别适用于工作温度不高于300℃、200℃的蒸汽管路上。安装减压阀时应按设计要求加装过滤装置，而且在使用前认真清理积存污物
金属辐射板安装偏差大	（1）水平安装时，没有做到板面朝下，热量向下侧辐射 （2）倾斜安装时，未倾斜一定角度向斜下方辐射	按设计要求，制作与安装辐射板的支吊架。一般支吊架的形式按其辐射板的安装形式分为三种，即垂直安装、倾斜安装和水平安装，如图3-15所示。带形辐射板的支吊架应保持3m一个

质量通病现象	原因分析	防治措施
金属辐射板安装偏差大	（3）垂直安装时，板面未水平辐射 （4）辐射板安装高度不合适 （5）辐射板没有不小于5‰的坡度坡向回水管 （6）辐射板管道及带状辐射板之间无法兰连接，不便于干管连接	（1）水平安装：板面朝下，热量向下侧辐射。辐射板应有不小于0.005的坡度坡向回水管，坡度的作用是：对于热媒为热水的系统，可以很快地排除空气；对于蒸汽，可以顺利地排除凝结水 （2）倾斜安装：倾斜安装在墙上或柱间，倾斜一定角度向斜下方辐射 （3）垂直安装：板面水平辐射。垂直安装在墙上、柱子上或两柱之间。安装在墙上、柱上的，应采用单面辐射板，向室内一面辐射。安装在两柱之间的空隙处时，可采用双面辐射板，向两面辐射 （4）辐射板用于全面采暖，如设计无要求，最低安装高度应符合表3-7的要求 （5）接往辐射板的送水管、送汽管和回水管，不宜与辐射板安装在同一高度上。送水管、送汽管宜高于辐射板，回水管宜低于辐射板且有不小于0.005的坡度坡向回水管 （6）辐射板的安装可采用现场安装和预制装配两种方法。块状辐射板宜采用预制装配法，每块辐射板的支管上可先配上法兰，以便于与干管连接。带状辐射板如果太长，可采用分段安装。块状辐射板的支管与干管连接时应有两个90°弯管，如图3-16所示

质量通病现象	原因分析	防治措施
热水系统膨胀水箱的膨胀管或循环管安装阀门	(1) 施工时未按设计要求或违章施工作业，缺乏基本常识 (2) 安装不认真，执行规范不严 (3) 膨胀管或循环管安装阀门后，膨胀水箱不能对水体积的膨胀和收缩起调剂、补偿的作用	膨胀水箱一般安装在承重墙上的槽钢支架上，箱底和支架间垫上方木，以防止滑动，箱底距地面高度应不小于400mm。安装在不采暖房间时，箱体应保温，保温材料及厚度由设计确定 循环管是防止管道受冻而使其循环的管道。如果是膨胀水箱置于采暖房间时，循环管可不设，膨胀管与系统的回水干管相接，可以排除系统空气，为系统补水定压供系统保持密实的正压状态 为防止系统超压，水箱水冻结或水从水箱溢出，在膨胀管、循环管和溢流管上严禁安装阀门，并宜引至循环水泵吸入口处，分别与回水干管连接，两个连接点相距应为1.5～2m；同时，循环管的连接点更靠近水泵吸入口
阀门关闭不严	(1) 密封面损伤或轻度腐蚀 (2) 操作时关闭不当，致使密封面接触不好 (3) 阀杆弯曲，上下密封面不对中心线 (4) 杂质堵住阀芯 (5) 阀体或压盖有裂纹	(1) 坚持阀门进场的水压试验，包括强度试验和严密性试验，试验不合格的阀门要仔细检查，分析原因，轻轻启闭几次后再做一次试验。仍关闭不严时，应卸下解体检查，首先检查阀杆情况，再查阀板的密封面，需要时进行研磨。经过检查修理、研磨和再试验，对于可以克服关闭不严毛病的允许继续使用，属于阀门生产厂家的产品质量问题，则应退货更换

质量通病现象	原因分析	防治措施
阀门关闭不严	(1) 密封面损伤或轻度腐蚀 (2) 操作时关闭不当，致使密封面接触不好 (3) 阀杆弯曲，上下密封面不对中心线 (4) 杂质堵住阀芯 (5) 阀体或压盖有裂纹	(2) 阀门进场后做好保管工作，不落地堆放，应有遮挡雨雪措施，阀门应立式存放，不使杂物进入阀体，阀门运输中要避免碰撞 (3) 管道安装后进行冲洗时，应将调节阀、恒温阀、减压阀芯、流量孔板、过滤网等易造成堵塞的阀件拆除，待冲洗合格后再装上。管道冲洗的方向要正确，避免杂物卡堵在管道内，通水后堵塞阀门 (4) 密封面磨损造成关闭不严时应修理，一般需拆下进行研磨。若密封面的缺陷（撞痕、刀痕、压伤、不平、凹痕等）深度小于 0.05mm 时，可用研磨消除；缺陷深度大于 0.05mm 时，应先在车床上加工，然后再研磨，不允许用锉刀或砂纸打磨等方法修理 (5) 属于操作关闭不当原因泄漏时，可以缓缓反复启闭几次，直至关严为止 (6) 属于阀杆原因造成的泄漏，则应拆下进行调直修整或更换 (7) 杂质堵住阀芯时，首先应将阀门开启，排出杂物，再缓缓关闭，有时可以轻轻敲打直至排出杂质 (8) 属于阀体有裂纹或压盖开裂造成泄漏的原因有：在安装前由于运输堆放受到碰撞形成裂纹，安装前又未仔细检查，造成安装后泄漏或阀门本身是好的，由于安装时操作不当，用力过猛或受力不均造成阀体裂纹或压盖损伤

质量通病现象	原因分析	防治措施
散热器安装不牢固、渗漏	（1）托钩、固定卡子的位置不当，散热器缺翼过多 （2）托钩或固定卡架的强度低，埋设不牢固 （3）散热器与托钩接触不实，使散热器安装不牢 （4）散热口组对采用的衬垫受热（力）后产生变形，使散热器密封性差，造成散热器渗漏 （5）落地安装的散热器，腿片着地不实或垫得过高，不牢固	（1）根据需要选择合适的散热器 （2）安装散热器前，应先在墙上画线，确定支、托架的位置，再进行支、托架的安装。常见散热器支、托架安装如图3-17及图3-18所示 （3）片试散热器使用的衬垫，一般要与输送的热介质相适应 （4）安装好的支、托架应位置正确，平整、牢固，散热器支、托架数量应符合表3-8的规定

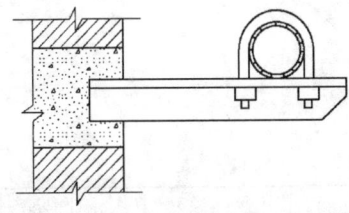

图 3-1　活动支架失效

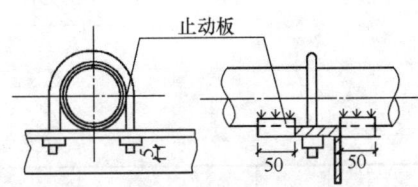

图 3-2　固定支架

283

固定支架的最大间距

表 3-2

公称直径（mm）		15	20	25	32	40	50	65	80	100	125	150	200	250	300
方形补偿器（m）		—	—	30	35	45	50	55	60	65	70	80	90	100	115
套筒补偿器（m）		—	—	—	—	—	—	—	—	45	50	55	60	70	80
L形	长臂最大长度(m)	15	18	20	24	24	30	30	30	30	—	—	—	—	—
	短臂最大长度(m)	2	2.5	3	3.5	4	5	5.5	6	6	—	—	—	—	—

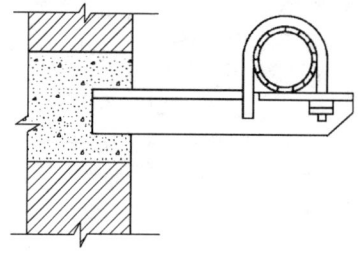

图 3-3 活动支架

活动支架的最大间距

表 3-3

公称直径（mm）	15	20	25	32	40	50	65	80	100	125	150	200	250	300
保温管（m）	1.5	2.0	2.0	2.5	3.0	3.0	4.0	4.0	4.5	5.0	6.0	7.0	8.0	8.5
不保温管（m）	2.5	3.0	3.5	4.0	4.5	5.0	6.0	6.0	6.5	7.0	8.0	9.5	11.0	12.0

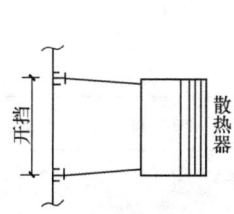

图 3-4 立管的
支管开挡

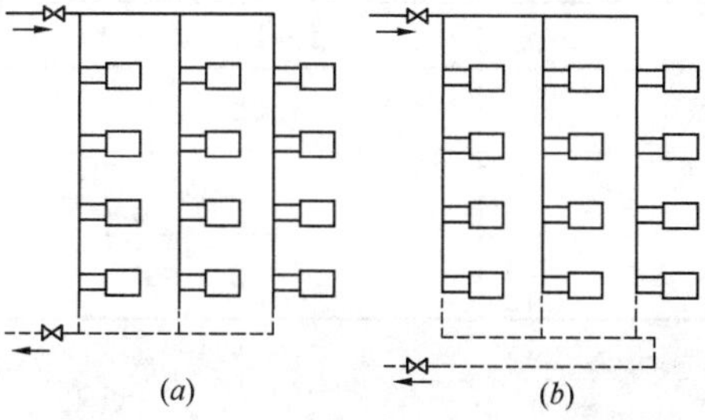

图 3-5 单管式热水采暖异程式系统和
同程式系统示意图

(a) 异程式采暖系统；(b) 同程式采暖系统

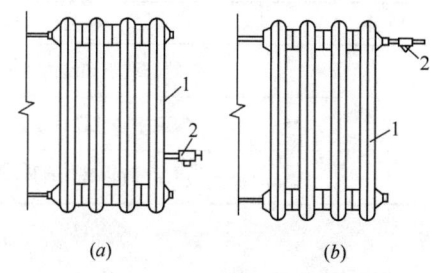

图 3-6 散热器排气阀安装位置

(a) 蒸汽采暖；(b) 热水采暖

1—散热器；2—排气阀

散热器中心距墙表面距离

表 3-4

散热器型号	60 型	M$\frac{132}{150}$型	四柱型	圆翼型	扁管板式（外沿）	串片型	
						平放	竖放
中心距墙距离（mm）	115	115	130	115	30	60	

项次	项目	允许偏差（mm）	检验方法
1	散热器背面和墙内表面距离	3	尺量
2	与窗中心或设计定位尺寸	20	
3	散热器垂直度	3	吊线和尺量

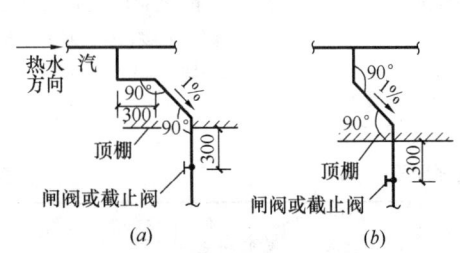

图 3-7　顶棚内立管与干管连接图

(a) 蒸汽采暖（四层以下）热水采暖（五层以上）；

(b) 蒸汽采暖（三层以下）热水采暖（四层以下）

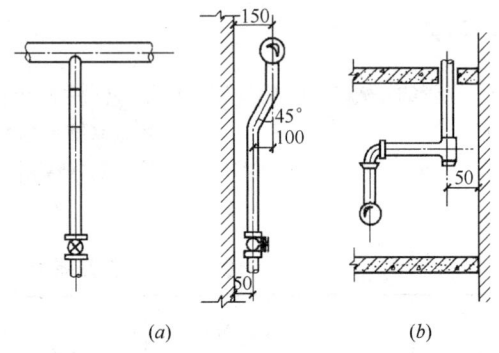

图 3-8　干管与立管连接

(a) 与热水（汽）管连接；(b) 与回水干管连接

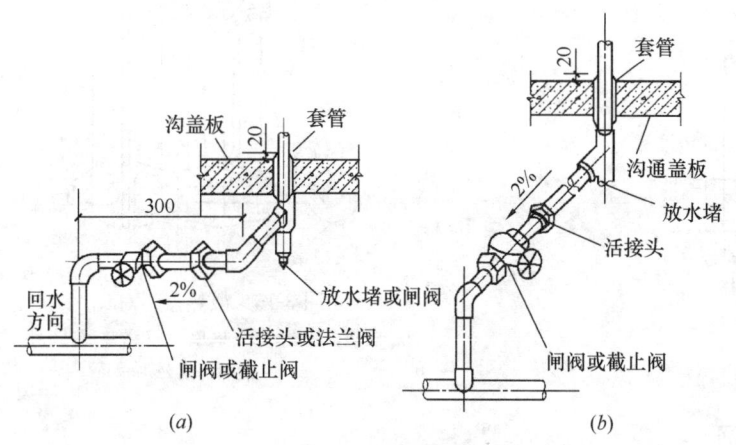

图 3-9　地沟内干管连接形式

（a）地沟内干管与立管连接；（b）在 400mm×400mm 管沟内干立管连接

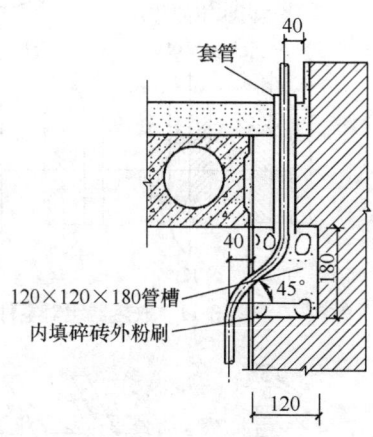

图 3-10　立管缩墙大样图

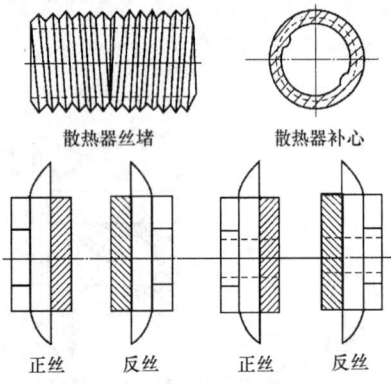

散热器丝堵　　　　散热器补心

正丝　反丝　　　正丝　反丝

图 3-11　散热器组对零件

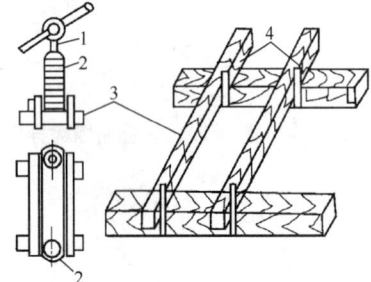

图 3-12　用方木制成的工作平台

1—钥匙；2—散热器；3—木架；4—地桩

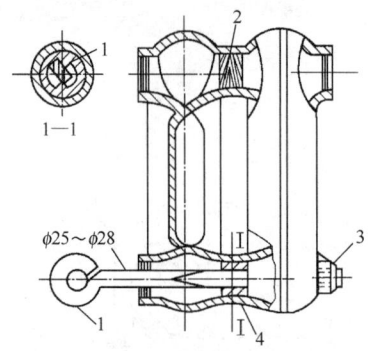

1—1

$\phi25\sim\phi28$

图 3-13　散热器组对

1—散热器钥匙；2—垫片；3—散热器补心；

4—散热器对丝

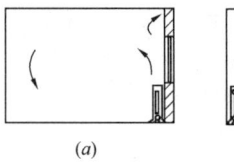　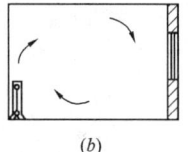

(a)　　　　　　　(b)

图 3-14　散热器布置

表 3-6

楼梯间散热器分配百分数（%）

楼房层数	各层散热器分配百分数					
	I	II	III	IV	V	VI
2	65	35	—	—	—	—
3	50	30	20	—	—	—
4	50	30	20	—	—	—
5	50	25	15	10	—	—
6	50	20	15	15	—	—
7	45	20	15	10	10	—
8	40	20	15	10	10	5

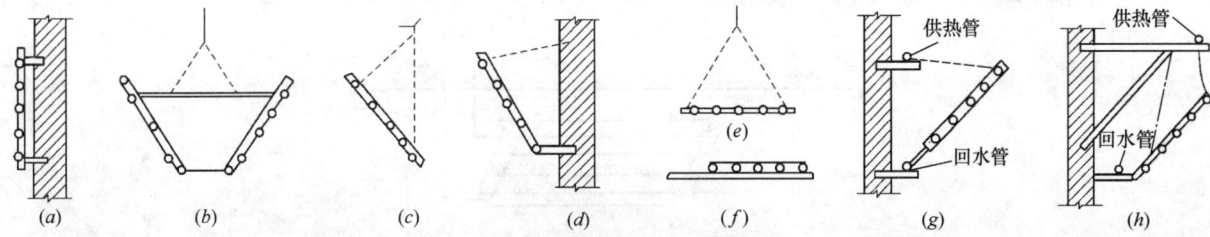

图 3-15 辐射板的支吊架

（a）垂直安装；（b）、（c）、（d）、（g）、（h）倾斜安装；（e）、（f）水平安装

辐射板的最低安装高度（m）

表 3-7

热媒平均温度（℃）	水平安装		倾斜安装与垂直面所成角度			垂直安装（板中心）
	多管	单管	60°	45°	30°	
115	3.2	2.8	2.8	2.6	2.5	2.3
125	3.4	3.0	3.0	2.8	2.6	2.5
140	3.7	3.1	3.1	3.0	2.8	2.6
150	4.1	3.2	3.2	3.1	2.9	2.7
160	4.5	3.3	3.3	3.2	3.0	2.8
170	4.8	3.4	3.4	3.3	3.0	2.8

注：1. 本表适合于工作地点固定、站立操作人员的采暖；对于坐着或流动人员的采暖，应将表中数字降低 0.3m。

2. 在车间外墙的边缘地带，安装高度可适当降低。

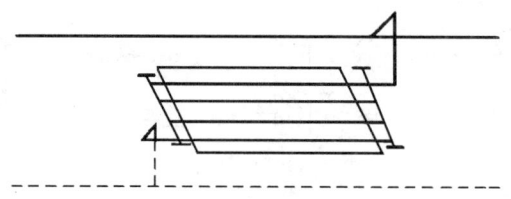

图 3-16　辐射板支管与干管连接

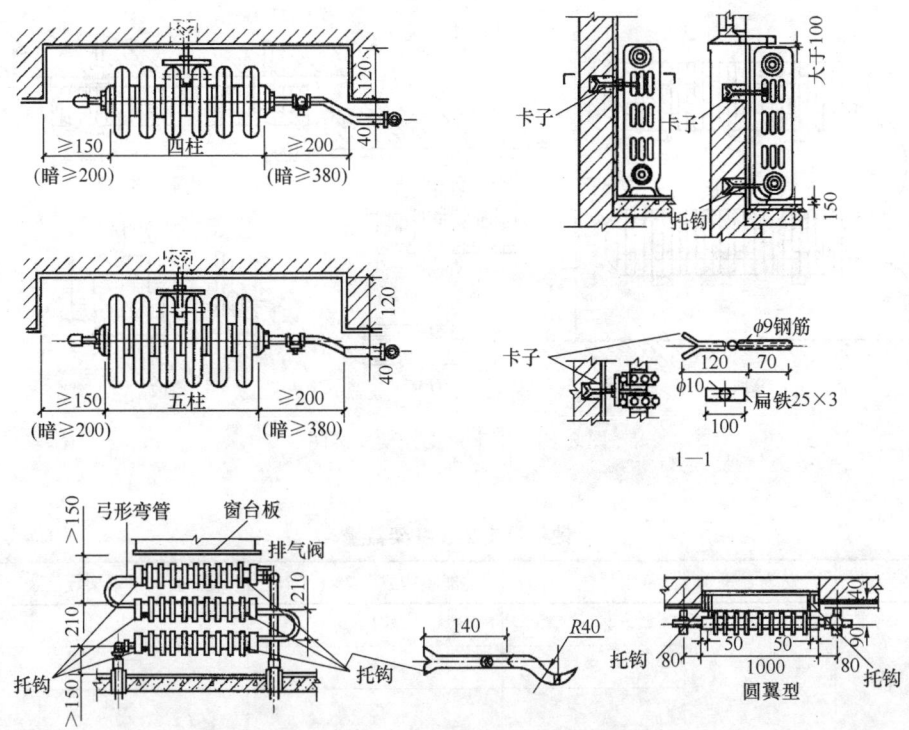

图 3-17 铸铁散热器支托架安装图

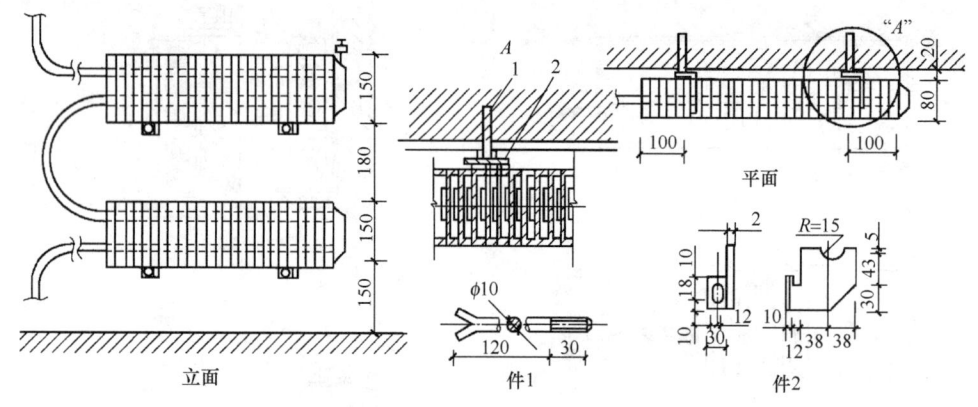

图 3-18　钢串片支托架安装图

1—支架；2—托钩

散热器支架、托架数量

表 3-8

项次	散热器形式	安装方式	每组片数（片）	上部脱钩或卡架数（个）	下部脱钩或卡架数（个）	合计（个）
1	长翼型	挂墙	2～4	1	2	3
			5	2	2	4
			6	2	3	5
			7	2	4	6

项次	散热器形式	安装方式	每组片数（片）	上部脱钩或卡架数（个）	下部脱钩或卡架数（个）	合计（个）
2	M132 柱型 柱翼型	挂墙	3～8	1	2	3
			9～12	1	3	4
			13～16	2	4	6
			17～20	2	5	7
			21～25	2	6	8
3		带足落地	3～8	1	—	1
			8～12	1	—	1
			13～16	2	—	2
			17～20	2	—	2
			21～25	2	—	2

3.1.2 室内采暖系统安装质量标准及验收方法

1. 管道及配件安装

管道及配件安装的质量标准及验收方法应符合表 3-9 的规定。

管道及配件安装的质量标准及验收方法

表 3-9

项目	项次	合格质量标准	检验方法
主控项目	1	管道安装坡度，当设计未注明时应符合下列规定： （1）汽、水同向流动的热水采暖管道和汽、水同向流动的蒸汽管道及凝结水管道，坡度应为 3‰，不得小于 2‰ （2）汽、水逆向流动的热水采暖管道和汽、水逆向流动的蒸汽管道坡度不应小于 5‰ （3）散热器支管的坡度应为 1%，坡向应利于排气和泄水	观察，水平尺、拉线、尺量检查
	2	补偿器的型号、安装位置及预拉伸和固定支架的构造及安装位置应符合设计要求	对照图纸，现场观察并查验预拉伸记录
	3	平衡阀及调节阀型号、规格、公称压力及安装位置应符合设计要求。安装完成后应根据系统平衡要求进行调试并做出标志	对照图纸查验产品合格证并现场查看
	4	蒸汽减压阀和管道及设备上安全阀的型号、规格、公称压力及安装位置应符合设计要求。安装完毕后应根据系统工作压力进行调试，并做出标志	对照图纸查验产品合格证及调试结果证明书
	5	方形补偿器制作时，应用整根无缝钢管煨制，如需要接口，其接口应设在垂直臂的中间位置且接口必须焊接	观察检查
	6	方形补偿器应水平安装，并与管道的坡度一致；如其臂长方向垂直安装，必须设排气及泄水装置	观察检查

项目	项次	合格质量标准	检验方法
一般项目	7	热量表、疏水器、除污器、过滤器及阀门的型号、规格、公称压力及安装位置应符合设计要求	对照图纸查验产品合格证
	8	钢管管道焊口尺寸的允许偏差应符合表 2-23 的规定	—
	9	采暖系统入口装置及分户热计量系统入户装置，应符合设计要求。安装位置应便于检修、维护和观察	现场观察
	10	散热器支管长度超过 1.5m 时，应在支管上安装管卡	尺量和观察检查
	11	上供下回式系统的热水干管变径应顶平偏心连接，蒸汽干管变径应底平偏心连接	观察检查
	12	在管道干管上焊接垂直或水平分支管道时，干管开孔所产生的钢渣及管壁等废弃物不得残留管内，且分支管道在焊接时不得插入干管内	观察检查
	13	膨胀水箱的膨胀管及循环管上不得安装阀门	观察检查
	14	当采暖热媒为 110～130℃ 的高温水时，管道可拆卸件应使用法兰，不得使用长丝和活接头。法兰垫料应使用耐热橡胶板	观察和查验进料单
	15	焊接钢管管径大于 32mm 的管道转弯，在作为自然补偿时应使用揻弯。塑料管及复合管除必须使用直角弯头的场合外，应使用管道直接弯曲转弯	观察检查
	16	管道、金属支架和设备的防腐和涂漆应附着良好，无脱皮、起泡、流淌和漏涂缺陷	现场观察检查
	17	管道和设备保温的允许偏差应符合表 2-10 的规定	—
	18	采暖管道安装的允许偏差应符合表 3-10 的规定	—

表 3-10

项目			允许偏差	检验方法
横管道纵、横方向弯曲（mm）	每米	管径≤100mm	1	用水平尺、直尺、拉线和尺量检查
		管径＞100mm	1.5	
	全长（25m以上）	管径≤100mm	≤13	
		管径＞100mm	≤25	
立管垂直度（mm）	每米		2	吊线和尺量检查
	全长（5m以上）		≤10	
弯管	椭圆率 $\dfrac{D_{max} - D_{min}}{D_{max}}$	管径≤100mm	10%	用外卡钳和尺量检查
		管径＞100mm	8%	
	褶皱不平度（mm）	管径≤100mm	4	
		管径＞100mm	5	

注：D_{max}，D_{min} 分别为管子最大外径及最小外径。

2. 辅助设备及散热器安装

辅助设备及散热器安装的质量标准及验收方法应符合表 3-11 的规定。

辅助设备及散热器安装的质量标准及验收方法

表 3-11

项目	项次	合格质量标准	检验方法
主控项目	1	散热器组对后，以及整组出厂的散热器在安装之前应做水压试验。试验压力如设计无要求时应为工作压力的 1.5 倍，但不小于 0.6MPa	试验时间为 2～3min，压力不降且不渗、不漏
	2	水泵、水箱、热交换器等辅助设备安装的质量检验与验收应按本章有关规定执行	——
一般项目	3	散热器组对应平直紧密，组对后的平直度应符合表 3-12 的规定	拉线和尺量
	4	组对散热器的垫片应符合下列规定： (1) 组队散热器垫片应使用成品，组对后垫片外露应不大于 1mm (2) 散热器垫片材质当设计无要求时，应采用耐热橡胶	观察和尺量检查
	5	散热器支架、托架安装，位置应准确，埋设牢固。散热器支架、托架数量应符合设计要求或产品说明书要求。如设计未注时，则应符合表 3-8 的规定	现场清点检查
	6	散热器背面与装饰后的墙内表面安装距离，应符合设计或产品说明书要求。如设计未注明，应为 30mm	尺量检查
	7	散热器安装允许偏差应符合表 3-5 的规定	——
	8	铸铁或钢制散热器表面的防腐及面漆应附着良好，色泽均匀，无脱落、起泡、流淌和漏涂缺陷	现场观察

组对后的散热器平直度允许偏差　　　　　　　　　　　　　　表 3-12

散热器类型	片数	允许偏差（mm）
长翼型	2～4	4
	5～7	6
铸铁片式 钢制片式	3～15	4
	16～25	6

3. 金属辐射板安装

金属辐射板安装的质量标准及验收方法应符合表 3-13 的规定。

金属辐射板安装的质量标准及验收方法　　　　　　　　　　　　表 3-13

项目	项次	合格质量标准	检验方法
主控 项目	1	辐射板在安装前应做水压试验，如设计无要求时试验压力应为工作压力的 1.5 倍，但不得小于 0.6MPa	试验压力下 2～3min，压力下降且不渗、不漏
	2	水平安装的辐射板应有不小于 5‰的坡度坡向回水管	水平尺、拉线和尺量检查
	3	辐射板管道及袋装辐射板之间的连接，应使用法兰连接	观察检查

4. 低温热水地板辐射采暖系统安装

低温热水地板辐射采暖系统安装的质量标准及验收方法应符合表 3-14 的规定。

298

项目	项次	合格质量标准	检验方法
主控项目	1	地面下敷设的盘管埋地部分不应有接头	隐蔽现场查看
	2	盘管隐蔽前必须进行水压试验，试验压力为工作压力的 1.5 倍，但不小于 0.6MPa	稳压 1h 内压力降不大于 0.05MPa 且不渗、不漏
	3	加热管盘弯曲部分不得出现硬折弯现象，曲率半径应符合下列规定： (1) 塑料管：应不小于管道外径的 8 倍 (2) 复合管：应不小于管道外径的 5 倍	尺量检查
一般项目	4	分水器、集水器型号、规格、公称压力及安装位置、高度等应符合设计要求	对照图纸及产品说明书，尺量检查
	5	加热盘管管径、间距和长度应符合设计要求。间距偏差不大于±10mm	拉线和尺量检查
	6	防潮层、防水层、隔热层及伸缩缝应符合设计要求	填充层浇灌前观察检查
	7	填充层强度等级应符合设计要求	作试块抗压试验

5. 系统水压试验及调试

系统水压试验及调试的质量标准及验收方法应符合表 3-15 的规定。

项目	项次	合格质量标准	检验方法
主控项目	1	采暖系统安装完毕，管道保温前应进行水压试验。试验压力应符合设计要求。当设计未注明时，应符合下列规定： 　（1）蒸汽、热水采暖系统，应以系统顶点工作压力加 0.1MPa 作水压试验，同时在系统顶点的试验压力不小于 0.3MPa 　（2）高温热水采暖系统，试验压力应为系统顶点工作压力加 0.4MPa 　（3）使用塑料管及复合管的热水采暖系统，应以系统顶点工作压力加 0.2MPa 作水压试验，同时在系统顶点的试验压力不小于 0.4MPa	使用钢管及复合管的采暖系统应在试验压力下 10min 内压力降不大于 0.02MPa，降至工作压力后检查，不渗、不漏 　使用塑料管的采暖系统应在试验压力下 1h 内压力降不大于 0.05MPa，然后降压至工作压力的 1.15 倍，稳压 2h，压力降不大于 0.03MPa，同时各连接处不渗、不漏
	2	系统试压合格后，应对系统进行冲洗并清扫过滤器及除污器	现场观察，直至排出水不含泥沙、铁屑等杂质，且水色不浑浊为合格
	3	系统冲洗完毕应充水、加热，进行试运行和调试	观察、测量室温应满足设计要求

3.2　室外供热管网安装

3.2.1　质量通病原因分析及防治措施

　　为了保证室外供热管网安装的质量，要求相关工作人员必须熟悉质量问题的现象和防治方法。常见的室外供热管网安装的质量问题列于表 3-16 中。

质量通病现象	原因分析	防治措施
管道保温及防护不合格	（1）保温材料不符合技术要求 （2）技术交底不清，作业前未做详析 （3）施工过程中，质量检查不到位	（1）直埋热力管道的绝热保温材料不能遇水失效，宜采用闭孔型无缝隙的材质，还应有足够的强度满足上方土的压力 （2）安装单位技术交底应具有可操作性，要通过口头交底使操作人员真正掌握工艺要求；在全面开展保温作业前，必须先做样板，经检查合格，总结工序的操作要点 （3）全面贯彻执行，巡视中要加强检查，严把质量关
运行时管道弯曲	管道漏设固定点或阀门下未设支墩和支架导致管道受压过大弯曲	（1）固定点位置应严格按设计要求确定，不可漏设 （2）伸缩器安装时必须进行预拉伸，并按设计要求及有关规定设置 （3）阀门下应设置支墩或支架
减压阀安装不合理，调解压力差	（1）减压阀的阀体未安装在水平管道上，前后未装法兰截止阀 （2）减压阀的安装完成后，未根据使用压力进行调试 （3）未预先调整安全阀	（1）减压阀安装组成部分有减压阀、压力表、安全阀、旁通管、泄水管、均压管及阀门，如图 3-19 所示，各部分配管规格见表 3-17，其中 d_2 为参考值 （2）减压阀的阀体应垂直安装在水平管道上，前后均应装法兰截止阀。一般未经减压前的管径与减压阀的公称直径相同。而安装在减压阀后的管径比减压阀的公称直径大 2 个号码，减压阀安装应注意方向，不得装反；薄膜式减压阀的均压管应安装在管道的低压侧。检修更换减压阀应打开旁通管

质量通病现象	原因分析	防治措施
减压阀安装不合理，调解压力差	（1）减压阀的阀体未安装在水平管道上，前后未装法兰截止阀 （2）减压阀的安装完成后，未根据使用压力进行调试 （3）未预先调整安全阀	（3）在较小的系统中，2个截止阀串联在一起也可以起减压作用。主要是通过2个串联阀门加大管道内介质的局部阻力，介质通过阀门时，由于能量的损失使压力降低。尤其是两个阀门串联在一起安装时，一个阀门起着减压作用，另一个可作开关用，但这种减压方法调节范围有限 （4）减压阀安装完后，应根据使用压力进行调试，并做出调试后的标志。调压时，先开启阀门2（图3-20），关闭旁通阀3，慢慢打开阀门1。当蒸汽通过减压阀，压力下降，这时就必须注意减压后的数值。当室内管道及设备都充满蒸汽后，继续开大阀门1，及时调整减压阀的调节装置，使低压端的压力达到要求时为止 带有均压管的减压阀，则均压管是压力波动时自动调节减压阀的启闭大小。但它只能在小范围内波动时起作用，不能仅靠它来代替调压工序 旁通管是维修减压阀时，为不使整个系统停止运行而用，同时还可以起临时减压的作用，因而使用旁通阀更要谨慎，开启阀门的动作要缓慢，注意观察减压的数值，不得使其超过规定值 安全阀要预先调整好，当减压阀失灵时，安全阀可达到自动开启，以保护采暖设备
保温防腐结构不牢固	（1）保温层结构的高空作业未搭设作业架	（1）管道保温应在水压试验合格后进行。如果必须先进行保温，应将管道的连接处留出，待水压试验合格后，再将管道连接处填充保温材料

302

质量通病现象	原因分析	防治措施
保温防腐结构不牢固	（2）保温层外保护壳施工前，保温结构未找平、找圆 （3）保护层未达到均匀、圆滑、坚固的标准	（2）所有保温材料的强度、表观密度、导热系数以及含水率等均应符合设计规定 （3）管道的保温厚度应符合设计规定，允许厚度偏差为5％～10％ （4）外抹石棉水泥保护壳（其配比为石棉灰：水泥＝3：7）按设计规定厚度抹平压光，设计无规定时，其厚度为10～15mm。保温层外保护壳施工前保温结构应找平、找圆 （5）管道保温用薄钢板做保护层，其纵缝搭口应朝下，薄钢板的搭接长度，环形为30mm。弯管处薄钢板保护层的结构如图3-21所示。保温层结构高空作业应搭设作业架 （6）保护层应达到均匀、圆滑、坚固的标准
管道冲洗方法不当	如施工人员不按照设计及技术规程要求进行严格施工，在加热过程中不连续检查管道严密性以及补偿器、支架、疏水系统的工作状态，或发现问题不及时处理，冲洗口的放置位置不正确，将损坏建筑物、管架的基础，同时危及人身安全	（1）热水管道试压合格后应进行冲洗，冲洗的方法有粗洗和精洗两种： 1）粗洗：对供水及回水总干管先分别进行冲洗，先用0.3～0.4MPa压力的自来水进行管道冲洗，当接入下水道的出口流出洁净水时，粗洗完成 2）精洗：以流速1～1.5m/s以上水流进行循环冲洗，一般延续20～30h，直至从回水总干管出口流出的水色透明时为合格 （2）蒸汽管道的冲洗： 1）蒸汽管道宜用蒸汽冲洗

质量通病现象	原因分析	防治措施
管道冲洗方法不当	如施工人员不按照设计及技术规程要求进行严格施工，在加热过程中不连续检查管道严密性以及补偿器、支架、疏水系统的工作状态，或发现问题不及时处理，冲洗口的放置位置不正确，将损坏建筑物、管架的基础，同时危及人身安全	2) 在冲洗段末端与管道垂直升高处设冲洗口。冲洗口应设在不影响交通和不损坏建筑物、管架的基础及人身安全处。冲洗口用钢管焊接在蒸汽管道下侧，并装设阀门。冲洗口的直径以将管中杂质冲出为宜。冲洗口处管道应加固，防止蒸汽喷射时管道晃动 3) 拆除管道中的流量孔板、温度计、滤网及止回阀芯等，当疏水器无旁通管时也应拆除 4) 缓缓开启总阀门，切勿使蒸汽流量和压力增加过快 5) 在加热过程中，不断地检查管道的严密性，以及补偿器、支架、疏水系统的工作状况，发现问题及时处理。加热开始时，大量凝结水从冲洗口排出，随着凝结水量的减小，逐渐关小冲洗口的阀门。当冲洗管段末端的蒸汽温度接近始端温度时，加热完毕即可进行冲洗 6) 冲洗时先将各冲洗口的阀门打开，再开大总进气阀，增大蒸汽量进行冲洗，延续 20～30min，直至冲洗口排出的蒸汽完全清洁时为止
调压孔板安装不合理	(1) 调压板圆板没有采用不锈钢或铝合金制作 (2) 减压孔板安装前，整个系统未冲洗干净	(1) 采暖管道安装调压孔板的目的是为了减压。高压热水采暖往往在入口处安装调压板进行减压。调压板是用不锈钢或铝合金制作的圆板，开孔的位置及直径由设计决定。减压孔板孔径 d_0 由设计决定（包括孔的位置） (2) 介质通过不同孔径的孔板进行节流，增加阻力损失而起到减压作用。安装时夹在两片法兰的中间，两侧加垫石棉垫片，减压孔板应待整个系统冲洗干净后方可安装 (3) 减压板只允许在整个采暖系统经过冲洗洁净后再安装，蒸汽系统调压板采用不锈钢制作，热水系统可用不锈钢或铝合金作调压孔板

质量通病现象	原因分析	防治措施
室外供热管网采用焊接和褶皱弯头	焊接弯头、褶皱弯头的制作工艺比较原始，技术落后，耗时长，效率低，浪费能源，污染环境。焊接弯头用在热力管网上，不利于自然补偿	室外热力管网应使用煨弯弯头，不得使用焊接弯头和褶皱弯头。如仅用作管道转向、拐弯，非用作管道热补偿时，也可使用冲压弯头
保护壳或保温层被地沟内积水浸脱	（1）管道施工前，未检查管沟深度 （2）未按设计坡度计算支架位置 （3）在发现管道距沟底不满足规定值时，未向设计单位提出修改或采取有效措施	（1）管道安装前应检查沟槽底高程、坡度、基底处理是否符合设计要求。按设计坡度计算支架位置；若发现管道距沟底不满足规定值时，应先设计单位提出修改或采取有效的措施 （2）安装直埋热管道时，应排除地下水或积水
除污器安装不当	（1）安装除污器时，出入方向装反 （2）除污器前后未装压力表 （3）管道冲洗完成后，未清洗除污器过滤网滤下的污物	除污器是热水供暖系统中用来清除和过滤热网中污物的设备，以保证系统管路畅通无阻。除污器一般设置在供暖系统用户引入口供水总管上、循环水泵的吸入管段上、热交换设备进水管段等位置 （1）安装除污器时需注意出入口方向，切勿装反 （2）除污器前后都应安装压力表 （3）管道冲洗完成后，应清洗除污器过滤网滤下的污物 （4）除污器有立式、卧式两种，通常用立式

质量通病现象	原因分析	防治措施
室外地沟内管道敷设偏差大	室外地沟内供暖管道敷设的偏差比较大，其主要表现有：通行地沟净高小于 1.8m 或净空通道宽大于 0.6m；半通行地沟净高小于 1.4m 或通道净空小于 0.4m 或管道与支架间有空隙，焊口放在支架上。产生这种现象的主要原因有如下几个方面： （1）施工人员对地沟管道敷设规范不熟悉 （2）缺乏有效的质量监督管理	（1）将钢管放到沟内，逐段码成直线进行对口焊接（敷设不通行地沟内，除安装阀类采用法兰连接外，其他接口均采用焊接），连接好的管道找好坡度（以 0.003 坡向排水阀为基准）。泄水阀安装在阀门井内 （2）找正钢管，使管子与管沟壁之间的距离以及两管之间的距离能保证管子可以横向移动。在同一条管道两个固定支架间的中心线应成直线，每 10m 偏差不应超过 5mm。整个管段在水平方向的偏差不应超过 50mm；垂直方向的偏差不应超过 10mm。一旦管道位置调整好后，立即将各固定支架焊死，管道与支架间不应有空隙，焊口也不准放在支架上 （3）供热管道的热水管、蒸汽管，如设计无要求，应敷设在载热介质前进方向的右侧 （4）焊接活动支架：不同管径的活动支架间距按表 3-18 确定 （5）安装阀门，并分段进行水压试验，试验压力为工作压力的 1.5 倍，但不得少于 0.6MPa，同时检查各接口有无渗漏水现象，在 10min 内压力降小于 0.05MPa，然后降至工作压力，做外观检查，以不漏为合格

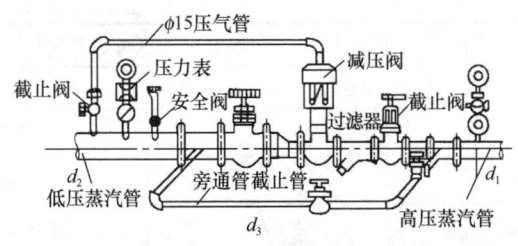

图 3-19 减压阀安装图

d_1—高压蒸汽管直径；d_2—低压蒸汽管直径；d_3—旁通管直径

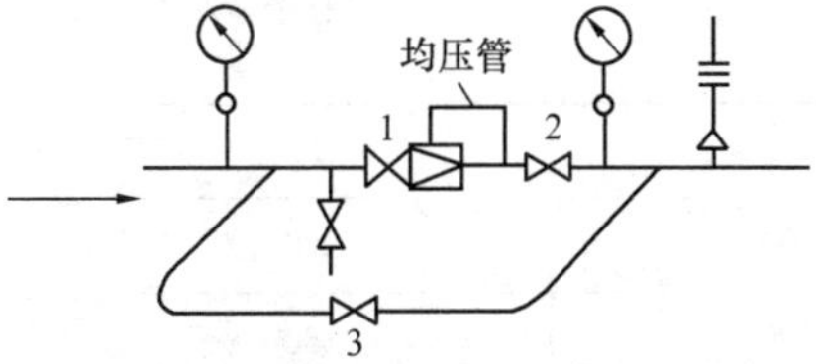

图 3-20 减压阀调试

减压阀组配管规格表（mm）   表 3-17

d_1	d_2	d_3	安全阀	
			规格	类型
20	50	15	20	弹簧式
25	70	20	20	弹簧式
32	80	20	20	弹簧式
40	100	25	25	弹簧式
50	100	32	32	弹簧式
70	125	40	40	杠杆式

d_1	d_2	d_3	安全阀	
			规格	类型
80	150	50	50	杠杆式
100	200	80	80	杠杆式
125	250	80	80	杠杆式
150	300	100	100	杠杆式

活动支架间距表　　　　　表 3-18

管径 （mm）	支架间距 （m）	管径 （mm）	支架间距 （m）
25	2	250	8
50	3	300	8.5
75	4	350	9
100	4.5	400	9
125	5	450	9.5
150	6	500	10
200	7	600	10

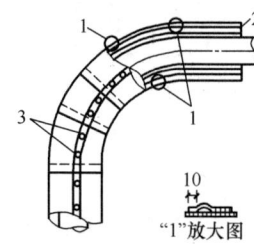

图 3-21　弯管处薄钢板保护层

1—0.5mm薄钢板保护层；

2—保温层；3—半圆头

自攻螺钉 4×16

3.2.2　室外供热管网安装质量标准及验收方法

1. 管道及配件安装

管道及配件安装的质量标准及验收方法应符合表 3-19 的规定。

管道及配件安装的质量标准及验收方法　　　　　　　表 3-19

项目	项次	合格质量标准	检验方法
主控项目	1	平衡阀及调节阀型号、规格及公称压力应符合设计要求。安装后应根据系统要求进行调试，并做出标志	对照设计图纸及产品合格证，并现场观察调试结果
	2	直埋无补偿供热管道预热伸长及三通加固应符合设计要求。回填前应注意检查预制保温层外壳及接口的完好性，回填应按设计要求进行	回填前现场验核和观察
	3	补偿器的位置必须符合设计要求，并应按设计要求或产品说明书进行预拉伸。管道固定支架的位置和构造必须符合设计要求	对照图纸并查验预拉伸记录
	4	检查井室、用户入口处管道布置应便于操作及维修，支吊、托架固定，并满足设计要求	对照图纸，观察检查
	5	直埋管道的保温应符合设计要求，接口在现场发泡时，接头处厚度应与管道保温层厚度一致，接头处保护层必须与管道保护层成为一体，符合防潮、防水要求	对照图纸，观察检查

项目	项次	合格质量标准	检验方法
一般项目	6	管道水平敷设其坡度应符合设计要求	对照图纸，用水准仪平尺、拉线和尺量检查
	7	除污器构造应符合设计要求，安装位置和方向应正确。管网冲洗后应清除内部污物	打开清扫口检查
	8	室外供热管道安装的允许偏差应符合表 3-20 的规定	—
	9	管道焊口的允许偏差应符合表 2-23 的规定	—
	10	管道及管件焊接的焊缝表面质量应符合下列规定： （1）焊缝外形尺寸应符合图纸和工艺文件的规定，焊缝高度不得低于母材表面，焊缝与母材应圆滑过渡 （2）焊缝及热影响区表面应无裂纹、未熔合、未焊透、夹渣、弧坑和气孔等缺陷	观察检查
	11	供热管道的供水管或蒸汽管，如设计无规定时，应敷设在载热介质前进方向的右侧或上方	对照图纸，观察检查
	12	地沟内的管道安装位置，其净距（保温层外表面）应符合下列规定： 与沟壁　　　100～150mm 与沟底　　　100～200mm 与沟顶（不通行地沟）50～100mm （半通行和通行地沟）200～300mm	尺量检查

项目	项次	合格质量标准	检验方法
一般 项目	13	架空敷设的供热管道安装高度，如设计无规定时，应符合下列规定（以保温层外表面计算）： （1）人行地区，不小于 2.5m （2）通行车辆地区，不小于 4.5m （3）跨越铁路，距轨顶不小于 6m	尺量检查
	14	防锈漆的厚度应均匀，不得有脱皮、起泡、流淌和漏涂等缺陷	保温前观察检查
	15	管道保温层的厚度和平整度的允许偏差应符合表 2-10 的规定	—

室外供热管道安装的允许偏差和检验方法　　　　　　　　　　　表 3-20

项目			允许偏差	检验方法
坐标（mm）		敷设在沟槽内及架空	20	用水准仪（水平尺）、直尺、拉线检查
		埋地	50	
标高（mm）		敷设在沟槽内及架空	±10	尺量检查
		埋地	±15	
水平管道纵、横方向弯曲（mm）	每米	管径≤100mm	1	用水准仪（水平尺）、直尺、拉线和尺量检查
		管径＞100mm	1.5	
	全长（25m 以上）	管径≤100mm	≤13	
		管径＞100mm	≤25	

项目			允许偏差	检验方法
弯管	椭圆率 $\dfrac{D_{\max}-D_{\min}}{D_{\max}}$	管径≤100mm	8％	用外卡钳和尺量检查
		管径>100mm	5％	
	褶皱不平度 （mm）	管径≤100mm	4	
		管径 125～200mm	5	
		管径 250～400mm	7	

2. 系统水压试验及调试

系统水压试验及调试的质量标准及验收方法应符合表 3-21 的规定。

系统水压试验及调试的质量标准及验收方法 表 3-21

项目	项次	合格质量标准	检验方法
主控项目	1	供热管道的水压试验压力应为工作压力的 1.5 倍，但不得小于0.6MPa	在试验压力下 10min 内压力降不大于 0.05MPa，然后降至工作压力下检查，不渗、不漏
	2	管道试压合格后，应进行冲洗	现场观察，以水色不浑浊为合格
	3	管道冲洗完毕应通水、加热，进行试运行和调试。当不具备加热条件时，应延期进行	测量各建筑物热力入口处供回水温度及压力
	4	供热管道作水压试验时，试验管道上的阀门应开启，试验管道与非试验管道应隔断	开启和关闭阀门检查

3.3 供热锅炉及辅助设备安装

3.3.1 质量通病原因分析及防治措施

为了保证供热锅炉及辅助设备安装的质量，要求相关工作人员必须熟悉质量问题的现象和防治方法。常见的供热锅炉及辅助设备安装的质量问题列于表3-22中。

供热锅炉及辅助设备安装质量通病分析及防治措施

表 3-22

质量通病现象	原因分析	防治措施
锅炉满水	(1) 给水自动失灵 (2) 运行人员疏忽大意，监视水位不严或误操作 (3) 仪表失灵造成误操作	(1) 如果发现锅炉满水，先关闭水位表的水旋塞，使玻璃管与水连管断开，再开启放水旋塞如玻璃管中的水位下降或有大量蒸汽冒出，为轻度满水，可适当减少给水量并通过排污阀放水，查明满水原因 (2) 如果在关闭水旋塞以后，经放水旋塞放出的水仍持续不断，玻璃管中不见水位线，为严重满水，应立即停止供应燃料，停止鼓风、引风，关闭给水阀门，加大锅炉放水量。当水位恢复正常时，再继续投入运行。严重满水时，在管网中易造成严重的水击现象
锅炉基础安装偏差大	(1) 基础未进行验收，不按规范办理交接手续 (2) 设备安装前未对基础进行有效处理 (3) 基础预埋预留时，未进行监控 (4) 施工过程中未注意对成品、半成品进行保护 (5) 垫铁设置未按规范规定进行，安装前未对基础做沉降试验 (6) 灌浆强度不足，设备底座灌浆不密实	(1) 严格按照规范的规定进行基础验收，办理书面交接手续 (2) 基础中心线偏差较大时，可借改变地脚螺栓的位置来进行补救，如果基础是一次灌浆，在地脚螺栓预埋偏差较小的情况下可把螺栓加热烧红，热矫正到正确的位置。锅炉及其辅助设备就位前，其基础位置和尺寸应按表3-23的规定进行复检

质量通病现象	原因分析	防治措施
锅炉基础安装偏差大	（1）基础未进行验收，不按规范办理交接手续 （2）设备安装前未对基础进行有效处理 （3）基础预埋预留时，未进行监控 （4）施工过程中未注意对成品、半成品进行保护 （5）垫铁设置未按规范规定进行，安装前未对基础做沉降试验 （6）灌浆强度不足，设备底座灌浆不密实	（3）螺栓预留孔偏差过大时，可以通过扩大所留的地脚螺栓孔来校正，孔内油污、碎石、泥土、积水等均应清除干净 （4）基础标高过低时，可在原基础表面凿毛后，再补灌原强度等级的混凝土；过高时，可用扁铲铲平 锅炉安装前，应画定纵向、横向安装基准线和标高基准点。锅炉基础放线，应符合下列要求： 1）纵向和横向中心线，应互相垂直 2）相应两柱子定位中心线的间距允许偏差为±2mm 3）各组对称4根柱子定位中心点的两对角线长度之差不应大于5mm （5）联动机械安装前，应在基础上按规范规定埋设坚固的中心标板及基准点 （6）基础二次灌浆前，应在基础表面凿毛，以加大接触面，加大二次灌浆在基础上的移动阻力，使两者结合牢固。二次灌浆采用的混凝土强度应比基础混凝土的强度高一级 （7）对大型设备基础，安装前应按规范进行静压、沉降试验，直至符合安装要求为止 （8）设置垫铁部位的表面应凿平，每个地脚螺栓的旁边至少应设置1组垫铁，垫铁组在不影响灌浆的情况下，应放在靠近

质量通病现象	原因分析	防治措施
锅炉基础安装偏差大	（1）基础未进行验收，不按规范办理交接手续 （2）设备安装前未对基础进行有效处理 （3）基础预埋预留时，未进行监控 （4）施工过程中未注意对成品、半成品进行保护 （5）垫铁设置未按规范规定进行，安装前未对基础做沉降试验 （6）灌浆强度不足，设备底座灌浆不密实	地脚螺栓和底座主要受力部位的下方。相邻两垫铁组间的距离，按500～1000mm设置。在设备底座有接缝处的两侧各垫1组垫铁，设备找平后，应控制垫铁露出设备底面外缘的尺寸，且垫铁组伸入设备底座底面的长度超过设备地脚螺栓的中心 （9）如果为散装锅炉，还需分别画出钢柱在基础预埋锚板上的轮廓线，并将其中心线延长到基础方框外，将标记画在基础侧面，以方便调整 （10）复测土建施工标高，再以准确的标高为依据，测出各基础（或锚板）的标高，并在基础上和安装记录上做出标记 （11）基础的各部分尺寸及坐标位置的质量不符合设计图纸和安装要求时，必须经过修整达到安装要求后再进行安装 （12）基础上如有油污，应清理干净。再用回弹仪对锅炉基础的抗压强度进行复查。最后，与土建进行锅炉基础工程验收与交接 （13）确认锅炉与附属设备的相互位置、标高及基础几何尺寸能满足要求，再填写"锅炉基础检查验收合格证书"。应将检查内容和尺寸填写清楚，由建设单位、土建施工单位和安装单位三方签字，方能移交安装

质量通病现象	原因分析	防治措施
炉墙变形、开裂	(1) 加温烘炉前未自然风干 (2) 加温烘炉时，升温过急	炉墙砌筑施工时应注意如下事项： (1) 炉墙砌筑应在锅炉水压试验以及所有砌入墙内的零部件、水管和炉顶的支、吊架等装置的安装质量符合随机技术文件规定后进行 (2) 砖的加工面和有缺陷的表面不应朝向炉膛或炉子通道的内表面。外墙砖与内墙砖之间，宜用耐火纤维毡材料充填。砌筑烧结砖时，砖孔的中心位置、标高和倾斜角度，应符合设计随机技术文件规定 (3) 砌在炉墙内的柱子、梁、炉门框、窥视孔、管子、集箱等与耐火砌体接触的表面，应铺耐火纤维隔热材料 (4) 砌体伸缩缝的大小、构造及分布位置，应符合随机技术文件规定 为了保证炉墙受热时能自由膨胀而不产生热应力，在砌筑炉墙时，沿炉墙垂直方向应留出膨胀缝，膨胀缝的宽度一般为25mm，宽度的允许偏差为0～5mm，每5m炉墙宽度就应布置一道膨胀缝，并且应优先布置在炉墙的四角。对于穿过炉墙的管子、铸件、锅筒等也应留出膨胀缝，保证这些金属件受热时能够自由膨胀。为了保证膨胀缝作用的发挥，膨胀缝内应无杂物并用尺寸大于缝宽度的耐火纤维材料填塞严密，朝向火焰的

质量通病现象	原因分析	防治措施
炉墙变形、开裂	(1) 加温烘炉前未自然风干 (2) 加温烘炉时，升温过急	缝应填平。炉墙垂直膨胀缝内的耐火纤维隔热材料（如石棉绳等）应在砌砖的同时压入。同时，石棉绳对膨胀缝也起到密封作用，可防止外面的冷风进入炉内，如图 3-22 所示 　(5) 当砖的尺寸无法满足砖缝要求时，应进行砖的加工或选砖。砖砌体应拉线砌筑，上下层砖应错缝，砖缝应横平竖直且泥浆饱满。外墙的砖缝宜为 8~10mm。炉墙砌筑时，砌体内表面与各受热面之间的间隙，应符合随机技术文件规定 　(6) 耐火浇注料的品种和配合比应符合随机技术文件规定。耐火浇注料在现场浇注前应作试块试验，并应在符合要求后施工 　(7) 埋设在耐火浇注料内的管子、钢构件等的表面不得有污垢，浇注前应在其表面涂刷沥青或包裹沥青纸、牛皮纸隔热材料
省煤器不安装安全阀	(1) 施工规范执行不严 (2) 监督人员对工程质量监督管理不严、不负责等	省煤器应装有安全阀并接有排水管，并接到安全地点，排水管不得装设阀门 　(1) 快装锅炉的省煤器均为整体组件出厂，因此安装时比较简单。安装前，要认真检查省煤管周围嵌填的石棉绳是否严密、牢固，外壳箱板是否平整，有无损坏，确认无问题可进行安装

质量通病现象	原因分析	防治措施
省煤器不安装安全阀	(1) 施工规范执行不严 (2) 监督人员对工程质量监督管理不严、不负责等	(2) 蒸汽锅炉安全阀整定压力应符合表 3-24 的规定。锅炉上必须有一个安全阀，按表 3-24 中较低的整定压力进行调整，省煤器安全阀整定压力调整，应在蒸汽严密性试验前用水压的方法进行 (3) 热水锅炉安全阀的整定压力应符合表 3-25 的规定。锅炉上必须有一个安全阀，按表 3-25 中较低的整定压力进行调整 (4) 省煤器支架安装：将支架上好地脚螺栓放在基础上。当烟管为现场制作时，支架可按基础图找平、找正；当烟管为成品组件时，应等省煤器就位后，按照实际烟管位置尺寸找平、找正 (5) 省煤器安装具体要求： 1) 省煤器安装前应进行水压试验。铸铁省煤器水压试验的试验压力为锅筒工作压力的 1.25 倍加 0.5MPa；钢管省煤器水压试验的试验压力为锅筒工作压力的 1.5 倍，无渗漏后再进行安装。省煤器安全阀的开启压力应为装设地点工作压力的 1.1 倍 2) 用人字扒杆或其他吊装设备将省煤器安装在支架上，并检查省煤器的进口位置、标高是否与锅炉烟气出口相符以及两口的距离和螺栓孔是否相符。通过调整支架的位置和标高，达到烟管的安装要求

质量通病现象	原因分析	防治措施
省煤器不安装安全阀	（1）施工规范执行不严 （2）监督人员对工程质量监督管理不严、不负责等	3）一切妥当后，可将省煤器下部的槽钢与支架板焊在一起 4）每根铸铁省煤器管上破损的翼片数不应大于该根翼片数的5%；整个省煤器中有破损翼片的根数不应大于总根数的10%；且每片损坏面积不大于该片总面积的10%。省煤器支承架安装的允许偏差，应符合表3-26的规定 （6）灌注混凝土：支架的位置和标高找好后灌注混凝土。混凝土的强度等级应比基础强度等级高一级，应捣实和养护 （7）当混凝土强度达到75%时，可将地脚螺栓紧固 （8）经检测与锅炉的相对位置正确无误后，可进行省煤器安装。省煤器安装完后按图纸进行配管连接，安装旁通阀、排水阀、安全阀和压力表
锅炉投运前未进行漏风试验	漏风试验是锅炉投运前的一项重要工作，炉体密封不严会严重影响锅炉的正常使用。冷风道和热风道是两个系统，在运行中一个为正压系统，一个为负压系统。试验方法各不相同，因此需分别进行试验。在空气预热器中，烟气与空气分别在各自通路中流动而进行热交换。烟气系统是负压，空气系统为正压，密封不严会造成空气漏入烟气系统中。其结果会增大排烟量，减少通风量，增加动力耗损，由于烟气中混入空气造成，会使烟气中水蒸气凝结，加剧空气预热器及金属烟道的腐蚀	空气预热器的密封性能检查是重点。进行漏风试验前应制定漏风试验方案，具备条件方可进行 （1）漏风试验，应具备下列条件： 1）引风机、送风机经单机调试试运转应符合要求 2）烟道、风道及其附属设备的连接处和炉膛等处的人孔、洞、门等，应封闭严密 3）再循环风机应与烟道接通，其进出口风门开关应灵活，开闭指示应正确 4）喷嘴一、二次风门操作应灵活，开闭指示应正确

319

质量通病现象	原因分析	防治措施
锅炉投运前未进行漏风试验	漏风试验是锅炉投运前的一项重要工作，炉体密封不严会严重影响锅炉的正常使用。冷风道和热风道是两个系统，在运行中一个为正压系统，一个为负压系统。试验方法各不相同，因此需分别进行试验。在空气预热器中，烟气与空气分别在各自通路中流动而进行热交换。烟气系统是负压，空气系统为正压，密封不严会造成空气漏入烟气系统中。其结果会增大排烟量，减少通风量，增加动力耗损，由于烟气中混入空气造成，会使烟气中水蒸气凝结，加剧空气预热器及金属烟道的腐蚀	5）锅炉本体的炉墙、灰渣井的密封应严密，炉膛风压表应调校并符合要求 6）空气预热器、冷风道、烟风道等内部应清理干净、无异物，其人孔、试验孔应封闭严密 （2）冷热风系统由送风机、吸送风管道、空气预热器、一次风管、二次风管等组成。冷热风系统的漏风试验，应符合下列要求： 1）启动送风机，应使该系统维持 30～40mm 水柱的正压，并应在送风入口撒入白粉或烟雾剂 2）检查系统的各缝隙、接头等处，应无白粉或烟雾泄漏 （3）炉膛及各尾部受热面烟道、除尘器至引风机入口漏风试验，应符合下列要求： 1）启动引风机，微开引风机调节挡板，应使系统维持 30～40mm 水柱的负压，并应用蜡烛火焰、烟气靠近各接缝处进行检查 2）接缝处的蜡烛火焰、烟气不应被吸偏摆 （4）漏风试验发现的漏风缺陷，应在漏风处做好标记并做好记录；漏风缺陷应按下列方法处理：

质量通病现象	原因分析	防治措施
锅炉投运前未进行漏风试验	漏风试验是锅炉投运前的一项重要工作，炉体密封不严会严重影响锅炉的正常使用。冷风道和热风道是两个系统，在运行中一个为正压系统，一个为负压系统。试验方法各不相同，因此需分别进行试验。在空气预热器中，烟气与空气分别在各自通路中流动而进行热交换。烟气系统是负压，空气系统为正压，密封不严会造成空气漏入烟气系统中。其结果会增大排烟量，减少通风量，增加动力耗损，由于烟气中混入空气造成，会使烟气中水蒸气凝结，加剧空气预热器及金属烟道的腐蚀	1）焊缝处漏风时，用磨光机或扁铲除去缺陷后，应重新补焊 2）法兰处漏风时，松开螺栓填塞耐火纤维毡后，应重新紧固 3）炉门、孔处漏风时，应将拼缝处修磨平整，并应在密封槽内装好密封材料 4）炉墙漏风时，应将漏风部分拆除后重新砌筑，并应按设计规定控制砖缝，应用耐火灰浆将砖缝填实，并用耐火纤维填料将膨胀缝填塞紧密 5）钢结构处漏风时，应用耐火纤维毡等耐火密封料填塞严密
水位计安装后水位指标看不清	（1）水位计安装位置未保证足够亮度 （2）安装后发现看不清水位时，未立即采取补救措施 （3）警报器泄水管上未单独安装一个截止阀，只在合用管段上装设一个阀门	（1）水位计安装前，应检查旋塞转动是否灵活，填料是否符合使用要求；不符合使用要求时应更换填料。水位计的玻璃板应干净、透明 （2）水位计安装时，应使水位计两个表口保持铅直和同心，使玻璃板不易损坏、填料均匀、接头严密 （3）水位计泄水管应接至安全处。当泄水管接至安装有排污管的漏斗时，漏斗与排污管之间应加阀门，以防止锅炉排污时从漏斗冒出烫伤人

质量通病现象	原因分析	防治措施
水位计安装后水位指标看不清	（1）水位计安装位置未保证足够亮度 （2）安装后发现看不清水位时，未立即采取补救措施 （3）警报器泄水管上未单独安装一个截止阀，只在合用管段上装设一个阀门	（4）当锅炉有水位警报器时，警报器的泄水管可与水位计的泄水管接在一起；但警报器泄水管上单独安装一个截止阀，绝不允许只在合用管段上装设一个阀门 （5）水位表应有指示最高、最低安全水位的明显标志。水位表玻璃板（管）上的下部可见边缘应比最低安全水位至少低25mm。对锅壳式锅炉，水位表玻璃板（管）下部的可见边缘的位置应比最高水界至少高50mm。水位表玻璃板（管）的上部可见边缘应比最高安全水位至少高25mm （6）水位表应装于便于观察的地方，玻璃管式水位表应有防护装置
锅炉钢架安装不符合规定，造成安全隐患	（1）当钢架组装前，未对散件运输的组装锅炉钢架进行复检，其制造质量不符合随机技术文件规定；或复检后，发现超差时未作必要的校正工作 （2）由于长度相同的柱子也有偏差，安装时未采取有效措施保证各托架和柱头的标高一致 （3）灌浆层厚度小于50mm，强度较差且捣实困难	（1）钢架安装前，应按施工图样清点构件数量，并应对柱子、梁、框架等主要构件的长度和直度按表3-27的规定复检 （2）安装钢架时，宜先根据柱子上托架和柱头标高在柱子上确定并画出1m标高线。找正柱子时，应根据锅炉房运转层上的标高基准点，测定各柱子上的1m标高线。柱子上的1m标高线应作为安装锅炉各部组件、元件和检测时的基准标高 （3）钢架安装允许偏差及其检测位置，应符合表3-28的规定 （4）当柱脚底板与基础表面之间有灌浆层时，其厚度不宜小于50mm

质量通病现象	原因分析	防治措施
锅炉钢架安装不符合规定，造成安全隐患	（4）安装过程中对制造厂提供的平台、栏杆、扶梯等构件随意接长、割短、切割、开孔，改变扶梯设计角度和降低构件设计强度，产生安全隐患	（5）找正柱子后，应将柱脚固定在基础上。当需与预埋钢筋焊接固定时，应将钢筋弯曲并紧靠在柱脚上，其焊缝长度不为预埋钢筋直径的6～8倍 （6）平台、撑架、扶梯、栏杆、柱和挡脚板等，应在安装平直后焊接牢固。栏杆、柱的间距应均匀；其接头焊缝处表面应光滑。平台板、扶梯、踏脚板应可靠防滑 （7）扶梯的长度不得任意割短、接长，扶梯斜度和扶梯的上、下踏脚板与连接平台的间距不得任意改变 （8）在平台、扶梯、撑架等构件上，不应任意割切孔洞。当需要切割时，在切割后应进行加固
不认真进行烘炉、煮炉即进行锅炉升温供暖	因为新锅炉内有一些铁锈、油污，不进行煮炉排除铁锈、油污，锅炉即升温投入，影响系统的正常供暖	锅炉运行前，要做好烘炉、煮炉工作，烘炉煮炉前应制定完整的方案，具备条件方可进行。进行烘炉、煮炉后，才能进行锅炉升温供暖 （1）烘炉 1）烘炉前，应制订烘炉方案，烘炉应具备下列条件： ① 锅炉及其水处理、汽水、排污、输煤、除渣、送风、除尘、照明、循环冷却水等系统均应经试运转，且符合随机技术文件规定 ② 炉体砌筑和绝热层施工后，其炉体漏风试验应符合要求

质量通病现象	原因分析	防治措施
不认真进行烘炉、煮炉即进行锅炉升温供暖	因为新锅炉内有一些铁锈、油污，不进行煮炉排除铁锈、油污，锅炉即升温投入，影响系统的正常供暖	③ 安设的烘炉所需用的热工和电气仪表均应调试，且应符合要求 ④ 锅炉给水应符合现行国家标准《工业锅炉水质》GB/T 1576—2018 的有关规定 ⑤ 锅筒和集箱上的膨胀指示器，在冷状态下应调整到零位。炉墙上应设置测温点或灰浆取样点 ⑥ 应具有烘炉升温曲线图 ⑦ 管道、风道、烟道、灰道、阀门及挡板应标明介质流动方向、开启方向和开度指示。 ⑧ 炉内、外及各通道应全部清理完毕 ⑨ 耐火浇注料的养护，应符合国家标准《工业炉砌筑工程施工及验收规范》GB 50211—2014 的有关规定，砌体应自然干燥 2）烘炉可采用火焰或蒸汽。有水冷壁的各种类型的锅炉宜采用蒸汽烘炉。链条炉排炉的燃料，不应有铁钉等金属杂物 3）火焰烘炉应符合下列规定： ① 火焰应集中在炉膛中央，烘炉初期宜采用文火烘焙，初期以后的火势应均匀，并应逐日缓慢加大 ② 炉排在烘炉过程中应定期转动 ③ 烘炉烟气温升应按过热器后或相当位置进行测定；其温升应符合下列要求：

质量通病现象	原因分析	防治措施
不认真进行烘炉、煮炉即进行锅炉升温供暖	因为新锅炉内有一些铁锈、油污，不进行煮炉排除铁锈、油污，锅炉即升温投入，影响系统的正常供暖	a. 重型炉墙第一天温升不宜大于 50℃，以后温升不宜大于 20℃/d，后期烟温不应大于 220℃ b. 砖砌轻型炉墙温升不应大于 80℃/d，后期烟温不应大于 160℃ c. 耐火浇注料炉墙温升不应大于 10℃/h，后期烟温不应大于 160℃，在最高温度范围内的持续时间不应少于 24h d. 当炉墙特别潮湿时，应适当减慢温升速度，并应延长烘炉时间 4）全耐火陶瓷纤维保温的轻型炉墙，可不进行烘炉，但其胶粘剂采用热硬性粘结料时，锅炉投入运行前应按其规定加热 5）蒸汽烘炉应符合下列规定： ① 应采用 0.3～0.4MPa 的饱和蒸汽从水冷壁集箱的排污阀处连续、均匀地送入锅内，逐渐加热锅水。锅水水位应保持在正常位置，温度宜为 90℃，烘炉后期宜补火焰烘炉 ② 应开启烟、风道的挡板和炉门排除湿汽，并应使炉墙各部位均能烘干 6）烘炉时间应根据锅炉类型、砌体湿度和自然通风干燥程度确定，散装重型炉墙锅炉宜为 14～16d，整体安装的锅炉宜为 4～6d

质量通病现象	原因分析	防治措施
不认真进行烘炉、煮炉即进行锅炉升温供暖	因为新锅炉内有一些铁锈、油污，不进行煮炉排除铁锈、油污，锅炉即升温投入，影响系统的正常供暖	7）烘炉时，应经常检查各部位的膨胀情况。当炉墙出现裂纹或变形迹象时，应减慢升温速度并查明原因后采取相应措施。当影响烘炉正常升温的主要设施发生故障时，应停止烘炉并待故障处理完后再继续烘炉 8）锅炉经烘炉后，应符合下列规定： ① 当采用炉墙灰浆试样法时，应在燃烧室两侧墙的中部炉排上方 1.5～2m 处，或燃烧器上方 1～1.5m 处和过热器两侧墙的中部，取烧结普通砖、外墙砖的丁字交叉缝处的灰浆样品各 50g 测定，其含水率应小于 2.5% ② 当采用测温法时，在燃烧室两侧墙的中部炉排上方 1.5～2m 处或燃烧器上方 1～1.5m 处，测定外墙砖墙外表面向内 100mm 处的温度，其温度应达到 50℃并维持 48h；测定过热器两侧墙烧结普通砖与绝热层接合处的温度，其温度应达到 100℃并维持 48h 9）烘炉过程中应测定和绘制实际升温曲线图 （2）煮炉 1）在烘炉末期，当外墙烧结普通砖灰浆含水率降到 10% 时，或外墙砖墙外表面向内 100mm 处的温度达到 50℃，或过热器两侧墙烧结普通砖与绝热层结合处的温度达到 100℃时，即可

质量通病现象	原因分析	防治措施
不认真进行烘炉、煮炉即进行锅炉升温供暖	因为新锅炉内有一些铁锈、油污，不进行煮炉排除铁锈、油污，锅炉即升温投入，影响系统的正常供暖	进行煮炉 2）煮炉开始时的加药量应符合随机技术文件的规定；当无规定时，应按表 3-29 规定的配方加药 3）药品应溶解成溶液后再加入炉内，配制和向锅内加入药液时，应采取安全防护措施 4）加药时，炉水应在低水位。煮炉时，药液不得进入过热器内 5）煮炉时间宜为 48～72h。煮炉的最后 24h 宜使压力保持在额定工作压力的 75%；当在较低压力下煮炉时，应适当地延长煮炉时间。煮炉至取样炉水的水质变清澈时应停止煮炉 6）煮炉期间，应定期从锅筒和水冷壁下集箱取水样，进行水质分析，当炉水碱度低于 45mol/L 时，应补充加药 7）煮炉结束后，应交替进行上水和排污，并应在水质达到运行标准后停炉排水，冲洗锅筒内部和曾与药液接触过的阀门，清除锅筒及集箱内的沉积物，排污阀应无堵塞现象 8）锅炉经煮炉后，应符合下列要求： ① 锅筒和集箱内壁应无油垢 ② 擦去锅筒和集箱内壁的附着物后金属表面应无锈斑

质量通病现象	原因分析	防治措施
水泵振动过大	(1) 水泵地脚螺栓松动或基础不稳固 (2) 泵轴与电动机轴不同心 (3) 叶轮不平衡 (4) 出水管没有用支架固定牢固	(1) 紧固地脚螺栓或增设减振器。地脚螺栓安装要求如下： 1) 地脚螺栓垂直度不得超过 10‰ 2) 地脚螺栓底端不应碰孔底 3) 地脚螺栓距孔壁的距离应大于 15mm 4) 地脚螺栓埋入部分油脂和污垢应清除干净，螺纹部分应涂黄油 5) 拧紧螺母后，螺栓必须露出 1.5～5 个螺距 6) 在二次灌浆达到强度后，再拧紧地脚螺栓 (2) 调整泵和电动机轴线，使其同心或更换轴承 (3) 更换不平衡叶轮，增设支架（撑），固定出水管或增设橡胶软接头
离心泵启动后不出水	(1) 水未灌满吸水管，管壳、泵体内存有大量空气 (2) 吸水管倒坡，存有大量空气 (3) 选择的水泵扬程低于实际所需扬程时，用水点处无水 (4) 出现泵轴高于吸水水面的情况时，如吸水池水位过低，也会抽不上水 (5) 水泵转向不对，即电机转动方向与泵壳标志的箭头方向不一致时，也将不出水	(1) 安装吸水管时，应大于或等于 0.005 的坡度坡向水泵吸水侧，并用偏心渐缩管与其连接 (2) 检查漏气处并堵塞；若泵壳有砂眼，用软铅堵住漏气处或更换新泵壳 (3) 打开灌水阀，灌满吸水管

质量通病现象	原因分析	防治措施
鼓风机和引风机安装后发生振动	（1）鼓风机、引风机基础施工前，没有核准横向中的基准线 （2）风机与电动机安装前，未再次复核基础和设备地脚螺栓孔是否一致 （3）没有认真检查复核联轴器和电机的相对位置及标高	（1）风机的搬运和吊装 1）整体安装的风机，吊装时绳索不得捆绑在转子和机壳或轴承盖的吊环上。现场组装的风机，捆绑时，绳索不得损伤机件表面。转子、轴颈和轴封等处均不得用绳捆绑，应绑标准绳扣 2）风机转子和机壳内如涂有保护层，不得损伤 （2）将鼓风机抬到基础上就位。由于风机一侧比电机一侧要重，需先将风机壳一侧定位垫好，再垫铁将电机侧找正，最后混凝土将地脚螺旋灌注好。待混凝土强度达到75%，再复查风机的水平度，紧好地脚螺栓 （3）风管安装。当采用地下风管时，地下风道的内壁要光滑，风道要严密。风机出口与风管之间，风管与地下风道之间连接要严密。当采用薄钢板风道时，风道法兰连接处应严密不漏。最后扳动检查锅炉风室调节阀操纵是否灵活，定位是否正确、可靠 （4）电动机安装。先在安置好的基架（滑座）上或基础上安装电动机。就位后，以风机的对轮为准，进行相对位置找正，调准距离。初步校核传动皮带的规格与尺寸，要注意风机运转时，严禁传动中的皮带与基础擦边而过

质量通病现象	原因分析	防治措施
鼓风机和引风机安装后发生振动	（1）鼓风机、引风机基础施工前，没有核准横向中的基准线 （2）风机与电动机安装前，未再次复核基础和设备地脚螺栓孔是否一致 （3）没有认真检查复核联轴器和电机的相对位置及标高	（5）将基础及台板上的污垢、灰屑等杂物清除干净，用手锤检查垫铁和地脚螺栓，不应有松动现象。然后，在基础上先支模板，用水浇湿凿毛后的接触表面，用细石混凝土进行二次灌浆，其强度等级应比基础混凝土高一级且捣固密实，地脚螺栓不得歪斜。设计强度达到70％以上即可拧紧地脚螺栓，再进行对轮二次找正 （6）电动机单机试运转后，进行对轮连接，再次量准和核实传动皮带的尺寸，然后固定皮带。皮带传动的通风机和电动机、轴与轴间的中心线间距及皮带的规格，必须符合设计规定 （7）安装进出口风管（道）。通风管（道）安装时，其重量不可加在风机上，应设置支吊架（支撑），并与基础或其他建筑物连接牢固；风管与风机连接时如果错口，不得强制对口勉强连接上，要重新调整合适后再连接 以上全部安装过程中，机体相连及法兰接合面上，都必须涂刷润滑油，如机油等 （8）风机运转。接通电源试车，检查风机转向是否正确，有无摩擦和振动现象。电源和轴承温升是否正常，滑动轴承温度最高不得超过60℃；滚动轴承温度最高不得超过80℃（一般不高于室温40℃为正常）。风机持续运转历时应不少于2h，并做好"风机试运记录"

质量通病现象	原因分析	防治措施
减压阀安装后不能正常使用	减压阀由于安装不合理、接管不当，造成阀门不通畅或不工作，起不到减压作用，投入使用后不能正常使用	（1）在减压阀安装前要仔细检查，特别是存放时间较长的，安装前应拆卸清洗 （2）安装时要注意箭头所指的方向是介质流动方向，切勿装反；减压阀应直立安装在水平管路中，两侧装有控制阀门；减压阀两侧的高低压管道上都应设置压力表，以便于运行中调节和观察阀前和阀后的压力变化；均压管应连接在低压管道端，没有均压管的要设置安全阀，以保证减压阀运行的可靠性 （3）波纹管式减压阀用于蒸汽时，波纹管应朝下安装；用于空气时，需将阀门反向安装；对于带有均压管的鼓膜式减压阀，均压管应装于低压管一边 （4）减压阀安装完后，应根据使用压力调试，并做出调试后的标志。弹簧式减压阀的调整过程如下： 1）先将减压阀两侧的球阀关闭（此时旁通管也应处于关闭状态） 2）再将减压阀上手轮旋紧，下手轮旋开，使弹簧处于完全松弛状态，从注水小孔处把水注满，以防蒸汽将活塞的胶皮环损坏 3）打开前面的球形阀（按蒸汽流动的方向顺序打开），旋松手轮，缓缓地旋紧下手轮，在旋下手轮的同时，注意观察阀后

质量通病现象	原因分析	防治措施
减压阀安装后不能正常使用	减压阀由于安装不合理、接管不当，造成阀门不通畅或不工作，起不到减压作用，投入使用后不能正常使用	的压力表，当达到要求读数时，打开阀后的球形阀，再作进一步的校准 （5）投入运行后，如减压阀不通，一是通道被杂物堵塞，二是活塞生锈被卡住，处在最高位置不能下移。此时，应清除杂物，拆下阀盖检修活塞，使能灵活移动。必要时，在阀前可装置过滤器 （6）减压阀投入使用后，不起减压作用的主要原因有：活塞卡在某一位置；主阀阀瓣下面弹簧断裂不起作用；脉冲式减压阀阀柄在密合位置处被卡住；阀座密封面有污物或严重磨损；薄膜式减压阀阀片失效等。这些缺陷要通过检查后修理或更换部分失效零件
锅炉缺水	由于水位表不通畅，排污后没关闭排污阀，致使从水位表玻璃中看不到水位线	如果从水位表玻璃中看不到水位线，应立即停止向锅炉供应燃料，然后关闭水位计汽连管阀门，消除玻璃管上部的压力。此时，锅炉水位如果仍在水位表水连管以上，玻璃管中就会有水位线出现。如仍看不到水位线，锅炉已经严重缺水，此时严禁向锅炉上水。防止锅炉缺水的措施是保持水位表的通畅，排污后关闭排污阀

质量通病现象	原因分析	防治措施
螺栓除渣机规格与锅炉不配套	（1）锅炉安装前，未对零部件进行清点，根据锅炉安装图，复核设备完整性、完好性，做好记录 （2）发现零部件的尺寸、规格与设计图不符合时，未及时和建设单位、设计人员沟通，也未进一步与厂家协商处理	（1）锅炉安装前，先对零部件进行清点，根据锅炉安装图，复核设备的完整性、完好性并做好记录 （2）当发现零部件尺寸、规格与设计图不符合时，及时和建设单位、设计人员沟通，并进一步与厂家协商处理，严禁私自安装 （3）安装时，先将出渣机从安装孔斜放在基础坑内 （4）将漏灰接口板安装在锅炉底板下部 （5）安装锥形渣斗，上好渣斗与炉体的螺栓后，再将漏灰板与渣斗的连接螺栓上好 （6）吊起出渣机的筒体与锥形渣斗连接好。锥形渣斗的长方形法兰与筒体长方形法兰之间一定要加橡胶垫或浸油石棉盘根，不得漏水 （7）安装出渣机的吊耳和轴承底座；在安装轴承座时，要使螺旋轴保持同心并形成一条直线 （8）把安全离合器的弹簧调好，用扳手扳转蜗杆方形螺旋轴，使其转动灵活。油箱内应注入符合要求的机械油 （9）安装稳妥后接通电源和水源，检查旋转方向是否正确，离合器弹簧是否跳动，冷态试车 2h，无异常声响和不漏水为合格。应做好试运转记录

质量通病现象	原因分析	防治措施
锅炉给水管的止回阀装在靠近锅筒一侧	如锅炉给水管的止回阀装设在靠近锅筒一侧，止回阀受介质扰动比较大，容易失灵，影响锅炉的正常运行	泵出口设置止回阀的目的主要用于防止介质倒流。止回阀内设有阀盘或摇板，在介质顺流时，阀盘或摇板即升起打开；在介质倒流时，阀盘或摇板即自动关闭，阻断介质倒流。对离心式等叶片式液体输送泵，就是利用止回阀这一特性，在泵出口设置止回阀，用于防止离心泵未启动时物料倒流或因突然停泵造成的逆流和冲击 止回阀只能用以防止突然倒流但密封性能欠佳，同时止回阀容易损坏，因此，应靠泵出口安装止回阀，在锅筒和止回阀之间设切断阀（一般用于闸阀或球阀之间），并与给水止回阀紧接相连，以便于日常检查和检修
汽水共腾	水位表内的水位发生激烈波动，看不清水位或过热蒸气温度急剧下降，饱和蒸汽含盐量增大；蒸汽管内发生水冲击和法兰处向外冒汽。其主要原因有如下几个方面： （1）炉水含碱量过高或锅炉的负荷突然增加 （2）锅炉出气管压力骤然降低	处理汽水共腾的办法： （1）放下挡烟板，关闭灰门，降低锅炉负荷 （2）适当增加排污次数和排污量，暂时维持较低水位（但要防止水位过低） （3）加强水质处理，有水质分析主的要进行给水分析化验 （4）开启汽管上的疏水阀 （5）锅炉水质未改善前，不允许增加锅炉负荷 为了防止汽水共腾，必须对锅炉用水进行化验分析，严格控制用水含盐浓度不得超过规定范围。同时，根据水质情况制订该锅炉在最高负荷时比临界含盐量为低的许可含盐量的标准

锅炉及其辅助设备基础位置和尺寸的允许偏差　　　　表 3-23

项目		允许偏差（mm）	检验方法
基础坐标位置		20	经纬仪、拉线和尺量
基础各不同平面的标高		0，−20	水准仪、拉线尺量
基础平面外形尺寸		20	尺量检查
凸台上平面尺寸		0，−20	
凹穴尺寸		+20，0	
基础上平面水平度	每米	5	水平仪（水平尺）和楔形塞尺检查
	全长	10	
竖向偏差	每米	5	经纬仪或吊线和尺量
	全高	10	
预埋地脚螺栓	标高（顶端）	+20，0	水准仪、拉线和尺量
	中心距（根部）	2	
预留地脚螺栓孔	中心位置	10	尺量
	深度	−20，0	
	孔壁垂直度	10	吊线和尺量
预埋活动地脚螺栓锚板	中心位置	5	拉线和尺量
	标高	+20，0	
	水平度（带槽锚板）	5	水平尺和楔形塞尺检查
	水平度（带螺纹孔锚板）	2	

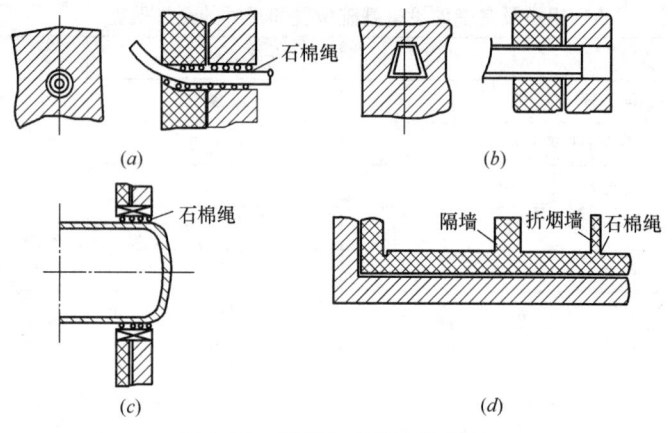

图 3-22　膨胀缝的留法及处理

（a）墙内管子膨胀缝；（b）墙内铸件的膨胀缝；（c）墙内汽包膨胀缝；（d）金属炉炉墙膨胀缝的留法

蒸汽锅炉安全阀的整定压力（MPa）　　　　　　　　　　表 3-24

额定工作压力	安全阀的整定压力
≤0.8	工作压力加 0.03
	工作压力加 0.05
0.8～3.82	工作压力的 1.04 倍
	工作压力的 1.06 倍

注：表中的工作压力，对于脉冲式安全阀系指冲量接出地点的工作压力，其他类型的安全阀系指安全阀装设地点的工作压力。

热水锅炉的安全阀整定压力

表 3-25

安全阀的整定压力 （MPa）	工作压力的 1.12 倍，且不应小于工作压力加 0.07
	工作压力的 1.14 倍，且不应小于工作压力加 0.1

省煤器支承架安装的允许偏差

表 3-26

项　　目	允许偏差（mm）
支承架的水平方向位置	±3
支承架的标高	0 −5
支承架的纵向和横向水平度	长度的 1‰

钢架主要构件长度和直线度的允许偏差

表 3-27

构件的复检项目		允许偏差（mm）
柱子的长度 （m）	≤8	0，−4
	>8	+2，−6
梁的长度 （m）	≤1	0，−4
	>1～3	0，−6
	>3～5	0，−8
	>5	0，−10

构件的复检项目		允许偏差（mm）
柱子、梁的直线度		长度的1‰，且不应大于10
框架长度 （m）	≤1	0，−6
	>1～3	0，−8
	>3～5	0，−10
	>5	0，−12
拉条、支柱长度 （m）	≤5	0，−3
	>5～10	0，−4
	>10～15	0，−6
	>15	0，−8

注：框架包括护板框架、顶护板框架或其他矩形框架。

钢架安装的允许偏差和检测位置　　　　　　　　　　　表3-28

检测项目	允许偏差（mm）	检测位置
各柱子的位置	±5	—
任意两柱子间的距离	间距的1‰，且不大于10	—
柱子上的1m标高线与标高基准点的高度差	±2	以支承锅筒的任一根柱子作为 基准，然后测定其他柱子

检测项目	允许偏差（mm）	检测位置
各柱子相互间标高之差	3	—
柱子的垂直度	高度的 1‰，且不大于 10	—
各柱子相应两对角线的长度之差	长度的 1.5‰，且不大于 15	在柱脚 1m 标高和柱顶处测量
两柱子间在垂直面内两对角线的长度之差	长度的 1‰，且不大于 10	在柱子的两端测量
支承锅筒的梁的标高	0 −5	—
支承锅筒的梁的水平度	长度的 1‰，且不大于 3	—
其他梁的标高	±5	—
框架两对角线长度	框架边长≤2500	≤5	在框架的同一标高处或框架两端处测量
	框架边长>2500～5000	≤8	
	框架边长>5000	≤10	

煮炉时锅水的加药配方   表 3-29

药品名称	每立方米水的加药量（kg）	
	铁锈较薄	铁锈较厚
氢氧化钠（NaOH）	2～3	3～4
磷酸三钠（$Na_3PO_4 \cdot 12H_2O$）	2～3	2～3

注：1. 药量按 100％纯度计算。
　　2. 无磷酸三钠时，可用碳酸钠（Na_2CO_3）代替，用量为磷酸三钠的 1.5 倍。
　　3. 单独使用碳酸钠煮炉时，每 1m³ 水中加 6kg 碳酸钠。

3.3.2 供热锅炉及辅助设备安装质量标准及验收方法

1. 锅炉安装

锅炉安装的质量标准及验收方法应符合表 3-30 的规定。

锅炉安装的质量标准及验收方法　　　　　　　　　　　　　　　表 3-30

项目	项次	合格质量标准	检验方法
主控项目	1	锅炉设备基础的混凝土强度必须达到设计要求，基础的坐标、标高、几何尺寸和螺栓孔位置应符合表 3-23 的规定	—
	2	非承压锅炉，应严格按设计或产品说明书的要求施工。锅筒顶部必须敞口或装设大气连通管，连通管上不得安装阀门	对照设计图纸或产品说明书检查
	3	以天然气为燃料的锅炉的天然气释放管或大气排放管不得直接通向大气，应通向贮存或处理装置	对照设计图纸检查
	4	两台或两台以上燃油锅炉共用一个烟囱时，每一台锅炉的烟道上均应配备风阀或挡板装置，并应具有操作调节和闭锁功能	观察和手扳检查
	5	锅炉的锅筒和水冷壁的下集箱及后棚管的后集箱的最低处排污阀及排污管道不得采用螺纹连接	观察检查
	6	锅炉的汽、水系统安装完毕后，必须进行水压试验。水压试验的压力应符合表 3-31 的规定	(1) 在试验压力下 10min 内压力降不得超过 0.02MPa；然后，降至工作压力进行检查，压力不降、不渗、不漏 (2) 观察检查，不得有残余变形，受压原件金属壁及焊缝上不得有水珠和水雾

项目	项次	合格质量标准	检验方法
主控项目	7	机械炉排安装完毕后应作冷态试运转试验，连续运转时间应不小于 8h	观察运转试验全过程
	8	锅炉本体管道及管件焊接的焊缝质量应符合下列规定： （1）焊缝表面质量应符合表 3-19 中项次 10 的规定 （2）管道焊口尺寸的允许偏差和检验方法应符合表 2-23 的规定 （3）无损探伤的检测结果应符合锅炉本体设计的相关要求	观察和检查无损探伤检测报告
一般项目	9	锅炉安装的坐标、标高、中心线和垂直度的允许偏差应符合表 3-32 的规定	—
	10	组装链条炉排安装的允许偏差应符合表 3-33 规定	—
	11	往复炉排安装的允许偏差应符合表 3-34 的规定	—
	12	铸铁省煤器破损的肋片数应不大于总肋片数的 5%，有破损肋片的根数应不大于总根数的 10% 铸铁省煤器支承架安装的允许偏差应符合表 3-35 的规定	—
	13	锅炉本体安装应按设计或产品说明书要求布置坡度并坡向排污阀	用水平尺或水准仪检查
	14	锅炉由炉底送风的风室及锅炉底座与基础之间必须封堵严密	观察检查
	15	省煤器的出口处（或入口处）应按设计或锅炉图纸要求安装阀门和管道	对照设计图纸检查
	16	电动调节阀门的调节机构与电动执行机构的转臂应在同一平面内动作，传动部分应灵活，无空行程及卡阻现象，其行程及伺服时间应满足使用要求	操作时观察检查

水压试验的压力规定（MPa）   表 3-31

项次	设备名称	工作压力 p	试验压力
1	锅炉本体	$p<0.59$	$1.5p$ 但不小于 0.2
		$0.56\leqslant p\leqslant1.18$	$p+0.3$
		$p>1.18$	$1.25p$
2	可分式省煤器	p	$1.25p+0.5$
3	非承压锅炉	大气压力	0.2

注：1. 工作压力 p 对蒸汽锅炉指锅筒工作压力，对热水锅炉指锅炉额定出水压力。

2. 注水锅炉水压试验同热水锅炉。

3. 非承压锅炉水压试验压力为 0.2MPa，试验期间压力应保持不变。

锅炉安装的允许偏差和检验方法   表 3-32

项　目		允许偏差（mm）	检验方法
坐标		10	经纬仪、拉线和尺量
标高		±5	水准仪、拉线和尺量
中心线垂直度	卧式锅炉炉体全高	3	吊线和尺量
	立式锅炉炉体全高	4	

組装链条炉排安装的允许偏差和检验方法 表 3-33

项　　目		允许偏差（mm）	检验方法
炉排中心位置		2	经纬仪、拉线和尺量
墙板的标高		±5	水准仪、拉线和尺量
墙板的垂直度，全高		3	吊线和尺量
墙板间两对角线的长度之差		5	钢丝线和尺量
墙板框的纵向位置		5	经纬仪、拉线和尺量
墙板顶面的纵向水平度		长度的 1/1000 且≤5	拉线、水平尺和尺量
墙板间的距离	跨距≤2m	+3，0	钢丝线和尺量
	跨距＞2m	+5，0	
两墙板的顶面在同一水平面上相对高差		5	水准仪、吊线和尺量
前轴、后轴的水平度		长度的 1/1000	拉线、水平尺和尺量
前轴和后轴和轴心线相对标高差		5	水准仪、吊线和尺量
各轨道在同一水平面上的相对高差		5	
相邻两轨道间的距离		±2	钢丝线和尺量

往复炉排安装的允许偏差和检验方法

表 3-34

项　目		允许偏差（mm）	检验方法
两侧板的相对标高		3	水准仪、吊线和尺量
两侧板间距离	跨距≤2m	$+3$ 0	钢丝线和尺量
	跨距＞2m	$+4$ 0	
两侧板的垂直度，全高		3	吊线和尺量
两侧板间对角线的长度之差		5	钢丝线和尺量
炉排片的纵向间隙		1	钢板尺量
炉排两侧的间隙		2	

铸铁省煤器支承架安装的允许偏差和检验方法

表 3-35

项　目	允许偏差（mm）	检验方法
支承架的位置	3	经纬仪、拉线和尺量
支承架的标高	0 -5	水准仪、吊线和尺量
支承架的纵向、横向水平度（每米）	1	水平尺和塞尺检查

2. 辅助设备及管道安装

辅助设备及管道安装的质量标准及验收方法应符合表 3-36 的规定。

辅助设备及管道安装的质量标准及验收方法 表 3-36

项目	项次	合格质量标准	检验方法
主控项目	1	辅助设备基础的混凝土强度必须达到设计要求，基础的坐标、标高、几何尺寸和螺栓孔位置必须符合表 3-23 的规定	—
	2	风机试运转，轴承温升应符合下列规定： （1）滑动轴承温度最高不得超过 60℃ （2）滚动轴承温度最高不得超过 80℃ 轴承径向单振幅应符合下列规定： （1）风机转速小于 1000r/min 时，不应超过 0.10mm （2）风机转速为 1000～1450r/min 时，不应超过 0.08mm	用温度计检查 用测振仪表检查
	3	分汽缸（分水器、集水器）安装前应进行水压试验，试验压力为工作压力的 1.5 倍，但不得小于 0.6MPa	试验压力下 10min 内无压降、无渗漏
	4	敞口箱、罐安装前应做满水试验；密闭箱、罐应以工作压力的 1.5 倍做水压试验，但不得小于 0.4MPa	满水试验满水后静置 24h 不渗、不漏；水压试验在试验压力下 10min 内无压降，不渗、不漏
	5	地下直埋油罐在埋地前应做气密性试验，试验压力降应不小于 0.03MPa	试验压力下观察 30min 不渗、不漏，无压降
	6	连接锅炉及辅助设备的工艺管道安装完毕后，必须进行系统的水压试验，试验压力为系统中最大工作压力的 1.5 倍	在试验压力 10min 内压力降不超过 0.05MPa，然后降至工作压力进行检查，不渗、不漏
	7	各种设备的主要操作通道的净距如设计不明确时应不小于 1.5m，辅助的操作通道净距应不小于 0.8m	尺量检查
	8	管道连接的法兰、焊缝和连接管件以及管道上的仪表、阀门的安装位置应便于检修，并不得紧贴墙壁、楼板或管架	观察检查
	9	管道焊接质量应符合表 3-19 中项次 10 和表 2-23 的规定	—

项目	项次	合格质量标准	检验方法
一般项目	10	锅炉辅助设备安装的允许偏差应符合表 3-37 的规定	—
	11	连接锅炉及辅助设备的工艺管道安装的允许偏差应符合表 3-38 的规定	—
	12	单斗式提升机安装应符合下列规定： （1）导轨的间距偏差不大于 2mm （2）垂直式导轨的垂直度偏差不大于 1‰；倾斜式导轨的倾斜度偏差不大于 2‰ （3）料斗的吊点与料斗垂心在同一垂直线上，重合度偏差不大于 10mm （4）行程开关位置应准确，料斗运行平稳，翻转灵活	吊线坠、拉线及尺量检查
	13	安装锅炉送风机、引风机转动应灵活，无卡、碰等现象；送风机、引风机的传动部位，应设置安全防护装置	观察和启动检查
	14	水泵安装的外观质量检查：泵壳不应有裂纹、砂眼及凹凸不平等缺陷；多级泵的平衡管路应无损伤或折陷现象；蒸汽往复泵的主要部件、活塞及活动轴必须灵活	观察和启动检查
	15	手摇泵应垂直安装。安装高度如设计无要求时，泵中心距地面为 800mm	吊线和尺量检查
	16	水泵试运转、叶轮与泵壳不应相碰，进、出口部位的阀门应灵活。轴承温升应符合产品说明书的要求	通电、操作和测温检查
	17	注水器安装高度，如设计无要求时，中心距地面为 1.0～1.2m	尺量检查
	18	除尘器安装应平稳、牢固，位置和进口、出口方向应正确。烟管与引风机连接时应采用软接头，不得将烟管重量压在风机上	观察检查
	19	热力除氧器和真空除氧器的排汽管应通向室外，直接排入大气	观察检查
	20	软化水设备罐体的视镜应布置在便于观察的方向。树脂装填的高度应按设备说明书要求进行	对照说明书，观察检查
	21	管道及设备保温层的厚度和平整度的允许偏差应符合表 2-10 的规定	—
	22	在涂刷油漆前，必须清除管道及设备表面的灰尘、污垢、锈斑、焊渣等物。涂漆的厚度应均匀，不得有脱皮、起泡、流淌和漏涂等缺陷	现场观察检查

锅炉辅助设备安装的允许偏差和检验方法

表 3-37

项 目			允许偏差（mm）	检验方法
送、引风机	坐标		10	经纬仪、拉线和尺量
	标高		±5	水准仪、拉线和尺量
各种静置设备（各种容器、箱、罐等）	坐标		15	经纬仪、拉线和尺量
	标高		±5	水准仪、拉线和尺量
	垂直度（1m）		2	吊线和尺量
离心式水泵	泵体水平度（1m）		0.1	水平尺和塞尺检查
	联轴器同心度	轴向倾斜（1m）	0.8	水准仪、百分表（测微螺钉）
		径向位移	0.1	和塞尺检查

工艺管道安装的允许偏差和检验方法

表 3-38

项 目		允许偏差（mm）	检验方法
坐标	架空	15	水准仪、拉线和尺量
	地沟	10	
标高	架空	±15	水准仪、拉线和尺量
	地沟	±10	
水平管道纵、横方向弯曲	$DN \leqslant 100mm$	2‰，最大 50	直尺和拉线检查
	$DN > 100mm$	3‰，最大 70	
立管垂直		2‰，最大 15	吊线和尺量
成排管道间距		3	直尺尺量
交叉管的外壁或绝热层间距		10	

3. 安全附件安装

安全附件安装的质量标准及验收方法应符合表 3-39 的规定。

安全附件安装的质量标准及验收方法
表 3-39

项目	项次	合格质量标准	检验方法
主控项目	1	锅炉和省煤器安全阀的定压和调整应符合表 3-40 的规定。锅炉上装有两个安全阀时，其中的一个按表中较高值定压，另一个按较低值定压。装有一个安全阀时，应按较低值定压	检查定压合格证书
	2	压力表的刻度极限值，应大于或等于工作压力的 1.5 倍，表盘直径不得小于 100mm	现场观察和尺量检查
	3	安装水位表应符合下列规定： （1）水位表应有指示最高、最低安全水位的明显标志，玻璃板（管）的最低可见边缘应比最低安全水位低 25mm；最高可见边缘应比最高安全水位高 25mm （2）玻璃管式水位表应有防护装置 （3）电接点式水位表的零点应与锅筒正常水位重合 （4）采用双色水位表时，每台锅炉只能装设一个，另一个装设普通水位表 （5）水位表应有放水旋塞（或阀门）和接到安全地点的放水管	现场观察和尺量检查
	4	锅炉的高、低水位报警器与超温、超压报警器及联锁保护装置必须按设计要求安装齐全和有效	起动、联动试验并做好试验记录
	5	蒸汽锅炉安全阀应安装通向室外的排汽管。热水锅炉安全阀泄水管应接到安全地点。在排汽管和泄水管上不得装设阀门	观察检查

项目	项次	合格质量标准	检验方法
一般项目	6	安装压力表必须符合下列规定： （1）压力表必须安装在便于观察和吹洗的位置，并防止受高温、冰冻和振动的影响，同时要有足够的照明 （2）压力表必须设有存水弯管。存水弯管采用钢管揻制时，内径应不小于10mm；采用铜管揻制时，内径应不小于6mm （3）压力表与存水弯管之间应安装三通旋塞	观察和尺量检查
	7	测压仪表取源部件在水平工艺管道上安装时，取压口的方位应符合下列规定： （1）测量液体压力的，在工艺管道的下半部与管道的水平中心线成0°～45°夹角范围内 （2）测量蒸汽压力的，在工艺管道的上半部或下半部与管道水平中心线成0°～45°夹角范围内 （3）测量气体压力的，在工艺管道的上半部	观察和尺量检查
	8	安装温度计应符合下列规定： （1）安装在管道和设备上的套管温度计，底部应插入流动介质内，不得装在引出的管段上或死角处 （2）压力式温度计的毛细管应固定好并有保护措施，其转弯处的弯曲半径应不小于50mm，温包必须全部浸入介质内 （3）热电偶温度计的保护套管应保证规定的插入深度	观察和尺量检查
	9	温度计与压力表在同一管道上安装时，按介质流动方向温度计应在压力表下游处安装；如温度计需在压力表的上游安装时，其间距应不小于300mm	观察和尺量检查

工作设备	安全阀开启压力（MPa）
蒸汽锅炉	工作压力＋0.02MPa
	工作压力＋0.04MPa
热水锅炉	1.12 倍工作压力，但不少于工作压力＋0.07MPa
	1.14 倍工作压力，但不少于工作压力＋0.10MPa
省煤器	1.1 倍工作压力

4. 烘炉、煮炉和试运行

烘炉、煮炉和试运行的质量标准及验收方法应符合表 3-41 的规定。

烘炉、煮炉和试运行的质量标准及验收方法　　　　　　　　　　表 3-41

项目	项次	合格质量标准	检验方法
主控项目	1	锅炉火焰烘炉应符合下列规定： (1) 火焰应在炉膛中央燃烧，不应直接烧烤炉墙及炉拱 (2) 烘炉时间一般不少于 4d，升温应缓慢，后期烟温不应高于 160℃ 且持续时间不少于 24h (3) 链条炉排在烘炉过程中应定期转动 (4) 烘炉的中、后期应根据锅炉水水质情况排污	计时测温、操作观察检查
	2	烘炉结束后应符合下列规定： (1) 炉墙经烘烤后没有变形、裂纹及塌落现象 (2) 炉墙砌筑砂浆含水率达到 7% 以下	测试及观察检查
	3	锅炉在烘炉、煮炉合格后，应进行 48h 的带负荷连续试运行，同时应进行安全阀的热状态定压检验和调整	检查烘炉、煮炉及试运行全过程

项目	项次	合格质量标准	检验方法
一般项目	4	煮炉时间一般应为2~3d，如蒸汽压力较低，可适当延长煮炉时间。非砌筑或浇注保温材料保温的锅炉，安装后可直接进行煮炉。煮炉结束后，锅筒和集箱内壁应无油垢，擦去附着物后金属表面应无锈斑	打开锅筒和集箱检查孔检查

5. 换热站安装

换热站安装的质量标准及验收方法应符合表 3-42 的规定。

换热站安装的质量标准及验收方法 表 3-42

项目	项次	合格质量标准	检验方法
主控项目	1	热交换器应以最大工作压力的 1.5 倍作水压试验，蒸汽部分应不低于蒸汽供汽压力加 0.3MPa；热水部分应不低于 0.4MPa	在试验压力下，保持 10min 压力不降
	2	高温水系统中，循环水泵和换热器的相对安装位置应按设计文件施工	对照设计图纸检查
	3	壳管式换热器的安装，如设计无要求时，其封头与墙壁或屋顶的距离不得小于换热管的长度	观察和尺量检查
一般项目	4	换热站内设备安装的允许偏差应符合表 3-37 的规定	—
	5	换热站内的循环泵、调节阀、减压器、疏水器、除污器、流量计等安装应符合《建筑给水排水及采暖工程施工质量验收规范》GB 50242—2002 的相关规定	—
	6	换热站内管道安装的允许偏差应符合表 3-38 的规定	—
	7	管道及设备保温层的厚度和平整度的允许偏差应符合表 2-10 的规定	—

4 通风与空调工程

4.1 风管与配件

4.1.1 质量通病原因分析及防治措施

为了保证风管与配件的质量，要求相关工作人员必须熟悉质量问题的现象和防治方法。常见的风管与配件的质量问题列于表 4-1 中。

风管与配件质量通病分析及防治措施　　　　　　　　　表 4-1

质量通病现象	原因分析	防治措施
圆风管不同心或直径不等	（1）制作同径圆风管时，下料找方直角不方正 （2）制作异径圆风管时，两端口周长采用画线法求出，圆的内接多边形周长小于其外接圆的周长，以致出现直径变小 （3）咬口宽度不相等	（1）下料前先校正角尺，确保 90° 直角；圆风管两端口周长避免使用画线法求出，采用计算法求出（圆周长＝π×直径＋咬口留量），并严格保持咬口宽度一致 （2）手工咬口时，应严格掌握咬口宽度使其一致；机械咬口，要按咬口机械的操作方法操作，防止出现宽度不一致 （3）采用对接焊时，不留咬口余量。法兰与风管焊接时，不留翻边余量 （4）如已经出现上述缺陷，可采取加宽风管法兰口翻边宽度的补救方法

质量通病现象	原因分析	防治措施
风管表面不平，两相邻表面互不垂直，两相对表面互不平行，两端口平面不平行	（1）下料找方不准确 （2）风管两相对面的长度及宽度不相等 （3）风管四角处的联合角型咬合或转角咬口宽度不相等 （4）咬口受力不均	（1）材料找方画线后，检验每片宽度、长度及对角线的尺寸，对超出误差范围的尺寸应予以校正 （2）下料后将风管相对面的两片重合起来，检验其尺寸的准确性 （3）操作时应保证咬口宽度一致，区别不同的咬口类型，手工咬口要均匀地压实、压平 （4）手工咬口时，可首先固定两端及中心部位，然后再进行均匀咬口。手工咬口预留宽度可参考表4-2 （5）机械咬口的预留尺寸可以参考表4-3 （6）如已经出现上述问题，可用法兰口风管板边宽度调整风管两端口平行度以及法兰与风管的垂直度
矩形风管断面较大时，四角咬口处容易开裂	（1）咬口形式选用不当。大断面矩形风管如采用按扣式咬口，风管四角处容易开裂 （2）由于运输、振动以及安装时风管各方向受力不均匀，也容易使按扣咬口开裂	（1）对矩形风管大边尺寸在1500mm以上时，应采用转角咬口或联合角形咬口，尽量不要使用按扣式咬口 （2）风管按扣式咬口如开裂，可用与风管同质材料做一个50mm×50mm、90°的抱角，用$\phi3\sim\phi4$的拉铆钉固定，将风管咬口开裂处修补好。抱角长度应大于风管开裂长度100mm左右，详见图4-1

质量通病现象	原因分析	防治措施
圆形弯头、三通角度线偏移，中心弧线不在同一平面上，直径变小，造成咬口不严密	（1）下料时，放大样展开画线不准确，咬口宽度不一致，插条尺寸有误，其结果与风管系统内部件连接后影响其坐标和位置尺寸，加大了系统漏风量 （2）按一般画线法求出的圆周长偏小，其直径相应变小 （3）由于各瓣单、双口宽度不相等，使成品角度不准确。当单口窄、双口宽时，咬口会松动；当单口宽、双口窄时，单口片的拼接口易受挤开裂，特别是咬口处两边发生扭转错位，使中心弧线不在同一平面	（1）可采用系数下料法展开下料见图 4-2 （2）弯头咬口时，搭扣紧密程度要相同，对直径小的弯头应当将弯头 BC 减去距离 h（h 通常为 2mm），用 BC' 展开（详见图 4-3） （3）弯头各节在咬口时，应使折边宽度保持相同并将纵向咬口缝错开，防止咬口扭转和错位 （4）弯头装配时，要把两节展开线对正，准确后方可咬口合缝 （5）当三通的主风管与支风管组合缝用覆盖法咬口连接时，其咬口余量应相同，宽度要均匀，并且要咬紧咬平 （6）用插条连接时，主风管、支风管都应咬口折边，并检查对口是否正确，再进行结合缝折边。加工的插条间距要相同，插入后要敲平、敲紧 （7）出现这种情况后，可利用法兰口风管扳边宽度的方法调整角度

质量通病现象	原因分析	防治措施
矩形弯头、三通制作容易出现角度偏移，表面不平，管口对角线不相等，咬口不严等现象	（1）内、外弧的直片料找方直角不准确。没有考虑材料本身厚度，成品制成后，形成外弧片短、内弧片长的现象，影响了角度 （2）带弧度的两片平面料画线走规 （3）三通外弧折角咬口处出现小孔洞 （4）联合角型咬口宽度不相等，咬口处受力不均	（1）用经过校正的角尺找方下料。矩形弯头展开侧壁用尺寸 R_1、R_2 画线，宽度应加折边咬口余量，防止法兰安装不合适。弯头背面、里面展开长度分别为 $1.57R_1$、$1.57R_2$。卷弧时，要保证其准确性 （2）两大片展开下料后，要对片料两端严格角方。将带弧度的两平片料重合，检验其外形重合误差，并按允许偏差进行调整 （3）三通外弧折角处出现的小孔洞，对于镀锌钢板可用锡焊补焊；对于黑铁板可用气焊补焊 （4）手工咬口时，要使宽度合适，确保弯头外形尺寸，咬口时应保证受力均匀
风管与法兰采用焊接时未满焊	风管与法兰采用焊接时未满焊，使风管与法兰的连接不严密，产生漏风，在风管系统运行时如有振动将使施焊不牢处松动，导致严重后果	当风管采用角钢法兰连接，而且管壁厚度大于 1.2mm 时，可不用翻边，应沿风管的周边把法兰用电焊进行满焊。焊接时，也和铆接一样，先点焊几点，待检查合格后再满焊。为了使法兰表面平整，风管的管端应缩进法兰 4～5mm

质量通病现象	原因分析	防治措施
风管翻边宽度不一致	（1）风管制作下料时没有严格角方 （2）风管与法兰的尺寸偏差过大 （3）风管与法兰没有角方	（1）为了保证管件的质量，防止管件制成后出现扭曲、翘角和管端不平整现象，在展开下料过程中应对矩形的四边严格进行角方 （2）法兰的内边尺寸正偏差过大，同时风管的外边尺寸负偏差也过大时，应更换法兰；特殊情况下，可采取加衬套管的方法来补救 （3）风管在套入法兰前，应按规定的翻边尺寸严格角方无误后，才能进行铆接翻边
法兰铆接偏心	（1）圆形风管的同心度差 （2）圆形法兰的圆度误差大；矩形法兰不角方 （3）法兰的内径或内边尺寸大于风管的外径或外边尺寸超过规范的规定，致使法兰与风管铆接后风管向一侧偏移 （4）法兰的内径或内边尺寸小于风管的外径或外边尺寸，法兰强行将风管套上，致使风管咬口缝开裂	（1）风管制作后，应检验圆形风管的同心度 （2）法兰制作后，应对圆形法兰的同心度和平整度进行检查；对矩形法兰的对角线差和平整度进行检查 （3）法兰的内径比风管外径（或外边）的尺寸大于规定的偏差时，对要求不高的通风系统可采取法兰与风管中间按实有间隙大小衬垫套管，并和风管铆接在法兰上，以保证风管的同心度和平整度 （4）法兰内径（或内边）小于风管外径（或外边）时应返工重新制作。对于无特殊要求的一般通风系统，可将法兰的小边外胀，风管向里收口，风管与法兰为紧配合铆接，无扳边余量，应采取其他密封措施

质量通病现象	原因分析	防治措施
铝板风管耐腐蚀性能差	(1) 风管板材下料、加工方法不当 (2) 焊接前未采取相应措施 (3) 焊接后焊缝未进行处理 (4) 法兰与风管并非同一材质，产生电化腐蚀 (5) 风管与法兰连接采用碳素钢制铆钉 (6) 支架未采取防腐绝缘处理措施 (7) 法兰连接螺栓螺母与风管材质不符	(1) 风管板材画线下料应放在铺有橡胶板的工作台上进行。放样画线不能使用金属划针，防止损伤具有防腐性能的氧化铝薄膜 (2) 焊缝不得有漏焊、虚焊、穿孔及明显的凸瘤等缺陷。焊接时必须消除焊口处及焊丝上的氧处皮，使露出铝的本色。消除氧化皮应在焊接前的较短时间内进行，以保证焊接的质量 (3) 风管焊接后必须用热水清洗焊缝，去除焊缝上的焊渣和焊药 (4) 铝板风管的法兰最好用角型铝型材或铝板制作。如采用碳钢角钢制作法兰时，必须做好防止电化学腐蚀的绝缘处理。一般常将角钢法兰表面镀锌或喷涂绝缘漆 (5) 角形法兰与风管固定，应采用 4~6mm 的铝铆钉。不得用碳素钢铆钉代替，防止电化学腐蚀。降低铝板的耐腐蚀性能 (6) 铝板风管系统安装采用碳素钢的支架和抱箍时，其支架和抱箍应进行镀锌或按设计要求采取防腐绝缘措施 (7) 铝质螺栓强度较低，一般采用镀锌螺栓，在法兰两侧应垫上镀锌垫圈增加接触面，防止法兰被螺母划伤

质量通病现象	原因分析	防治措施
圆形法兰、矩形法兰互换性差	（1）下料的尺寸不准确，下料后的角钢未找正调直，致使法兰的内径或内边尺寸超过允许的偏差 （2）圆形法兰采用手工热煨时，出现由于扭曲产生的表面不平和圆度差的弊病 （3）圆形法兰采用机械冷煨时，出现由于煨弯机未调整好而处于非正常状态 （4）矩形法兰胎具的直角不准确 （5）法兰接口缝焊接变形 （6）法兰螺栓分孔样板分孔时有位移 （7）法兰冲孔或钻孔的孔中心位移	（1）质量验评标准中规定：圆形法兰的内径或矩形法兰的内边尺寸允许偏差为＋2mm，不平整度不应大于2mm。因此，法兰的下料尺寸必须准确。对于圆形法兰下料应按角钢画线后，可用角钢切断机或联合冲剪机切断。切断后的角钢还须进行找正调直，并将切口两端毛刺用砂轮磨光 （2）人工热煨圆形法兰时，以直径偏差不大于0.5mm的要求制作胎具。将角钢或扁钢加热到红黄色进行煨制。直径较大的法兰可分段多次煨制；一般煨2～3次而成。煨好后的法兰待冷却后稍加找圆平整，即可焊接、钻孔 （3）采用角钢卷圆机或其他机械煨制圆形法兰时，应根据法兰直径的大小，搬动丝杠，对齐辊轮上、下位置进行调整试煨，待法兰直径符合要求后可连续煨制 （4）胎具是制作矩形法兰使其保证内边尺寸允许偏差、表面平整度和四边垂直的关键装置。在制作胎具时，必须保证四边的垂直度，对角线误差不得大于0.5mm （5）法兰口缝的焊接应采用先点焊后满焊的工艺。胎具制作的接口焊接更为重要，应减少焊接变形引起的尺寸偏差、平整度和垂直度 （6）法兰螺栓的相隔间距要满足施工验收规范的规定，即对于通风、空调系统，不应大于150mm；对于空气洁净系统，不应大于100mm 法兰按要求的螺栓间距分孔后，将样板按孔的位置作正、反方向旋转，以检验其互换性。如孔的重合误差只小于1mm，则可用扩大孔径的办法进行补救；否则，应重新分孔 （7）为便于穿装螺栓，螺孔直径应比螺栓直径大1.5mm。在法兰上冲孔时，使用定位胎具的孔径和螺孔间距尺寸要准确，安放要平稳。法兰钻孔时，可将定位后的螺孔中心用样冲定点，防止钻头打滑，产生位移

质量通病现象	原因分析	防治措施
硬聚氯乙烯板圆形风管圆弧不均匀	(1) 风管成形木模表面不光滑，圆弧不准确 (2) 硬聚氯乙烯塑料板加热温度和加热时间未达到要求 (3) 硬聚氯乙烯塑料板加热得不均匀	(1) 风管的圆弧是否均匀，主要取决于成形木模的准确度。木模的外形必须圆弧正确，表面光滑。为了使木模圆弧均匀，木模可用车床车圆并用砂纸打光 (2) 塑料板材加热应采用电热箱。电热箱的温度应保持在 $130\sim150℃$ 左右，待箱内温度稳定后将板材放入加热，加热时间应根据板材厚度确定，使板材既热透又不致由于加热时间过长而柔软变形。塑料板材加热时间可参照表 4-4 所列数值 (3) 自制的电热箱内的电热丝，在满足设计容量和一定阻值条件下必须均匀布置，以达到箱内温度分布均匀，区域温差较小，保证板材整个表面均匀受热，防止板材在使用木模卷管过程中产生不均匀的局部变形
不锈钢板风管抗腐蚀性能差	(1) 风管板材下料、加工的方法不当 (2) 在操作过程中，碳素钢与不锈钢接触 (3) 选用的焊接工艺不合理 (4) 焊接过程中未采取防止焊渣飞溅物下落的措施 (5) 焊接后表面未清理 (6) 在焊缝及周边处开洞	(1) 不锈钢表面划伤、擦毛等缺陷将会破坏表面形成的氧化膜，降低不锈钢板的耐腐蚀能力。板材下料或加工时，工作台应铺置橡胶板，画线不用锋利的金属划针。咬口时应用木方尺和木槌；卷圆预弯及折边，应用铜锤或不锈钢锤，避免在板材表面造成伤痕和凹陷，风管不需加工的表面应尽量保持平整，不要有锤印 (2) 不锈钢板材在加工或保管堆放过程中，要避免与碳素钢接触，防止由于碳素钢的铁屑与不锈钢长时间接触，使其表面出现腐蚀中心，破坏表面的氧化层钝化膜 (3) 板厚大于 1mm 的不锈钢板风管，其连接方式宜采用焊接。焊接可采用氩弧焊、直流电弧焊，但不得采用气焊。因为氧气和乙炔气对不锈钢中的镍、铬有腐蚀作用，同时在氧的作用下由于高温将会使镍、铬烧损，破坏不锈钢的耐腐蚀性能

质量通病现象	原因分析	防治措施
不锈钢板风管抗腐蚀性能差	（1）风管板材下料、加工的方法不当 （2）在操作过程中，碳素钢与不锈钢接触 （3）选用的焊接工艺不合理 （4）焊接过程中未采取防止焊渣飞溅物下落的措施 （5）焊接后表面未清理 （6）在焊缝及周边处开洞	焊缝表面和热影响层不得有裂纹、过烧现象；焊缝表面不得有气孔、夹渣；氩弧焊焊缝表面不得有发黑、发黄、花斑等现象 （4）制作不锈钢风管采用电弧焊接时，在施焊过程中应在焊缝两侧表面涂白垩粉，以防止焊接飞溅物粘附在不锈钢板的表面上 （5）风管焊接后，应对焊缝及风管表面进行清理。即先去除油污及焊渣和飞溅物，然后酸洗（酸洗液的比例为：硝酸 20%；氢氟酸 5%；水 75%），再用热水冲洗干净，钝化后再冲洗 （6）不锈钢板制作的风管，在焊缝及其边缘外开洞，将使洞口变形，并且还由于二次焊接产生金相结构的变化，降低了机械强度和耐腐蚀性能。因此，在制作风管时应全面考虑
硬聚氯乙烯板矩形风管扭曲、翘角	（1）在展开下料过程中，矩形板料的四个边未严格角方 （2）风管两个相对边的长度和宽度不相等 （3）加热折方不准确 （4）塑料焊接的坡口不正确	（1）下料前必须对每批板材做收缩量试验，确定实际收缩值后，画线时把收缩量部分放出后，再行下料。板材画线下料时，应和金属风管一样，用角尺对板材四角进行角方 （2）在板材画线下料时，必须保证两个相对边的长度和宽度相等，并将两块片料叠合以检验尺寸的准确性 （3）为保证硬聚氯乙烯塑料板矩形风管的强度，焊缝不设在四个棱角处。四个棱角应采用图 4-4 所示的塑料折方，用管式电加热器进行折方成形。折方时，要把画好线的板材放在两根管式电加热器中，将折线对准加热器，使折线处进行局部加热。加热变软后，抽出后放到扳边机或折方机上，将板材折成 90°角，待加热处冷却定形后取出即可 （4）焊接硬聚氯乙烯塑料板时，为了使板材很好地结合并具有较高的焊接强度，应对板材的板边进行坡口，坡口的角度和尺寸应均匀一致

质量通病现象	原因分析	防治措施
有机玻璃钢风管有明显的扭曲、歪斜	由于风管未达到固化程度而过早地脱模，风管脱模后放置在不平整的场地及铺覆玻璃布和涂胶的方法不正确	(1) 玻璃钢风管制作一般采用开模手糊法，即在模子上进行边铺覆玻璃布边涂刷胶料，待固化后而成。因此，必须待固化后脱模，过早地脱模将会引起风管本体变形，致使风管外形歪斜 玻璃钢采用的树脂较多，应根据耐腐蚀的介质而定，一般广泛采用的是环氧树脂。环氧树脂是热塑性线型结构，必须用固化剂使线型环氧树脂交联成网状结构的巨大分子，成为不溶、不熔的固化物。固化剂的种类较多，胺类固化剂是环氧树脂固化最常用的固化剂，它的用量比较严格，必须严格控制。如果用量过多，导致固化体相对分子质量降低，从而使固化物性能变脆；如果用量不足，不能保证完全固化。一般加热固化所得制品性能比定温固化好，并可缩短固化时间。因此，制作风管必须掌握各种条件下的固化时间，保证产品质量 (2) 脱模后的玻璃钢风管，必须放在铺设平整的场地上，防止风管本体重力不均而变形 (3) 制作玻璃钢风管时，首先在木模或钢模的外表面包一层透明玻璃纸，并在其外面满涂已调好的树脂胶料，再铺覆一层玻璃布，即每涂一层树脂胶料便随铺覆一层玻璃布，必须将玻璃布的搭头错开并刮平，最后一层玻璃布的外面要均匀地涂一层树脂胶料，以保证外表的平整性

质量通病现象	原因分析	防治措施
无机玻璃钢风管有明显的扭曲、歪斜	木制模具变形,脱模过早及氧化镁中的杂质超过标准的规定	(1) 无机玻璃钢风管的木模应用不变形的木材制作,除外形部位的尺寸达到要求外,在每次脱模经校正后,各部位尺寸应符合要求的偏差,否则应修整后才能反复使用 (2) 在温度 20~35℃、相对湿度 60%~70% 的室内环境下,成形 24h 即可脱模,脱模后不应立即拆除风管表面的聚酯薄膜,保温保湿养护 3~5d。养护温度过高会引起风管内部水分快速蒸发,水化反应过早停止,致使风管泛霜、扭曲变形;而温度过低会减缓硬化速度,延长脱模时间,降低强度

手工咬口预留尺寸 (mm) 表 4-2

板材厚度	咬口预留尺寸					
	单平咬口		角咬口		联合角咬口	
	承口方	插口方	承口方	插口方	承口方	插口方
0.5~0.7	12	6	12	6	21	7
0.8	14	7	14	7	24	8
1.0	18	9	18	9	28	9

咬口形式	板材厚度	咬口预留尺寸	
		外滚	中滚
按扣式直线咬口	0.5～1	11	31
联合角式直线咬口	0.5～1.2	7	30
单平直线咬口	0.5～1.2	10	24
按扣式弯头咬口	0.5～1	10	
联合角式弯头咬口	0.5～1.2	10	

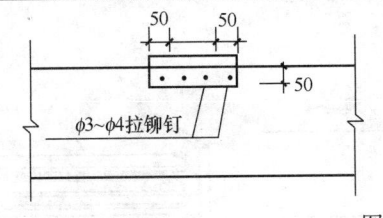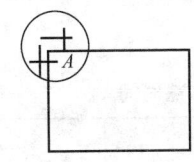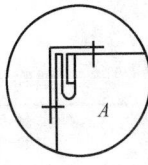

图 4-1　抱角

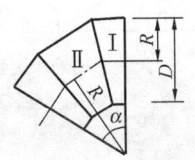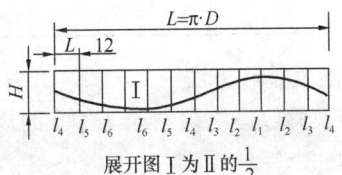

展开图Ⅰ为Ⅱ的$\frac{1}{2}$

图 4-2　圆形弯头下料法

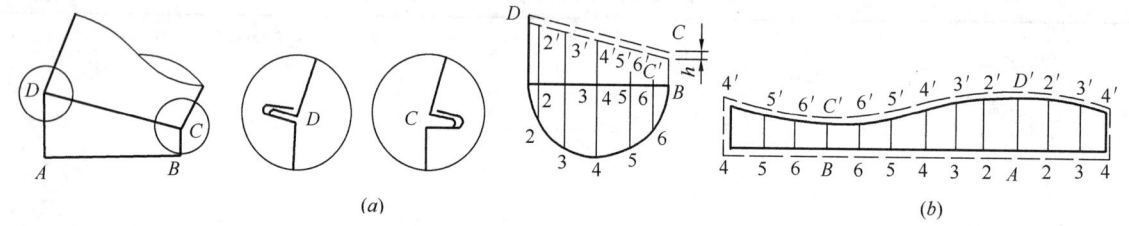

图 4-3　图形弯头端节的展开
（a）咬口详图；（b）弯头展开图

塑料板的加热时间				表 4-4
板材厚度（mm）	2～4	5～6	8～10	11～15
加热时间（min）	3～7	7～10	10～14	15～24

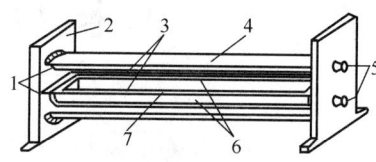

图 4-4　塑料板折方用管式加热器

1—绝缘套管；2—支座；3—搁塑料板支架；
4—上反射罩；5—电源接线柱；6—管式电加
热器；7—下反射罩

4.1.2　风管与配件质量标准及验收方法

风管与配件的质量标准及验收方法应符合表 4-5 的规定。

风管与配件的质量标准及验收方法

表 4-5

项目	项次	合格质量标准	检查数量	检验方法
主控项目	1	风管加工质量应通过工艺性的检测或验证，强度和严密性要求应符合下列规定： （1）风管在试验压力保持 5min 及以上时，接缝处应无开裂，整体结构应无永久性的变形及损伤。试验压力应符合下列规定： 1）低压风管应为 1.5 倍的工作压力 2）中压风管应为 1.2 倍的工作压力且不低于 750Pa 3）高压风管应为 1.2 倍的工作压力 （2）矩形金属风管的严密性检验，在工作压力下的风管允许漏风量应符合表 4-6 的规定 （3）低压、中压圆形金属与复合材料风管，以及采用非法兰形式的非金属风管的允许漏风量，应为矩形金属风管规定值的 50% （4）砖、混凝土风道的允许漏风量不应大于矩形金属低压风管规定值的 1.5 倍 （5）排烟、除尘、低温送风及变风量空调系统风管的严密性应符合中压风管的规定，N1～N5 级净化空调系统风管的严密性应符合高压风管的规定 （6）风管系统工作压力绝对值不大于 125Pa 的微压风管，在外观和制造工艺检验合格的基础上，不应进行漏风量的验证测试 （7）输送剧毒类化学气体及病毒的试验室通风与空调风管的严密性能应符合设计要求 （8）风管或系统风管强度与漏风量测试应符合《通风与空调工程施工质量验收规范》GB 50243—2016 附录 C 的规定	按 Ⅰ 方案	按风管系统的类别和材质分别进行，查阅产品合格证和测试报告，或实测旁站

项目	项次	合格质量标准	检查数量	检验方法
主控项目	2	防火风管的本体、框架与固定材料、密封垫料等必须采用不燃材料，防火风管的耐火极限时间应符合系统防火设计的规定	全数检查	查阅材料质量合格证明文件和性能检测报告，观察检查与点燃试验
	3	金属风管的制作应符合下列规定： （1）金属风管的材料品种、规格、性能与厚度应符合设计要求。当风管厚度设计无要求时，应按《通风与空调工程施工质量验收规范》GB 50243—2016 执行。钢板风管板材厚度应符合表 4-7 的规定。镀锌钢板的镀锌层厚度应符合设计或合同的规定，当设计无规定时，不应采用低于 $80g/m^2$ 的板材；不锈钢板风管板材厚度应符合表 4-8 的规定；铝板风管板材厚度应符合表 4-9 的规定 （2）金属风管的连接应符合下列规定： 1）风管板材拼接的接缝应错开，不得有十字形拼接缝 2）金属圆形风管法兰及螺栓规格应符合表 4-10 的规定，金属矩形风管法兰及螺栓规格应符合表 4-11 的规定。微压、低压与中压系统风管法兰的螺栓及铆钉孔的孔距不得大于 150mm；高压系统风管不得大于 100mm。矩形风管法兰的四角部位应设有螺孔 3）用于中压及以下压力系统风管的薄钢板法兰矩形风管的法兰高度，应大于或等于相同金属法兰风管的法兰高度。薄钢板法兰矩形风管不得用于高压风管 （3）金属风管的加固应符合下列规定： 1）直咬缝圆形风管直径大于或等于 800mm，且管段长度大于 1250mm 或总表面积大于 $4m^2$ 时，均应采取加固措施。用于高压系统的螺旋风管，直径大于 2000mm 时应采取加固措施 2）矩形风管的边长大于 630mm，或矩形保温风管边长大于 800mm，管段长度大于 1250mm；或低压风管单边平面面积大于 $1.2m^2$，中、高压风管大于 $1.0m^2$，均应有加固措施 3）非规则椭圆形风管的加固应按本条第 2 款的规定执行	按Ⅰ方案	尺量、观察检查

项目	项次	合格质量标准	检查数量	检验方法
主控项目	4	非金属风管的制作应符合下列规定： （1）非金属风管的材料品种、规格、性能与厚度等应符合设计要求。当设计无厚度规定时，应按《通风与空调工程施工质量验收规范》GB 50243—2016 执行。高压系统非金属风管应按设计要求 （2）硬聚氯乙烯风管的制作应符合下列规定： 1）硬聚氯乙烯圆形风管板材厚度应符合表 4-12 的规定。硬聚氯乙烯矩形风管板材厚度应符合表 4-13 的规定。 2）硬聚氯乙烯圆形风管法兰规格应符合表 4-14 的规定，硬聚氯乙烯矩形风管法兰规格应符合表 4-15 的规定。法兰螺孔的间距不得大于 120mm。矩形风管法兰的四角处应设有螺孔 3）当风管的直径或边长大于 500mm 时，风管与法兰的连接处应设加强板且间距不得大于 450mm （3）玻璃钢风管的制作应符合下列规定： 1）微压、低压及中压系统有机玻璃钢风管板材厚度应符合表 4-16 的规定。无机玻璃钢（氯氧镁水泥）风管板材厚度应符合表 4-17 的规定；风管玻璃纤维布厚度与层数应符合表 4-18 的规定，且不得采用高碱玻璃纤维布。风管表面不得出现泛卤及严重泛霜 2）玻璃钢风管法兰的规格应符合表 4-19 的规定，螺栓孔的间距不得大于 120mm。矩形风管法兰的四角处应设有螺孔 3）当采用套管连接时，套管厚度不得小于风管板材厚度 4）玻璃钢风管的加固应为本体材料或防腐性能相同的材料，加固件应与风管成为整体 （4）砖、混凝土建筑风道的伸缩缝应符合设计要求，不应有渗水和漏风 （5）织物布风管在工程中使用时，应具有相应符合国家现行标准的规定，并应符合卫生与消防的要求	按 I 方案	观察检查、尺量、查验材料质量证明书、产品合格证

项目	项次	合格质量标准	检查数量	检验方法
主控项目	5	复合材料风管的覆面材料必须采用不燃材料，内层的绝热材料应采用不燃或难燃且对人体无害的材料	全数检查	查验材料质量合格证明文件、性能检测报告，观察检查与点燃试验
	6	复合材料风管的制作应符合下列规定： （1）复合风管的材料品种、规格、性能与厚度应符合设计要求。复合板材的内外覆面层粘贴应牢固，表面平整无破损，内部绝热材料不得外露 （2）铝箔复合材料风管的连接、组合应符合下列规定： 1）采用直接粘结连接的风管，边长不应大于 500mm；采用专用连接件连接的风管，金属专用连接件的厚度不应小于 1.2mm，塑料专用连接件的厚度不应小于 1.5mm 2）风管内的转角连接缝，应采取密封措施 3）铝箔玻璃纤维复合风管采用压敏铝箔胶带连接时，胶带应粘结在铝箔面上，接缝两边的宽度均应大于 20mm。不得采用铝箔胶带直接与玻璃纤维断面相粘结的方法 4）当采用法兰连接时，法兰与风管板材的连接应可靠，绝热层不应外露，不得采用降低板材强度和绝热性能的连接方法。中压风管边长大于 1500mm 时，风管法兰应为金属材料 （3）夹芯彩钢板复合材料风管，应符合现行国家标准《建筑设计防火规范》GB 50016—2014（2018 年版）的有关规定。当用于排烟系统时，内壁金属板的厚度应符合表 4-7 的规定	按Ⅰ方案	尺量、观察检查、查验材料质量证明书、产品合格证

项目	项次	合格质量标准	检查数量	检验方法
主控项目	7	净化空调系统风管的制作应符合下列规定： (1) 风管内表面应平整、光滑，管内不得设在加固框或加固筋 (2) 风管不得有横向拼接缝。矩形风管底边宽度小于或等于 900mm 时，底面不得有拼接缝；大于 900mm 且小于或等于 1800mm 时，底面拼接缝不得多于 1 条；大于 1800mm 且小于或等于 2700mm 时，底面拼接缝不得多于 2 条 (3) 风管所用的螺栓、螺母、垫圈和铆钉的材料应与管材性能相适应，不应产生电化学腐蚀 (4) 当空气洁净度等级为 N1～N5 级时，风管法兰的螺栓及铆钉孔的间距不应大于 80mm；当空气洁净度等级为 N6～N9 级时，不应大于 120mm。不得采用抽芯铆钉 (5) 矩形风管不得使用 S 形插条及直角形插条连接。边长大于 1000mm 的净化空调系统风管，无相应的加固措施，不得使用薄钢板法兰弹簧夹连接 (6) 空气洁净度等级为 N1～N5 级时净化空调系统的风管，不得采用按扣式咬口连接 (7) 风管制作完毕后应清洗。清洗剂不应对人体、管材和产品等产生危害	按 I 方案	查阅材料质量合格证明文件和观察检查，白绸布擦拭

项目	项次	合格质量标准	检查数量	检验方法
一般项目	8	金属风管的制作应符合下列规定： （1）金属法兰连接风管的制作应符合下列规定： 1）风管与配件的咬口缝应紧密、宽度应一致、折角应平直、圆弧应均匀，并且两端面应平行。风管不应有明显的扭曲与翘角，表面应平整，凹凸不应大于10mm 2）当风管的外径或外边长小于或等于300mm时，其允许偏差不应大于2mm；当风管的外径或外边长大于300mm时，不应大于3mm。管口平面度的允许偏差不应大于2mm；矩形风管两条对角线长度之差不应大于3mm，圆形法兰任意两直径之差不应大于3mm 3）焊接风管的焊缝应饱满、平整，不应有凸瘤、穿透的夹渣和气孔、裂缝等其他缺陷。风管目测应平整，不应有凹凸大于10mm的变形 4）风管法兰的焊缝应熔合良好、饱满，无假焊和孔洞。法兰外径或外边长及平面度的允许偏差不应大于2mm。同一批量加工的相同规格法兰的螺孔排列应一致，并应具有互换性 5）风管与法兰采用铆接连接时，铆接应牢固，不应有脱铆和漏铆现象；翻边应平整，紧贴法兰，宽度应一致且不应小于6mm；咬缝及矩形风管的四角处不应有开裂与孔洞 6）风管与法兰采用焊接连接时，焊缝应低于法兰的端面。除尘系统风管宜采用内侧满焊，外侧间断焊形式。当风管与法兰采用点焊固定连接时，焊点应融合良好，间距不应大于100mm；法兰与风管应紧贴，不应有穿透的缝隙与孔洞	按Ⅱ方案	观察和尺量检查

项目	项次	合格质量标准	检查数量	检验方法
一般项目	8	7）镀锌钢板风管表面不得有 10% 以上的花白、锌层粉化等镀锌层严重损坏的现象 8）当不锈钢板或铝板风管的法兰采用碳素钢材时，材料规格应符合项次 3 的规定，并应根据设计要求进行防腐处理；铆钉材料应与风管材质相同，不应产生电化学腐蚀 （2）金属无法兰连接风管的制作应符合下列规定： 1）圆形风管无法兰连接形式应符合表 4-20 的规定。矩形风管无法兰连接形式应符合表 4-21 的规定 2）矩形薄钢板法兰风管的接口及附件，尺寸应准确，形状应规则，接口处应严密；风管薄钢板法兰的折边应平直，弯曲度不应大于 5‰。弹性插条或弹簧夹应与薄钢板法兰折边宽度相匹配，弹簧夹的厚度应大于或等于 1mm，且不应低于风管本体厚度。角件与风管薄钢板法兰四角接口的固定应稳固紧贴，端面应平整，相连处的连续通缝不应大于 2mm；角件的厚度不应小于 1mm 及风管本体厚度。薄钢板法兰弹簧夹连接风管，边长不宜大于 1500mm。当对法兰采取相应的加固措施时，风管边长不得大于 2000mm 3）矩形风管采用 C 型、S 型插条连接时，风管长边尺寸不应大于 630mm。插条与风管翻边的宽度应匹配一致，允许偏差不应大于 2mm。连接应平整严密，四角端部固定折边长度不应小于 20mm	按 Ⅱ 方案	观察和尺量检查

371

项目	项次	合格质量标准	检查数量	检验方法
一般项目	8	4）矩形风管采用立咬口、包边立咬口连接时，立筋的高度应大于或等于同规格风管的角钢法兰宽度。同一规格风管的立咬口、包边立咬口的高度应一致，折角应倾角有棱线，弯曲度允许偏差为 5‰。咬口连接铆钉的间距不应大于 150mm，间隔应均匀；立咬口四角连接处补角连接件的铆固应紧密，接缝应平整且无孔洞 5）圆形风管芯管连接应符合表 4-22 的规定 6）非规则椭圆风管可采用法兰与无法兰连接形式，质量要求应符合相应连接形式的规定 （3）金属风管的加固应符合下列规定 1）风管的加固可采用角钢加固、立咬口加固、楞筋加固、扁钢内支撑、螺杆内支撑和钢管内支撑等多种形式（图 4-5） 2）楞筋（线）的排列应规则，间隔应均匀，最大间距为 300mm，板面应平整，凹凸变形（不平度）不应大于 10mm 3）角钢或采用钢板折成加固筋的高度应小于或等于风管的法兰高度，加固排列应整齐均匀。与风管的铆接应牢固，最大间隔不应大于 220mm；各条加箍筋的相交处或加箍筋与法兰相交处宜连接固定 4）管内支撑与风管的固定应牢固，穿管壁处应采取密封措施。各支撑点之间或支撑点与风管的边沿或法兰间的距离应均匀，且不应大于 950mm 5）当中压、高压系统风管管段长度大于 1250mm 时，应采取加固框补强措施。高压系统风管的单咬口缝，还应采取防止咬口缝胀裂的加固或补强措施	按Ⅱ方案	观察和尺量检查

项目	项次	合格质量标准	检查数量	检验方法
一般项目	9	非金属风管的制作除应符合项次 8 中（1）的规定外，尚应符合下列规定： （1）硬聚氯乙烯风管的制作应符合下列规定： 1）风管两端面应平行，不应有扭曲，外径或外边长的允许偏差不应大于 2mm。表面应平整，圆弧应均匀，凹凸不应大于 5mm 2）焊缝形式及适用范围应符合表 4-23 的规定 3）焊接应饱满，排列应整齐，不应有焦黄断裂现象 4）矩形风管的四角可采用煨角或焊接连接。当采用煨角连接时，纵向焊缝距煨角处宜大于 80mm （2）有机玻璃钢风管的制作应符合下列规定： 1）风管两端面应平行，内表面应平整、光滑，无气泡，外表面应整齐，厚度应均匀且边缘处无毛刺及分层现象 2）法兰与风管的连接应牢固，内角交界处应采用圆弧过渡。管口与风管轴线成直角，平面度的允许偏差不应大于 3mm；螺孔的排列应均匀，至管口的距离应一致，允许偏差不应大于 2mm 3）风管的外径或外边长尺寸的允许偏差不应大于 3mm，圆形风管的任意正交两直径之差不应大于 5mm，矩形风管的两对角线之差不应大于 5mm 4）矩形玻璃钢风管的边长大于 900mm，且管段长度大于 1250mm 时，应采取加固措施。加固筋的分布应均匀整齐 （3）无机玻璃钢风管的制作除应符合（2）的规定外，尚应符合下列规定： 1）风管表面应光洁，不应有多处目测到的泛霜和分层现象 2）风管的外形尺寸应符合表 4-24 的规定 3）风管法兰制作应符合（2）中 2）的规定 （4）砖、混凝土建筑风道内径或内边长的允许偏差不应大于 20mm，两对角线之差不应大于 30mm；内表面的水泥砂浆涂抹应平整，且不应有贯穿性的裂缝及孔洞	按 II 方案	查验测试记录，观察和尺量检查

项目	项次	合格质量标准	检查数量	检验方法
一般项目	10	复合材料风管的制作应符合下列规定： （1）复合材料风管及法兰的允许偏差应符合表 4-25 的规定 （2）双面铝箔复合绝热材料风管的制作应符合下列规定： 1）风管的折角应平直，两端面应平行，允许偏差应符合表 4-25 的规定 2）板材的拼接应平整，凹凸不大于 5mm，无明显变形、起泡和铝箔破损 3）风管长边尺寸大于 1600mm 时，板材拼接应采用 H 形 PVC 或铝合金加固条 4）边长大于 320mm 的矩形风管采用插接连接时，四角处应粘贴直角垫片，插接连接件与风管粘结应牢固，插接连接件应互相垂直，插接连接件间隙不应大于 2mm 5）风管采用法兰连接时，风管与法兰的连接应牢固 6）矩形弯管的圆弧面采用机械压弯成型制作时，轧压深度不宜超过 5mm。圆弧面成型后，应对轧压处的铝箔划痕密封处理 7）聚氨酯铝箔复合风管或酚醛铝箔复合材料风管，内支撑加固的镀锌螺杆直径不应小于 8mm，穿管壁处应进行密封处理。聚氨酯（酚醛）铝箔复合材料风管内支撑加固的设置应符合表 4-26 的规定 （3）铝箔玻璃纤维复合材料风管除应符合表 4-25 的规定外，尚应符合下列规定： 1）风管的离心玻璃纤维板材应干燥、平整，板外表面的铝箔隔气保护层与内芯玻璃纤维材料应粘合牢固，内表面应有防纤维脱落的保护层且不得释放有害物质	按 Ⅱ 方案	查阅测试资料、尺量、观察检查

项目	项次	合格质量标准	检查数量	检验方法
一般项目	10	2）风管采用承插阶梯接口形式连接时，承口应在风管外侧，插口应在风管内侧，承口、插口均应整齐，插入深度应大于或等于风管板材厚度。插接口处预留的覆面层材料厚度应等同于板材厚度，接缝处的粘结应严密、牢固 　3）风管采用外套角钢法兰连接时，角钢法兰规格可为同尺寸金属风管的法兰规格或小一档规格。槽形连接件应采用厚度不小于 1mm 的镀锌钢板。角钢外套法兰与槽形连接件的连接，应采用不小于 M6 的镀锌螺栓（图 4-6），螺栓间距不应大于 120mm。法兰与板材间及螺栓孔的周边应涂胶密封 　4）铝箔玻璃纤维复合风管内支撑加固的镀锌螺杆直径不应小于 6mm，穿管壁处应采取密封处理。正压风管长边尺寸大于或等于 1000mm 时，应增设外加固框。外加固框架应与内支撑的镀锌螺杆相固定。负压风管的加固框应设在风管的内侧，在工作压力下其支撑的镀锌螺杆不得有弯曲变形。风管内支撑的加固应符合表 4-27 的规定 　（4）机制玻璃纤维增强氯氧镁水泥复合板风管除应符合表 4-25 的规定外，尚应符合下列规定： 　1）矩形弯管的曲率半径和分节数应符合表 4-28 的规定 　2）风管板材采用对接粘结时，在对接缝的两面应分别粘贴 3 层及以上，宽度不应小于 50mm 的玻璃纤维布增强 　3）胶粘剂应与产品相匹配，且不应散发有毒、有害气体 　4）风管内加固用的镀锌支撑螺杆直径不应小于 10mm，穿管壁处应密封。风管内支撑横向加固数量应符合表 4-29 的规定，纵向间距不应大于 1250mm。当负压系统风管的内支撑高度大于 800mm 时，支撑杆应采用镀锌钢管	按Ⅱ方案	查阅测试资料、尺量、观察检查

项目	项次	合格质量标准	检查数量	检验方法
一般项目	11	净化空调系统风管除应符合项次8的规定外，尚应符合下列规定： （1）咬口缝处所涂密封胶宜在正压侧 （2）镀锌钢板风管的咬口缝、折边和铆接等处有损伤时，应进行防腐处理 （3）镀锌钢板风管的镀锌层不应有多处或10%表面积的损伤、粉化脱落等现象 （4）风管清洗达到清洁要求后，应对端部密闭封堵并存放在清洁的房间 （5）净化空调系统的静压箱本体、箱内高效过滤器的固定框架及其他固定件应为镀锌件、镀镍件或其他防腐件	按Ⅱ方案	观察检查
	12	圆形弯管的曲率半径和分节数应符合表4-30的规定。圆形弯管的弯曲角度及圆形三通、四通支管与总管夹角的制作偏差不应大于3°	按Ⅱ方案	观察和尺量检查
	13	矩形风管弯管宜采用曲率半径为一个平面边长，内外同心弧的形式。当采用其他形式的弯管且平面边长大于500mm时，应设弯管导流片	按Ⅱ方案	观察和尺量检查
	14	风管变径管单面变径的夹角不宜大于30°，双面变径的夹角不宜大于60°。圆形风管支管与总管的夹角不宜大于60°	按Ⅱ方案	尺量及观察检查
	15	防火风管的制作应符合下列规定： （1）防火风管的口径允许偏差应符合项次8的规定 （2）采用型钢框架外敷防火板的防火风管，框架的焊接应牢固，表面应平整，偏差不应大于2mm。防火板敷设形状应规整，固定应牢固，接缝应用防火材料封堵严密且不应有穿孔 （3）采用在金属风管外敷防火绝热层的防火风管，风管严密性要求应按项次8中有关压力系统金属风管的规定执行。防火绝热层的设置应按《通风与工程施工质量验收规范》GB 50243—2016第10章的规定执行	按Ⅱ方案	尺量及观察检查

注：Ⅰ方案指产品合格率大于或等于95%的抽样评定方案；Ⅱ方案指产品合格率大于或等于85%的抽样评定方案。

风管允许漏风量 表 4-6

风管类型	允许漏风量 $[m^3/(h \cdot m^2)]$
低压风管	$Q_l \leqslant 0.1056P^{0.65}$
中压风管	$Q_m \leqslant 0.0352P^{0.65}$
高压风管	$Q_h \leqslant 0.0117P^{0.65}$

注：Q_l 为低压风管允许漏风量，Q_m 为中压风管允许漏风量，Q_h 为高压风管允许漏风量，P 为系统风管工作压力（Pa）。

钢板风管板材厚度（mm） 表 4-7

类别 风管直径或长边尺寸 b	微压、低压系统风管	中压系统风管		高压系统风管	除尘系统风管
		圆形	矩形		
$b \leqslant 320$	0.5	0.5	0.5	0.75	2.0
$320 < b \leqslant 450$	0.5	0.6	0.6	0.75	2.0
$450 < b \leqslant 630$	0.6	0.75	0.75	1.0	3.0
$630 < b \leqslant 1000$	0.75	0.75	0.75	1.0	4.0
$1000 < b \leqslant 1500$	1.0	1.0	1.0	1.2	5.0
$1500 < b \leqslant 2000$	1.0	1.2	1.2	1.5	按设计要求
$2000 < b \leqslant 4000$	1.2	按设计要求	1.2	按设计要求	

注：1. 螺旋风管的钢板厚度可按圆形风管减少 10%～15%。

2. 排烟系统风管钢板厚度可按高压系统。

3. 不适用于地下人防与防火隔墙的预埋管。

不锈钢板风管板材厚度（mm）　表 4-8

风管直径或长边尺寸 b	微压、低压、中压	高压
$b \leqslant 450$	0.5	0.75
$450 < b \leqslant 1120$	0.75	1.0
$1120 < b \leqslant 2000$	1.0	1.2
$2000 < b \leqslant 4000$	1.2	按设计要求

铝板风管板材厚度（mm）　表 4-9

风管直径或长边尺寸 b	微压、低压、中压
$b \leqslant 320$	1.0
$320 < b \leqslant 630$	1.5
$630 < b \leqslant 2000$	2.0
$2000 < b \leqslant 4000$	按设计要求

金属圆形风管法兰及螺栓规格（mm）　表 4-10

风管直径 D	法兰材料规格		螺栓规格
	扁钢	角钢	
$D \leqslant 140$	20×4	—	M6
$140 < D \leqslant 280$	25×4	—	
$280 < D \leqslant 630$	—	25×3	
$630 < D \leqslant 1250$	—	30×4	M8
$1250 < D \leqslant 2000$	—	40×4	

金属矩形风管法兰及螺栓规格（mm）　表 4-11

风管长边尺寸 b	法兰角钢规格	螺栓规格
$b \leqslant 630$	25×3	M6
$630 < b \leqslant 1500$	30×3	M8
$1500 < b \leqslant 2500$	40×4	
$2500 < b \leqslant 4000$	50×5	M10

硬聚氯乙烯圆形风管板材厚度（mm）　表 4-12

风管直径 D	微压、低压	中压
$D \leqslant 320$	3.0	4.0
$320 < D \leqslant 800$	4.0	6.0
$800 < D \leqslant 1200$	5.0	8.0
$1200 < D \leqslant 2000$	6.0	10.0
$D > 2000$	按设计要求	

硬聚氯乙烯矩形风管板材厚度（mm）　表 4-13

风管长边尺寸 b	微压、低压	中压
$b \leqslant 320$	3.0	4.0
$320 < b \leqslant 500$	4.0	5.0
$500 < b \leqslant 800$	5.0	6.0
$800 < b \leqslant 1250$	6.0	8.0
$1250 < b \leqslant 2000$	8.0	10.0

硬聚氯乙烯圆形风管法兰规格（mm）

表 4-14

风管直径 D	材料规格（宽×厚）	连接螺栓	风管直径 D	材料规格（宽×厚）	连接螺栓
D≤180	35×6	M6	800<D≤1400	40×12	M10
180<D≤400	35×8	M8	1400<D≤1600	50×15	
400<D≤500	35×10		1600<D≤2000	60×15	
500<D≤800	40×10		D>2000	按设计要求	

硬聚氯乙烯矩形风管法兰规格（mm）

表 4-15

风管长边 b	材料规格（宽×厚）	连接螺栓	风管长边 b	材料规格（宽×厚）	连接螺栓
b≤160	35×6	M6	800<b≤1250	45×12	M10
160<b≤400	35×8	M8	1250<b≤1600	50×15	
400<b≤500	35×10		1600<b≤2000	60×18	
500<b≤800	40×10	M10	b>2000	按设计要求	

微压、低压、中压系统有机玻璃钢风管板材厚度（mm）

表 4-16

圆形风管直径 D 或矩形风管长边尺寸 b	壁厚
D（b）≤200	2.5
200<D（b）≤400	3.2
400<D（b）≤630	4.0
630<D（b）≤1000	4.8
1000<D（b）≤2000	6.2

微压、低压、中压系统无机玻璃钢风管板材厚度（mm）   表 4-17

圆形风管直径 D 或矩形风管长边尺寸 b	壁厚	圆形风管直径 D 或矩形风管长边尺寸 b	壁厚
D（b）≤300	2.5～3.5	1000＜D（b）≤1500	5.5～6.5
300＜D（b）≤500	3.5～4.5	1500＜D（b）≤2000	6.5～7.5
500＜D（b）≤1000	4.5～5.5	D（b）＞2000	7.5～8.5

微压、低压、中压系统无机玻璃钢风管玻璃纤维布厚度与层数（mm）   表 4-18

圆形风管直径 D 或矩形风管长边 b	风管管体玻璃纤维布厚度		风管法兰玻璃纤维布厚度	
	0.3	0.4	0.3	0.4
	玻璃布层数			
D（b）≤300	5	4	8	7
300＜D（b）≤500	7	5	10	8
500＜D（b）≤1000	8	6	13	9
1000＜D（b）≤1500	9	7	14	10
1500＜D（b）≤2000	12	8	16	14
D（b）＞2000	14	9	20	16

玻璃钢风管法兰规格（mm）

表 4-19

圆形风管直径 D 或矩形风管长边 b	材料规格（宽×厚）	连接螺栓
D（b）≤400	30×4	M8
400＜D（b）≤1000	40×6	
1000＜D（b）≤2000	50×8	M10

圆形风管无法兰连接形式

表 4-20

无法兰连接形式		附件板厚（mm）	接口要求	适用范围
承插连接		—	插入深度≥30mm，有密封要求	直径＜700mm 微压、低压风管
带加强筋承插		—	插入深度≥20mm，有密封要求	微压、低压、中压风管
角钢加固承插		—	插入深度≥20mm，有密封要求	微压、低压、中压风管
芯管连接		≥管板厚	插入深度≥20mm，有密封要求	微压、低压、中压风管
立筋抱箍连接		≥管板厚	扳边与楞筋匹配一致，紧固严密	微压、低压、中压风管

无法兰连接形式		附件板厚（mm）	接口要求	适用范围
抱箍连接		≥管板厚	对口尽量靠近不重叠，抱箍应居中，宽度≥100mm	直径＜700mm 微压、低压风管
内胀芯管连接		≥管板厚	橡胶密封垫固定应牢固	大口径螺旋风管

矩形风管无法兰连接形式 表 4-21

无法兰连接形式		附件板厚（mm）	使用范围
S形插条		≥0.7	微压、低压风管，单独使用连接处必须有固定措施
C形插条		≥0.7	微压、低压、中压风管
立咬口		≥0.7	微压、低压、中压风管

无法兰连接形式		附件板厚（mm）	使用范围
包边立咬口		≥0.7	微压、低压、中压风管
薄钢板法兰插条		≥1.0	微压、低压、中压风管
薄钢板法兰弹簧夹		≥1.0	微压、低压、中压风管
直角形平插条		≥0.7	微压、低压风管

圆形风管芯管连接　　　　　　　　　　　　　　　　　　　　表 4-22

风管直径 D （mm）	芯管长度 l （mm）	自攻螺钉或抽芯铆钉数量 （个）	直径允许偏差（mm）	
			圆管	芯管
120	120	3×2	−1～0	−3～−4
300	160	4×2		

风管直径 D (mm)	芯管长度 l (mm)	自攻螺钉或抽芯铆钉数量 (个)	直径允许偏差（mm）	
			圆管	芯管
400	200	4×2		
700	200	6×2		
900	200	8×2		
1000	200	8×2	−2～0	−4～−5
1120	200	10×2		
1250	200	10×2		
1400	200	12×2		

注：大口径圆形风管宜采用内胀式芯管连接。

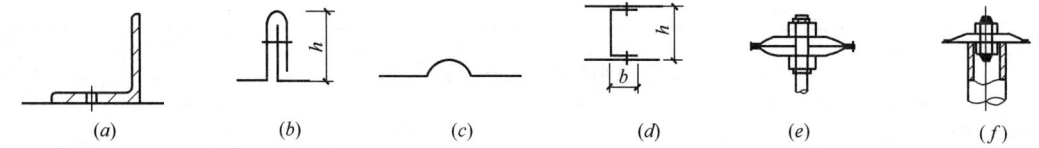

图 4-5　金属风管的加固形式

（a）角钢加固；（b）立咬口加固；（c）楞筋加固；（d）扁钢内支撑；（e）螺杆内支撑；（f）钢管内支撑

硬聚氯乙烯风管的焊缝形式及适用范围 表 4-23

焊缝形式	图形	焊缝高度（mm）	板材厚度（mm）	坡口角度 α（°）	适用范围
V 形对接焊缝		2～3	3～5	70～90	单面焊的风管
X 形对接焊缝		2～3	≥5	70～90	风管法兰及厚板的拼接
搭接焊缝		≥最小板厚	3～10	—	风管或配件的加固
角焊缝（无坡口）		2～3	6～18	—	风管或配件的加固
		≥最小板厚	≥3	—	风管配件的角焊

焊缝形式	图形	焊缝高度（mm）	板材厚度（mm）	坡口角度 α（°）	适用范围
V 形单面角焊缝		2～3	3～8	70～90	风管角部焊接
V 形双面角焊缝		2～3	6～15	70～90	厚壁风管角部焊接

无机玻璃钢风管外形尺寸（mm）　　　　　　　　表 4-24

直径 D 或长边尺寸 b	矩形风管表面不平度	矩形风管管口对角线之差	法兰平面的不平度	圆形风管两直径之差
D（b）≤300	≤3	≤3	≤2	≤3
300＜D（b）≤500	≤3	≤4	≤2	≤3
500＜D（b）≤1000	≤4	≤5	≤2	≤4
1000＜D（b）≤1500	≤4	≤6	≤3	≤5
1500＜D（b）≤2000	≤5	≤7	≤3	≤5

复合材料风管及法兰允许偏差（mm）　　　　　　　　　　　　　　表 4-25

风管长边尺寸 b 或直径 D	边长或直径偏差	矩形风管表面平面度	矩形风管端口对角线之差	法兰或端口平面度	圆形法兰任意正交两直径之差
$b(D) \leqslant 320$	±2	≤3	≤3	≤2	≤3
$320 < b(D) \leqslant 2000$	±3	≤5	≤4	≤4	≤5

聚氨酯（酚醛）铝箔复合材料风管内支撑加固的设置　　　　　　　表 4-26

类　　别		系统工作压力（Pa）			
		≤300	301~500	501~750	751~1000
风管内边长 b （mm）	410<b≤600	—	—	—	1
	600<b≤800	—	1	1	1
	800<b≤1200	1	1	1	1
	1200<b≤1500	1	1	1	2
	1500<b≤2000	2	2	2	2
纵向加固间距（mm）					
聚氨酯复合风管		≤1000	≤800	≤600	
酚醛复合风管		≤800			

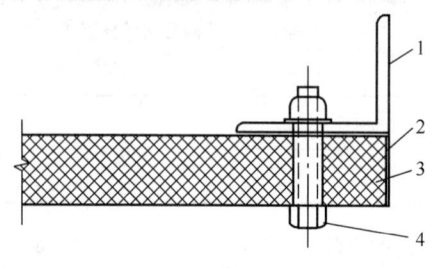

图 4-6　玻璃纤维复合风管角

钢连接示意

1—角钢外法兰；2—槽形连接件；

3—风管；4—M6 镀锌螺栓

玻璃纤维复合风管内支撑加固　　　表 4-27

类　　别		系统工作压力（Pa）		
		≤100	101～250	251～500
		内支撑横向加固点数		
风管边长 b（mm）	400＜b≤500	—	—	1
	500＜b≤600	—	1	1
	600＜b≤800	1	1	1
	800＜b≤1000	1	1	2
	1000＜b≤1200	1	2	2
	1200＜b≤1400	2	2	3
	1400＜b≤1600	2	3	3
	1600＜b≤1800	2	3	4
	1800＜b≤2000	3	3	4
金属加固框纵向间距（mm）		≤600		≤400

矩形弯管的曲率半径和分节数　　　表 4-28

弯管边长 b（mm）	曲率半径 R	弯管角度和最少分节数							
		90°		60°		45°		30°	
		中节	端节	中节	端节	中节	端节	中节	端节
b≤600	≥1.5b	2	2	1	2	1	2	—	2
600＜b≤1200	(1.0～1.5) b	2	2	2	2	1	2	—	2
1200＜b≤2000	1.0b	3	2	2	2	2	2	1	2

注：当 b 与曲率半径为大值时，弯管的中节数可参照圆形风管弯管的规定，适度增加。

风管内支撑横向加固数量 表 4-29

风管长边尺寸 b (mm)	系统设计工作压力（Pa）			
	$P\leqslant 500$		$500<P\leqslant 1000$	
	复合板厚度（mm）			
	18～24	25～45	18～24	25～45
$1250\leqslant b<1600$	1	—	1	—
$1600\leqslant b<2000$	1	1	2	1

圆形弯管的曲率半径和分节数 表 4-30

弯管直径 D (mm)	曲率半径 R	弯管角度和最少节数							
		90°		60°		45°		30°	
		中节	端节	中节	端节	中节	端节	中节	端节
80～220	$\geqslant 1.5D$	2	2	1	2	1	2	—	2
240～450	$1.0D～1.5D$	3	2	2	2	1	2	—	2
480～800	$1.0D～1.5D$	4	2	2	2	1	2	1	2
850～1400	$1.0D$	5	2	3	2	2	2	1	2
1500～2000	$1.0D$	8	2	5	2	3	2	2	2

4.2 风管部件

4.2.1 质量通病原因分析及防治措施

为了保证风管部件的质量，要求相关工作人员必须熟悉质量问题的现象和防治方法。常见的风管

389

部件的质量问题列于表 4-31。

风管部件质量通病分析及防治措施

表 4-31

质量通病现象	原因分析	防治措施
消声器的消声材料脱落、下沉	(1) 粘结聚酯泡沫塑料的胶粘剂涂刷不均匀 (2) 粘结聚酯泡沫塑料的风管由于表面潮湿而使粘结脱落 (3) 松散消声材料的成形覆面层下垂脱落 (4) 冲、钻的穿孔板有毛刺	(1) 胶粘剂应选用粘结强度高、固化时间短、稠度适宜的产品。为避免粘结的聚酯泡沫塑料表面受力不均匀，涂刷胶粘剂时应根据消声材料的尺寸分段均匀地涂刷，待消声材料粘结后可用木板等均匀压实 (2) 消声材料粘结前，必须将风管表面的水分、油污等杂物擦干净，增加粘结的强度，防止消声材料脱落 (3) 松散的消声材料应选用质量符合要求的玻璃纤维布、细布、麻布等织物及金属丝网和塑料纱网等成形覆面材料，覆面层必须按设计要求或标准图的规定拉紧后装订，保持松散消声材料均匀分布，外表平整、牢固，在运输、安装、运转中不变形 (4) 在加工金属穿孔板时，经过冲孔、钻孔后，孔口边缘一般会出现毛刺，它会划破松散消声材料的覆面层。当用作共振腔时会产生噪声，因此必须将孔口的毛刺粘平
排烟阀执行机构动作不灵活	排烟阀执行机构动作不灵活，当发生火灾时，不能自动开启。当空气温度升高至规定的数值时，不能自动关闭，失去排烟阀在排烟系统中的防火排烟作用，必须给国家财产和人身安全造成极大的危害	(1) 执行机构组装后应全面进行检查，以达到手动、电动动作灵活，实现阀门在弹簧力或电动机转矩作用下开启 (2) 熔断器的动作温度应按规范和设计所要求的温度选用 (3) 排烟阀安装在排烟系统中，平时呈关闭状态，火灾发生初期烟气借助于感烟器的作用自动开启排烟阀门。阀门开启后，感温器装置应在火灾温度达到动作温度 280℃ 时动作，阀门在弹簧力作用下复位关闭，以防止火灾沿排风管道方向蔓延

质量通病现象	原因分析	防治措施
活动箅板回风口性能差	（1）固定和活动箅板的孔缝尺寸和间距不一致 （2）固定板上调节螺栓开孔长度不够 （3）活动箅板与连接框不平行	（1）为了保证风口调节后能够达到全开或全闭状态，在对固定板和活动箅板的孔缝冲压时，应采用模具或样板，保证孔缝的长、宽、圆弧等尺寸一致并达到间距相等 （2）活动箅板回风口是靠调节螺栓来改变风口的净面积，要求固定板上调节螺栓开孔长度达到活动箅板滑动后处于全开位置。如开孔长度不够，即使调节螺栓已调整到极限位置，而固定与活动箅板的孔缝也不能全部重合。为了使调节机构动作灵活，调节螺栓的长孔必须保持平直 （3）为了保证活动箅板在连接框滑槽中活动平滑、不碰擦，除活动箅板下料后要角方外，连接框必须上下平行，并与活动箅板留有一定的间隙
弧形声流式消声器性能差	（1）消声片的穿孔孔径和穿孔面面积及穿孔的分布不符合技术要求 （2）弧形片的弧度不均匀 （3）消声片内的填料填充得不均匀 （4）消声片的片距不相等	（1）消声片的穿孔孔径和穿孔面积及穿孔的分布应严格按照计图纸或国家标准图进行加工。其孔径为 9mm，穿孔面积为 22%，孔与孔的中心距离为 12mm。为防止孔口的毛刺将玻璃纤维布擦破而使矿棉漏出，消声片钻孔或冲孔后，应将孔口上的毛刺锉掉 （2）弧形片的弧度是否均匀，将直接影响空气通过的阻力。为保持弧形片的弧度均匀，各号弧形片应分别采用模具冲压加工制作 （3）消声片的填料密实性是否均匀，是直接影响消声性能的主要因素。为了使填充的填料密实、均匀，应根据设计要求，按体积的需要量称量后填充 （4）弧形声流式消声器除壳体外，其内部是由三种消声片组成，各片的间距是靠片与固定拉杆进行调整。为了保证片距相等，必须使固定拉杆的调节量按要求的片距认真调整。其消声片的固定方法如图 4-7 所示

质量通病现象	原因分析	防治措施
调节阀、防火阀动作不灵活，阀片不能按照需要启闭	调节阀或防火阀执行机构动作不灵活，定位不准确，阀板与阀体有碰撞，调节杆长度过长，或者风阀轴孔中心线偏移、不同心。另外，防火阀易熔片老化，防火阀装反等现象，也有可能造成上述现象	仔细检查风阀动作执行机构，启闭灵活，定位准确，手动、电动机构运行可靠；阀板与阀体要留有适当间隙，同时保证其严密性。在转角90°时确定调节杆长度。确保阀片转动灵活，阀体轴孔同心，公差控制在±1mm以内 　　防火阀的易熔片须采用经有关部门批准生产的合格产品，并按照设计要求进行熔断试验，在使用过程中应定期更换，严禁用其他材料代替易熔片。当火灾达到易熔片极限温度68℃时，易熔片熔化，此时阀门自动关闭
插板式风口调节不灵活	(1) 圆形风管的圆度差，矩形风管的表面不平 　　(2) 插板的外形不平整 　　(3) 插板滑槽的板边凹凸不平 　　(4) 插板与滑槽的间隙过小	(1) 为了保证插板或风口外形美观，调节灵活，如圆形风管的圆度差，或矩形风管表面不平整，必须修整，使其达到风管制作的要求 　　(2) 对于矩形风管的风口插板外形应平整；对于圆形风管的风口，其外形的弧度应与风管的弧面一致 　　(3) 插板滑槽是插板式风口的关键部位，为保证插板拉动灵活，滑槽的外形尺寸、上下平行度应严格控制，板边应平整，不得有凹凸不平 　　(4) 插板式风口制作时，应先将滑槽铆接在风管上，然后根据插板的外形尺寸，使它与滑槽间有一定的间隙

质量通病现象	原因分析	防治措施
通风系统运行时，有时会出现消声器消声性能发生变化，阻力增大，并伴有抖动声	填充消声材料密度不均，覆面层不紧或脱落。消声孔分布不均，孔小或有毛刺。消声片填料填充质量差，间距不相同。消声片填料因重力影响，运输和安装时其厚度发生变化，立式安装下半部厚度加大，水平安装时底部下垂，造成通风面积减小，阻力增大	消声材料应填充符合设计要求，密实、均匀，覆面层拉紧后钉距加密。确保消声孔分布均匀，清理毛刺，防止产生共振噪声，总面积不足时应增加消声孔。消声片填料按照密度要求，称重后分别填充。弧形片弧度均匀，各片间距要相同
排烟防火阀温度熔断器的选用有误	排烟防火阀温度熔断器的选用有误，发生火灾时不能自动关闭（自动报警）起隔烟阻火作用，将会造成严重后果，使建筑遭受很大损失	在选用排烟防火阀温度熔断器时应注意：一定要按规范的设计所要求的温度选用，才能保证在火灾发生时，通过感烟或感温器控制设备电信号联动。在火灾初始阶段，将阀门严密关闭起隔烟阻火作用，阀门关闭同时可输出电信号给控制中心联动的防火阀
矩形百叶式风阀发生风口叶片不垂直、不平行，运行时颤动，动作不灵活、叶片与外框有摩擦、铆接过紧或过松	矩形百叶式启动阀外框与片轴孔不同心，偏离中心线，松紧不一，间隙小。外框对角线不相等，开关定位板位置选择有误	百叶要按照标准加工，外框间隙不能过小，叶片必须灵活不松动，其松紧程度以在风口风速 6m/s 时，叶片不动不颤，用手可轻轻扳动为宜。组装风阀外框和叶片时，检查直角、平行和对角线长度。检查轴孔同心度、中心线偏差和轴距。按照叶片与短管呈 90°时，确定定位板位置

质量通病现象	原因分析	防治措施
聚酯泡沫塑料管式消声器在使用过程中，可能出现阻力增大，有颤动声	胶粘剂涂刷不均匀，粘结面污物未清理干净，风干时间短，粘结不牢固。粘结时材料表面受力不均匀。风管表面潮湿，粘结脱落，在气流影响下发生振颤	胶粘剂质量优良，粘结前将粘结面清理干净，掌握风干时间，分段均匀涂抹粘结，材料粘结后用木板负重，均匀压实
空调系统工作时，无法在空调房间形成大的回旋气流，工作区内的气速温度和速度不均匀，空气调节效果不佳	空调房间侧送风贴附射流的射程短，气流还没有达到对面墙上，在途中就进入了工作区，难以形成贴附射流	将侧向送风口的安装位置向顶棚方向移动，缩短风口与顶棚之间距离，以 15°～20° 仰角向上送风，加强射流的贴附长度，增加其射程
旋转送风口常会出现旋转费力、不灵活	旋转送风口固定于转动法兰间隙小，加工不规则，呈椭圆状。滚动钢珠的直径小，或法兰上的钢球孔直径小，钢珠不滚动。法兰垫片薄，法兰螺栓过紧等	矫正固定及转动法兰的圆度，圆度偏差控制在 +2mm 以内，平整度误差低于 2mm，适当加大其间隙。调换直径配套的钢珠，加厚法兰垫片，调整法兰螺栓的松紧度
通风系统安装后常会出现蝶阀、密闭式斜插板阀开启阻力过大，启闭不灵活	蝶阀、密闭式斜插板阀制作不规范，安装方向有误，滑轨锈蚀，开关位置不准确等增大了阀门阻力	按照设计标准制作风阀，将公差控制在允许范围之内。明确蝶阀安装方向，标明开关位置。滑轨采用不易锈蚀材料，并定期涂抹润滑油。密闭式斜插板阀在水平风管上安装应顺气流方向，在垂直风管上安装应逆气流方向

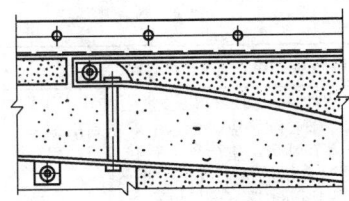

图 4-7　消声片的固定方法

4.2.2　风管部件质量标准及验收方法

风管部件的质量标准及验收方法应符合表 4-32 的规定。

风管部件的质量标准及验收方法　　　　　　　　　　　表 4-32

项目	项次	合格质量标准	检查数量	检验方法
主控项目	1	风管部件材料的品种、规格和性能应符合设计要求	按Ⅰ方案	观察、尺量、检查产品合格证明文件
	2	外购风管部件成品的性能参数应符合设计及相关技术文件的要求	按Ⅰ方案	观察检查、检查产品技术文件
	3	成品风阀的制作应符合下列规定： （1）风阀应设有开度指示装置，并应能准确反映阀片开度 （2）手动风量调节阀的手轮或手柄应以顺时针方向转动为关闭 （3）电动、气动调节阀的驱动执行装置，动作应可靠且在最大工作压力下工作正常	按Ⅰ方案	观察、尺量、手动操作、查阅测试报告

项目	项次	合格质量标准	检查数量	检验方法
主控项目	3	（4）净化空调系统的风阀、活动件、固定件以及紧固件均应采取防腐措施，风阀叶片主轴与阀体轴套配合应严密且采取密封措施 （5）工作压力大于 1kPa 的调节风阀，生产厂应提供在 1.5 倍工作压力下能自由开关的强度测试合格的证书或试验报告 （6）密闭阀应能严密关闭，漏风量应符合设计要求	按 I 方案	观察、尺量、手动操作、查阅测试报告
	4	防火阀、排烟阀或排烟口的制作应符合现行国家标准《建筑通风和排烟系统用防火阀门》GB 15930—2007 的有关规定，并应具有相应的产品合格证明文件	全数检查	观察、尺量、手动操作、查阅产品质量证明文件
	5	防爆系统风阀的制作材料应符合设计要求，不得替换	全数检查	观察检查、尺量检查、检查材料质量证明文件
	6	消声器、消声弯管的制作应符合下列规定： （1）消声器的类别、消声性能及空气阻力应符合设计要求和产品技术文件的规定 （2）矩形消声弯管平面边长大于 800mm 时，应设置吸声导流片 （3）消声器内消声材料的织物覆面层应平整，不应有破损，并应顺气流方向进行搭接 （4）消声器内的织物覆面层应有保护层，保护层应采用不易锈蚀的材料，不得使用普通钢丝网。当使用穿孔板保护层时，穿孔率应大于 20% （5）净化空调系统消声器内的覆面材料应采用尼龙布等不易产尘的材料 （6）微穿孔（缝）消声器的孔径或孔缝、穿孔率及板材厚度应符合产品设计要求，综合消声量应符合产品技术文件要求	按 I 方案	观察、尺量、查阅性能检测报告和产品质量合格证
	7	防排烟系统的柔性短管必须采用不燃材料	全数检查	观察检查、检查材料燃烧性能检测报告

项目	项次	合格质量标准	检查数量	检验方法
一般项目	8	风管部件活动机构的动作应灵活，制动和定位装置动作应可靠，法兰规格应与相连风管法兰相匹配	按Ⅱ方案	观察检查、手动操作、尺量检查
	9	风阀的制作应符合下列规定： （1）单叶风阀的结构应牢固，启闭应灵活，关闭应严密，与阀体的间隙应小于 2mm。多叶风阀开启时，不应有明显的松动现象；关闭时，叶片的搭接应贴合一致。截面积大于 1.2m² 的多叶风阀应实施分组调节 （2）止回阀阀片的转轴、铰链应采用耐锈蚀材料。阀片在最大负荷压力下不应弯曲变形，启闭应灵活，关闭应严密。水平安装的止回阀应有平衡调节机构 （3）三通调节风阀的手柄转轴或拉杆与风管（阀体）的结合处应严密，阀板不得与风管相碰擦，调节应方便，手柄与阀片应处于同一转角位置，拉杆可在操控范围内作定位固定 （4）插板风阀的阀体应严密，内壁应做防腐处理。插板应平整，启闭应灵活，并应有定位固定装置。斜插板风阀阀体的上、下接管应成直线 （5）定风量风阀的风量恒定范围和精度应符合工程设计及产品技术文件要求 （6）风阀法兰尺寸允许偏差应符合表 4-33 的规定	按Ⅱ方案	观察检查、手动操作、尺量检查

项目	项次	合格质量标准	检查数量	检验方法
一般项目	10	风罩的制作应符合下列规定： （1）风罩的结构应牢固，形状应规则，表面应平整、光滑，转角处弧度应均匀，外壳不得有尖锐的边角 （2）与风管连接的法兰应与风管法兰相匹配 （3）厨房排烟罩下部集水槽应严密、不漏水，并应坡向排放口。罩内安装的过滤器应便于拆卸和清洗 （4）槽边侧吸罩、条缝抽风罩的尺寸应正确，吸口应平整。罩口加强板间距应均匀	按Ⅱ方案	观察检查、手动操作、尺量检查
	11	风帽的制作应符合下列规定： （1）风帽的结构应牢固，形状应规则，表面应平整 （2）与风管连接的法兰应与风管法兰相匹配 （3）伞形风帽伞盖的边缘应采取加固措施，各支撑的高度尺寸应一致 （4）锥形风帽内外锥体的中心应同心，锥体组合的连接缝应顺水，下部排水口应畅通 （5）筒形风帽外筒体的上下沿口应采取加固措施，不圆度不应大于直径的2%。伞盖边缘与外筒体的距离应一致，挡风圈的位置应准确 （6）旋流形屋顶自然通风器的外形应规整，转动应平稳、流畅且无碰擦声	按Ⅱ方案	观察检查、手动操作、尺量检查

项目	项次	合格质量标准	检查数量	检验方法
一般项目	12	风口的制作应符合下列规定： （1）风口的结构应牢固，形状应规则，外表装饰面应平整 （2）风口的叶片或扩散环的分布应匀称 （3）风口各部位的颜色应一致，不应有明显的划伤和压痕。调节机构应转动灵活、定位可靠 （4）风口应以颈部的外径或外边长尺寸为准，风口颈部尺寸允许偏差应符合表4-34的规定	按Ⅱ方案	观察检查、手动操作、尺量检查
	13	消声器和消声静压箱的制作应符合下列规定： （1）消声材料的材质应符合工程设计的规定，外壳应牢固、严密，不得漏风 （2）阻性消声器充填的消声材料，体积密度应符合设计要求，铺设应均匀，并应采取防止下沉的措施。片式阻性消声器消声片的材质、厚度及片距，应符合产品技术文件要求 （3）现场组装的消声室（段），消声片的结构、数量、片距及固定应符合设计要求 （4）阻抗复合式、微穿孔（缝）板式消声器的隔板与壁板的结合处应紧贴严密；板面应平整、无毛刺，孔径（缝宽）和穿孔（开缝）率及共振腔的尺寸应符合国家现行标准的有关规定 （5）消声器与消声静压箱接口应与相连接的风管相匹配，尺寸的允许偏差应符合表4-33的规定	按Ⅱ方案	观察检查、尺量检查、查验材质证明书

项目	项次	合格质量标准	检查数量	检验方法
一般项目	14	柔性短管的制作应符合下列规定： (1) 外径或外边长应与风管尺寸相匹配 (2) 应采用抗腐、防潮、不透气及不易霉变的柔性材料 (3) 用于净化空调系统的还应是内壁光滑、不易产生尘埃的材料 (4) 柔性短管的长度宜为 150～250mm，接缝的缝制或粘结应牢固、可靠，不应有开裂；成型短管应平整，无扭曲等现象 (5) 柔性短管不应为异径连接管，矩形柔性短管与风管连接不得采用抱箍固定的形式 (6) 柔性短管与法兰组装宜采用压板铆接连接，铆钉间距宜为 60～80mm	按Ⅱ方案	观察检查、尺量检查
	15	过滤器的过滤材料与框架连接应紧密、牢固，安装方向应正确	按Ⅱ方案	观察检查、手动操作
	16	风管内电加热器的加热管与外框及管壁的应牢固、可靠，绝缘良好，金属外壳应与 PE 线可靠连接	按Ⅱ方案	观察检查、手动操作
	17	检查门应平整，启闭应灵活，关闭应严密，与风管或空气处理室的连接处应采取密封措施且无可察觉渗漏点。净化空调系统风管检查门的密封垫料，应采用成型密封胶带或软橡胶条	按Ⅱ方案	观察检查、手动操作

注：Ⅰ方案指产品合格率大于或等于 95% 的抽样评定方案；Ⅱ方案指产品合格率大于或等于 85% 的抽样评定方案。

风阀长边尺寸 b 或直径 D	边长或直径偏差	矩形风阀端口对角线之差	法兰或端口端面平面度	圆形风阀法兰任意正交两直径之差
$b\,(D)\leqslant320$	±2	±3	0~2	±2
$320<b\,(D)\leqslant2000$	±3	±3	0~2	±2

圆形风口		
直径	≤250	>250
允许偏差	−2~0	−3~0
矩形风口		
大边长	<300	300~800	>800
允许偏差	−1~0	−2~0	−3~0
对角线长度	<300	300~500	>500
对角线长度之差	0~1	0~2	0~3

4.3 风管系统安装

4.3.1 质量通病原因分析及防治措施

为了保证风管系统安装的质量，要求相关工作人员必须熟悉质量问题的现象和防治方法。常见的风管系统安装的质量问题列于表 4-35 中。

质量通病现象	原因分析	防治措施
穿越屋面的风管无防雨和稳固措施	(1) 风管与屋面无防雨罩 (2) 风管穿越屋面后无拉索或支架固定	(1) 风管穿越屋面后，管身必须完整无损，不得有钻孔或其他损伤，以免雨水漏入室内。风管穿越屋面后，应在风管与屋面的交界处设置防雨罩，确保交界和穿越处不漏水、不渗水。风管上的法兰采用涂料、垫料等密闭措施进行密封，防止雨水沿管壁渗、漏到室内。防雨罩应设置在建筑结构预制圈的外侧，如图 4-8 所示 (2) 风管穿出屋面高度超过 1.5m 时，应设拉索固定，也可用固定支架或利用建筑结构固定。采用拉索牵固时，拉索不应少于 3 根。拉索不能直接固定在风管或风帽上，应用抱箍固定在法兰的上侧，以防止下滑。应注意的是，严格禁止将拉索的下端固定在避雷针或避雷网上
插条连接的风管不严密	(1) 压制的插条法兰形状不规则 (2) 插条法兰的构形选用得不当 (3) U 形插条连接时，风管扳边不准确 (4) 无密封措施	(1) 压制插条法兰的机械，国内已定型生产了法兰插条咬口机。如采用自制的简易加工机械，必须保证插条法兰外形各部位的尺寸准确，成形规则 (2) 插条法兰目前采用的有 U 形、S 形及立筋 S 形等形式。一般是当矩形风管大边边长为 120～630mm，风管的上下两面（大边）采用 S 形连接，风管左右两个立面（小边）采用 U 形连接；当矩形风管大边边长为 630～800mm，其风管的两个立面仍采用 U 形连接，而上下两边采用立筋 S 形连接，以增加其牢固性。两段风管互相连接时，先将风管两平面的 S 形或立筋 S 形插条法兰处插入插条锁紧，再将风管两个立面插入 U 形插条法兰，最后再将带舌接头弯折扣紧

质量通病现象	原因分析	防治措施
插条连接的风管不严密	（1）压制的插条法兰形状不规则 （2）插条法兰的构形选用得不当 （3）U形插条连接时，风管扳边不准确 （4）无密封措施	（3）采用U形插条法兰时，风管末端下料要考虑扳边量，一面要预留10mm并折成180°翻边。扳边后的角度应准确、平整，不得凹凸不平，保证风管扳边的形状尺寸与U形插条连接的严密 （4）为保证插条法兰连接的严密性，一般用密封胶、玻璃丝布胶带及铝箔胶带等密封材料予以密封。只要认真对插条法兰与风管的间隙进行密封处理，其漏风率可达到2%。如果不进行密封处理，其漏风率则高于一般角钢法兰连接方式
发生火灾时，在有防火要求的楼梯间和楼梯间前室，正压送风的风垂和风量难以满足人员安全疏散的要求	（1）正压送风机选型过小，产生的风量、风压难以满足要求 （2）砖砌、混凝土风道内表面未抹灰，表面粗糙，甚至漏风，风道阻力过大，气流达到风口时损耗过大 （3）前室和楼梯间未安防火门或防火门的密闭性差，气流到达后迅速扩散，难以保持余压	（1）严格按照设计要求，选用满足要求的正压送风机 （2）砖或混凝土风道应采取边砌砖边抹灰的方法施工，及时检查验收 （3）作为消防通道的疏散楼梯和楼梯间前室，安装密闭性较好的防火门，以确保处于正压保护范围之内

质量通病现象	原因分析	防治措施
法兰表面不平整，螺栓孔不重合，圆形法兰圆度、对角线、内径、内边尺不规范	下料时，角度未调直，尺寸不准确；圆形法兰热煨时，因加热不均，受力不匀或胎具弧长不准确等，均会出现扭曲，致使表面不平，圆度差；矩形法兰胎具直角不准确或四边收缩量不相等；法兰螺栓钻孔时定位不准；法兰焊接时，接口焊缝变形	法兰下料尺寸应准确，钢板、角钢应事先校正，圆形法兰的内径、矩形法兰的内边尺寸允许误差为2mm，平整度误差不得大于2mm；圆形法兰应按照材料受热程度分段进行煨制；焊接法兰时，应先点焊找正位置后进行满焊；法兰钻孔时，为便于准确定位，防止钻头滑动位移，可在钻孔中心处预先冲凹定位；法兰钻孔后应再次校对其位置，保证通用性
风管的密封垫片安装及风管、管件等的连接不符合要求	(1) 通风、空调系统选用的法兰垫片材质不符合要求 (2) 法兰垫片的厚度不够，因而影响弹性及紧固程度 (3) 法兰垫片凸入风管内 (4) 法兰周边的螺栓松紧程度不一致	(1) 通风、空调系统应根据输送的不同介质和介质温度选用适合的法兰垫片材质。垫片可分为以下5个类别： 1) 一般送风、排风及空调系统，即输送温度低于70℃的空气风管，应选用橡胶板、闭孔海绵橡胶板等 2) 锅炉排烟除尘、烘干房的送、排风及加热炉的排气系统，即输送温度高于70℃空气或烟气的风管，应选用石棉绳或石棉橡胶板等 3) 酸性及碱性气体的塑料或不锈钢排风系统，应选用耐酸、耐碱的橡胶板或软聚氯乙烯板等 4) 印染、纺织工厂的送、排风及地下工程的通风系统，即输送产生凝结水或含有蒸汽的潮湿空气的风管，应选用橡胶板、闭孔海绵橡胶板等

质量通病现象	原因分析	防治措施
风管的密封垫片安装及风管、管件等的连接不符合要求	（1）通风、空调系统选用的法兰垫片材质不符合要求 （2）法兰垫片的厚度不够，因而影响弹性及紧固程度 （3）法兰垫片凸入风管内 （4）法兰周边的螺栓松紧程度不一致	5）除尘系统的风管，应选用橡胶板 （2）法兰垫片的厚度应根据风管壁厚及系统要求的密封程度决定，一般为3～5mm （3）垫片不能凸入风管内，否则它将会减少风管的有效截面，并增加系统的噪声、积尘和阻力。因此连接风管前，垫片必须按法兰上的孔洞位置冲眼；在安装过程中将垫片对准法兰孔并穿上螺栓，防止垫片凸入风管或错位；安装过程中不得将风管强拉硬撑，保证垫片不产生移位而准确地放在法兰中间位置 （4）紧固法兰连接螺母时，为保证连接后风管接口的严密性，螺母必须对称、紧固，均匀受力，不能成排地或沿圆周一个挨一个地紧固，而且螺母应在法兰的同一侧，使外观整齐、美观，也便于紧固
净化空调系统如果出现风管漏风，造成空气调节效率下降，并可能对系统造成污染，使洁净室的洁净度达不到要求	风管咬口不严，无其他密闭措施；法兰铆钉孔间距过大；法兰垫料材质不合格	风管加工过程中，应采用机械加工，保证风管咬口均匀、严密，并采取锡焊或涂抹密封胶等措施进行密封；法兰铆钉顶孔的间距不应大于100mm；法兰垫料应选用对人体无害、不宜产尘且弹性良好的柔性材料制成，如闭孔海绵橡胶板等材料，严禁用其他材料替代

质量通病现象	原因分析	防治措施
通风系统中，气流经过矩形直角弯头处阻力大，风压降低	在矩形弯头处由于没有设置导流叶片或导流叶片尺寸、位置不符合要求，气流在弯头直角处出现涡流现象	当矩形弯头宽度超过 500mm 时，在弯头直角处应设置导流叶片，导流片位置和外形尺寸应符合设计要求。详见图 4-9
风管安装的方法不妥	（1）整个风管系统无固定点 （2）吊杆直接吊在风管的法兰上 （3）圆形风管无托座 （4）保温的矩形风管直接和托架、吊杆接触	（1）风管穿墙、穿楼板、转弯等部位虽已起到系统固定点作用，但还需要根据工程具体情况，在有可能发生摆动的地方，适当加设固定点，以防止安装后的风管摆动 （2）根据规范要求，目前国内施工单位普遍采取矩形风管用托底横担，圆形风管用抱箍或落地支撑等办法固定，很少采用直接吊在法兰上的做法。但其缺点在于安装组尺寸必须十分精确，否则将会影响美观 （3）安装在托架上的圆形风管，应在托架上设有半圆托座，以保护风管免于局部受力产生变形 （4）为了防止风管和支吊架安装方式不当，而出现"冷桥"，造成冷、热量的损失，矩形风管的支吊、托架应设在保温层的外部，不能损坏保温层。使用托架的横担不直接和风管底部接触，中间应垫以坚实的隔热材料，其厚度与保温层相同；对于吊杆不得与风管的侧面接触，而要离开与保温层厚度相同的距离

质量通病现象	原因分析	防治措施
预留孔洞的位置和孔洞的尺寸不准确	（1）设计的孔洞坐标位置和标高不准确 （2）楼板、墙洞的结构尺寸余量不够 （3）通风、空调施工图上的孔洞坐标位置和标高与土建施工图不符 （4）与土建配合的施工人员经验不足	（1）施工图会审时，应重视风管穿过楼板、隔墙的坐标位置的复核工作，及时纠正施工图中的错误 （2）在不影响土建结构和建筑的美观条件下，适当地加大预留的孔洞，保证风管穿过楼板，墙壁有一定的余量，矩形风管各边的余量不小于50mm （3）在施工图会审工作中，应核对暖通施工图上的风管穿过楼板和墙壁的坐标和标高与土建施工图上的标示位置是否相符。如有遗漏或不相符之处，应将提出的问题和解决办法，明确记载在施工图会审纪要上，以便于施工 （4）安装人员配合土建施工是一项复杂的工作。在配合施工过程中，把已确定的风管走向、标高及坐标位置，在现场与土建施工人员及时进行复核，以保证预埋预留的准确性。因此，必须选派有丰富施工经验的人员完成
风管安装过程中，出现安装完成后的风管不顺直、扭曲、中心线偏移	风管法兰平整度不合格，并且其所在平面不与风管中心线垂直；法兰螺栓孔间距过大，螺栓松紧度不一致；风管支吊架位置、水高不统一，间距过大	风管法兰制作过程中校验平整度和与中心线的垂直度；法兰螺栓孔间距一般控制在150mm以内，净化空调系统法兰螺栓间距控制在120mm以内，螺栓安装时应均匀用力，使其松紧度保持一致；按照设计标准设置风管支吊架，调整风管支吊架标高，使风管均匀受力

质量通病现象	原因分析	防治措施
圆形无法兰连接风管安装过程中出现接口松动、漏风,两风管不同轴	风管加工过程中加工误差过大,两风管直径差距过大,造成连接间隙过大;或由于接口处抱箍松动	圆形无法兰风管在下料时,按照统一尺寸下料;加工过程中,注意咬口均匀,按照统一宽度加工;风管安装时调紧风管抱箍,也可加厚密封垫料的厚度,风管连接过程中注意按照施工规范要求控制咬口宽度、承插深度
通风系统运行过程中出现较大噪声或颤动,对周边环境产生噪声污染,影响系统的送风效果和使用寿命	(1)通风系统中出现截面突然变化,引起风管内气流紊乱,当气流通过时摩擦产生啸叫 (2)风管系统钢板厚度不足 (3)通风系统没有采取有效的加固措施 (4)风管内出现法兰垫料突出或法兰处封闭不严 (5)通风系统风速过高,具体表现为用调节阀调节风量时,调节阀两侧风管有很大的颤动声	(1)、严格按照设计要求确定风管截面尺寸,风管截面需要变化时选用渐变结构,尽量避免出现截面突然变化;为避免涡流的产生,弯头之间的间距不宜过小 (2)钢板厚度严格按照规范执行 (3)按照设计规定对风管采取有效的加固措施 (4)严格检查风管法兰垫料材质,法兰垫料均匀安装并进行漏风量和漏光试验检查 (5)通风系统风速严格按照设计指标执行,一般不得超出表4-36规定

质量通病现象	原因分析	防治措施
通风系统安装过程中容易出现柔性短管扭曲、塌陷、折叠等现象，从而减小了风管断面尺寸，削弱了隔振、降噪功能，增加了通风系统局部阻力	（1）柔性短管选用材质不符合要求 （2）柔性短管安装时松紧不均匀，安装扭曲，柔性短管的折皱形成永久变形 （3）柔性短管过长，负压段的柔性短管发生了吸入性塌陷	柔性短管的制作材质应符合规范要求；安装时使其受力均匀，避免扭曲；柔性短管过长则难免折叠，其长度应视风管断面尺寸而定，一般为150～250mm，断面尺寸较大的风管可以适当加长，断面尺寸较小的风管则不宜过长；另外，为防止出现负压段的风管出现吸入性塌陷，应适当缩短长度，安装得紧一些
铝板风管安装后外表面腐蚀	（1）支架未采取防腐绝缘处理措施 （2）法兰上的连接螺栓、螺母与铝板风管材质不符	（1）铝板风管系统安装使用碳素钢的支架和抱箍时，支架与抱箍应使用镀锌件或按设计要求采取防腐绝缘措施 （2）铝质螺栓、螺母的强度低，一般采用镀锌螺栓、螺母，但须在法兰螺栓孔两侧垫上镀锌垫圈，以增大接触面，防止螺栓划伤法兰
不锈钢板风管安装后耐腐蚀性能降低	（1）风管支架未采取隔离措施 （2）法兰连接的螺栓螺母材质不符合要求	（1）不锈钢风管采用碳素钢支架时，应用橡胶板、塑料板或不锈钢板垫在风管与支架中间，或在碳丝钢支架上喷涂防锈底漆和相应的绝缘漆，使达到支架与风管隔离的作用 （2）风管的法兰连接螺栓、螺母最好采用不锈钢制成的紧固件。如采用碳素钢紧固件时，应涂刷耐酸涂料

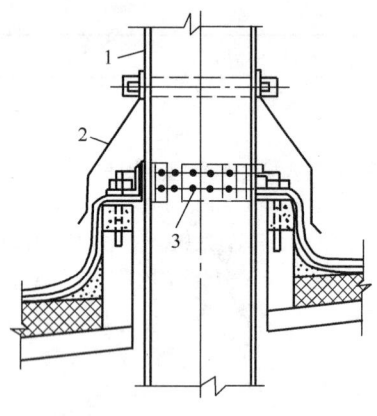

图 4-8　穿过屋面的排风管

1—金属风管；2—防雨罩；3—铆钉

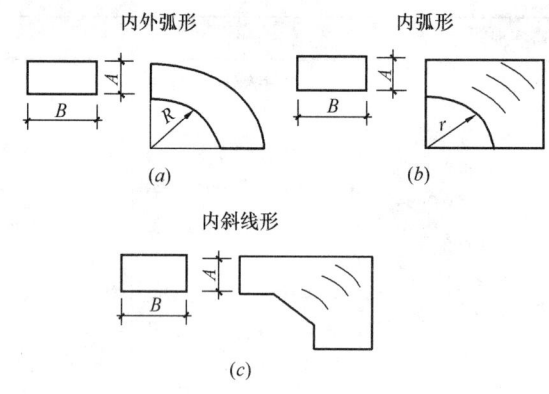

图 4-9　矩形弯头倒流片

风管内的风速一般规定　　　　　　　　　　　　　　　　　　表 4-36

频率为100Hz 时的室内	风速（m/s）		
允许声压级（dB）	总管和总支管	无送回风口的支管	有送回风口的支管
40～60	6～8	5～7	3～5
60 以上	7～12	6～8	3～6

4.3.2 风管系统安装质量标准及验收方法

风管系统安装的质量标准及验收方法应符合表 4-37 的规定。

风管系统安装的质量标准及验收方法

表 4-37

项目	项次	合格质量标准	检查数量	检验方法
主控项目	1	风管系统支吊架的安装应符合下列规定： （1）预埋件位置应正确、牢固、可靠，埋入部分应去除油污且不得涂漆 （2）风管系统支吊架的形式和规格应按工程实际情况选用 （3）风管直径大于 2000mm 或边长大于 2500mm 风管的支吊架的安装要求，应按设计要求执行	按 I 方案	查看设计图、尺量、观察检查
	2	当风管穿过需要封闭的防火、防爆的墙体或楼板时，必须设置厚度不小于 1.6mm 的钢制防护套管；风管与防护套管之间应采用不燃柔性材料封堵严密	全数	尺量、观察检查
	3	风管安装必须符合下列规定： （1）风管内严禁其他管线穿越 （2）输送含有易燃、易爆气体或安装在易燃、易爆环境的风管系统必须设置可靠的防静电接地装置 （3）输送含有易燃、易爆气体的风管系统通过生活区或其他辅助生产房间时不得设置接口 （4）室外风管系统的拉索等金属固定件严禁与避雷针或避雷网连接	全数	尺量、观察检查

项目	项次	合格质量标准	检查数量	检验方法
主控项目	4	外表温度高于60℃且位于人员易接触部位的风管，应采取防烫伤的措施	全数	观察检查
	5	净化空调系统风管的安装应符合下列规定： （1）安装前，风管、静压箱及其他部件的内表面应擦拭干净且无油污和浮尘。当施工停顿或完毕时，端口应封堵 （2）法兰垫料应采用不产尘、不易老化且具有强度和弹性的材料，厚度应为5～8mm，不得采用乳胶海绵。法兰垫片宜减少拼接，并且不得采用直缝对接连接，不得在垫料表面涂刷涂料 （3）风管穿过洁净室（区）吊顶、隔墙等围护结构时，应采取可靠的密封措施	按Ⅰ方案	观察、用白绸布擦拭
	6	集中式真空吸尘系统的安装应符合下列规定： （1）安装在洁净室（区）内真空吸尘系统所采用的材料应与所在洁净室（区）具有相容性 （2）真空吸尘系统的接口应牢固装设在墙或地板上，并应设有盖帽 （3）真空吸尘系统弯管的曲率半径不应小于4倍管径，并且不得采用褶皱弯管 （4）真空吸尘系统三通的夹角不得大于45°，支管不得采用四通连接 （5）集中式真空吸尘机组的安装，应符合现行国家标准《机械设备安装工程施工及验收通用规范》GB 50231—2009的有关规定	全数	尺量、观察检查

项目	项次	合格质量标准	检查数量	检验方法
主控项目	7	风管部件的安装应符合下列规定： （1）风管部件及操作机构的安装应便于操作 （2）斜插板风阀安装时，阀板应顺气流方向插入；水平安装时，阀板应向上开启 （3）止回阀、定风量阀的安装方向应正确 （4）防爆波活门、防爆超压排气活门安装时，穿墙管的法兰和在轴线视线上的杠杆应铅垂，活门开启应朝向排气方向，在设计的超压下能自动启闭。关闭后，阀盘与密封圈贴合应严密 （5）防火阀、排烟阀（口）的安装位置、方向应正确。位于防火分区隔墙两侧的防火阀，距墙表面不应大于200mm	按Ⅰ方案	吊坠、手扳、尺量、观察检查
	8	风口的安装位置应符合设计要求，风口或结构风口与风管的连接应严密牢固，不应存在可察觉的漏风点或部位，风口与装饰面贴合应紧密。X射线发射房间的送风口、排风口应采取防止射线外泄的措施	按Ⅰ方案	观察检查

项目	项次	合格质量标准	检查数量	检验方法
主控项目	9	风管系统安装完毕后，应按系统类别要求进行施工质量外观检验。合格后，应进行风管系统的严密性检验，漏风量除应符合设计要求和 4.1.2 中项次 1 的规定外，尚应符合下列规定： （1）当风管系统严密性检验出现不合格时，除应修复不合格的系统外，受检方应申请复验或复检 （2）净化空调系统进行风管严密性检验时，N1～N5 级的系统按高压系统风管的规定执行；N6～N9 级，且工作压力小于或等于 1500Pa 的，均按中压系统风管的规定执行	微压系统，按工艺质量要求实行全数观察检验；低压系统，按Ⅱ方案实行抽样检验；中压系统，按Ⅰ方案实行抽样检验；高压系统，全数检验	除微压系统外，严密性测试按《通风与空调工程施工质量验收规范》GB 50243—2016 附录 C 的规定执行
	10	当设计无要求时，人防工程染毒区的风管应采用大于或等于 3mm 钢板焊接连接；与密闭阀门相连接的风管，应采用带密封槽的钢板法兰和无接口的密封垫圈，连接应严密	全数	尺量、观察、查验检测报告
	11	住宅厨房、卫生间排风道的结构、尺寸应符合设计要求，内表面应平整；各层支管与风道的连接应严密，并应设置防倒灌的装置	按Ⅰ方案	观察检查
	12	病毒试验室通风与空调系统的风管安装连接应严密，允许渗漏量应符合设计要求	全数	观察检查，查验现场漏风量检测报告

项目	项次	合格质量标准	检查数量	检验方法
一般项目	13	风管支吊架的安装应符合下列规定： （1）金属风管水平安装，直径或边长小于或等于400mm时，支吊架间距不应大于4m；大于400mm时，间距不应大于3m。螺旋风管的支吊架的间距可为5m与3.75m；薄钢板法兰风管的支吊架间距不应大于3m。垂直安装时应设置至少两个固定点，支架间距不应大于4m （2）支吊架的设置不应影响阀门、自控机构的正常动作，且不应设置在风口、检查门处，离风口和分支管的距离不宜小于200mm （3）悬吊的水平主风管、干风管直线长度大于20m时，应设置防晃支架或防止摆动的固定点 （4）矩形风管的抱箍支架，折角应平直，抱箍应紧贴风管。圆形风管的支架应设托座或抱箍，圆弧应均匀，而且应与风管外径一致 （5）风管或空调设备使用的可调节减振支吊架，拉伸或压缩量应符合设计要求 （6）不锈钢板、铝板风管与碳素钢支架的接触处，应采取隔绝或防腐绝缘措施 （7）边长（直径）大于1250mm的弯头、三通等部位应设置单独的支吊架	按Ⅱ方案	尺量、观察检查

项目	项次	合格质量标准	检查数量	检验方法
一般项目	14	风管系统的安装应符合下列规定： (1) 风管应保持清洁，管内不应有杂物和积尘 (2) 风管安装的位置、标高、走向，应符合设计要求。现场风管接口的配置应合理，不得缩小其有效截面 (3) 法兰的连接螺栓应均匀拧紧，螺母宜在同一侧 (4) 风管接口的连接应严密、牢固。风管法兰的垫片材质应符合系统功能的要求，厚度不应小于 3mm。垫片不应凸入管内，并且不宜突出法兰外；垫片接口交叉长度不应小于 30mm (5) 风管与砖、混凝土风道的连接接口，应顺着气流方向插入并采取密封措施。风管穿出屋面处应设置防雨装置且不得渗漏 (6) 外保温风管必须穿越封闭的墙体时，应加设套管 (7) 风管的连接应平直。明装风管水平安装时，水平度的允许偏差应为 3‰，总偏差不应大于 20mm；明装风管垂直安装时，垂直度的允许偏差应为 2‰，总偏差不应大于 20mm。暗装风管安装的位置应正确，不应有侵占其他管线安装位置的现象	按Ⅱ方案	尺量、观察检查

项目	项次	合格质量标准	检查数量	检验方法
一般项目	14	(8) 金属无法兰连接风管的安装应符合下列规定： 1) 风管连接处应完整，表面应平整 2) 承插式风管的四周缝隙应一致，不应有折叠状褶皱。内涂的密封胶应完整，外粘的密封胶带应粘贴牢固 3) 矩形薄钢板法兰风管可采用弹性插条、弹簧夹或U形紧固螺栓连接。连接固定的间隔不应大于150mm，净化空调系统风管的间隔不应大于100mm且分布均匀。当采用弹簧夹连接时，宜采用正反交叉固定方式且不应松动 4) 采用平插条连接的矩形风管，连接后板面应平整 5) 置于室外与屋顶的风管，应采取与支架相固定的措施	按Ⅱ方案	尺量、观察检查
	15	除尘系统风管宜垂直或倾斜敷设。倾斜敷设时，风管与水平夹角宜大于或等于45°；当现场条件限制时，可采用小坡度和水平连接管。含有凝结水或其他液体的风管，坡度应符合设计要求并在最低处设排液装置	按Ⅱ方案	尺量、观察检查
	16	集中式真空吸尘系统的安装应符合下列规定： (1) 吸尘管道的坡度宜大于等于5‰，并应坡向立管、吸尘点或集尘器 (2) 吸尘嘴与管道的连接，应牢固、严密	按Ⅱ方案	尺量、观察检查

项目	项次	合格质量标准	检查数量	检验方法
一般项目	17	柔性短管的安装应松紧适度，目测平顺，不应有强制性的扭曲。可伸缩金属或非金属柔性风管的长度不宜大于 2m。柔性风管支吊架的间距不应大于 1500mm，承托的座或箍的宽度不应小于 25mm，两支架间风道的最大允许下垂应为 100mm 且不应有死弯或塌凹	按Ⅱ方案	尺量、观察检查
	18	非金属风管的安装除应符合项次 14 的规定外，尚应符合下列规定： (1) 风管连接应严密，法兰螺栓两侧应加镀锌垫圈 (2) 风管垂直安装时，支架间距不应大于 3m (3) 硬聚氯乙烯风管的安装尚应符合下列规定： 1) 采用承插连接的圆形风管，直径小于或等于 200mm 时，插口深度宜为 40～80mm，粘结处应严密、牢固 2) 采用套管连接时，套管厚度不应小于风管壁厚，长度宜为 150～250mm 3) 采用法兰连接时，垫片宜采用 3～5mm 软聚氯乙烯板或耐酸橡胶板 4) 风管直管连续长度大于 20m 时，应按设计要求设置伸缩节，支管的重量不得由干管承受	按Ⅱ方案	尺量、观察检查

项目	项次	合格质量标准	检查数量	检验方法
一般项目	18	5）风管所用的金属附件和部件，均应进行防腐处理 （4）织物布风管的安装应符合下列规定： 1）悬挂系统的安装方式、位置、高度和间距应符合设计要求 2）水平安装钢绳垂吊点的间距不得大于 3m。长度大于 15m 的钢绳应增设吊架或可调节的花篮螺栓。风管采用双钢绳垂吊时，两绳应平行，间距应与风管的吊点相一致 3）滑轨的安装应平整、牢固，目测不应有扭曲；风管安装后应设置定位固定 4）织物布风管与金属风管的连接处应采取防止锐口划伤的保护措施 5）织物布风管垂吊吊带的间距不应大于 1.5m，风管不应呈现波浪形	按Ⅱ方案	尺量、观察检查
	19	复合材料风管的安装除应符合项次 18 的规定外，尚应符合下列规定： （1）复合材料风管的连接处，接缝应牢固，不应有孔洞和开裂。当采用插接连接时，接口应匹配，不应松动，端口缝隙不应大于 5mm	按Ⅱ方案	尺量、观察检查

项目	项次	合格质量标准	检查数量	检验方法
一般项目	19	（2）复合材料风管采用金属法兰连接时，应采取防冷桥的措施 （3）酚醛铝箔复合板风管与聚氨酯铝箔复合板风管的安装，尚应符合下列规定： 1）插接连接法兰的不平整度应小于或等于 2mm，插接连接条的长度应与连接法兰齐平，允许偏差应为 -2~0mm 2）插接连接法兰四角的插条端头与护角应有密封胶封堵 3）中压风管的插接连接法兰之间应加密封垫或采取其他密封措施 （4）玻璃纤维复合板风管的安装应符合下列规定： 1）风管的铝箔复合面与丙烯酸等树脂涂层不得损坏，风管的内角接缝处应采用密封胶勾缝 2）榫连接风管的连接应在榫口处涂胶粘剂，连接后在外接缝处应采用扒钉加固，间距不宜大于 50mm，并宜采用宽度大于或等于 50mm 的热敏胶带粘贴密封 3）采用槽形插接等连接构件时，风管端切口应采用铝箔胶带或刷密封胶封堵	按Ⅱ方案	尺量、观察检查

项目	项次	合格质量标准	检查数量	检验方法
一般项目	19	4）采用槽型钢制法兰或插条式构件连接的风管，风管外壁钢抱箍与内壁金属内套，应采用镀锌螺栓固定，螺孔间距不应大于120mm，螺母应安装在风管外侧。螺栓穿过的管壁处应密封处理 5）风管垂直安装宜采用井字形支架，连接应牢固 （5）玻璃纤维增强氯氧镁水泥复合材料风管，应采用粘结连接。直管长度大于30m时，应设置伸缩节	按Ⅱ方案	尺量、观察检查
	20	风阀的安装应符合下列规定： （1）风阀应安装在便于操作及检修的部位。安装后，手动或电动操作装置应灵活、可靠，阀板关闭应严密 （2）直径或长边尺寸大于或等于630mm的防火阀，应设独立支吊架 （3）排烟阀（排烟口）及手控装置（包括钢索预埋套管）的位置应符合设计要求。钢索预埋套管弯管不应大于两个，并且不得有死弯及瘪陷；安装完毕后应操控自如，无卡涩等现象 （4）除尘系统吸入管段的调节阀，宜安装在垂直管段上 （5）防爆波悬摆活门、防爆超压排气活门和自动排气活门安装时，位置的允许偏差应为10mm，标高的允许偏差应为±5mm，框正面、侧面与平衡锤连杆的垂直度允许偏差应为5mm	按Ⅱ方案	尺量、观察检查

项目	项次	合格质量标准	检查数量	检验方法
一般项目	21	排风口、吸风罩（柜）的安装应排列整齐，牢固、可靠，安装位置和标高允许偏差应为±10mm，水平度的允许偏差应为3‰且不得大于20mm	按Ⅱ方案	尺量、观察检查
	22	风帽安装应牢固，连接风管与屋面或墙面的交接处不应渗水	按Ⅱ方案	尺量、观察检查
	23	消声器及静压箱的安装应符合下列规定： （1）消声器及静压箱安装时，应设置独立支吊架，固定应牢固 （2）当回风箱作为消声静压箱时，回风口处应设置过滤网	按Ⅱ方案	观察检查
	24	风管内过滤器的安装应符合下列规定： （1）过滤器的种类、规格应符合设计要求 （2）过滤器应便于拆卸和更换 （3）过滤器与框架及框架与风管或机组壳体之间的连接应严密	按Ⅱ方案	观察检查

项目	项次	合格质量标准	检查数量	检验方法
一般项目	25	风口的安装应符合下列规定： （1）风口表面应平整、不变形，调节应灵活、可靠。同一厅室、房间内的相同风口的安装高度应一致，排列应整齐 （2）明装无吊顶的风口，安装位置和标高允许偏差应为10mm （3）风口水平安装，水平度的允许偏差应为3‰ （4）风口垂直安装，垂直度的允许偏差应为2‰	按Ⅱ方案	尺量、观察检查
	26	洁净室（区）内风口的安装除应符合项次25的规定外，尚应符合下列规定： （1）风口安装前应擦拭干净，不得有油污、浮尘等 （2）风口边框与建筑顶棚或墙壁装饰面应紧贴，接缝处应采取可靠的密封措施 （3）带高效空气过滤器的送风口，四角应设置可调节高度的吊杆	按Ⅱ方案	查验成品质量合格证明文件，观察检查

注：Ⅰ方案指产品合格率大于或等于95％的抽样评定方案；Ⅱ方案指产品合格率大于或等于85％的抽样评定方案。

4.4 风机与空气处理设备安装

4.4.1 质量通病原因分析及防治措施

为了保证风机与空气处理设备安装的质量，要求相关工作人员必须熟悉质量问题的现象和防治方法。常见的风机与空气处理设备安装的质量问题列于表4-38中。

风机与空气处理设备安装质量通病分析及防治措施

表 4-38

质量通病现象	原因分析	防治措施
风机盘管和诱导器在使用过程中，出现连接管路漏水或冷凝水排水不畅	有风机盘管和诱导器与连接管路未使用软连接；排水口过高，溢流水盘倒坡，或由于连接管螺纹不正使接口损坏；夏季可能出现由于风机盘管连接管供、回水管温度较低，空气相对湿度较大时，周围空气中的水分出现结露现象，形成冷凝水滴下	风机盘管和诱导器与管路连接时要采用金属或非金属软管；如采取硬连接时，可使用退火的紫铜管和活接头连接，以保证其伸缩性。冷凝水溢流盘坡度应正确，应坡向泄水点，排水管应接入房间地漏。为防止出现结露现象，风机盘管供水、回水软管可采取防结露保温措施
通风系统中，轴流式风机运转过程中没有通风效果	轴流式风机安装方向与气流方向相反；或电机接线反接，致使叶轮反转	轴流式风机安装时，检查气流方向与风机箭头所示方向相同；如发现电机反转，应倒换三相电源中的一相
分体式空调机组的室外机和整体式空调机组固定不牢固，冷却空间达不到要求	(1) 未严格执行规范要求 (2) 施工现场缺乏严格的管理	(1) 整体式空调机组安装前，应认真熟悉施工图纸、设备说明书及有关的技术文件。根据设备装箱单会同建设单位对制冷设备零件、部件、附属材料及专用工具的规格、数量进行点查，并做好记录。制冷设备充有保护性气体时，应检查压力表的示值，确定有无泄漏情况 安装机组时，直接安放在混凝土的基座上，根据要求也可在基座上垫上橡胶板，以减少机组运转时的振动。机组安装的坐标位置应正确，并对机组找平、找正 (2) 分体式空调机组的室外机安装前应根据现场的具体情况确定安装的部位，可架空或在地面、屋顶安装。如采用架空安装，应根据室外机的重量认真选择支架的形式、型钢的规格及在墙体上固定的方法，保证固定得牢固。室外机安装时距离墙体不应小于80mm，以保证一定的冷却空间

质量通病现象	原因分析	防治措施
风机运转时，经常产生的振动，有可能沿管道传导，产生较大振动和噪声	风机安装倾斜，运转时出现晃动；风机未安装减振器，或减振器受力不均匀；风机与风管未使用软管连接	风机安装应保证其位置、标高的准确性，不得出现歪斜；风机安装前应仔细检查风机的叶片是否变形，叶轮与机壳的间隙是否合乎设备技术文件要求；风机叶片校正时，不得将叶片随意卸下，以防止位置错乱，破坏转子的平衡性；叶片更换完毕，应重新进行静平衡和动平衡试验；减振器应按照设计规定型号选择，在组装过程中保证其垂直和同心，使其压缩高度基本相同，避免运转时出现晃动；为防止风机产生的振动沿管道传导，风机与管道连接时应加装柔性短管；吊装风机安装时应采用隔振吊架，不得用普通吊架代替
余压阀的阀板转动不灵活	（1）阀板转动轴过紧 （2）重锤的位置未作调整或调整得不准确 （3）重锤的固定螺钉松动 （4）差压调节装置的调节性能差	（1）机械式余压阀安装的位置应在洁净室内气流的下风侧，并不应在工作区的高层范围内，应安装在距离地面 300～500mm 处，以不干扰室内气流组织为原则。余压阀安装，其阀体、阀板的转轴均应水平，允许偏差为 2‰ （2）余压阀是用来自动调节洁净室内静压保持在给定的范围，如阀板转动轴过紧，即使洁净室内的静压高于给定范围，阀板也不能自动开启。因此，阀板的转动轴必须转动灵活，转动轴和轴套必须采用不生锈的金属材料制作，组装后应达到间隙配合

质量通病现象	原因分析	防治措施
余压阀的阀板转动不灵活	(1) 阀板转动轴过紧 (2) 重锤的位置未作调整或调整得不准确 (3) 重锤的固定螺钉松动 (4) 差压调节装置的调节性能差	(3) 采用重锤式余压阀时，重锤的位置应根据洁净室给定的静压范围进行调整。调整重锤位置时，先将补偿式微压计调整好，再将回风调节阀的开度调整至用补偿微压计测定的静压下限值后，再调整余压阀重锤的位置，使余压阀的阀板开启。然后，再试验和调整当洁净室静压小于下限值时，其余压阀的阀板能否关闭。为了防止已调整好的重锤位置变动，应用彩色笔或油漆涂上标志 (4) 余压阀的重锤位置调整后，为防止重锤滑动错位，其固定螺钉必须拧紧，不能松动 (5) 采用压差自动调节装置的余压阀，压差调节装置未投入运转前，必须进行校正和调整，保证余压阀在给定的静压范围内，其阀板动作灵敏、可靠
组合式空调机组各功能段的组装顺序不符合设计要求	施工现场管理混乱，安装人员不认真按图施工或对施工图不理解	空调机组在组装前，安装人员应认真熟悉空调机组各功能段配置图，了解各功能段之间的位置关系，然后按照正确的安装程序进行组装。安装管理人员可以从各功能段的位置顺序，了解系统的空气处理过程，对总送风管，一、二次回风管及新风管的正确连接也有帮助

质量通病现象	原因分析	防治措施
空调机组的冷凝水管连接无水封或水封高度不够	(1) 施工图中无明确的表示 (2) 安装人员水平较低,不了解冷凝水管设水封且水封高度必须保证的意义	冷凝水管从空调机组接出后,可由钢管用三通、弯头组装如图4-10所示的水封,其水封高度为80~100mm。也可采用杯式水封,将排水管插入套管中至底部,套管上部焊接排水口,使排水口至排水管底部的水封高度保持在80~100mm
室外机和室内机的制冷剂铜管连接不严密	(1) 铜管展开和弯曲的方法不对 (2) 喇叭口接头不吻合	(1) 展开铜连接管:连接管随机整盘带来,安装前必须将铜连接管慢慢地一次一小段的展开,不能猛拉,应防止由于猛拉而将连接管损坏 (2) 按预定管路走向揻曲铜连接管,并将管端对准室内外机组的接头。弯曲时应小心操作,不得折断或弄弯管段,管道弯曲半径应尽量大一些,一般弯曲半径不小于100mm (3) 室内外机组的铜连接管采用喇叭口接头形式。连接前应在喇叭口接头内滴入少量的冷冻油,然后连接并紧固 (4) 室内外机组连接后应排除管道内的空气,排除空气时可利用室内机组或室外机组截止阀上的辅助阀 (5) 连接管内的空气排除后,可开足截止阀进行检漏
弹簧减振器受力不均,设备运转过程中就会产生振动和噪声	减振器弹簧两端面不平行、不同心;弹簧中心线和水平面不垂直;同规格的减振器弹簧自由高度不相等;或各弹簧阻尼系数不相等	在减振器弹簧盒内底部加装斜垫,调整弹簧的两端面平行,并保证弹簧中心线和水平面垂直;挑选自由高度相等的弹簧组对安装;减振器弹簧安装前应分别作压力试验,将允许误差范围阻尼系数相等的弹簧配合使用

质量通病现象	原因分析	防治措施
现场组装的轴流风机叶片角度不一致	未按设备技术文件的要求组装	组装前，应了解技术文件对叶片组装的角度要求。组装时，各叶片的角度应在相同的刻线上，达到叶轮与筒体之间的间隙均匀。风机叶片角度一致后，即可达到叶片在同一平面的正常运转
空调机组安装后箱体内杂物、垃圾等未清除	安装单位施工管理不严	应按施工方案或工艺标准的要求执行，做到工完场清
离心式通风机在运转中风压小、风量低	风机叶轮反转；工作电压过低；柔性短管过长，有漏风现象；叶轮转数低于设计转数	如发现风机叶轮反转，可倒换三相电源其中的一相；检查电源电压，满足电机工作电压；缩短柔性短管长度，可在柔性短管表面涂刷密封涂料以减少漏风量；检查叶轮实际转数，调整电机或风机叶轮轴槽轮
风机盘管安装前肢未进行单机性能试验	误认为每台机组均有出厂合格证，因而就不进行安装前的性能试验了	每台机组均应在安装前进行单机试验，做法如下： （1）安装前应对每台风机盘管进行水压试验，试验压力为系统工作压力的 1.5 倍，试验观察时间为 2min，以不渗漏为合格 （2）安装前应检查风机的运转状况，并对风机的三种风速进行试验，以保风机电动机的三速绕组各个接线均正确和三种风速运转均正常 风机三速运转正常和盘管不漏确认后，才能安装

质量通病现象	原因分析	防治措施
电加热器与风管连接的垫片和保温材料的材质不符合要求，并且无良好的接地	主要是由于未认真执行规范，对存在的隐患认识不足所致	空气加热除采用蒸汽和热水做热媒的空气热交换器外，对于空调系统，特别是恒温恒湿要求调节精度较高的系统有用电来加热空气的电加热器。电加热器可在空调器或风道中设置裸露的电热丝或管式电加热器，利用电热丝通电发出的热量来加热空气，其特点是反应灵敏、体积小，便于自动调节 电加热器安装应注意下列问题： （1）电加热器与钢框架的绝热层必须用不燃材料，一般常采用石棉板保温 （2）电加热器外露的接线端子应加设安全防护罩；而且金属外壳必须有良好的接地，其接地电阻不得大于 4Ω （3）连接电加热器的风管法兰垫片，应采用耐热不燃材料，一般常采用石棉板或石棉橡胶板 （4）电加热器前后 800mm 的风管绝热层，必须采用不燃的绝热材料，一般常采用石棉板或玻棉板
除尘器的清灰部件动作不灵活，各部件连接不严密	除尘器的清灰部件制作粗糙或未按产品技术文件要求进行组装，是产生动作不灵活的主要原因。除尘器各部件组装有法兰连接和焊接连接两种：法兰连接的不严密是由于法兰平面度超标或密封垫片选用不当所致；焊接连接的不严密是由于施焊工艺不符合要求	（1）除尘器的各部件采用法兰连接时，首先检查各法兰的平面度，其平面度的要求与风管法兰相同。法兰与法兰间的密封垫宜采用石棉橡胶板，用螺栓紧固 （2）除尘器的各部件采用焊接连接时，其施焊工艺应参照钢管焊接工艺。由于除尘器组装后有漏风量检测要求，非同一般金属结构焊接 （3）现场组装的除尘器的壳体作漏风量检验时，在设计工作压力下的允许漏风率为5%，其中离心式除尘器为3%。漏风量检验装置和检验方法与风管或组合式空调机组检漏做法基本相同 （4）除尘器清灰部件组装前，应熟悉产品技术文件并检查产品加工的质量，组装后对其动作进行试验或作必要的调整，以达到动作灵活

质量通病现象	原因分析	防治措施
除尘器运行中除尘效果差，达不到标准要求	除尘器简体不圆，内壁不光滑，进出气短管方向不正确，水膜除尘器喷嘴喷出的水膜不完整，含尘气流短路，螺旋导流板不正，集尘箱、检查门不密闭等	简体圆度偏差应小于 1/5000，内壁光滑、平整。进出气短管平直、同心，方向准确。水膜除尘喷嘴要等距同向排列，螺旋导流板应与简体垂直，螺距均匀一致。集尘箱、检查门密闭
风机盘管与出风管、回风箱连接不严密	由于安装部位的空间较小，操作上较为困难，未能引起安装人员的重视所致	风机盘管进、出风管安装，应遵守下列规定： (1) 风机盘管的出风管必须和机组直接连接，有的工程由于风机盘管的出风口与空调房间的送风口错位，出风口和送风口的风管中间用帆布柔性接头来调整，这是不允许的，它将降低使用寿命。必须采用镀锌钢板风管，风管与机组出风口的法兰之间，加装与风管连接相同的密封垫片，并将法兰用螺栓拧紧 (2) 风机盘管的回风有两种连接方法： 1) 对空气品质要求不高的，是将房间的回风口（加装过滤器）直接安装在吊顶上，回风不直接到风机盘管上，而是回到吊顶内；然后，在靠机组产生的负压吸到盘管内，进行加热或冷却 2) 风机盘管设有回风箱，房间的回风通过回风口（加装过滤器）直接到回风箱，空气不受其他房间空气的污染。回风箱可从底部或后部进风，可根据系统的具体情况确定。回风箱与回风管的连接必须严密，不漏风

质量通病现象	原因分析	防治措施
装配式洁净室壁板的垂直度不符合要求；接头不平整、不严密	(1) 底马槽不平、不直，偏离了地面的弹线位置 (2) 壁板安装底卡子未经调整校正	板壁安装前，应严格在地面弹线并校准尺寸，安装时如误差较大应对板件单体进行调整或更换，防止累积误差出现不能闭合的现象。开始按画出的底马槽线，将贴好密封条的底马槽装好。应注意使马槽接缝与板壁接缝错开。板壁应先从转角处开始安装，板壁两边企口处各贴一层厚为 2mm 的闭孔海绵橡胶板，第一块 L 形板壁的两边各装一个底卡子并放入底马槽；之后，每安装一块板壁就装一个底卡子与相邻板壁企口吻合。当相邻两块板壁的高度一致、垂直平行时，便可装顶卡子将相邻两块板壁锁牢。板壁组装到一定长度时，便需要预扣一段顶马槽，以加强其整体性。板壁的合拢宜留在开口或转角处。板壁装好后，将顶马槽和屋角进行预装，注意平直并使接缝与板壁的接缝错开；然后，取下顶马槽并将其编号，在其内侧贴厚为 2～3mm 的闭孔海绵橡胶板，按编号顺序安装顶马槽；最后，镶上塑料嵌条。安装方法如图 4-11 所示 壁板组装结束后，应对其垂直度进行检查，使用 2m 托板和直尺检查，垂直度不应大于 2‰；否则，应调整，使其达到允许偏差的范围内

质量通病现象	原因分析	防治措施
蒸汽加湿器安装的部位不符合要求	未按设备技术文件的要求进行安装	加湿器安装前必须熟悉设备技术文件的具体要求，根据空调系统的具体情况进行安装 蒸汽加湿器的安装应符合下列规定： （1）加湿器可水平或垂直安装。加湿器的调节阀阀体应直立，而喷汽管一般水平安装。加湿器应设置独立支架，固定牢固 （2）选择加湿器喷管长度时，应按风管或空调器宽度选用 （3）加湿器喷汽管宜安装在盘管的下风侧，如空气处理方式需要必须安装在盘管的上风侧时，其间距应大于1m （4）加湿器宜安装在风机的压出端上，如安装在吸入端时，其距离应不小于1m （5）加湿器喷汽管垂直安装时，喷汽管必须安装在加湿调节阀阀体的上方 （6）当供汽压力大于0.2MPa时，需安装减压器减压至所需的要求 （7）在大断面的空调器或风道内需要安装两个喷汽管时，为使蒸汽分布均匀，应将断面等分三部分，喷汽管应安装在间隔的两等分线上

质量通病现象	原因分析	防治措施
框架式或袋式初、中效过渡器安装不严密	（1）过滤器框架不平整 （2）密封垫片厚度不够及紧固不均匀	（1）初、中效过滤器安装前，应对框架进行清理和检查，先将框架沾染的污物清理干净，再对框架的平面度进行检查，如每单个过滤器的框架相差较大，而且用密封垫片调整不过来，应对整体框架结构进行调整，使过滤器与框架接触紧密 （2）过滤器与框架之间连接的密封垫片，应采用厚度不小于6mm的闭孔海绵橡胶板，各紧固螺钉的紧固程度应一致
淋水室工作过程中，出现换热效率低下	喷水管压力低于设计压力；喷嘴喷口直径小，或被杂质堵塞，无法正常喷雾；淋水室分风板安装位置或方向不符合设计要求；喷水管水温不符合设计要求等	按照设计要求调节喷水管压力，使其达到正常工作压力，但喷水压力不得小于0.05MPa；检查喷嘴，清除喷嘴内杂质，如喷嘴喷口直径过小，应更换喷嘴或对其进行扩孔；调整淋水室分风板的安装位置和方向，使其符合设计要求；调节喷水管工作水温
现场组装的布袋除尘器不符合设备技术文件的要求	未掌握设备技术文件要求，特别是不熟悉清灰装置的工作过程等	除尘器组装前必须熟悉除尘的工作原理和各部件的功能。根据不同的除尘器清灰装置有手动振打清灰装置、机械振打清灰装置及文氏里管脉冲清灰装置等

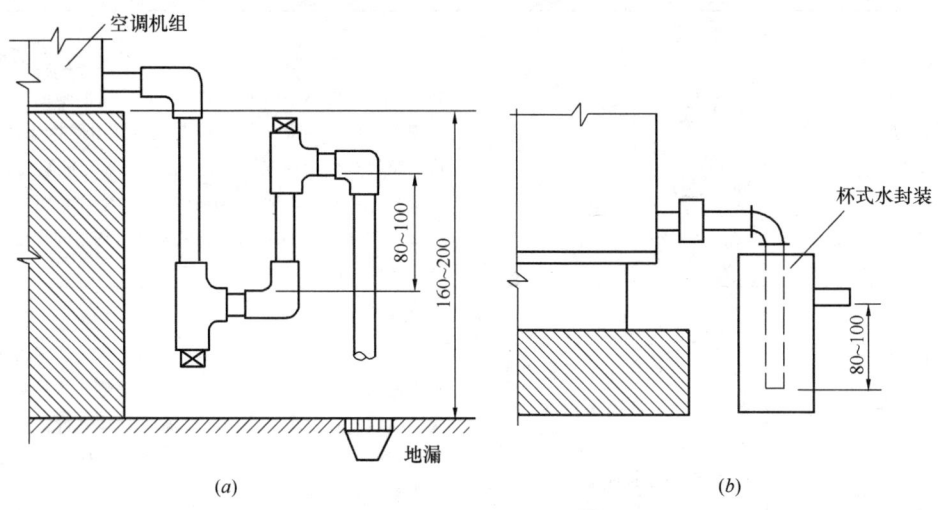

图 4-10　凝结水管的水封

（a）管式水封；（b）杯式水封

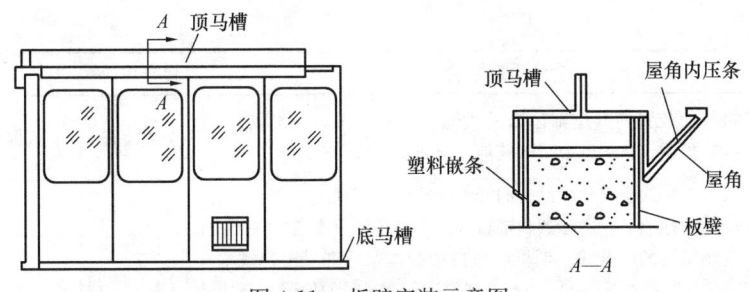

图 4-11　板壁安装示意图

4.4.2　风机与空气处理设备安装质量标准及验收方法

风机与空气处理设备安装的质量标准及验收方法应符合表 4-39 的规定。

风机与空气处理设备安装的质量标准及验收方法　　　　表 4-39

项目	项次	合格质量标准	检查数量	检验方法
主控项目	1	风机及风机箱的安装应符合下列规定： (1) 产品的性能、技术参数应符合设计要求，出口方向应正确 (2) 叶轮旋转应平稳，每次停转后不应停留在同一位置上 (3) 固定设备的地脚螺栓应紧固，并应采取防松动措施 (4) 落地安装时，应按设计要求设置减振装置并采取防止设备水平位移的措施 (5) 悬挂安装时，吊架及减振装置应符合设计及产品技术文件的要求	按Ⅰ方案	依据设计图纸核对，盘动，观察检查

项目	项次	合格质量标准	检查数量	检验方法
主控项目	2	通风机传动装置的外露部位以及直通大气的进风口、出风口，必须装设防护罩、防护网或采取其他安全防护设施	全数检查	依据设计图核对、观察检查
	3	单元式与组合式空气处理设备的安装应符合下列规定： （1）产品的性能、技术参数和接口方向应符合设计要求 （2）现场组装的组合式空调机组应按现行国家标准《组合式空调机组》GB/T 14294—2008 的有关规定进行漏风量的检测。通用机组在 700Pa 静压下，漏风率不应大于 2%；净化空调系统机组在 1000Pa 静压下，漏风率不应大于 1% （3）应按设计要求设置减振支座或支吊架，承重量应符合设计及产品技术文件的要求	通用机组按Ⅱ方案，净化空调系统机组 N7～N9 级按Ⅰ方案，N1～N6 级全数检查	依据设计图纸核对，查阅测试记录
	4	空气热回收装置的安装应符合下列规定： （1）产品的性能、技术参数等应符合设计要求 （2）热回收装置接管应正确，连接应可靠、严密 （3）安装位置应预留设备检修空间	按Ⅰ方案	依据设计图核对、观察检查
	5	空调末端设备的安装应符合下列规定： （1）产品的性能、技术参数应符合设计要求 （2）风机盘管机组、变风量与定风量空调末端装置及地板送风单元等的安装，位置应正确，固定应牢固、平整，便于检修 （3）风机盘管的性能复验应按现行国家标准《建筑节能工程施工质量验收规范》GB 50411—2007 的规定执行 （4）冷辐射吊顶安装固定应可靠，接管应正确，吊顶面应平整	按Ⅰ方案	依据设计图纸核对，观察检查和查阅施工记录

项目	项次	合格质量标准	检查数量	检验方法
主控项目	6	除尘器的安装应符合下列规定： （1）产品的性能、技术参数、进出口方向应符合设计要求 （2）现场组装的除尘器壳体应进行漏风量检测，在设计工作压力下允许漏风量应小于5%，其中离心式除尘器应小于3% （3）布袋除尘器、静电除尘器的壳体及辅助设备接地应可靠 （4）湿式除尘器与淋洗塔外壳不应渗漏，内侧的水幕、水膜或泡沫层成形应稳定	按Ⅰ方案	依据设计图纸核对，观察检查和查阅测试记录
	7	在净化系统中，高效过滤器应在洁净室（区）进行清洁，系统中末端过滤器前的所有空气过滤器应安装完毕，且系统应连续试运转12h以上后，应在现场拆开包装并进行外观检查，合格后应立即安装。高效过滤器安装方向应正确，密封面应严密，并应按《通风与空调工程施工质量验收规范》GB 50243—2016附录D的要求进行现场扫描检漏且合格	全数检查	查阅检测报告，或实测
	8	风机过滤器单元的安装应符合下列规定： （1）安装前应在清洁环境下进行外观检查，且不应有变形、锈蚀、漆膜脱落等现象 （2）安装位置、方向应正确且方便机组检修 （3）安装框架应平整、光滑 （4）风机过滤器单元与安装框架接合处应采取密封措施 （5）应在风机过滤器单元进风口设置功能等同于高中效过滤器的预过滤装置后，进行试运行且应无异常	全数检查	观察检查或查阅施工记录

项目	项次	合格质量标准	检查数量	检验方法
主控项目	9	静电式空气净化装置的金属外壳必须与 PE 线可靠连接	全数检查	核对材料、观察检查或电阻测定
	10	电加热器的安装必须符合下列规定： （1）电加热器与钢构架间的绝热层必须采用不燃材料，外露的接线柱应加设安全防护罩 （2）电加热器的外露可导电部分必须与 PE 线可靠连接 （3）连接电加热器的风管的法兰垫片，应采用耐热不燃材料	全数检查	核对材料、观察检查，查阅测试记录
	11	过滤吸收器的安装方向应正确并设独立支架，与室外的连接管段不得有渗漏	全数检查	观察检查和查阅施工或检测记录
一般项目	12	风机及风机箱的安装应符合下列规定： （1）通风机安装允许偏差应符合表 4-40 的规定，叶轮转子与机壳的组装位置应正确。叶轮进风口插入风机壳进风口或密封圈的深度，应符合设备技术文件要求或应为叶轮直径的 1/100 （2）轴流风机的叶轮与筒体之间的间隙应均匀，安装水平偏差和垂直度偏差均不应大于 1‰ （3）减振器的安装位置应正确，各组或各个减振器承受荷载的压缩量应均匀一致，偏差应小于 2mm （4）风机的减振钢支吊架，结构形式和外形尺寸应符合设计或设备技术文件的要求。焊接应牢固，焊缝外部质量应符合《通风与空调工程施工质量验收规范》GB 50243—2016 第 9.3.2 条第 3 款的规定 （5）风机的进口、出口不得承受外加的重量，相连接的风管、阀件应设置独立的支吊架	按 Ⅱ 方案	尺量、观察或查阅施工记录

项目	项次	合格质量标准	检查数量	检验方法
一般项目	13	空气风幕机的安装应符合下列规定： （1）安装位置及方向应正确，固定应牢固、可靠 （2）机组的纵向垂直度和横向水平度的允许偏差均应为2‰ （3）成排安装的机组应整齐，出风口平面允许偏差应为5mm	按Ⅱ方案	尺量、观察或查
	14	单元式空调机组的安装应符合下列规定： （1）分体式空调机组的室外机和风冷整体式空调机组的安装固定应牢固、可靠，并应满足冷却风自然进入的空间环境要求 （2）分体式空调机组室内机的安装位置应正确并保持水平，冷凝水排放应顺畅。管道穿墙处密封应良好，不应有雨水渗入	按Ⅱ方案	观察检查
	15	组合式空调机组、新风机组的安装应符合下列规定： （1）组合式空调机组各功能段的组装应符合设计的顺序和要求，各功能段之间的连接应严密，整体外观应平整 （2）供水管、回水管与机组的连接应正确，机组下部冷凝水管的水封高度应符合设计或设备技术文件的要求 （3）机组与风管采用柔性短管连接时，柔性短管的绝招性能应符合风管系统的要求 （4）机组应清扫干净，箱体内不应有杂物、垃圾和积尘 （5）机组内空气过滤器（网）和空气热交换器翅片应清洁、完好，安装位置应便于维护和清理	按Ⅱ方案	观察检查

439

项目	项次	合格质量标准	检查数量	检验方法
一般项目	16	空气过滤器的安装应符合下列规定： （1）过滤器框架安装应平整、牢固，方向应正确，框架与围护结构之间应严密 （2）粗效、中效袋式空气过滤器的四周与框架应均匀压紧，不应有可见缝隙，并应便于拆卸和更换滤料 （3）卷绕式空气过滤器的框架应平整，上、下筒体应平行，展开的滤料应松紧适度	按Ⅱ方案	观察检查
	17	蒸汽加湿器的安装应符合下列规定： （1）加湿器应设独立支架，加湿器喷管与风管间应进行绝热、密封处理 （2）干蒸汽加湿器的蒸汽喷口不应朝下	按Ⅱ方案	观察检查
	18	紫外线与离子空气净化装置的安装应符合下列规定： （1）安装位置应符合设计或产品技术文件的要求并方便检修 （2）装置应紧贴空调箱体的壁板或风管的外表面，固定应牢固，密封应良好 （3）装置的金属外壳应与PE线可靠连接	按Ⅱ方案	观察检查、查阅试验记录，或实测

项目	项次	合格质量标准	检查数量	检验方法
一般项目	19	空气热回收器的安装位置及接管应正确，转轮式空气热回收器的转轮旋转方向应正确，运转应平稳且无异常振动和声响	按Ⅱ方案	观察检查
	20	风机盘管机组的安装应符合下列规定： （1）机组安装前宜进行风机三速试运转及盘管水压试验。试验压力应为系统工作压力的 1.5 倍，试验观察时间应为 2min，不渗漏为合格 （2）机组应设独立支吊架，固定应牢固，高度与坡度应正确 （3）机组与风管、回风箱或风口的连接应严密、可靠	按Ⅱ方案	观察检查、查阅试验记录
	21	变风量、定风量末端装置安装时，应设独立的支吊架，与风管连接前宜做动作试验且应符合产品的性能要求	按Ⅱ方案	观察检查、查阅试验记录
	22	除尘器的安装应符合下列规定： （1）除尘器的安装位置应正确，固定应牢固、平稳，除尘器安装允许偏差和检验方法应符合表 4-41 的规定。 （2）除尘器的活动或转动部件的动作应灵活并符合设计要求 （3）除尘器的排灰阀、卸料阀、排泥阀的安装应严密并便于操作与维护修理	按Ⅱ方案	尺量、观察检查及查阅施工记录

项目	项次	合格质量标准	检查数量	检验方法
一般项目	23	现场组装静电除尘器除应符合设计技术文件外，尚应符合下列规定： （1）阳极板组合后的阳极排平面度允许偏差应为 5mm，对角线允许偏差应为 10mm （2）阴极小框架组合后主平面的平面度允许偏差应为 5mm，对角线允许偏差应为 10mm （3）阴极大框架的整体平面度允许偏差应为 15mm，整体对角线允许偏差应为 10mm （4）阳极板高度小于或等于 7m 的电除尘器，阴极、阳极间距允许偏差应为 5mm；阳极板高度大于 7m 的电除尘器，阴极、阳极间距允许偏差应为 10mm （5）振打锤装置的固定应可靠，振打锤的转动应灵活。锤头方向应正确，振打锤锤头与振打砧之间应保持良好的线接触状态，接触长度应大于锤头厚度的 70%	按Ⅱ方案	尺量、观察检查及查阅施工记录
	24	现场组装布袋除尘器的安装应符合下列规定： （1）外壳应严密，滤袋接口应牢固 （2）分室反吹袋式除尘器的滤袋安装应平直。每条滤袋的拉紧力应为 30±5N/m，与滤袋连接接触的短管和袋帽不应有毛刺 （3）机械回转扁袋式除尘器的旋臂，转动应灵活、可靠；净气室上部的顶盖应密封、不漏气，旋转应灵活，不应有卡阻现象 （4）脉冲袋式除尘器的喷吹孔应对准文氏管的中心，同心度允许偏差应为 2mm	按Ⅱ方案	尺量、观察检查及查阅施工记录

442

项目	项次	合格质量标准	检查数量	检验方法
一般项目	25	洁净室空气净化设备的安装应符合下列规定： （1）机械式余压阀的安装时，阀体、阀板的转轴应水平，允许偏差应为2‰。余压阀的安装位置应在室内气流的下风侧，并且不应在工作区的高度范围内 （2）传递窗的安装应牢固、垂直，与墙体的连接处应密封	按Ⅱ方案	尺量、观察检查
	26	装配式洁净室的安装应符合下列规定： （1）洁净室的顶板和壁板（包括夹芯材料）应采用不燃材料 （2）洁净室的地面应干燥、平整，平面度允许偏差应为1‰ （3）壁板的构件、配件和辅助材料应在清洁的室内进行开箱，安装前应严格检查规格和质量。壁板应垂直安装，底部宜采用圆弧或钝角交接；安装后的壁板之间、壁板与顶板间的拼缝应平整、严密，墙板垂直度的允许偏差应为2‰，顶板水平度与每个单间的几何尺寸的允许偏差应为2‰ （4）洁净室吊顶在受荷载后应保持平直，压条应全部紧贴。当洁净室壁板采用上、下槽形板时，接头应平整、严密。洁净室内的所有拼接缝组装完毕后，应采取密封措施且密封良好	按Ⅱ方案	尺量、观察检查及查阅施工记录

项目	项次	合格质量标准	检查数量	检验方法
一般项目	27	空气吹淋室的安装应符合下列规定： （1）空气吹淋室的安装应按工程设计要求，定位应正确 （2）外形尺寸应正确，结构部件应齐全、无变形，喷头不应有异常或松动等现象 （3）空气吹淋室与地面之间应设有减振垫，与围护结构之间应采取密封措施 （4）空气吹淋室的水平度允许偏差为2‰ （5）对产品进行不少于1h的连续试运转，设备联锁和运行性能应良好	按Ⅱ方案	尺量、观察检查，查验产品合格证和进场验收记录
	28	高效过滤器与层流罩的安装应符合下列规定： （1）安装高效过滤器的框架应平整、清洁，每台过滤器的安装框架的平整度允许偏差为1mm （2）机械密封时应采用密封垫料，厚度宜为6～8mm，密封垫料应平整。安装后垫料的压缩应均匀，压缩率宜为25%～30% （3）采用液槽密封时，槽架应水平安装，不得有渗漏现象，槽内不应有污物和水分，槽内密封液高度不应超过2/3槽深。密封液的熔点宜高于50℃ （4）洁净层流罩安装水平度偏差为1‰，高度允许偏差应为1mm	按Ⅱ方案	尺量、观察检查

注：Ⅰ方案指产品合格率大于或等于95%的抽样评定方案；Ⅱ方案指产品合格率大于或等于85%的抽样评定方案。

通风机安装允许偏差

表 4-40

项次	项目		允许偏差	检验方法
1	中心线的平面位移		10mm	经纬仪或拉线和尺量检查
2	标高		±10mm	水准仪或水平仪、直尺、拉线和尺量检查
3	皮带轮轮宽中心平面偏移		1mm	在主、从动皮带轮端面拉线和尺量检查
4	传动轴水平度		纵向 0.2‰ 横向 0.3‰	在轴或皮带轮 0°和 180°的两个位置上，用水平仪检查
5	联轴器	两轴芯径向位移	0.05mm	采用百分表圆周法或塞尺四点法检查验证
		两轴线倾斜	0.2‰	

除尘器安装允许偏差和检验方法

表 4-41

项次	项目		允许偏差（mm）	检验方法
1	平面位移		≤10	经纬仪或拉线、尺量检查
2	标高		±10	水准仪、直线和尺量检查
3	垂直度	每米	≤2	吊线和尺量检查
		总偏差	≤10	

4.5 空调用冷（热）源与辅助设备安装

4.5.1 质量通病原因分析及防治措施

为了保证空调用冷（热）源与辅助设备安装的质量，要求相关工作人员必须熟悉质量问题的现象和防治方法。常见的空调用冷（热）源与辅助设备安装的质量问题列于表 4-42 中。

空调用冷（热）源与辅助设备安装质量通病分析及防治措施 表 4-42

质量通病现象	原因分析	防治措施
燃气管路系统安装不符合要求	未按有关燃气管道的施工要求进行安装	(1) 管道应明设。特殊情况下暗设时，必须便于安装和检查 (2) 燃气管道不得敷设或穿越卧室、易燃易爆品仓库、配电间、变电室、电缆沟、烟道及进风等地方 (3) 燃气进入机组的压力高于使用范围，应装设减压装置 (4) 燃气管路进入机房后，应配置球阀、压力表、过滤器及流量计等 (5) 机房内的燃气管道应接地良好并应设置管径 $DN>20$ 的放散管，其管口应防雨并高出屋顶 $1m$ 以上 (6) 燃气管采用焊接连接并进行气密性试验，保证无泄漏 (7) 燃气管道与设备连接前必须进行吹扫，其清洁度应达到施工质量验收规范的要求
基础抹面时制冷设备底座与基础表面间隙的混凝土未填满	(1) 对于这道工序的质量要求不甚了解 (2) 安装工程已处于收尾阶段，施工人员未引起重视	灌捣混凝土或砂浆前，应在基础边缘设外模板，如设备底座不需要全部灌浆时，应根据情况安设内模板。内模板到设备底座外缘的距离应不小于 $100mm$ 或底座肋面宽度 灌浆层的高度，在底座外面应高于底座的底面，灌浆层上表面应略有坡度，坡向朝外，以防油、水流入设备底座。抹面砂浆应压密实，抹成圆棱圆角，表面光滑、美观

质量通病现象	原因分析	防治措施
制冷压缩机安装后的拆卸和清洗的程序不符合要求	未认真熟悉设备技术文件的要求,对设备的结构了解不清或无专业人员进行拆卸和清洗工作	对于整体安装的制冷压缩机,一般仅进行外表清洗,内部零件不进行拆卸和清洗。但如超过设备出厂后的保险期或有明显缺陷时,应进行清洗 设备拆卸和清洗时,应测量设备的原始装配数据,并做好记录存档。对于不合格的零件应予更换,不符合设备技术文件规定的间隙应进行调整,也应做好记录,作为运行维修的参考 制冷压缩机拆卸和清洗的正确做法如下: (1) 拆卸步骤 1) 将设备外表擦干净,先拆下冷却水管和油管,再卸下吸气过滤器 2) 拆开气缸盖,取出缓冲弹簧及排气阀组 3) 放出油箱内的润滑油,拆下侧盖 4) 拆卸连杆下盖,取出连杆螺栓和大头下轴瓦 5) 取出吸气阀片 6) 用一副吊栓旋入气缸套顶端的螺孔中,取出气缸套 7) 取出活塞连杆组 8) 拆卸联轴器 9) 卸下油泵盖,取出油泵 (2) 拆卸注意事项 1) 按顺序拆卸 2) 在每个部件上做出记号,以防方向、位置在组装时颠倒

质量通病现象	原因分析	防治措施
制冷压缩机安装后的拆卸和清洗的程序不符合要求	未认真熟悉设备技术文件的要求，对设备的结构了解不清或无专业人员进行拆卸和清洗工作	3）拆下的零件应分别放置妥当，防止丢失或漏装 4）油管清洗后用压缩空气吹试，以校验其干净和畅通，并用塑料布绑扎封闭管端，防止污物进入 5）安装后的设备在拆卸和清洗过程中，不可用力过猛，锤击时要用软材垫好，密封部分可不必拆卸 6）设备经拆卸后的开口销必须更换 （3）设备清洗设备的清洗分初洗和净洗。初洗是去掉加工面上的防锈油、油漆、铁锈、油泥等污物。首先，用软质刮刀和细布及清洗剂擦洗；然后，用煤油清洗至干净为止。净洗是在初洗完成后，另用干净的煤油或汽油再清洗一次，至清洗干净为止。净洗如用汽油时，清洗后必须涂上全损耗系统用油（机油）防止生锈 设备拆卸清洗的场地应清洁，并备有防火设备。清洗过程应防止油污物污染基础
制冷剂管道（铜管）接口处渗漏、有油迹	（1）制冷剂管道采用扩口连接时，接口处的喇叭口制作不标准，管端或螺纹接头连接不紧密，造成泄漏；连接过程中，铜帽接口处使用力矩不标准 （2）制冷剂管道的安装过程中，用力过猛导致管道接口拧裂 （3）制冷剂管道焊接不规范	（1）铜管进行扩口连接时，管端的喇叭口与螺纹接头的锥度要一致，接触面要光洁干净，喇叭口不得有裂纹、皱褶、毛刺等，两者要保持同心；铜帽接口处，连接时使用力矩要规范；管道的连接过程中，注意不要用力过猛 （2）制冷剂管道焊接时一般采用钎焊连接。要正确选择焊料及焊剂，对于紫铜管的焊接，焊料以选用银铜焊条（料303或料304）为宜，焊剂一般采用银钎焊熔剂（如剂102） （3）正确选择钎焊接头的间隙。预留的接头间隙大小合适才能保证良好的焊接质量，一般预留间隙以0.03～0.3mm为宜

质量通病现象	原因分析	防治措施
制冷剂管道（铜管）接口处渗漏、有油迹	（4）系统安装完毕，未按规范要求进行强度、气密性试验及真空试验，或试验未达到标准要求，未合格就投入使用	（4）做好钎焊前工件表面的清理工作。钎焊前必须清除工件表面的脏物、铁锈、油污、氧化皮等，清理后的工件表面不得用手摸待焊处 （5）严格控制焊接温度。一般采用中性焰加热工件，加热温度为800℃左右。当铜管呈暗红色时，在焊接部位加一点焊剂，焊条靠近焊接部位，使其熔化流入焊缝。注意被焊部位的周围和插入的长度都要均匀加热，焊口要加热到足以将焊条熔化，但不能把火焰直接对准焊条 （6）适当掌握钎焊加热持续时间。对于薄壁紫铜管，加热时间不宜过长，焊接速度要快，以避免在管道内产生过量的氧化物 （7）注意做好焊后处理工作，焊后应除去残留的熔剂和熔渣 （8）系统安装完毕，制冷剂管路，包括气管、液管及配件，要按规范和设计要求进行强度、气密性试验及真空试验，合格后方可投入使用
燃油管路系统安装不符合要求	未认真按施工图或设备技术文件的要求进行安装	（1）机房内的油箱容量不得大于 $1m^3$，油位应高于燃烧器 $0.1\sim15m$ 之间，油箱顶部应安装呼吸阀，油箱应设油位指示器 （2）为防止油中的杂质进入燃烧器、油泵及电磁阀等部件，影响正常运转和降低使用寿命，在燃油管路中设有过滤器，通常设在油箱的出口处和燃烧器的入口处。油箱的出口处采用 60 目的粗过滤器，而燃烧器的入口处采用 140 目较细的过滤器

质量通病现象	原因分析	防治措施
燃油管路系统安装不符合要求	未认真按施工图或设备技术文件的要求进行安装	（3）燃油管路应采用无缝钢管。焊接前应清除管内的铁锈和污物，焊接后须经压力试验和渗漏试验合格 （4）燃油管道的最低处应设置排污阀，最高处应放置排空阀 （5）装有喷油泵回油管路时，回油管路系统中应装有旋塞、阀门等部件，保证管路畅通无阻 （6）在无日用油箱的供油系统中，必须安装空气分离器。空气分离器安装在贮油罐与燃烧器的中间，并应靠近机组。其分离器的容量为机组 2h 消耗的燃油量
（1）所选制冷机容量偏大 （2）设置多台或仅设一台大容量制冷机，未设置小容量机组搭配使用	（1）未进行详尽的逐时负荷计算和负荷分析，未考虑部分负荷时的使用要求 （2）主机选型不当	（1）按规范要求，对空调区各房间逐项进行逐时负荷计算，绘制负荷 24h 分布图，通过负荷分析，找出空调系统 24h 最大冷负荷和最小冷负荷值及其出现的时间 （2）在确定空调系统的 24h 最大和最小负荷后，根据其负荷特性及同时使用情况，确定总装机容量及单台最小制冷量。单台最小制冷量取 24h 最小冷负荷的 1.1～1.2 倍。总装机容量减去单台最小冷水机组容量后，根据差值大小选取适当的机型和台数 水冷电动压缩式冷水机组的机型，宜按表 4-43 内的制冷量范围，经过性能价格比进行选择

质量通病现象	原因分析	防治措施
制冷设备未经开箱检查就进行安装	未按施工的程序和验收规范的规定施工	设备开箱前，首先应查明设备型号和箱号是否一致，确认无误后方可开箱。开箱时，施工单位（乙方）、建设单位（甲方）和工程监理单位（丙方）共同进行检查验收 （1）开箱时，用开箱工具，先启开箱顶木板，再启开四周的箱板并取出机件。要尽量减少箱板的损坏，不要用大锤敲打 （2）对设备的包装和保护物，除必须检查外不要过早拆除，防止设备受损 （3）检查传动部件时，应将防护油洗掉后，加上润滑油再转动检查；检查后如不能立刻安装，应重新涂上防护油 （4）开箱时，对精密零件和易碎品要妥善保管，并根据设备图纸、装箱单等核对零部件的数量 （5）开箱后应检查所有的机件有无缺陷、损坏、变形和锈蚀等现象，并做出详细记录 （6）检查各主要部件的尺寸，如地脚螺栓孔的规格尺寸，应与技术文件相符 （7）设备开箱检查记录在现场由甲、乙和丙三方签字认证，根据缺件、错件、损坏及腐蚀等情况，由订货单位及时通知生产厂家，便于及时解决

质量通病现象	原因分析	防治措施
(1) 冷水机组及空调末端设备承压能力不明确或选型不当 (2) 设计时没有注明冷水机组及空调末端设备的承压能力，或要求不当	(1) 未做空调水系统压力分布线分析，无法准确获知最大工作压力值 (2) 对空调设备的标准设计工作压力了解不够	(1) 根据空调水系统的最大工作压力值来确定设备的承压能力 (2) 在空调水系统管路水力计算的基础上先选取水系统定压点的位置。通常情况下，优先选取水泵吸入端为其定压点，绘制出空调水系统总水头线及静压水头线，找出水系统最大工作压力值 有个简便确定系统最大承压的方法：系统最大承压点一般在系统的最低点或水泵出口处，设计时应对这些位置在系统停止运行、正常运行及水泵开机瞬间的压力值分别进行计算，取上述三种情况下最大承压点的压力，并适当考虑一定的安全系数作为系统的最大承压 (3) 当最大工作压力值低于空调设备的标准设计工作压力时，将设备承压能力定为标准设计工作压力值 (4) 当该值大于空调设备的标准设计工作压力时，可考虑采取措施适当降低空气调节设备的工作压力，尽可能使其在设备标准设计工作压力以下
制冷设备上位找正的方法不正确	未按正确的安装工艺施工，因而造成不应有的后果	(1) 设备上位前须将基础表面及螺栓内的泥土、污物清理干净，根据施工图用墨线按建筑物的定位轴线对设备的纵横中心线放线，定出设备安装的准确位置 将开箱后的设备随同箱的底排搬到设备基础上。根据施工现场的实际条件可采用下列上位方法： 1) 利用机房内已安装的桥式起重机，直接吊装上位 2) 利用铲车上位

质量通病现象	原因分析	防治措施
制冷设备上位找正的方法不正确	未按正确的安装工艺施工，因而造成不应有的后果	3）利用人字架（两木搭）上位，即将设备运至基础上，再将人字架挂上倒链将设备吊起，抽出箱底排，再将设备安放在基础上。采用人字架上位，应注意设备的受力位置，避免钢丝绳与设备表面接触而损坏油漆面及加工面，并使设备保持水平状态 4）利用设备滑移上位。将设备和底排运到基础旁摆正，对正基础，卸下与底排连接的固定螺栓，用撬杠撬起设备的一端，将几根滚杠放到设备与底排中间，使设备落在滚杠上，再在基础和底排上放三四根横跨滚杠，撬动设备使滚杠滚动，将设备从底排平移到基础上，最后撬起设备，将滚杠抽出 （2）设备找正：找正是将设备上位到规定的部位，使设备的纵横中心线与基础上的中心线对正。设备如不正，再用撬杠轻轻撬动进行调整，使两中心线对正。设备找正时，应注意设备上的管座等部件方位符合设备要求
制冷管路中，气体管道局部向下装成"℧"形，形成"液囊"；液体管道局部向上装成"Ω"形，形成"气囊"	（1）制冷管路系统设计或安装过程中，管路布置、走向不合理，气体管道局部向下凹陷形成"液囊"，液体管道局部向上凸起形成"气囊" （2）施工过程中，未按管路技术要求施工，擅自改变管径后，遇"℧"处易产生积液，导致制冷效果差	（1）合理敷设管道，当管道交叉时注意避免"Ω"、"℧"安装，防止制冷剂管道存气或积液。按照规范规定要求从干管引出气体及液体支管 （2）严格按相关设备技术要求配管，不得擅自更改制冷剂管径

质量通病现象	原因分析	防治措施
制冷系统的管道、阀门的材质不符合要求	未认真贯彻施工质量验收规范的规定和施工单位未制定制冷管道的施工技术措施	制冷系统的管道、阀门选用时应注意下列事项： （1）氨制冷剂系统管道、附件、阀门及填料不得采用铜或铜合金材料（磷青铜除外），管内不得镀锌，防止氨对其产生不良的化学反应 （2）对于输送乙二醇溶液的管道系统，为防止乙二醇对锌易产生不利于使用的化学反应，不得使用内镀锌管道及配件
氨制冷系统的管道焊接未进行射线或超声波检验	由于施工人员误认为与空调水系统的技术要求相同，未认真执行施工质量验收规范的规定	氨制冷系统的管道安装后，焊缝外观检查合格后，在管道系统吹污前必须对焊缝按总焊口的10％进行射线检验，其质量不低于Ⅲ级为合格。对于射线检验不易操作部位，可采用超声法检验，其焊接质量不能低于Ⅱ级为合格

水冷式冷水机组选型范围

表 4-43

单机名义工况制冷量（kW）	冷水机组机型
≤116	往复式、漩涡式
116～700	往复式
	螺杆式
700～1054	螺杆式
1054～1758	螺杆式
	离心式
≥1758	离心式

4.5.2 空调用冷（热）源与辅助设备安装质量标准及验收方法

空调用冷（热）源与辅助设备安装的质量标准及验收方法应符合表 4-44 的规定。

空调用冷（热）源与辅助设备安装的质量标准及验收方法

表 4-44

项目	项次	合格质量标准	检查数量	检验方法
主控项目	1	制冷机组及附属设备的安装应符合下列规定： （1）制冷（热）设备、制冷附属设备产品性能和技术参数应符合设计要求，并应具有产品合格证书、产品性能检验报告 （2）设备的混凝土基础应进行质量交接验收且验收合格 （3）设备安装的位置、标高和管口方向应符合设计要求。采用地脚螺栓固定的制冷设备或附属设备，垫铁的放置位置应正确，接触应紧密，每组垫铁不应超过 3 块；螺栓应紧固并采取防松动措施	全数检查	观察、核对设备型号、规格；查阅产品质量合格证书、性能检验报告和施工记录
	2	制冷剂管道系统应按设计要求或产品要求进行强度、气密性及真空试验，且应试验合格	全数检查	观察、旁站、查阅试验记录
	3	直接膨胀蒸发式冷却器的表面应保持清洁、完整，空气与制冷剂应呈逆向流动；冷却器四周的缝隙应堵严，冷凝水排放应畅通	全数检查	观察检查
	4	燃油管道系统必须设置可靠的防静电接地装置	全数检查	观察、查阅试验记录

项目	项次	合格质量标准	检查数量	检验方法
主控项目	5	燃气管道的安装必须符合下列规定： (1) 燃气系统管道与机组的连接不得使用非金属软管 (2) 当燃气供气管道压力大于5kPa时，焊缝无损检测应按设计要求执行；当设计无规定时，应对全部焊缝进行无损检测并合格 (3) 燃气管道吹扫和压力试验的介质应采用空气或氮气，严禁采用水	全数检查	观察、查阅压力试验与无损检测报告
	6	组装式的制冷机组和现场充注制冷剂的机组，应进行系统管路吹污、气密性试验、真空试验和充注制冷剂检漏试验，技术数据应符合产品技术文件和国家现行标准的有关规定	全数检查	旁站观察，查阅试验及试运行记录
	7	蒸汽压缩式制冷系统管道、管件和阀门的安装应符合下列规定： (1) 制冷系统的管道、管件和阀门的类别、材质、管径、壁厚及工作压力等应符合设计要求，并应具有产品合格证书、产品性能检验报告 (2) 法兰、螺纹等处的密封材料应与管内的介质性能相适应 (3) 制冷循环系统的液管不得向上装成"Ω"形；除特殊回油管外，气管不得向下装成"ひ"形；液体支管引出时，必须从干管底部或侧面接出；气体支管引出时，应从干管顶部或侧面接出；有两根以上的支管从干管引出时，连接部位应错开，间距不应小于两倍支管直径且不应小于200mm	按Ⅰ方案	检查合格证明文件，观察、尺量，查阅测量、调试校核记录

456

项目	项次	合格质量标准	检查数量	检验方法
主控项目	7	（4）管道与机组连接应在管道吹扫、清洁合格后进行。与机组连接的管路上应按设计要求及产品技术文件的要求安装过滤器阀门、部件、仪表等，位置应正确、排列应规整；管道应设独立的支吊架；压力表距阀门位置不宜小于 200mm （5）制冷设备与附属设备之间制冷剂管道的连接，制冷齐管道坡度、坡向应符合设计及设备技术文件的要求。当设计无要求时，应符合表 4-45 的规定 （6）制冷系统投入运行前，应对安全阀进行调试校核，开启和回座压力应符合设备技术文件要求 （7）系统多余的制冷剂不得向大气直接排放，应采用回收装置进行回收	按Ⅰ方案	检查合格证明文件，观察、尺量，查阅测量、调试校核记录
	8	氨制冷机应采用密封性能良好、安全性好的整体式冷水机组。除磷青铜材料外，氨制冷剂的管道、附件、阀门及填料不得采用铜或铜合金材料，管内不得镀锌。氨系统管道的焊缝应进行射线照相检验，抽检率应为 10％，以质量不低于Ⅲ级为合格	全数检查	观察检查、查阅探伤报告和试验记录

项目	项次	合格质量标准	检查数量	检验方法
主控项目	9	多联机空调（热泵）系统的安装应符合下列规定： （1）多联机空调（热泵）系统室内机、室外机产品的性能、技术参数等应符合设计要求，并应具有出厂合格证、产品性能检验报告 （2）室内机、室外机的安装位置、高度应符合设计及产品技术的要求，固定应可靠。室外机的通风条件应良好 （3）制冷剂应根据工程管路系统的实际情况，通过计算后进行充注 （4）安装在户外的室外机组应可靠接地，并应采取防雷保护措施	按Ⅰ方案	旁站、观察检查和查阅试验记录
	10	空气源热泵机组的安装应符合下列规定： （1）空气源热泵机组产品的性能、技术参数应符合设计要求，并应具有出厂合格证、产品性能检验报告 （2）机组应有可靠的接地和防雷措施，与基础间的减振应符合设计要求 （3）机组的进水侧应安装水力开关，并应与制冷机的启动开关联锁	全数检查	旁站、观察和查阅产品性能检验报告

项目	项次	合格质量标准	检查数量	检验方法
主控项目	11	吸收式制冷机组的安装应符合下列规定： （1）吸收式制冷机组的产品的性能、技术参数应符合设计要求 （2）吸收式机组安装后，设备内部应冲洗干净 （3）机组的真空试验应合格 （4）直燃型吸收式制冷机组排烟管的出口应设置防雨帽、防风罩和避雷针，燃油油箱上不得采用玻璃管式油位计	全数检查	旁站、观察、查阅产品性能检验报告和施工记录
一般项目	12	制冷（热）机组与附属设备的安装应符合下列规定： （1）设备与附属设备安装位置允许偏差和检验方法应符合表4-46的规定 （2）整体组合式制冷机组机身纵向、横向水平度的允许偏差应为1‰。当采用垫铁调整机组水平度时，应接触紧密并相对固定 （3）附属设备的安装应符合设备技术文件的要求，水平度或垂直度允许偏差应为1‰ （4）制冷设备或制冷附属设备基（机）座下减振器的安装位置应与设备重心相匹配，各个减振器的压缩量应均匀一致且偏差不大于2mm （5）采用弹性减振器的制冷机组，应设置防止机组运行时水平位移的定位装置 （6）冷热源与辅助设备的安装位置应满足设备操作及维修的空间要求，四周应有排水设施	按Ⅱ方案	水准仪、经纬仪、拉线和尺量检查，查阅安装记录

项目	项次	合格质量标准	检查数量	检验方法
一般项目	13	模块式冷水机组单元多台并联组合时，接口应牢固、严密不漏。外观应平整、完好，目测无扭曲	全数检查	尺量、观察检查
	14	制冷系统管道、管件的安装应符合下列规定： （1）管道、管件的内外壁应清洁、干燥，连接制冷机的吸气、排气管道应设独立支架；管径小于或等于40mm的铜管道，在与阀门连接处应设置支架。水平管道支架的间距不应大于1.5m，垂直管道不应大于2.0m；管道上、下平行敷设时，吸气管应在下方 （2）制冷剂管道弯管的弯曲半径不应小于3.5倍管道直径，最大外径与最小外径之差不应大于8%的管道直径，且不应使用焊接弯管及皱褶弯管 （3）制冷剂管道的分支管，应按介质流向弯成90°与主管连接，不宜使用弯曲半径小于1.5倍管道直径的压制弯管 （4）铜管切口应平整，不得有毛刺、凹凸等缺陷，切口允许倾斜偏差应为管径的1%；管扩口应保持同心，不得有开裂及皱褶，并应有良好的密封面 （5）铜管采用承插钎焊焊接连接时，承插口深度应符合表4-47的规定，承口应迎着介质流动方向。当采用套管钎焊焊接连接时，插接深度不应小于表4-47中最小承插连接的规定；当采用对接焊接时，管道内壁应齐平，错边量不应大于10%的壁厚且不大于1mm （6）管道穿越墙体或楼板时，应加装套管；管道的支吊架和钢管的焊接应按表4-49的规定执行	按Ⅱ方案	尺量、观察检查

项目	项次	合格质量标准	检查数量	检验方法
一般项目	15	制冷剂系统阀门的安装应符合下列规定: (1) 制冷剂阀门安装前应进行强度和严密性试验。强度试验压力应为阀门公称压力的1.5倍,时间不得少于5min;严密性试验压力应为阀门公称压力的1.1倍,持续时间30s不漏为合格 (2) 阀体应清洁、干燥,不得有锈蚀,安装位置、方向和高度应符合设计要求 (3) 水平管道上阀门的手柄不应向下,垂直管道上阀门的手柄应便于操作 (4) 自控阀门安装的位置应符合设计要求。电磁阀、调节阀、热力膨胀阀、升降式止回阀等的阀头均应向上;热力膨胀阀的安装位置应高于感温包,感温包应装在蒸发器出口处的回气管上,与管道应接触良好、绑扎紧密 (5) 安全阀应垂直安装在便于检修的位置,排气管的出口应朝向安全地带,排液管应装在泄水管上	按Ⅱ方案	尺量、观察检查、旁站或查阅试验记录
	16	制冷系统的吹扫排污应采用压力为0.5~0.6MPa(表压)的干燥压缩空气或氮气,应以白色(布)标识靶检查5min,目测无污物为合格。系统吹扫干净后,系统中阀门的阀芯拆下清洗应干净	全数检查	观察、旁站或查阅试验记录

461

项目	项次	合格质量标准	检查数量	检验方法
一般项目	17	多联机空调系统的安装应符合下列规定： （1）室外机的通风应通畅，不应有短路现象，运行时不应有异常噪声。当多台机组集中安装时，不应影响相邻机组的正常运行。 （2）室外机组应安装在设计专用平台上，并应采取减振与防止紧固螺栓松动的措施 （3）风管式室内机的送风口、回风口之间，不应形成气流短路。风口安装应平整且与装饰线条相一致 （4）室内外机组间冷媒管道的布置应采用合理的短捷路线并排列整齐	按Ⅱ方案	尺量、观察检查
	18	空气源热泵机组除应符合项次12的规定外，尚应符合下列规定： （1）机线安装的位置应符合设计要求。同规格设备成排就位时，目测排列应整齐，允许偏差不应大于10mm。水力开关的前端宜有4倍管径及以上的直管段 （2）机组四周应按设备技术文件要求，留有设备维修空间。设备进风通道的宽度不应小于1.2倍的进风口高度；当两个及以上机组进风共用一个通道时，间距宽度不应小于2倍的进风口高度 （3）当机组设有结构围挡和隔声屏障时，不得影响机组正常运行的通风要求	按Ⅱ方案	尺量、观察检查、旁站或查阅试验记录

项目	项次	合格质量标准	检查数量	检验方法
一般项目	19	燃油系统油泵和蓄冷系统载冷剂泵安装时，纵向、横向水平度允许偏差应为 1‰，联轴器两轴芯轴向倾斜允许偏差应为 0.2‰，径向允许位移不应大于 0.05mm	全数检查	尺量、观察检查
	20	吸收式制冷机组安装除应符合项次 12 的规定外，尚应符合下列规定： （1）吸收式分体机组运至施工现场后，应及时运入机房进行组装，并应清洗、抽真空 （2）机组的真空泵到达指定安装位置后，应进行找正、找平。抽气连接管应采用直径与真空泵进口直径相同的金属管，当采用橡胶管时，应采用真空专用的胶管，并应对管接头处采取密封措施 （3）机组的屏蔽泵到达指定安装位置后应找正、找平，电线接头处应采取防水密封措施 （4）机组的水平度允许偏差应为 2‰	按Ⅱ方案	观察检查，查阅泵安装和真空测试记录

注：Ⅰ方案指产品合格率大于或等于 95% 的抽样评定方案；Ⅱ方案指产品合格率大于或等于 85% 的抽样评定方案。

制冷剂管道坡度、坡向

表 4-45

管道名称	坡向	坡度
压缩机吸气水平管（氟）	压缩机	≥10‰
压缩机吸气水平管（氨）	蒸发器	≥3‰
压缩机排气水平管	油分离器	≥10‰
冷凝器水平供液管	贮液器	1‰～3‰
油分离器至冷凝器水平管	油分离器	3‰～5‰

设备与附属设备安装允许偏差和检验方法

表 4-46

项次	项目	允许偏差（mm）	检验方法
1	平面位置	10	经纬仪或拉线或尺量检查
2	标高	±10	水准仪或经纬仪、拉线和尺量检查

铜管承插口深度（mm）

表 4-47

铜管规格	≤DN15	DN20	DN25	DN32	DN40	DN50	DN65
承口的扩口深度	9～12	12～15	15～18	17～20	21～24	24～26	26～30
最小插入深度	7	9	10	12	13	14	
间隙尺寸	0.05～0.27			0.05～0.35			

4.6 空调水系统管道与设备安装

4.6.1 质量通病原因分析及防治措施

为了保证空调水系统管道与设备安装的质量，要求相关工作人员必须熟悉质量问题的现象和防治方法。常见的空调水系统管道与设备安装的质量问题列于表 4-48 中。

空调水系统管道与设备安装质量通病分析及防治措施　　　　表 4-48

质量通病现象	原因分析	防治措施
管道的坡度、坡向不符合设计要求	空调冷水或热水的水平管道的坡度不够或坡向相反（即倒坡），将造成系统运行时的排气不畅而形成气塞现象，使空调设备的冷却或加热盘管流入的冷水或热水不畅，甚至冷水或热水无法流入盘管，造成空调系统失去冷却或加热功能	为保证空调冷水或热水管道在运行中，能顺利将聚集的空气排出，水平管道在安装时必须按设计要求设置坡度，坡向必须正确 空调水系统对冷水或热水采用机械循环，水的流速较快，水平干管应设置按水流方向上升的坡度，使管内聚集浮升的空气向前流动并汇集在系统的最高点，通过排气装置排至大气中。水平管道的坡度为 2‰～3‰ 对于高层建筑的层高较低又设吊顶的管道系统，采用坡度为 2‰～3‰时其层高不能满足要求，其坡度还可适当减小至管道能满足"抬头"向上，用水平尺控制水泡稍微偏高位置，但绝不能倒坡
气体管道的管材及附件等不符合规范要求	气体管道的管材及附件等比空调水管道的要求更为严格，如不符合设计或规范的要求，将降低使用效果。有些附件如不符合要求，将会产生意外的安全事故	（1）气体系统管道材质及附件，应按设计要求选配，如设计未作明确要求，选用时应与洁净室洁净度级别和输送气体性质相适应，并应符合下列规定： 1）应使用无缝管材 2）管材内表面吸附、解吸气体的作用小 3）管材内表面应光滑、耐磨损 4）应具有良好的抗腐蚀性能 5）管材金属组织在焊接处理时不应发生变化 6）负压管道不宜采用普通碳钢管 （2）所用管材应放在室内保管，不得重叠码放。管道应无裂纹、缩孔、夹渣、起瘤、折叠、重皮、锈斑、表面损伤等缺陷。管道应平直、圆滑

465

质量通病现象	原因分析	防治措施
阀门安装的位置和安装的方法不当	阀门是经常性调节用的配件，如安装的位置不正确或安装的方法不当，除造成管道敷设时间距过大过多占用空间位置且外表不美观外，也影响系统运行中的调节和维修工作的不便	阀门安装时应注意下列事项： （1）阀门安装时应处于关闭状态。大型阀门吊装时应将绳索绑扎在阀体上，不得拴在手轮或阀杆上，防止手轮或阀杆损坏 （2）阀门安装在水平管道上时，阀杆一般应在上半圆范围内，不应朝下安装。阀门安装在垂直管道上时，其阀杆应朝向操作方向；对多根垂直管道上安装的阀门，应尽量集中安装，以便于操作 （3）水平并排管道上安装阀门，应将其前后错开，以减小管道相隔的距离 （4）垂直并排管道上安装阀门，其排列应美观、整齐，安装高度一致且在同一平面上，允许的偏差为 3mm；为便于操作，阀门的手轮间的距离不应小于 100mm （5）安装螺纹连接的阀门，应在阀门出口端安装活接头，以便于拆装和检修 （6）阀门安装后应对操作机构或传动装置进行调整，使阀门传动灵活，指示准确
管道安装前，其内外壁的污物、锈蚀未清除干净	管道的内外壁的污物、锈蚀未清除干净，将使系统安装后清洗工作异常困难，除锈及涂刷油漆都难以进行，又如管道内存在较大的异物时，将影响系统的正常运行	空调水系统管道内壁的污物、锈蚀的清理，虽不像制冷系统管道那样严格，但必须清理干净后才能安装。由于管道内壁未经清理，直接进行安装而使较大的异物存留在管道内，造成系统堵塞的事故时有发生 管道的内壁的污物等清理，对于管径较小的可采用轻轻敲打管体的方法，然后将管体竖直，倒出污物；对于管径较大的，可采用人工往复拖拉钢丝刷，再用抹布将污物自管内拖出；也可采用电动机带动钢丝刷在管内旋转的清除方法

质量通病现象	原因分析	防治措施
Y形水过滤器的方向装反，其前后及旁通管道未设阀门	Y形水过滤器未按外壳指示的流体箭头方向安装，其后果是使应过滤的空调水未经过滤网，达不到过滤的目的。Y形水过滤器前后及旁通管未安装阀门的后果有两种： （1）在过滤器清洗滤网时，系统中大量水需排除而浪费水源 （2）在过滤器正常运转时，旁通管上无阀门，而将未经过滤的水流入系统中，使空调水仍带有污物杂质	水过滤器在空调水系统中常安装在冷（热）水泵和冷却水泵总入口处，防止空调水含有污物杂质将冷水机组的蒸发器和冷凝器及空调系统的空气处理设备的冷却或加热盘管堵塞。空调系统常用的是Y形水过滤器，其特点是外形尺寸小和安装、清洗方便 Y形水过滤器安装应注意下列事项： （1）过滤器安装的位置，应设在便于拆卸过滤网的部位 （2）过滤器安装时，水流方向和壳体标注的箭头方向一致，而且过滤网端部朝下，便于滤网的拆卸和排水 （3）为了检修和清洗过滤网方便，其过滤器两端应安装阀门 （4）在清洗过滤网过程中，为使不停止系统的连续运转，过滤器应设旁通管。旁通管必须安装阀门，以便在正常运转时关闭，而当滤网清洗时开启
纯水、高纯水管道安装后未进行管路系统的清洗	纯水、高纯水管道在安装前，虽已对管道进行清洗，但在安装过程中已受到污染，管道安装后如未对管路系统进行清洗，所输送的纯水的纯度达不到设计要求的参数，影响生产产品的质量	纯水、高纯水管路系统强度试验合格后，在系统试运转前必须再对其系统进行清洗，经清洗后管路最终出水口的纯度必须达到设计参数，以满足生产工艺的要求。管路系统清洗方法较多，可根据管道安装清洁程度来确定 （1）管路较洁净，可根据具体条件用纯水或淡盐水冲洗 （2）管路内有污染情况，可进行下列方法冲洗： 1）用0.1%的双氧水和氨水混合液浸泡1h，再用自来水冲洗干净；或用0.2%的盐酸浸泡1h后用纯水冲洗干净 2）用3%的高锰酸钾溶液浸泡2h，用自来水冲洗干净；或用5%的草酸溶液浸泡1h后用纯水冲洗干净

质量通病现象	原因分析	防治措施
空调热水用的换热器上的蒸汽管道坡度不正确	空调热水采用蒸汽热交换时，蒸汽管道中的蒸汽流速较快，由于坡度不正确容易产生水击和凝结水回流不畅现象	为防止蒸汽管道产生水击现象，蒸汽管道除应保证下列的坡度外，凝结水管应考虑沿水流方向设有下降的坡向，使其顺利地流至疏水器后，再流到凝水干管中，其坡度为2‰～3‰ （1）蒸汽与凝结水同向流动时，蒸汽管道的坡度应为2‰～3‰ （2）蒸汽与凝结水逆向流时，蒸汽管道的坡度不应小于5‰

4.6.2　空调水系统管道与设备安装质量标准及验收方法

空调水系统管道与设备安装的质量标准及验收方法应符合表4-49的规定。

空调水系统管道与设备安装的质量标准及验收方法　　　　　表4-49

项目	项次	合格质量标准	检查数量	检验方法
主控项目	1	空调水系统设备与附属设备的性能、技术参数，管道、管配件及阀门的类型、材质及连接形式应符合设计要求	按Ⅰ方案	观察检查、查阅产品质量证明文件和材料进场验收记录
	2	管道的安装应符合下列规定： （1）隐蔽安装部位的管道安装完成后，应在水压试验合格后方能交付隐蔽工程的施工 （2）并联水泵的出口管道进入总管应采用顺水流斜向插接的连接形式，夹角不应大于60°	按Ⅰ方案	尺量、观察检查，旁站或查阅试验记录

项目	项次	合格质量标准	检查数量	检验方法
主控项目	2	（3）系统管道与设备的连接应在设备安装完毕后进行。管道与水泵、制冷机组的接口应为柔性接管，且不得强行对口连接。与其连接的管道应设置独立支架 （4）判定空调水系统管路冲洗、排污合格的条件是目测排出口的水色和透明度与入口的水对比应相近，且无可见杂物。当系统继续运行 2h 以上，水质保持稳定后，方可与设备相贯通 （5）固定在建筑结构上的管道支吊架，不得影响结构体的安全。管道穿越墙体或楼板处应设钢制套管，管道接口不得置于套管内，钢制套管应与墙体饰面或楼板底部平齐，上部应高出楼层地面 20～50mm 且不得将套管作为管道支撑。当穿越防火分区时，应采用不燃材料进行防火封堵；保温管道与套管四周的缝隙应使用不燃绝热材料填塞紧密	按Ⅰ方案	尺量、观察检查，旁站或查阅试验记录
	3	管道系统安装完毕，外观检查合格后应按设计要求进行水压试验。当设计无要求时，应符合下列规定： （1）冷（热）水、冷却水与蓄能（冷、热）系统的试验压力，当工作压力小于或等于 1.0MPa 时，应为 1.5 倍工作压力，最低不应小于 0.6MPa；当工作压力大于 1.0MPa 时，应为工作压力加 0.5MPa （2）系统最低点压力升至试验压力后，应稳压 10min，压力下降不应大于 0.02MPa，然后应将系统压力降至工作压力，外观检查无渗漏为合格。对于大型、高层建筑等垂直位差较大的冷（热）水、冷却水管道系统，当	全数检查	旁站观察或查阅试验记录

项目	项次	合格质量标准	检查数量	检验方法
主控项目	3	采用分区、分层试压时，在该部位的试验压力下应稳压 10min，压力不得下降，再将系统压力降至该部位的工作压力，在 60min 内压力不得下降、外观检查无渗漏为合格 （3）各类耐压塑料管的强度试验压力（冷水）应为 1.5 倍工作压力，且不应小于 0.9MPa；严密性试验压力应为 1.15 倍的设计工作压力 （4）凝结水系统采用通水试验，应以不渗漏、排水通畅为合格	全数检查	旁站观察或查阅试验记录
	4	阀门的安装应符合下列规定： （1）阀门安装前应进行外观检查，阀门的铭牌应符合现行国家标准《工业阀门　标志》GB/T 12220—2015 的有关规定。工作压力大于 1.0MPa 及在主干管上起切断作用和系统冷、热水运行转换调节功能的阀门和止回阀，应进行壳体强度和阀瓣密封性能的试验且试验合格。其他阀门可不单独进行试验。壳体强度试验压力应为常温条件下公称压力的 1.5 倍，持续时间不应少于 5min，阀门的壳体、填料应无渗漏。严密性试验压力应为公称压力的 1.1 倍，在试验持续的时间内应保持压力不变，阀门压力试验持续时间与允许泄漏量应符合表 4-50 的规定 （2）阀门的安装位置、高度、进出口方向应符合设计要求，连接应牢固、紧密 （3）安装在保温管道上的手动阀门的手柄不得朝向下 （4）动态与静态平衡阀的工作压力应符合系统设计要求，安装方向应正确。阀门在系统运行时，应按参数设计要求进行校核、调整 （5）电动阀门的执行机构应能全程控制阀门的开启与关闭	安装在主干管上起切断作用的闭路阀门全数检查，其他款项按 I 方案	按设计图核对、观察检查；旁站或查阅试验记录

项目	项次	合格质量标准	检查数量	检验方法
主控项目	5	补偿器的安装应符合下列规定： （1）补偿器的补偿量和安装位置应符合设计文件的要求，并应根据设计计算的补偿量进行预拉伸或预压缩 （2）波纹管膨胀节或补偿器内套有焊缝的一端，水平管路上应安装在水流的流入端，垂直管路上应安装在上端 （3）填料式补偿器应与管道保持同心，不得歪斜 （4）补偿器一端的管道应设置固定支架，结构形式和固定位置应符合设计要求，并应在补偿器的预拉伸（或预压缩）前固定 （5）滑动导向支架设置的位置应符合设计与产品技术文件的要求，管道滑动轴心应与补偿器轴心相一致	按Ⅰ方案	观察检查，旁站或查阅补偿器的预拉伸或预压缩记录
	6	水泵、冷却塔的技术参数和产品性能应符合设计要求，管道与水泵的连接应采用柔性接管且为无应力状态，不得有强行扭曲、强制拉伸等现象	全数检查	按图核对，观察、实测或查阅水泵试运行记录
	7	水箱、集水器、分水器与储冷罐的水压试验或满水试验应符合设计要求，内外壁防腐涂层的材质、涂抹质量、厚度应符合设计或产品技术文件的要求	全数检查	尺量、观察检查，查阅试验记录

项目	项次	合格质量标准	检查数量	检验方法
主控项目	8	蓄能系统设备的安装应符合下列规定： （1）蓄能设备的技术参数应符合设计要求，并应具有出厂合格证、产品性能检验报告 （2）蓄冷（热）装置与热能塔等设备安装完毕后应进行水压和严密性试验，且应试验合格 （3）储槽、储罐与底座应进行绝热处理，并应连续、均匀地放置在水平台上，不得采用局部垫铁方法校正装置的水平度 （4）输送乙烯乙二醇溶液的管路不得采用内壁镀锌的管材和配件 （5）封闭容器或管路系统中的安全阀应按设计要求设置，并应在设定压力情况下开启灵活，系统中的膨胀罐应工作正常	按Ⅰ方案	旁站、观察检查和查阅产品与试验记录
	9	地源热泵系统热交换器的施工应符合下列规定： （1）垂直地埋管应符合下列规定： 1）钻孔的位置、孔径、间距、数量与深度不应小于设计要求，钻孔垂直度偏差不应大于1.5% 2）埋地管的材质、管径应符合设计要求。埋管的弯管应为定型的管接头，并应采用热熔或电熔连接方式与管道相连接。直管段应采用整管 3）下管应采用专用工具，埋管的深度应符合设计要求且两管应分离，不得相贴合 4）回填材料及配比应符合设计要求，回填应采用注浆管并由孔底向上满填	按Ⅰ方案	测斜仪、尺量、目测，查阅材料验收记录

项目	项次	合格质量标准	检查数量	检验方法
主控项目	9	5）水平环路集管埋设的深度距地面不应小于 1.5m，或埋设于冻土层以下 0.6m；供、回环路集管的间距应大于 0.6m （2）水平埋管热交换器的长度、回路数量和埋设深度应符合设计要求 （3）地表水系统热交换器的回路数量、组对长度与所在水面下深度应符合设计要求	按 I 方案	测斜仪、尺量、目测，查阅材料验收记录
一般项目	10	采用建筑塑料管道的空调水系统，管道材质及连接方法应符合设计和产品技术的要求，管道安装尚应符合下列规定： （1）采用法兰连接时，两法兰面应平行，误差不得大于 2mm。密封垫为与法兰密封面相配套的平垫圈，不得突入管内或突出法兰之外。法兰连接螺栓应采用两次紧固，紧固后的螺母应与螺栓齐平或略低于螺栓 （2）电熔连接或热熔连接的工作环境温度不应低于 5℃。插口外表面与承口内表面应作小于 0.2mm 的刮削，连接后同心度的允许误差应为 2%；热熔熔接接口圆周翻边应饱满、匀称，不应有缺口状缺陷、海绵状的浮渣与目测气孔。接口处的错边应小于 10% 的管壁厚。承插接口的插入深度应符合设计要求，熔融的包浆在承插件间形成均匀的凸缘，不得有裂纹、凹陷等缺陷 （3）采用密封圈承插连接的胶圈应位于密封槽内，不应有皱折、扭曲。插入深度应符合产品要求，插管与承口周边的偏差不得大于 2mm	按 II 方案	尺量、观察检查，验证产品合格证书和试验记录

项目	项次	合格质量标准	检查数量	检验方法
一般项目	11	金属管道与设备的现场焊接应符合下列规定： （1）管道焊接材料的品种、规格、性能应符合设计要求。管道焊接坡口形式和尺寸应符合表 4-51 的规定。对口平直度的允许偏差应为 1%，全长不应大于 10mm。管道与设备的固定焊口应远离设备，且不宜与设备接口中心线相重合。管道的对接焊缝与支吊架的距离应大于 50mm （2）管道现场焊接后，焊缝表面应清理干净并进行外观质量检查。焊缝外观质量应符合下列规定： 　1）管道焊缝外观质量允许偏差应符合表 4-52 的规定 　2）管道焊缝余高和根部凸出允许偏差应符合表 4-53 的规定 （3）设备现场焊缝外部质量应符合下列规定： 　1）设备焊缝外观质量允许偏差应符合表 4-54 的规定 　2）设备焊缝余高和根部凸出允许偏差应符合表 4-55 的规定	按Ⅱ方案	焊缝检查尺尺量、观察检查
	12	螺纹连接管道的螺纹应清洁、规整，断丝或缺丝不应大于螺纹全扣数的 10%。管道的连接应牢固，接口处的外露螺纹应为 2～3 扣，不应有外露填料。镀锌管道的镀锌层应保护完好，局部破损处应进行防腐处理	按Ⅱ方案	尺量、观察检查
	13	法兰连接管道的法兰面应与管道中心线垂直且同心。法兰对应平行，偏差不应大于管道外径的 1.5‰且不得大于 2mm。连接螺栓长度应一致，螺母应在同一侧并均匀拧紧。紧固后的螺母应与螺栓端部平齐或略低于螺栓。法兰衬垫的材料、规格与厚度应符合设计的要求	按Ⅱ方案	尺量、观察检查

项目	项次	合格质量标准	检查数量	检验方法
一般项目	14	钢制管道的安装应符合下列规定： （1）管道和管件安装前，应将其内、外壁的污物和锈蚀清除干净。管道安装后应保持管内清洁 （2）热弯时，弯制弯管的弯曲半径不应小于管道外径的 3.5 倍；冷弯时，不应小于管道外径的 4 倍。焊接弯管不应小于管道外径的 1.5 倍；冲压弯管不应小于管道外径的 1 倍。弯管的最大外径与最小外径之差，不应大于管道外径的 8%，管壁减薄率不应大于 15% （3）冷（热）水管道与支吊架之间，应设置衬垫。衬垫的承压强度应满足管道全重，且应采用不燃与难燃硬质绝热材料或经防腐处理的木衬垫。衬垫的厚度不应小于绝热层厚度，宽度应大于或等于支吊架支承面的宽度。衬垫的表面应平整，上下两衬垫接合面的空隙应填实 （4）管道安装允许偏差和检验方法应符合表 4-56 的规定。安装在吊顶内等暗装区域的管道，位置应正确且没有侵占其他管线安装位置的现象	按Ⅱ方案	尺量、观察检查
	15	沟槽式连接管道的沟槽与橡胶密封圈和卡箍套应为配套，沟槽及支吊架的间距应符合表 4-57 的规定	按Ⅱ方案	尺量、观察检查、查阅产品合格证明文件
	16	风机盘管机组及其他空调设备与管道的连接，应采用耐压值大于或等于 1.5 倍工作压力的金属或非金属柔性接管，连接应牢固，不应有强扭和瘪管。冷凝水排水管的坡度应符合设计要求。当设计无要求时，管道坡度宜大于或等于 8‰，且应坡向出水口。设备与排水管的连接应采用软接，并应保持畅通	按Ⅱ方案	观察、查阅产品合格证明文件

项目	项次	合格质量标准	检查数量	检验方法
一般项目	17	金属管道的支吊架的形式、位置、间距、标高应符合设计要求。当设计无要求时，应符合下列规定： （1）支吊架的安装应平整牢固，与管道接触应紧密，管道与设备连接处应设置独立支吊架。当设备安装在减振基座上时，独立支架的固定点应为减振基座 （2）冷（热）媒水、冷却水系统管道机房内总管、干管的支吊架，应采用承重防晃管架，与设备连接的管道管架宜采取减振措施。当水平支管的管架采用单杆吊架时，应在系统管道的起始点、阀门、三通、弯头处及长度每隔15m处设置承重防晃支吊架 （3）无热位移的管道吊架的吊杆应垂直安装，有热位移的管道吊架的吊杆应向热膨胀（或冷收缩）的反方向偏移安装。偏移量应按计算位移量确定 （4）滑动支架的滑动面应清洁、平整，安装位置应满足管道要求，支承面中心应向反方向偏移1/2位移量或符合设计文件要求 （5）竖井内的立管应每两层或三层设置滑动支架。建筑结构负重允许时，水平安装管道支吊架的最大间距应符合表4-58的规定，弯管或近处应设置支吊架 （6）管道支吊架的焊接应符合项次11第3款的规定。固定支架与管道焊接时，管道侧的咬边量应小于10%的管壁厚度，且小于1mm	按Ⅱ方案	尺量、观察检查
	18	采用聚丙烯（PP-R）管道时，管道与金属支吊架之间应采取隔绝措施，不宜直接接触，支吊架的间距应符合设计要求。设计无要求时，聚丙烯（PP-R）冷水管支吊架的间距应符合表4-59的规定，使用温度大于或等于60℃的热水管道应加宽支承面积	按Ⅱ方案	观察检查

项目	项次	合格质量标准	检查数量	检验方法
一般项目	19	除污器、自动排气装置等管道部件的安装应符合下列规定： （1）阀门安装的位置及进口、出口方向应正确且应便于操作。连接应牢固、紧密，启闭应灵活。成排阀门的排列应整齐、美观，在同一平面上的允许偏差不应大于 3mm （2）电动、气动等自控阀门安装前应进行单体调试，启闭试验应合格 （3）冷（热）水和冷却水系统的水过滤器应安装在进入机组、水泵等设备前端的管道上，安装方向应正确，安装位置应便于滤网的拆装和清洗，与管道连接应牢固、严密。过滤器滤网的材质、规格应符合设计要求 （4）闭式管路系统应在系统最高处及所有可能积聚空气的管段高点设置排气阀，在管路最低点应设有排水管及排水阀	按Ⅱ方案	对照设计文件，尺量、观察和操作检查
	20	冷却塔安装应符合下列规定： （1）基础的位置、标高应符合设计要求，允许误差应为±20mm。进风侧距建筑物应大于 1m。冷却塔部件与基座的连接应采用镀锌或不锈钢螺栓，固定应牢固 （2）冷却塔安装应水平，单台冷却塔的水平度和垂直度允许偏差应为 2‰。多台冷却塔安装时，排列应整齐，各台开式冷却塔的水面高度应一致，高度偏差值不应大于 30mm。当采用共用集管并联运行时，冷却塔集水盘（槽）之间的连通管应符合设计要求 （3）冷却塔的集水盘应严密、无渗漏，进水口、出水口的方向和位置应	按Ⅱ方案	尺量、观察检查，积水盘充水试验或查阅试验记录

项目	项次	合格质量标准	检查数量	检验方法
一般项目	20	正确。静止分水器的布水应均匀；转动布水器喷水出口方向应一致，转动应灵活，水量应符合设计或产品技术文件的要求 （4）冷却塔风机叶片端部与塔身周边的径向间隙应均匀。可调整角度的叶片，角度应一致并应符合产品技术文件要求 （5）有水冻结危险的地区，冬季使用的冷却塔及管道应采取防冻与保温措施	按Ⅱ方案	尺量、观察检查，积水盘充水试验或查阅试验记录
	21	水泵及附属设备的安装应符合下列规定： （1）水泵的平面位置和标高允许偏差应为±10mm，安装的地脚螺栓应垂直，且与设备底座应紧密固定 （2）垫铁组放置位置应正确、平稳，接触应紧密，每组不应大于3块 （3）整体安装的泵的纵向水平偏差不应大于0.1‰，横向水平偏差不应大于0.2‰。组合安装的泵的纵向、横向安装水平偏差不应大于0.05‰。水泵与电机采用联轴器连接时，联轴器两轴芯的轴向倾斜不应大于0.2‰，径向位移不应大于0.05mm。整体安装的小型管道水泵目测应水平，不应有偏斜 （4）减振器与水泵及水泵基础的连接，应牢固、平稳，接触紧密	按Ⅱ方案	扳手试拧、观察检查，用水平仪和塞尺测量或查阅设备安装记录
	22	水箱、集水器、分水器、膨胀水箱等设备安装时，支架或底座的尺寸、位置应符合设计要求。设备与支架或底座接触应紧密，安装应平整、牢固。平面位置允许偏差应为15mm，标高允许偏差应为±5mm，垂直度允许偏差应为1‰	按Ⅱ方案	尺量、观察检查，旁站或查阅试验记录

项目	项次	合格质量标准	检查数量	检验方法
一般项目	23	补偿器的安装应符合下列规定： （1）波纹补偿器、膨胀节应与管道保持同心，不得偏斜和周向扭转 （2）填料式补偿器应按设计文件要求的安装长度及温度变化，留有5mm剩余的收缩量。两侧的导向支座应保证运行时补偿器自由伸缩，不得偏离中心，允许偏差应为管道公称直径的5‰	全数检查	尺量、观察检查，旁站或查阅试验记录
	24	地源热泵系统地埋管热交换系统的施工应符合下列规定： （1）单U管钻孔孔径不应小于110mm，双U管钻孔孔径不应小于140mm （2）埋管施工过程中的压力试验，工作压力小于或等于1.0MPa时应为工作压力的1.5倍，工作压力大于1.0MPa时应为工作压力加0.5MPa，试验压力应全数合格 （3）埋地换热管应按设计要求分组汇集连接并安装阀门 （4）建筑基础底下地埋水平管的埋设深度，应小于或等于设计深度，并应延伸至水平环路集管连接处且标识	按Ⅱ方案	尺量、观察检查，旁站或查阅试验记录
	25	地表水地源热泵系统换热器的长度、形式尺寸应符合设计要求，衬垫物的平面定位允许偏差应为200mm，高度允许偏差应为±50mm。绑扎固定应牢固	按Ⅱ方案	尺量、观察检查，旁站或查阅试验记录

项目	项次	合格质量标准	检查数量	检验方法
一般项目	26	蓄能系统设备的安装应符合下列规定： （1）蓄能设备（储槽、罐）放置的位置应符合设计要求，基础表面应平整，倾斜度不应大于 5‰。同一系统中多台蓄能装置基础的标高应一致，尺寸允许偏差应符合表 4-44 中项次 12 的规定 （2）蓄能系统的接管应满足设计要求。当多台蓄能设备支管与总管相接时，应顺向插入，两支管接入点的间距不宜小于 5 倍总管管径长度 （3）温度和压力传感器的安装位置应符合设计要求，并应预留检修空间 （4）蓄能装置的绝热材料与厚度应符合设计要求。绝热层、防潮层和保护层的施工质量应符合表 4-63 的规定 （5）充灌的乙二醇溶液的浓度应符合设计要求 （6）现场制作钢制蓄能储槽等装置时，应符合现行国家标准《立式圆筒形钢制焊接储罐施工规范》GB 50128—2014、《钢结构工程施工质量验收规范》GB 50205—2001 和《现场设备、工业管道焊接工程施工规范》GB 50236—2011 的有关规定 （7）采用内壁保温的水蓄冷储罐，应符合相关绝热材料的施工工艺和验收要求。绝热层、防水层的强度应满足水压的要求；罐内的布水器、温度传感器、液位指示器等的技术性能和安装位置应符合设计要求 （8）采用隔膜式储罐的隔膜应满布且升降自如	按 Ⅱ 方案	观察检查，密度计检测、旁站或查阅试验记录

注：Ⅰ方案指产品合格率大于或等于 95％的抽样评定方案；Ⅱ方案指产品合格率大于或等于 85％的抽样评定方案。

阀门压力试验持续时间与允许泄漏量

表 4-50

公称直径 DN（mm）	最短试验持续时间（s）	
	严密性试验（水）	
	止回阀	其他阀门
≤50	60	15
65～150	60	60
200～300	60	120
≥350	120	120
允许泄漏量	3 滴×（DN/25）min	小于 DN65 为 0 滴，其他为 2 滴×（DN/25）min

注：压力试验的介质为洁净水。用于不锈钢阀门的试验水，氯离子含量不得高于 25mg/L。

管道焊接坡口形式和尺寸

表 4-51

项次	厚度 T （mm）	坡口名称	坡口形式	坡口尺寸			备注
				间隙 C （mm）	钝边 P （mm）	坡口角度 α （°）	
1	1～3	I 形坡口		0～1.5 单面焊	—	—	内壁错边量≤0.25T，且≤2mm
	3～6			0～2.5 双面焊			

481

项次	厚度 T （mm）	坡口名称	坡口形式	坡口尺寸			备注
				间隙 C （mm）	钝边 P （mm）	坡口角度 α （°）	
2	3～9	V形坡口		0～2.0	0～2.0	60～65	内壁错边量≤0.25T，且≤2mm
	9～26			0～3.0	0～3.0	55～60	
3	2～30	T形坡口		0～2.0	—	—	—

管道焊缝外观质量允许偏差　　　　　　　　　　表 4-52

序号	类别	质量要求
1	焊缝	不允许有裂缝、未焊透、未熔合、表面气孔、外露夹渣、未焊满等现象
2	咬边	纵缝不允许咬边；其他焊缝深度≤0.10T（T 为板厚）且≤1.0mm，长度不限
3	根部收缩（根部凹陷）	深度≤0.20＋0.04T 且≤2.0mm，长度不限
4	角焊缝厚度不足	应≤0.30＋0.05T 且≤2.0mm；每 100mm 焊缝长度内缺陷总长度≤25mm
5	角焊缝焊脚不对称	差值≤2＋0.20t（t 为设计焊缝厚度）

管道焊缝余高和根部凸出允许偏差（mm）   表 4-53

母材厚度 T	≤6	>6，≤13	>13，≤50
余高和根部凸出	≤2	≤4	≤5

设备焊缝外观质量允许偏差   表 4-54

序号	类别	质量要求
1	焊缝	不允许有裂缝、未焊透、未熔合、表面气孔、外露夹渣、未焊满等现象
2	咬边	咬边：深度≤0.10T 且≤1.0mm，长度不限
3	根部收缩（根部凹陷）	根部收缩（根部凹陷）：深度≤0.2+0.02T 且≤1.0mm，长度不限
4	角焊缝厚度不足	应≤0.30+0.05T 且≤2.0mm；每 100mm 焊缝长度内缺陷总长度≤25mm
5	角焊缝焊脚不对称	差值≤2+0.20t（t 为设计焊缝厚度）

设备焊缝余高和根部凸出允许偏差（mm）   表 4-55

母材厚度 T	≤6	>6，≤25	>25
余高和根部凸出	≤2	≤4	≤5

管道安装的允许偏差和检验方法   表 4-56

项目			允许偏差（mm）	检查方法
坐标	架空及地沟	室外	25	按系统检查管道的起点、终点、分支点和变向点及各点之间的直管 用经纬仪、水准仪、液体连通器、水平仪、拉线和尺量度
		室内	15	
	埋地		60	
标高	架空及地沟	室外	±20	
		室内	±15	
	埋地		±25	

483

项目		允许偏差（mm）	检查方法
水平管道平直度	$DN\leqslant100\text{mm}$	$2L‰$，最大 40	用直尺、拉线和尺量检查
	$DN>100\text{mm}$	$3L‰$，最大 60	
立管垂直度		$5L‰$，最大 25	用直尺、线坠、拉线和尺量检查
成排管段间距		15	用直尺尺量检查
成排管段或成排阀门在同一平面上		3	用直尺、拉线和尺量检查
交叉管的外壁或绝缘热层的最小间距		20	用直尺、拉线和尺量检查

注：L 为管道的有效长度（mm）。

沟槽式连接管道的沟槽及支吊架的间距　　　　　　表 4-57

公称直径 （mm）	沟槽		端面垂直度允许偏差 （mm）	支吊架的间距 （m）
	深度（mm）	允许偏差（mm）		
65～100	2.20	0～0.3	1.0	3.5
125～150	2.20	0～0.3	1.5	4.2
200	2.50	0～0.3		4.2
225～250	2.50	0～0.3		5.0
300	3.0	0～0.5		5.0

注：1. 连接管端面应平整、光滑，无毛刺；沟槽深度在规定范围。

　　2. 支吊架不得支承在连接头上。

　　3. 水平管的任两个连接头之间应设置支吊架。

水平安装管道支吊架的最大间距

表 4-58

公称直径（mm）		15	20	25	32	40	50	70	80	100	125	150	200	250	300
支架的最大间距（m）	L_1	1.5	2.0	2.5	2.5	3.0	3.5	4.0	5.0	5.0	5.5	6.5	7.5	8.5	9.5
	L_2	2.5	3.0	3.5	4.0	4.5	5.0	6.0	6.5	6.5	7.5	7.5	9.0	9.5	10.5

注：1. 适用于工作压力不大于 2.0MPa，不保温或保温材料密度不大于 $200kg/m^3$ 的管道系统。

2. L_1 用于保温管道，L_2 用于不保温管道。

3. 洁净区（室内）管道支吊架应采用镀锌或采取其他的防腐措施。

4. 公称直径大于 300mm 的管道，可参考公称直径为 300mm 的管道执行。

聚丙烯（PP-R）冷水管支吊架的间距（mm）

表 4-59

公称外径 DN	20	25	32	40	50	63	75	90	110
水平安装	600	700	800	900	1000	1100	1200	1350	1550
垂直安装	900	1000	1100	1300	1600	1800	2000	2200	2400

4.7 防腐与绝热

4.7.1 质量通病原因分析及防治措施

为了保证防腐与绝热的质量，要求相关工作人员必须熟悉质量问题的现象和防治方法。常见的防腐与绝热的质量问题列于表 4-60 中。

485

质量通病现象	原因分析	防治措施
冷水管道保冷后在系统运转中局部有结露或流水	冷水管道的隔热层紧贴冷表面降温后，隔热层中空气的体积缩小，空气中水蒸气的分压力随温度降低而降低，在隔热层内外产生水蒸气分压力的差值。如果隔热层外表面没有防潮层，大气中的水蒸气就将和空气一起进入隔热层。进入隔热层内的水蒸气，在被冷却后凝结成水，将会破坏隔热材料的隔热性能	保冷隔热与保温的区别就在于保冷结构中有一层优良、经久耐用的防潮层。防潮层应敷设在隔热层温度较高的一侧，即敷设在隔热层的外面。防潮层一般有以下几种形式： （1）根据隔热层的材质情况，可直接涂刷沥青玛琋脂 （2）带有玻璃布贴面的玻璃棉或矿棉制品，在其外部涂刷沥青玛琋脂 （3）隔热材料未带有贴面层而又不能涂刷沥青玛琋脂，应先包缠一层玻璃布，再涂刷沥青玛琋脂 （4）隔热材料带有铝箔玻璃布，而且接缝用铝箔玻璃布贴结带贴接牢固，以起到防潮层的作用 在进行防潮层施工时，应注意下列事项： （1）防潮层粘贴在隔热层上，应紧密地封闭，其间不允许有虚粘、气泡、折皱、裂缝等缺陷 （2）防潮层应从低端向高端敷设，其环向搭接缝口要朝向低端，而纵向搭接缝要在管道的正侧 （3）采用卷材作防潮层时，一般以图 4-12 所示的螺旋缠绕法牢固粘贴在隔热层上，其搭接宽度为 30～50mm

质量通病现象	原因分析	防治措施
矩形风管采用聚苯乙烯泡沫塑料板保温粘结不牢	矩形风管采用聚苯乙烯泡沫塑料板保温，常发生粘结不牢而脱落，有时保温板虽未脱落，但由于胶粘剂涂抹得不均匀，保温板与管壁不能严密接触，而局部产生结露漏水现象	图 4-13 所示的是聚苯乙烯泡沫塑料板粘结保温结构图。聚苯乙烯泡沫塑料分自熄型和非自熄型两种。一般空调工程均采用自熄型聚苯乙烯泡沫塑料板，在施工前必须进行鉴定，以免为今后运行造成隐患。鉴定的方法采用点燃法，如聚苯乙烯泡沫塑料板离开火种即熄灭，即为自熄型的；反之，聚苯乙烯泡沫塑料板点燃后，即使离开火种自然在燃烧，即为非自熄的 粘结常采用树脂胶和热沥青两种方法。粘结前应用棉纱将风管表面的油污等杂物擦干净，以增加胶粘剂对风管的粘结能力，否则容易使塑料板脱落 采用这种保温结构的表面不作其他处理，因此在粘结时要求塑料板拼搭整齐，小块的塑料保温板应放在风管上部；双层保温时，小块塑料保温板在里，大块塑料保温板在外，以求外形美观 如采用热沥青粘结聚苯乙烯泡沫塑料板保温时，其操作过程可参照管道的保温方法
人工除锈后风管或管道表面仍有污物和铁锈，甚至局部不除锈	管道采用防腐措施的效果如何，其表面除锈是关键。往往由于管道表面除锈不彻底或甚至不除锈，工程投产不久，面漆和底漆一起脱落	人工除锈过程中，应重视除锈的质量。管道表面的铁锈可用钢丝刷、钢丝布、粗砂布擦拭，或用简易的除锈机擦磨。除锈的好坏程度，应达到露出金属本色为合格，最后再用棉纱或破布擦净

质量通病现象	原因分析	防治措施
风管和部件局部表面油漆漏涂	薄钢板风管和部件的咬口缝、法兰或加固框及支架与风管接触部分，由于涂刷油漆时不受操作人员的重视而漏涂，使局部产生锈蚀而降低了防腐能力，缩短使用寿命	为防止风管和部件折边咬口前未涂刷防锈底漆，目前薄钢板风管的防腐工作一般采用制作前和制作后进行两种形式。风管制作前预先在薄钢板上进行喷涂防锈底漆，是质量验收规范所提倡的，其优点是喷涂的质量好，无漏涂现象，风管咬口缝内均有涂料，延长风管的使用寿命，而且下料后的多余边角料短期内不会锈蚀，能回收利用。风管制作后再涂刷油漆，咬口缝内无法涂刷到，造成咬口缝易受腐蚀。如果采用风管制作后涂刷油漆，制作过程中必须先将下料后的薄钢板在咬口部位涂刷防锈底漆 为防止法兰或加固框与风管组装后未涂刷防锈底漆，法兰或加固框制作后，必须在和风管组装前涂刷防锈底漆，不应在组装后涂刷；否则，将会使法兰或加固框与风管接触部位漏涂刷防锈底漆而产生锈蚀 为防止薄钢板制作的风口、风阀等部件组装后未涂刷防锈底漆，风口、风阀的叶片和本体，应在组装前根据工艺情况先涂刷防锈底漆，可防止漏涂的现象。如组装后涂刷防锈底漆，会使局部位置漏涂而产生锈蚀 为防止支吊架预制时未涂刷防锈底漆，支吊架的防腐工作，必须在下料预制后进行。应避免风管或管道吊装到支吊架后再涂刷油漆，这将会使支吊架与风管、管道及设备等接触部位漏涂

质量通病现象	原因分析	防治措施
空调系统的保温工程留有尾项	空调系统的风管和冷热水管道的保温或保冷工程未彻底结束，收尾工作不认真而留有尾项，使系统投入试运转及系统试验调整时，没做保冷的部位产生冷凝水，滴到吊顶内，不但增加能源损耗，而且损坏建筑装饰	空调系统安装收尾工作中，对于保温或保冷应认真检查和处理下列部位： （1）风管系统中的法兰角钢棱筋、风量调节阀及消声器等部件 风管系统保温的目的，一是尽量减少热损失；二是防止风管外壁表面结露。因此，风管系统的消声器等部件应进行保温；对于风量调节阀在不影响启闭情况下，也应进行保温 （2）顶棚内的散流器或其他通风口 散流器或百叶通风口等隐蔽在顶棚内的部分，特别是软吊顶，必须连同风管、风阀一起保温。这部分往往容易忽视，以防止凝结水流淌至吊顶 （3）冷冻水管路系统中的阀门 为了调节和维修的方便，冷冻水管道上的阀门应单独保温，并应做到能单独拆卸 （4）与风机盘管、诱导器连接的风管和冷冻水管 与风机盘管、诱导器连接的风管和冷冻水管，以及其他产生凝结水的部位，必须连同支管、干管一起保温，防止凝结水流至吊顶

质量通病现象	原因分析	防治措施
风管漆面卷皮、脱落	(1) 涂漆前风管表面有污物，锈斑、氧化层清理不彻底 (2) 油漆的牌号选用不当 (3) 油漆的稠度过大或过小 (4) 底漆未干又涂刷下一道油漆及涂刷油漆的环境温度低或相对湿度高	(1) 薄钢板制作的风管在涂刷防锈漆前，必须清除其表面的油污、铁锈、氧化皮层，使表面颜色露出金属的本色，再用棉纱擦净。对于防腐要求严格的风管，为了有良好的除锈效果，必须采用喷砂除锈工艺。经喷砂除锈的风管，表面的油污、铁锈等氧化层清除变得粗糙又很均匀，增加油漆的附着力，提高防腐能力 (2) 风管表面处理后，决定涂刷油漆质量是油漆的牌号或种类，一般设计都有明确的要求，如设计无明确要求时，可根据有关规定选用，一般通风、空调系统参照表 4-61 所列的要求选用；空气洁净系统参照表 4-62 所列的要求涂覆。尤其注意樟丹或氧化铁红防锈底漆不能用于镀锌钢板，由于它与镀锌钢板无附着能力，会产生漆层卷皮、脱落现象 (3) 油漆的油膜可将金属表面和周围介质隔开，保护金属不受腐蚀的作用。油膜应连续、无孔，无漏漆、起泡、露底等现象。因此，油漆调的稠度既不能过大，也不能过小。稠度过大，不但浪费油漆，还会产生脱落、卷皮等现象；稠度过小，将会产生漏涂、起泡、露底等现象 (4) 在涂刷第二道防锈底漆时，第一道防锈底漆必须彻底干燥，否则将会产生漆层脱落 (5) 涂刷油漆的环境温度不能过低或相对湿度不能过高，否则它将会使油漆挥发时间过长，影响防腐能力。涂刷油漆时，必须掌握环境条件。一般要求环境温度不低于 5℃，相对湿度不大于 85%

图 4-12 卷材的螺旋缠绕

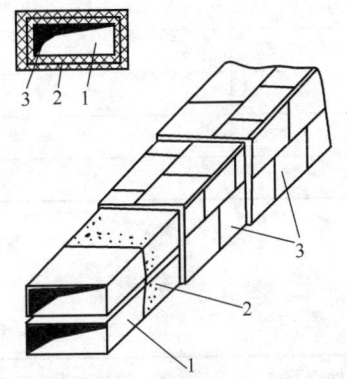

图 4-13 聚苯乙烯泡沫塑料板粘结保温
1—风管；2—樟丹防锈漆；3—保温板

空气洁净系统中常用油漆　　　　表 4-61

序号	系统部位	油漆类别		油漆遍数
1	中效过滤器前的送风、回风管（薄钢板）	内表面	醇酸类底漆	2
			醇酸类磁漆	2
		外表面	保温管	
			铁红底漆	1
			非保温管	
			调合漆	1
2	中效过滤器后和高效空气过滤器前的送风管	镀锌钢板一般不涂漆		
		醇酸类底漆		2
		薄钢板内表面		
		醇酸类磁漆		2
		薄钢板外表面（保温）		
		铁红底漆		1
		薄钢板外表面（非保温）		
		调合漆		2
3	高效空气过滤器后的送风管	镀锌钢板内表面	磷化底漆	1
			锌黄醇酸类底漆	2
			面漆	2
		镀锌钢板外表面一般不涂漆		

注：空气洁净系统的油漆宜采用喷涂法。

薄钢板油漆

表 4-62

序号	风管所输送的气体介质	油漆类别	油漆遍数
1	不含有灰尘且温度不高于70℃的空气	内表面涂防锈底漆	2
		外表面涂防锈底漆	1
		外表面涂面漆（调合漆等）	2
2	不含有灰尘且温度高于70℃的空气	内、外表面各涂耐热漆	2
3	含有粉尘或粉屑的空气	内表面涂防锈底漆	1
		外表面涂防锈底漆	1
		外表面涂面漆	2
4	含有腐蚀性介质的空气	内外表面涂耐酸底漆	≥2
		内外表面涂耐酸面漆	≥2

4.7.2 防腐与绝热质量标准及验收方法

防腐与绝热的质量标准及验收方法应符合表 4-63 的规定。

防腐与绝热的质量标准及验收方法

表 4-63

项目	项次	合格质量标准	检查数量	检验方法
主控项目	1	风管和管道防腐涂料的品种及涂层层数应符合设计要求，涂料的底漆和面漆应配套	按Ⅰ方案	按面积抽查，查对施工图纸和观察检查

项目	项次	合格质量标准	检查数量	检验方法
主控项目	2	风管和管道的绝热层、绝热防潮层和保护层，应采用不燃材料或难燃材料，材质、密度、规格与厚度应符合设计要求	按Ⅰ方案	查对施工图纸、合格证和做燃烧试验
	3	风管和管道的绝热材料进场时，应按现行国家标准《建筑节能工程施工质量验收规范》GB 50411—2007 的规定验收	按Ⅰ方案	按现行国家标准《建筑节能工程施工质量验收规范》GB 50411—2007 的有关规定执行
	4	洁净室（区）内的风管及管道的绝热层，不应采用易产尘的玻璃纤维和短纤维矿棉等材料	全数检查	观察检查
一般项目	5	防腐涂料的涂层应均匀，不应有堆积、漏涂、皱纹、气泡、掺杂及混色等缺陷	按Ⅱ方案	按面积或件数抽查，观察检查
	6	设备、部件、阀门的绝热和防腐涂层，不得遮盖铭牌标志和影响部件、阀门的操作功能；经常操作的部位应采用能单独拆卸的绝热结构	按Ⅱ方案	观察检查
	7	绝热层应满铺，表面应平整，不得有裂缝、空隙等缺陷。当采用卷材或板材时，允许偏差应为 5mm；当采用涂抹或其他方式时，允许偏差应为 10mm	按Ⅱ方案	观察检查
	8	橡胶绝热材料的施工应符合下列规定： （1）粘结材料应与橡胶材料相适用，无溶蚀被粘结材料的现象	按Ⅱ方案	观察检查

项目	项次	合格质量标准	检查数量	检验方法
一般项目	8	（2）绝热层的纵向、横向的接缝应错开，缝间不应有孔隙，与管道表面应贴合紧密，不应有气泡 （3）矩形风管绝热层的纵向接缝宜处于管道上部 （4）多重绝热层施工时，层间的拼接缝应错开	按Ⅱ方案	观察检查
	9	风管绝热材料采用保温钉固定时，应符合下列规定： （1）保温钉与风管、部件及设备表面的连接，应采用粘结或焊接，结合应牢固，不应脱落；不得采用抽芯铆钉或自攻螺钉等破坏风管严密性的固定方法 （2）矩形风管及设备表面的保温钉应均布，风管保温钉数量应符合表4-64的规定。首行保温钉距绝热材料边沿的距离应小于120mm，保温钉的固定压片应松紧适度、均匀压紧 （3）绝热材料纵向接缝不宜设在风管底面	按Ⅱ方案	观察检查
	10	管道采用玻璃棉或岩棉管壳保温时，管壳规格与管道外径应相匹配，管壳的纵向接缝应错开，管壳应采用金属丝、粘结带等捆扎，间距应为300～350mm且每节至少捆扎两道	按Ⅱ方案	观察检查
	11	风管及管道的绝热防潮层（包括绝热层的端部）应完整并封闭良好。立管的防潮层环向搭接缝口应顺水流方向设置；水平管的纵向缝应位于管道的侧面，并应顺水流方向设置；水平管的纵向缝应位于管道的侧面，并应顺水流方向设置；带有防潮层绝热材料的拼接缝采用粘胶带封严，缝两侧粘胶带粘结的宽度不应小于20mm。胶带应牢固地粘贴在防潮层面上，不得有胀裂和脱落	按Ⅱ方案	尺量和观察检查

项目	项次	合格质量标准	检查数量	检验方法
一般项目	12	绝热涂抹材料作绝热层时应分层涂抹，厚度应均匀，不得有气泡和漏涂等缺陷，表面固化层应光滑、牢固，不应有缝隙	按Ⅱ方案	观察检查
	13	金属保护壳的施工应符合下列规定： （1）金属保护壳板材的连接应牢固、严密，外表应整齐、平整 （2）圆形保护壳应贴紧绝热层，不得有脱壳、褶皱、强行接口等现象。接口搭接应顺水流方向设置并有凸筋加强，搭接尺寸应为20～25mm。采用自攻螺钉紧固时，螺钉间距应匀称且不得刺破防潮层 （3）矩形保护壳表面应平整，棱角应规则，圆弧应均匀，底部与顶部不得有明显的凸肚及凹陷 （4）户外金属保护壳的纵向、横向接缝应顺水流方向设置，纵向接缝应设在侧面。保护壳与外墙面或屋顶的交接处应设泛水且不渗漏	按Ⅱ方案	尺量和观察检查
	14	管道或管道绝热层的外表面，应按设计要求进行色标	按Ⅱ方案	观察检查

注：Ⅰ方案指产品合格率大于或等于95%的抽样评定方案；Ⅱ方案指产品合格率大于或等于85%的抽样评定方案。

风管保温钉数量（个/m²）   表 4-64

隔热层材料	风管底面	侧面	顶面
铝箔岩棉保温板	≥20	≥16	≥10
铝箔玻璃棉保温板（毡）	≥16	≥10	≥8

5 电 梯 工 程

5.1 电力驱动的曳引式或强制式电梯安装

5.1.1 质量通病原因分析及防治措施

为了保证电力驱动的曳引式或强制式电梯安装的质量，要求相关工作人员必须熟悉质量问题的现象和防治方法。常见的电力驱动的曳引式或强制式电梯安装的质量问题列于表 5-1 中。

电力驱动的曳引式或强制式电梯安装质量通病分析及防治措施 表 5-1

质量通病现象	原因分析	防治措施
（1）井道垂直度偏差过大 （2）井道平面尺寸偏小 （3）预留孔洞或预埋件尺寸偏差大，不符合电梯制造厂对井道土建施工要求 （4）各层门口留洞偏差大 （5）各层站按钮孔洞大小、深度不够，偏差大	（1）设计单位未取得所订电梯型号的相关技术参数资料，自行参照某一型号电梯土建留洞尺寸要求设计，与实际所订梯型不符 （2）土建施工粗糙，未按图施工或施工质量差	（1）电梯安装单位应尽早了解土建结构，对尺寸不符合安装要求的地方，应及时提出，以便修正；不宜修正的方面，要与土建单位、建设单位和设计单位协商，采取相应的补救措施 （2）仔细核对电梯型号、电梯制造厂提供的土建图与土建施工图；井道的平面尺寸与图纸对照，可偏大，严禁偏小

质量通病现象	原因分析	防治措施
(1) 指示灯盒、召唤盒安装孔不正,安装孔洞深度不够,安装不稳固 (2) 指示灯盒、召唤盒顶面与墙壁最终装饰完成面偏差大	(1) 土建施工时未按电梯土建布置图上对电梯指示灯盒留洞及召唤盒留洞的要求施工 (2) 安装时未对不符合要求的留洞进行整改 (3) 安装深度未与墙壁最终装饰完成面配合一致	(1) 按设计要求,安装固定牢靠 (2) 安装前应对留洞情况进行质量交接,不符合要求的要及时整改
(1) 导轨工作面不符合要求 (2) 材料不合格、加工纹形状不当,车厢运行不稳,噪声大	(1) 使用的钢材韧性和强度不符合要求 (2) 导轨工作面的粗糙度不合要求,机械加工的加工纹方向和形状不当,影响电梯的运行 (3) 井道几何尺寸偏差过大,安装前基准线、纵横中心线不准,影响导轨安装的垂直度 (4) 导轨安装偏差超过限值,导致轿厢垂直跨距和垂直度超差,使电梯在运行中产生晃动、噪声大、失去舒适感,部件磨损大,影响电梯寿命	(1) 导轨使用钢材的韧性和强度必须符合国家有关技术标准的规定和设计要求 (2) 导轨工作面的机械加工,加工纹形状纵向的粗糙度应高于横向 (3) 必须严格控制井道几何尺寸 (4) 导轨安装前必须定好基准线,准确地放出纵横中心线 (5) 导轨安装的精度必须符合要求,安装中要加强测试,及时调整 调整导轨中心距离和前后距离,是以导轨端面与基准线的间距和中心距离为准进行找正的。调整中用轨道尺检查,进行调整 1) 扭曲调整。将轨道尺端平,使尺的两指针尾部侧面和导轨工作面贴平、贴严。如两指针尖端在同一水平线上,则表面导轨无扭曲;如贴不严或指针偏离相对水平线,表面导轨有扭曲。此时,需用专用垫片调整导轨与导轨支架之间的间隙(调整垫片应控制3片之

质量通病现象	原因分析	防治措施
（1）导轨工作面不符合要求 （2）材料不合格、加工纹形状不当，车厢运行不稳，噪声大	（5）导轨固定不牢，导致运行不安全 （6）导轨连接的榫头（槽）加工精度不高，接头处强度和刚度不够，抵抗不了冲击力，影响安全运行	内）；为确保测量的精度，应将轨道尺反向180°，用上述调整方法再进行测量调整，直至合格 2）调整导轨垂直度和中心位置。导轨垂直度是电梯稳定运行的重要环节，测量的基准线必须准确。调整导轨位置，使其端面中心与基准线相对，位于规定相等相隙 3）找间隙。在找正点处，将长度较导轨间距小0.5～1mm的轨道尺端齐平，用塞尺测量轨道尺与导轨端面的间隙，使其符合要求 4）导轨接头处的工作面： ①控制导轨接头处工作面的垂直度和平整度 ②导轨接头处的全长不准有连续缝隙，局部缝隙应≤0.5mm ③两导轨侧的工作面和端面接头处的台阶应≤0.05mm
电梯运行中产生碰撞声和摩擦噪声	（1）开门刀与层门地坎间隙小，从而出现摩擦；开门刀与门锁滚轮相碰，而导致轿厢与层门有碰撞噪声 （2）轿厢在运行过程中有摩擦声，主要原因是：轿厢导轨的尼龙衬磨损严重；金属压板与导轨相摩擦；导轨与安全钳楔块间隙小等	（1）及时更换磨损的导轨尼龙衬套，并准确调整弹簧压力，使各处受压力相等；应经常清除导靴油沟内的杂物；应按规定对导轨、安全钳楔块等进行清洗并加润滑油（滚轮式导靴只对其轴承润滑，导轨不必加油） （2）要严格控制轿厢的垂直度，调整门锁滚轮与开门刀位置，两侧间隙调整到规定值。保持其正确性，防止轿厢与层门有碰撞噪声

质量通病现象	原因分析	防治措施
（1）电气装置安装不牢固 （2）控制屏位置不当，屏内信号标识不全 （3）各种用电设备共用电源接线错误 （4）极限开关安装或接线不正确	（1）控制屏未做基础底座，直接固定在地板上，不利于防水、防潮 （2）固定不牢，控制屏、箱、盘垂直度差 （3）控制屏内线头紧固压接不牢 （4）照明电源未与曳引机电源分开 （5）动力和控制回路共用同一线槽而未分开 （6）极限开关部分： 1）电源与负荷出入端反接，线头压头未刷锡 2）瓷保险座、盖破损；保险熔断丝规格不符 3）极限开关绳头捆绑不牢固 4）铁壳开关安装位置不当，影响操作 5）闸刀合闸接触过松或过紧	（1）控制屏（柜、盘）必须满足下述要求： 1）控制屏（柜）的安装固定要牢靠，必须有基础底座；柜与型钢底座采用螺栓连接固定；控制柜与混凝土底座采用地脚螺栓连接固定。控制屏（柜）应排列整齐，柜面应在同一平面上，调整至柜与柜无明显缝隙之后方可紧固螺栓固定。控制屏严禁直接固定在地板上 2）小型的励磁柜应安装在距地面高度1.2m以上的金属支架上，以便调试 3）机房内的配电柜、控制（屏、盘）柜的安装位置和布局应合理、横竖端正、整齐美观，并应考虑操作的方便，与门窗、墙的距离应不小于600mm 4）过线盒应用膨胀螺栓固定在机房地面上，或者固定在型钢底座和混凝土底座上 5）导线编号必须清楚、齐全；相序保护继电器必须可靠；线槽拐弯及出口须做线路保护 （2）极限开关安装要正确、灵活可靠，防止冲顶和蹲底 极限开关安装包括两种方式：墙上安装方式和在机房地面上安装方式 凡梯井极限开关钢丝绳的位置和极限开关不能上下对应时，可在机房顶板上安装导向滑轮，导向轮的位置应正确、动作灵活、可靠；极限开关和导向轮支架应分别用膨胀螺栓固定在墙上和地板上；具体要求如下： 1）极限开关支架安装在机房地面上时，极限开关盒底面距地面300mm 2）极限开关安装在墙上时，要求开关地底面距地面高度1.2～1.4m 3）钢丝绳在开关手柄轮上应绕3～4圈，其作用力方向应保证使闸门跳开，切断电源 4）极限开关位置应根据机房布置图设置，但必须考虑开关能和梯井极限绳上下对应，最后确定安装位置 5）极限绳头必须用夹具板夹紧，保证牢固、可靠，即使配重块脱落，极限开关也不会失去作用

质量通病现象	原因分析	防治措施
曳引机安装不牢固	（1）曳引轮、导向轮垂直度及端面平行度超差，容易导致曳引机移位 （2）导向轮轴螺栓垫圈使用材质不符合要求，使用的是普通平垫圈 （3）各种轮的安装时固定不牢，转动不灵活，垂直度偏差大于0.5mm （4）制动器闸瓦间隙不均匀，间隙大于0.7mm，容易导致溜车	（1）控制曳引轮和导向轮偏差值： 1）曳引轮是曳引机的主要部件，组装在曳引机的主轴上。轮沿上开有绳槽，利用绳槽与钢丝绳的摩擦力传递动力，因此应严格控制曳引轮结构、直径及绳槽形状和材质 2）导向轮安装在曳引机机架或承重梁上，将曳引绳引向对重或轿厢的钢丝绳轮，以传递动力，使电梯正常运行 3）轿厢空载时，曳引轮垂直度偏差不大于0.5mm；导向轮面对曳引端面的平整度偏差不大于1mm （2）导向轮轴螺栓垫圈严禁使用普通平垫圈，其材质必须按设计要求选用 （3）限速器绳轮、导向轮、钢带轮等必须安装牢固，转动灵活，垂直度偏差不得大于0.5mm （4）减振垫的位置应放置准确、平稳，必须按设计要求选用材料，材料质量必须符合要求 （5）制动器闸瓦的调整必须使闸瓦紧密地贴合于制动器的制动轮的工作表面上，松闸时其间隙必须均匀且不应大于0.7mm
（1）机房不通风或通风情况差，机房温度高。 （2）机房门窗，排风扇口防风雨情况差	（1）未按电梯制造厂家对电梯机房的通风要求设计 （2）土建单位未按设计施工	（1）机房设计前，设计单位需有所订电梯的梯型技术资料 （2）土建施工时，需按照设计施工 （3）设置排风设备或空气调节换气装置 （4）电梯安装单位应与土建单位进行施工质量交接，按规范验收

质量通病现象	原因分析	防治措施
导靴安装不当	（1）上、下导靴的中心与安全钳中心3点不在同一条垂线上，有偏扭和歪斜 （2）未对滑动导靴和滚轮导靴的内部弹簧受力进行仔细调整，与导轨没能最佳配合 （3）导轨垂直度偏差大，导靴的受力弹簧无法调整到合适位置 （4）运行前未进行静平衡调整，轿厢重心往一边倾斜	（1）固定式导靴间隙应一致 （2）弹簧式导靴内部弹簧受力应相同，确保轿厢平衡 （3）滚轮导靴安装应平整，两侧滚轮对导轨压紧后，两轮压弹簧力量应相同，压缩尺寸必须符合设计要求，滚轮滚动灵活，运行时振动小
（1）控制柜的底座与地面连接不牢固 （2）控制柜的安装位置未能可靠防风雨吹袭 （3）控制柜的安装位置不利于安全巡视和方便维修	（1）控制柜安装未做基础，安装固定不可靠 （2）控制柜安装未按制造厂的设计图纸要求施工	（1）安装应牢固，必须有基础底座，柜、屏底座应高出地面，但不宜超过100mm；柜与混凝土底座采用地脚螺栓连接固定 （2）安装位置应能在操作时清楚地看到曳引机的运转情况 （3）应使门窗与控制柜、屏正面距离不小于600mm，以防止雨水侵入柜、屏而影响工作；控制柜、屏的维修侧与墙壁的距离不小于600mm，以保证维修操作所需的安全距离；封闭侧不小于50mm；控制柜、屏与机械设备的距离不小于500mm （4）控制柜、屏应排列整齐，柜面应在同一平面上，调整至柜与柜间无明显缝隙后方可紧固螺栓固定，控制屏严禁直接固定在地板上 （5）过线盒应用膨胀螺栓固定在机房地面上，或者固定在型钢底座和混凝土底座上 （6）导线编号必须清楚、齐全，线槽拐弯及出口须做线路保护

质量通病现象	原因分析	防治措施
(1) 对重装置安装不平衡，对重块相互撞击 (2) 导靴不能调整，导靴脱轨等	(1) 对重铁铊紧固力不够，前后2根扁铁或角钢未压紧，不能将对重铊完全紧固不动，导致电梯运行时对重块互相撞击 (2) 对重补偿链固定不牢，链的长度过长，导致碰撞缓冲器底座 (3) 对重导靴间隙过大，易造成导靴脱轨 (4) 对重架底部距缓冲器的空程小于150mm，对重底部未装或没有设置调整铁铊	(1) 对重铁铊组装时应认真检查其平整度，必须采取紧固措施，将对重铊全部压紧，严防对重铊产生互相撞击发出响声，影响电梯正常运行 (2) 对重的补偿链必须固定牢靠，调整得当 (3) 安装导靴时必须认真调整对重导靴的间隙（固定滑动导靴间隙不应大于1mm，通常为0.5～1mm；弹性滑动导靴间隙应在0.25～0.5mm范围内），确保电梯正常运行 (4) 对重架底部应设置调整空程铁铊，对重架底部距缓冲器的空间应大于150mm
电梯运行时，轿厢稳定性差	(1) 导轨接口不平整，导轨架或导轨压板螺栓松动，台阶间隙超差 (2) 曳引钢丝绳受力不均，张紧力时紧时松，导致轿厢晃动或抖动	(1) 安装曳引钢丝绳时，要严格控制曳引钢丝绳张紧力，必须将引绳头弹簧的压紧力调至同一量化值，并用弹簧秤将曳引钢丝绳的平均张力控制在5%以内 (2) 安装导轨系统时，应将导轨架及导轨压板螺栓拧紧，并且还应设置防松动装置 (3) 对导轨接口处应用导轨刨或细平锉修整成光滑平面，应使台阶及修光长度符合国家现行技术标准的规定

502

质量通病现象	原因分析	防治措施
承重梁强度低和轿厢上方空程小	（1）承重梁选用的型钢材质不符合要求或者安装位置及架设承重梁的构件不符合要求 （2）随意切割承重梁 （3）安装过程中没能控制各种极限值，导致轿厢上方空程过小	（1）承重梁一般应选用工字钢。为了提高承重梁的刚度，亦可选用槽钢。无论用什么钢，其型号、规格、钢材质都必须满足设计要求 （2）严禁随意切割承重梁 （3）承重梁安装必须严格控制，位置要准确，平整度应符合设计要求 1）承重梁安装在机房楼板上面时，承重梁与楼板间需留有一定的间隙，防止电梯启动时承重梁弯曲变形，冲击楼板 2）承重梁安装在楼板下面时，须按设计将承重梁预先埋入机房楼板下面，与楼板浇筑成一体 3）承重梁用混凝土架设时，混凝土强度等级必须满足设计要求 4）当对重将缓冲器完全压缩时，轿厢上方空程严禁小于下式规定的数值： $$h = 0.6 + 0.035v^2 (\text{m})$$ 式中　h——空程最小高度（m）； 　　　v——电梯额定速度（m/s）

质量通病现象	原因分析	防治措施
（1）门与门套不平行、不垂直 （2）门中与地坎中未对齐，门与门套间隙过大或过小 （3）层门有划伤 （4）层门地坎支承梁支持力不够，地坎变形；层门地坎高于或低于地面 （5）地坎护脚板安装翘曲不平 （6）轿厢地坎与各层门地坎间距不一致、不平行	（1）门套安装不垂直，层门安装后没有调整好 （2）层门地坎安装时，两根基准线放线不准、不平行，造成安装误差 （3）层门导轨、地坎导轨不清洁，层门安装和调整中没有注意保护层门外观 （4）层门地坎的安装高度没有根据装饰后最终地平面计算 （5）层门地坎下没有用混凝土浇实或未保养好就安装门框等，造成地坎移位	（1）门套安装前，检查门套是否变形，并进行必要的调整 （2）门套与地坎连接后，用方木将门套加固并测量门套垂直度 （3）浇筑水泥砂浆时采用分段浇筑法，以防止门套变形 （4）在吊挂层门门扇前，先检查门滑轮的转动是否灵活，并应注入润滑脂，清洁层门导轨和地坎导槽 （5）用等高块垫在层门扇和地坎之间，以保证门扇与地坎面间的间隙，通过调整门滑轮座与门扇间连接垫片来调整门与地坎、门套的间隙 （6）层门中与地坎中对齐后，固定住钢丝绳或杠杆撑杆，对钢丝绳传动的层门，钢丝绳需张紧 （7）注意保护门外观，外贴的保护膜在交工前才清除 （8）保证层门地坎的安装位置与层楼地平面标准线的一致 （9）保证层门地坎的水平度和与轿厢地坎的平行度 （10）地坎护脚板安装前，注意复查和修整牛腿的安装面

质量通病现象	原因分析	防治措施
（1）制动器闸瓦不能紧密贴合于制动轮工作面上 （2）松闸时不能同步离开，四周间隙不匀且间隙大于 0.7mm （3）制动器工作时，出现明显的松闸滞后现象及电磁铁吸合冲击现象	（1）出厂时，由于轮闸制动瓦没有修正，闸瓦不能紧密、均匀地贴合于制动轮工作表面上 （2）现场安装时，制动力矩没有调整均衡	（1）安装前应检查电磁铁在铜套中能否灵活运动，可用少量细石墨粉作为铁心与铜套的润滑剂，调整电磁铁，使其能迅速吸合，且不发生撞芯现象，保持 0.6～1mm 的间隙；必要时拆卸磁铁的铁芯，排除故障 （2）修正闸带，使其能紧贴制动轮，调整手动松闸装置 （3）调整松闸量限位螺钉，制动带与制动轮工作表面间隙应小于 0.7mm 且四角间隙一致 （4）调紧制动弹簧，应使其： 1）在电梯作静载试验时，压紧力应足以克服电梯的载重 2）在作超载运行时，弹簧张力能使电梯可靠制动
（1）焊接支架焊缝间断、导轨支架松动、无双面焊 （2）膨胀螺栓入墙深度不够、支架不水平 （3）在砖墙上用膨胀螺栓固定支架 （4）导轨支架和墙壁或导轨间的垫铁超厚、未用电焊点在一起 （5）支架未与导轨连接板错开	（1）支架或支架地脚螺栓埋入深度不足 120mm （2）混凝土强度等级未符合设计要求，影响固定螺栓的牢固性 （3）膨胀螺栓的钻孔太大，深度或歪斜不符合要求 （4）井壁预埋件的厚度和几何尺寸不符合设计要求，垂直度和位置未能满足导轨支架安装的设计要求 （5）导轨支架与预埋件接触不严密、焊接不实	（1）对埋入式： 1）支架埋入孔洞深度不小于 120mm 2）支架埋入墙内部分应开叉，安装时应用水将墙洞冲净湿透，用设计规定的混凝土固定，并用水平尺找平上平面 3）先安装上、下两个支架，待混凝土完全凝固后，把标准线设在上、下两支架上，然后按标准线逐个安装 （2）对焊接式： 1）所有焊缝应连接并双面焊，焊接时防止预埋钢板过热而发生变形 2）支架点焊在预埋钢板上后，应检查水平度，达到标准后再焊接 3）用膨胀螺栓固定时，选用合格的钻头打孔，孔要打正，深度位置适宜

质量通病现象	原因分析	防治措施
轿厢组装不平整	(1) 轿厢未按安装工艺要求的精度和顺序进行装配，立柱、底梁、上梁安装时水平度和垂直度超差 (2) 轿厢底盘安装水平度超差 (3) 轿厢壁板装好后，未采取防护措施就进行搬运 (4) 轿厢壁板拼接调整过程中敲击，损伤壁板	(1) 按正确的方法安装壁板 1) 先将组装好的轿顶临时固定在上梁下面（如未拼装的轿顶，可待轿壁装好后安装） 2) 装配轿壁，一般按后壁、侧壁、前壁的顺序与轿顶、轿底固定，通风口以及风管、门灯等应同时一起装配 3) 轿门处前壁和操纵壁垂直度不大于 1‰，轿壁拼装时要注意上、下间隙一致，接口平整 (2) 壁板装好后，在正式交付使用前，要用纸箱板或木板保护壁板
电梯平层不准确	(1) 制动器闸瓦与制动轮间隙偏大或四周间隙不均匀，导致制动力小（上行平层过高、下行平层过低） (2) 制动器闸瓦与制动轮间隙偏小及四周间隙不均匀，导致制动力大（上行平层过低、下行平层过高） (3) 上行、下行平层过高，或者上行、下行平层偏低，配重块重量不均匀 (4) 电机的高速挡转、低速挡转的技术参数不符合标准规定 (5) 平层板位置安得不准或平层感应器与平层板距离过大	(1) 调整制动器弹簧压力精度，使其制动器闸瓦间隙四周均匀，且不小于 0.7mm (2) 调小制动弹簧的压力，使其闸瓦的间隙四周均匀，保持间隙为 0.5mm 左右，控制在 0.7mm 之内 (3) 配重系统的配重块测重量校核平衡系数为 40%～50%。准确性、精度值必须符合设计规定的量化值 (4) 调整低速启动延时继电器，减少低速绕组电抗器抽头匝数，使其延迟动作时间缩短 (5) 减小平层板与平层感应器之间的距离，调整平层板安装位置的准确性，或加大平层板及平层感应器之间的距离

5.1.2 电力驱动的曳引式或强制式电梯安装质量标准

电力驱动的曳引式或强制式电梯安装的质量标准应符合表 5-2 的规定。

电力驱动的曳引式或强制式电梯安装的质量标准 表 5-2

工程名称	项目	要求
设备进场验收	主控项目	随机文件必须包括下列资料： (1) 土建布置图 (2) 产品出厂合格证 (3) 门锁装置、限速器、安全钳及缓冲器的形式试验证书复印件
	一般项目	(1) 随机文件还应包括下列资料： 1) 装箱单 2) 安装、使用维护说明书 3) 动力电器和安全电路的电气原理图 (2) 设备零部件应与装箱单内容相符 (3) 设备外观不应存在明显的损坏
土建交接检验	主控项目	(1) 机房（如果有）内部、井道土建（钢架）结构及布置必须符合电梯土建布置图的要求 (2) 主电源开关必须符合下列规定： 1) 主电源开关应能够切断电梯正常使用情况下最大电流 2) 对有机房电梯该开关应能从机房入口处方便地接近 3) 对无机房电梯该开关应设置在井道外工作人员方便接近的地方，且应具有必要的安全防护 (3) 井道必须符合下列规定： 1) 当底坑底面下有人员能到达的空间存在且对重（或平衡重）上未设有安全钳装置时，对重缓冲器必须能安装在（或平衡重运行区域的下边必须）一直延伸到坚固地面上的实心桩墩上

507

工程名称	项目	要求
土建交接检验	主控项目	2）电梯安装之前，所有层门预留孔必须设有高度不小于 1.2m 的安全保护围封，并应保证有足够的强度 3）当相邻两层门地坎间的距离大于 11m 时，其间必须设置井道安全门，井道安全门严禁向井道内开启，且必须装有安全门处于关闭时电梯才能运行的电气安全装置。当相邻轿厢间有相互救援用轿厢安全门时，可不执行本款
	一般项目	（1）机房（如果有）还应符合下列规定： 1）机房内应设有固定的电气照明，地板表面上的照度应不小于 200lx。机房内应设置一个或多个电源插座。在机房内靠近入口的适当高度处应设有一个开关或类似装置控制机房照明电源 2）机房内应通风，从建筑物其他部分抽出的陈腐空气，不得排入机房内 3）应根据产品供应商的要求，提供设备进场所需的通道和搬运空间 4）电梯工作人员应能方便地进入机房和或滑轮间，而不需要临时借助于其他辅助设施 5）机房应采用经久耐用且不易产生灰尘的材料建造，机房内的地板应采用防滑材料（注：此项可在电梯安装后验收） 6）在一个机房内，当有两个以上不同平面的工作平台且相邻平台高度差不大于 0.5m 时，应设置楼梯或台阶，并应设置高度不小于 0.9m 的安全防护栏杆。当机房地面有深度大于 0.5m 的凹坑或槽坑时，均应盖住。供人员活动空间和工作台面以上的净高度应不小于 1.8m 7）供人员进出的检修活板门应有不小于 0.8m×0.8m 的净通道，开门到位后应能自行保持在开启位置。检修活板门关闭后应能支撑两个人的重量（每个人按在门的任意 0.2m×0.2m 面积上作用 1000N 的力计算），不得有永久性变形 8）门或检修活板门应装有带钥匙的锁，它应从机房内不用钥匙打开。只供运送器材的活板门，可只在机房内部锁住 9）电源零线和接地线应分开。机房内接地装置的接地电阻值应不大于 4Ω

工程名称	项目	要求
土建交接检验	一般项目	10）机房应有良好的防渗、防漏水保护 （2）井道还应符合下列规定： 1）井道尺寸是指垂直于电梯设计运行方向的井道截面沿电梯设计运行方向投影所测定的井道最小净空尺寸，该尺寸应和土建布置图所要求的一致，允许偏差应符合下列规定： ① 当电梯行程高度小于等于 30m 时为 0～＋25mm ② 当电梯行程高度大于 30m 且小于等于 60m 时为 0～＋35mm ③ 当电梯行程高度大于 60m 且小于等于 90m 时为 0～＋50mm ④ 当电梯行程高度大于 90m 时，允许偏差应符合土建布置图要求 2）全封闭或部分封闭的井道，井道的隔离保护、井道壁、底坑底面和顶板应具有安装电梯部件所需要的足够强度，应采用非燃烧材料建造，且应不易产生灰尘 3）当底坑深度大于 2.5m 且建筑物布置允许时，应设置一个符合安全门要求的底坑进口；当没有进入底坑的其他通道时应设置一个从层门进入底坑的永久性装置，并且此装置不得凸入电梯运行空间 4）井道应为电梯专用，井道内不得装设与电梯无关的设备、电缆等。井道可装设采暖设备，但不得采用蒸汽和水作为热源，且采暖设备的控制与调节装置应装在井道外面 5）井道内应设置永久性电气照明，井道内照度应不得小于 50lx，井道最高点和最低点 0.5m 以内应各装一盏灯，再设中间灯，并分别在机房和底坑设置一控制开关 6）装有多台电梯的井道内各电梯的底坑之间应设置最低点离底坑地面不大于 0.3m，且至少延伸到最低层站楼面以上 2.5m 高度的隔障，在隔障宽度方向上隔障与井道壁之间的间隙应不大于 150mm 当轿顶边缘和相邻电梯运动部件（轿厢、对重或平衡重）之间的水平距离小于 0.5m 时，隔障应延长贯穿整个井道的高度。隔障的宽度不得小于被保护的运动部件（或其部分）的宽度每边再各加 0.1m 7）底坑内应有良好的防渗、防漏水保护，底坑内不得有积水 8）每层楼面应有水平面基准标识

工程名称	项目	要求
驱动主机	主控项目	紧急操作装置动作必须正常。可拆卸的装置必须置于驱动主机附近易接近处，紧急救援操作说明必须贴于紧急操作时易见处
	一般项目	(1) 当驱动主机承重梁需埋入承重墙时，埋入端长度应超过墙厚中心至少 20mm，且支承长度应不小于 75mm (2) 制动器动作应灵活，制动间隙调整应符合产品设计要求 (3) 驱动主机、驱动主机底座与承重梁的安装应符合产品设计要求 (4) 驱动主机减速箱（如果有）内油量应在油标所限定的范围内 (5) 机房内钢丝绳与楼板孔洞边间隙应为 20～40mm，通向井道的孔洞四周应设置高度不小于 50mm 的台缘
导轨	主控项目	导轨安装位置必须符合土建布置图要求
	一般项目	(1) 两列导轨顶面间的距离偏差应为：轿厢导轨 0～＋2mm；对重导轨 0～＋3mm (2) 导轨支架在井道壁上的安装应固定可靠。预埋件应符合土建布置图要求。锚栓（如膨胀螺栓等）固定应在井道壁的混凝土构件上使用，其连接强度与承受振动的能力应满足电梯产品设计要求，混凝土构件的压缩强度应符合土建布置图要求 (3) 每列导轨工作面（包括侧面与顶面）与安装基准线每 5m 的偏差均不大于下列数值： 轿厢导轨和设有安全钳的对重（平衡重）导轨为 0.6mm，不设安全钳的对重（平衡重）导轨为 1.0mm (4) 轿厢导轨和设有安全钳的对重（平衡重）导轨工作面接头处不应有连续缝隙，导轨接头处台阶应不大于 0.05mm。如超过应修平，修平长度应大于 150mm (5) 不设安全钳的对重（平衡重）导轨接头处缝隙应不大于 1.0mm，导轨工作面接头处台阶应不小于 0.15mm

工程名称	项目	要求
门系统	主控项目	(1) 层门地坎至轿厢地坎之间的水平距离偏差为 0～+3mm，且最大距离严禁超过 35mm (2) 层门强迫关门装置必须动作正常 (3) 动力操纵的水平滑动门在关门开始的 1/3 行程之后，阻止关门的力严禁超过 150N (4) 层门锁钩必须动作灵活，在证实锁紧的电气安全装置动作之前，锁紧元件的最小啮合长度为 7mm
	一般项目	(1) 门刀与层门地坎、门锁滚轮与轿厢地坎间隙应不小于 5mm (2) 层门地坎水平度不得大于 2/1000，地坎应高出装修地面 2～5mm (3) 层门指示灯盒、召唤盒和消防开关盒应安装正确，其面板与墙面贴实，横竖端正 (4) 门扇与门扇、门扇与门套、门扇与门楣、门扇与门口处轿壁、门扇下端与地坎的间隙，乘客电梯应不大于 6mm，载货电梯应不大于 8mm
轿厢	主控项目	当距轿底面在 1.1m 以下使用玻璃轿壁时，必须在距轿底面 0.9～1.1m 的高度安装扶手，并且扶手必须独立固定，不得与玻璃有关
	一般项目	(1) 当轿厢有反绳轮时，反绳轮应设置防护装置和挡绳装置 (2) 当轿顶外侧边缘至井道壁水平方向的自由距离大于 0.3m 时，轿顶应装设防护栏及警示性标识
对重（平衡重）	主控项目	—
	一般项目	(1) 当对重（平衡重）架有反绳轮时，反绳轮应设置防护装置和挡绳装置 (2) 对重（平衡重）块应可靠固定

工程名称	项目	要求
安全部件	主控项目	(1) 限速器动作速度整定封记必须完好且无拆动痕迹 (2) 当安全钳可调节时，整定封记应完好且无拆动痕迹
	一般项目	(1) 限速器张紧装置与其限位开关相对位置安装应正确 (2) 安全钳与导轨的间隙应符合产品设计要求 (3) 轿厢在两端站平层位置时，轿厢、对重的缓冲器撞板与缓冲器顶面间的距离应符合土建布置图要求。轿厢、对重的缓冲器撞板中心与缓冲器中心的偏差应不大于 20mm (4) 液压缓冲器柱塞铅垂度应不大于 0.5%，充液量应正确
悬挂装置、随行电缆、补偿装置	主控项目	(1) 绳头组合必须安全、可靠，且每个绳头组合必须安装防螺母松动和脱落的装置 (2) 钢丝绳严禁有死弯 (3) 当轿厢悬挂在两根钢丝绳或链条上，且其中一根钢丝绳或链条发生异常相对伸长时，为此装设的电气安全开关应动作可靠 (4) 随行电缆严禁有打结和波浪扭曲现象
	一般项目	(1) 每根钢丝绳或链条张力与平均值偏差应不大于 5% (2) 随行电缆的安装应符合下列规定： 1) 随行电缆端部应固定可靠 2) 随行电缆在运行中应避免与井道内其他部件干涉。当轿厢完全压在缓冲器上时，随行电缆不得与底坑地面接触 (3) 补偿绳、链、缆等补偿装置的端部应固定可靠 (4) 对补偿绳的张紧轮，验证补偿绳张紧的电气安全开关应动作可靠。张紧轮应安装防护装置

工程名称	项目	要求
电气装置	主控项目	(1) 电气设备接地必须符合下列规定： 1) 所有电气设备及导管、线槽的外露可导电部分均必须可靠接地（PE） 2) 接地支线应分别直接接至接地干线接线柱上，不得互相连接后再接地 (2) 导体之间和导体对地之间的绝缘电阻必须大于 $1000\Omega/V$，且其值不得小于： 1) 动力电路和电气安全装置电路：$0.5M\Omega$ 2) 其他电路（控制、照明、信号等）：$0.25M\Omega$
	一般项目	(1) 主电源开关不应切断下列供电电路： 1) 轿厢照明和通风 2) 机房和滑轮间照明 3) 机房、轿顶和底坑的电源插座 4) 井道照明 5) 报警装置 (2) 机房和井道内应按产品要求配线。软线和无护套电缆应在导管、线槽或能确保起到等效防护作用的装置中使用。护套电缆和橡套软电缆可明敷于井道或机房内使用，但不得明敷于地面 (3) 导管、线槽的敷设应整齐、牢固。线槽内导线总面积不应大于线槽净面积 60%；导管内导线总面积不应大于导管内净面积 40%；软管固定间距不应大于 $1m$，端头固定间距不应大于 $0.1m$ (4) 接地支线应采用黄绿相间的绝缘导线 (5) 控制柜（屏）的安装位置应符合电梯土建布置图中的要求

工程名称	项目	要求
整机安装验收	主控项目	（1）安全保护验收必须符合下列规定： 1）必须检查以下安全装置或功能： ① 断相、错相保护装置或功能 当控制柜三相电源中任何一相断开或任何两相错接时，断相、错相保护装置或功能应使电梯不发生危险故障 注：当错相不影响电梯正常运行时可没有错相保护装置或功能 ② 短路、过载保护装置 动力电路、控制电路，安全电路必须有与荷载匹配的短路保护装置；动力电路必须有过载保护装置 ③ 限速器 限速器上的轿厢（对重、平衡重）下行标志必须与轿厢（对重、平衡重）的实际下行方向相符。限速器铭牌上的额定速度、动作速度必须与被检电梯相符 ④ 安全钳 安全钳必须与其型式试验证书相符 ⑤ 缓冲器 缓冲器必须与其型式试验证书相符 ⑥ 门锁装置 门锁装置必须与其型式试验证书相符 ⑦ 上、下极限开关 上、下极限开关必须是安全触点，在端站位置进行动作试验时必须动作正常。在轿厢或对重（如果有）接触缓冲器之间必须动作，且缓冲器完全压缩时，保持动作状态 ⑧ 轿顶、机房（如果有）、滑轮间（如果有）、底坑停止装置 位于轿顶、机房（如果有）、滑轮间（如果有）、底坑的停止装置的动作必须正常

工程名称	项目	要求
整机安装验收	主控项目	2）下列安全开关，必须动作可靠： ① 限速器绳张紧开关 ② 液压缓冲器复位开关 ③ 有补偿张紧轮时，补偿绳张紧开关 ④ 当额定速度大于 3.5m/s 时，补偿绳轮防跳开关 ⑤ 轿厢安全窗（如果有）开关 ⑥ 安全门、底坑门、检修活板门（如果有）的开关 ⑦ 对可拆卸式紧急操作装置所需要的安全开关 ⑧ 悬挂钢丝绳（链条）为两根时，防松动安全开关 （2）限速器安全钳联动试验必须符合下列规定： 1）限速器与安全钳电气开关在联动试验中必须动作可靠，且应使驱动主机立即制动 2）对瞬时式安全钳，轿厢应载有均匀分布的额定载重量；对渐进式安全钳，轿厢应载有均匀分布的 125％额定载重量。当短接限速器及安全钳电气开关，轿厢以检修速度下行，人为使限速器机械动作时，安全钳应可靠动作，轿厢必须可靠制动且轿底倾斜度应不大于 5％ （3）层门与轿门的试验必须符合下列规定： 1）每层层门必须能够用三角钥匙正常开启 2）当一个层门或轿门（在多扇门中任何一扇门）非正常打开时，电梯严禁启动或继续运行 （4）曳引式电梯的曳引能力试验必须符合下列规定： 1）轿厢在行程上部范围空载上行及行程下部范围载有 125％额定载重量下行，分别停层 3 次以上，轿厢必须可靠地制停（空载上行工况应平层）。轿厢载有 125％额定载重量以正常运行速度下行时，切断电动机与制动器供电，电梯必须可靠制动 2）当对重完全压在缓冲器上且驱动主机按轿厢上行方向连续运转时，空载轿厢严禁向上提升

工程名称	项目	要求
整机安装 验收	一般 项目	（1）曳引式电梯的平衡系数应为 0.4～0.5 （2）电梯安装后应进行运行试验；轿厢分别在空载、额定载荷工况下，按产品设计规定的每小时启动次数和负载持续率各运行 1000 次（每天不少于 8h），电梯应运行平稳、制动可靠、连续运行无故障 （3）噪声检验应符合下列规定： 1）机房噪声：对额定速度小于等于 4m/s 的电梯，应不大于 80dB（A）；对额定速度大于 4m/s 的电梯，应不大于 85dB（A） 2）乘客电梯和病床电梯运行中轿内噪声：对额定速度小于等于 4m/s 的电梯，应不大于 55dB（A）；对额定速度大于 4m/s 的电梯，应不大于 60dB（A） 3）乘客电梯和病床电梯的开关门过程噪声应不大于 65dB（A） （4）平层准确度检验应符合下列规定： 1）额定速度小于等于 0.63m/s 的交流双速电梯，应在±15mm 的范围内 2）额定速度大于 0.63m/s 且小于等于 1.0m/s 的交流双速电梯，应在±30mm 的范围内 3）其他调速方式的电梯，应在±15mm 的范围内 （5）运行速度检验应符合下列规定： 当电源为额定频率和额定电压、轿厢载有 50% 额定载荷时，向下运行至行程中段（除去加速加减速段）时的速度，应不大于额定速度的 105%，且应不小于额定速度的 92% （6）观感检查应符合下列规定： 1）轿门带动层门开、关运行，门扇与门扇、门扇与门套、门扇与门楣、门扇与门口处轿壁、门扇下端与地坎应无刮碰现象 2）门扇与门扇、门扇与门套、门扇与门楣、门扇与门口处轿壁、门扇下端与地坎之间各自的间隙在整个长度上应基本一致 3）对机房（如果有）、导轨支架、底坑、轿顶、轿内、轿门、层门及门地坎等部位应进行清理

5.2 液压电梯安装

5.2.1 质量通病原因分析及防治措施

为了保证液压电梯安装的质量，要求相关工作人员必须熟悉质量问题的现象和防治方法。常见的液压电梯安装的质量问题列于表 5-3 中。

液压电梯安装质量通病分析及防治措施 表 5-3

质量通病现象	原因分析	防治措施
系统噪声大或运行声响不正常	噪声大是运行工况不佳的表现之一，也通常是系统内部件质量差或工作不正常的反映 （1）液压系统内有空气，内部件质量差、精度差 （2）油管过长未加固定，回油不畅	（1）排除系统内空气 （2）增大管径，减少弯头，回油管离开油箱底部 2 倍管径以上；油管加以固定 （3）检查部件质量，若质量有问题时应及时处理或更换
安全保护装置动作不灵敏	（1）各种开关安装松动、触头间隙大 （2）极限开关板安装位置不正确、调整不当；开关盒的外链轮啮合不好，容易打滑 （3）安全钳动作失灵 （4）限速器铅块的固定绳滑动 （5）缓冲器复位开关动作功能差	限速器是操纵安全钳和速度反应的装置。安全钳是以机械动作将电梯强行停止在导轨上的装置，其功能是对电梯的失控和超速起保护作用 （1）底座制作采用厚度 $t=12\text{mm}$ 的钢板，机底座连接限速器的螺栓孔、绳孔和固定膨胀螺栓孔的孔距、孔径必须符合设计要求 （2）限速器和底座用螺栓相连。固定必须牢固、可靠、稳定 （3）根据安装坐标位置，将限速器就位，由限速轮绳槽中心向轿厢拉杆上的绳头中心吊一垂线，限速轮和张紧轮的绳槽中心吊一垂线，调整限速器位置，使上述两对中心在相应的垂线上，即可确定位置。要控制限速器位置和底座的水平度，限速轮的垂直误差应不大于 0.5mm

质量通病现象	原因分析	防治措施
安全保护装置动作 不灵敏	（1）各种开关安装松动、触头间隙大 （2）极限开关板安装位置不正确、调整不当；开关盒的外链轮啮合不好，容易打滑 （3）安全钳动作失灵 （4）限速器钳块的固定绳滑动 （5）缓冲器复位开关动作功能差	（4）安全钳必须牢固安装，调整安全钳钳口和安全钳楔块，达到动作灵敏，安装并调整安全钳拉杆，达到要求后用双螺母拧紧拉杆顶部 （5）各种安全保护装置，如极限开关、限速器、限位开关、安全钳开关、安全窗开关、缓冲器（液压）开关、信号系统、急停开关、机械与电气联锁等位置正确、安装牢固，功能可靠，动作灵活 （6）对安全保护装置必须精心安装调整，认真检查安装质量及做好功能性试验，凡不合格的部件或元件不准安装和使用。必须更换在调试运行中有功能不可靠的元件 （7）保险熔丝不准把两根并为一根或两根接成一根，并严禁以铜丝代替；保险熔丝必须符合要求 （8）极限绳头捆绑必须牢固、可靠，应用钢线绳卡子夹住，防止配重块脱出及极限开关失去作用 （9）极限开关应安装在机房入口处，便于操作 （10）铁壳开关闸刀合闸时，过紧不易撞开极限，过松受振动，易切断电源，影响电梯正常运行。因此，在安装过程中应精心调试和组装，保证开关闸刀正常工作 （11）极限开关装置，安装要正确，动作必须灵活、可靠，防止蹲底和冲顶 （12）急停、检修、程序转换按钮和开关安装位置应正确、端正、牢固，调整后动作必须灵活、可靠，功能性强 （13）轿厢自动门安全触板安装的位置必须准确、牢固、可靠、动作灵活

质量通病现象	原因分析	防治措施
系统温升高或温度高于60℃	系统温升高是运行工况不佳的表现之一，同时影响油液的黏度和系统部件的正常工作 （1）系统阻力大，沿程功率损失大 （2）压力调定值过高 （3）工作环境温度过高 （4）油液黏度过高	（1）选择合适管径，减少弯头，缩短长度 （2）按制造厂说明书规定调定系统压力值 （3）采取降低环境温度的措施，如机房内设置通风或空调装置 （4）按制造厂说明书选用合适黏度的油液
关闭电梯井门时，门扇跳动（振动）大	（1）门扇滚轮磨损 （2）偏心轴下间隙大 （3）滑轨偏斜 （4）地坎门滑道垃圾多或有障碍物卡住	（1）要仔细调整门扇滑轨和偏心轴的间隙 （2）更换滑轮 （3）彻底清除地坎内的障碍物和垃圾
电梯在运行过程中，轿厢产生抖动或晃动	（1）传动减速机的蜗轮侧间隙大，蜗杆推力轴承磨损 （2）曳引机地脚螺栓、挡板、压板等松动 （3）导轨架或压板螺栓松动 （4）轨道接头不平 （5）过渡台阶误差大	（1）调整中心间距，在轴承盖处加调整垫片，更换推力轴承 （2）检查地脚螺栓、挡板、压板、导轨支架等并紧固 （3）对两导轨接头处，应使用平锉修磨好，使其达到标准要求

质量通病现象	原因分析	防治措施
限速器有时误动作和带有打点响声	电梯限速机传动轴油路不通畅、锈蚀或磨损，弹簧或压紧螺栓松动	对限速器油路彻底进行清洗、通畅，磨损部位应仔细进行修整，调整弹簧和压紧螺栓，使其达到标准的要求

5.2.2 液压电梯安装质量标准

液压电梯安装的质量标准应符合表 5-4 的规定。

液压电梯安装的质量标准 表 5-4

工程名称	项目	要求
设备进场验收	主控项目	随机文件必须包括下列资料： （1）土建布置图 （2）产品出厂合格证 （3）门锁装置、限速器（如果有）、安全钳（如果有）及缓冲器（如果有）的形式试验合格证书复印件
	一般项目	（1）随机文件还应包括下列资料： ① 装箱单；② 安装、使用维护说明书；③ 动力电路和安全电路的电气原理图；④ 液压系统原理图 （2）设备零部件应与装箱单内容相符 （3）设备外观不应存在明显的损坏
土建交接检验		土建交接检验应符合 5.1.2 中"土建交接检验"的规定

工程名称	项目	要求
液压系统	主控项目	液压泵站及液压顶升机构的安装必须按土建布置图进行。顶升机构必须安装牢固，缸体垂直度严禁大于 0.4‰
	一般项目	（1）液压管路应可靠连接且无渗漏现象 （2）液压泵站油位显示应清晰、准确 （3）显示系统工作压力的压力表应清晰、准确
导轨		导轨安装应符合 5.1.2 中"导轨"的规定
门系统		门系统安装应符合 5.1.2 中"门系统"的规定
轿厢		轿厢安装应符合 5.1.2 中"轿厢"的规定
平衡重		如果有平衡重，应符合 5.1.2 中"对重（平衡重）"的规定
安全部件		如果有限速器、安全钳或缓冲器，应符合 5.1.2 中"安全部件"的有关规定
悬挂装置、随行电缆、补偿装置	主控项目	（1）如果有绳头组合，绳头组合必须安全、可靠，且每个绳头组合必须安装防螺母松动和脱落的装置 （2）如果有钢丝绳，严禁有死弯 （3）当轿厢悬挂在两根钢丝绳或链条上，其中一根钢丝绳或链条发生异常相对伸长时，为此装设的电气安全开关必须动作可靠。对具有两个或多个液压顶升机构的液压电梯，每一组悬挂钢丝绳均应符合上述要求 （4）随行电缆严禁有打结和波浪扭曲现象

工程名称	项目	要求
悬挂装置、随行电缆、补偿装置	一般项目	(1) 如果有钢丝绳或链条，每根张力与平均值偏差不应大于 5% (2) 随行电缆的安装还应符合下列规定： 1) 随行电缆端部应固定可靠 2) 随行电缆在运行中应避免与井道内其他部件干涉。当轿厢完全压在缓冲器上时，随行电缆不得与底坑地面接触
电气装置		电气装置安装应符合 5.1.2 中"电气装置"的规定
整机安装验收	主控项目	(1) 液压电梯安全保护验收必须符合下列规定： 1) 必须检查以下安全装置或功能： ① 断相、错相保护装置或功能 当控制柜三相电源中任何一相断开或任何二相错接时，断相、错相保护装置或功能应使电梯不发生危险故障 注：当错相不影响电梯正常运行时，可没有错相保护装置或功能 ② 短路、过载保护装置 动力电路、控制电路、安全电路必须有与负载匹配的短路保护装置；动力电路必须有过载保护装置 ③ 防止轿厢坠落、超速下降的装置 液压电梯必须装有防止轿厢坠落、超速下降的装置，并且各装置必须与其型式试验证书相符 ④ 门锁装置 门锁装置必须与其型式试验证书相符 ⑤ 上极限开关

工程名称	项目	要求
整机安装 验收	主控项目	上极限开关必须是安全触点，在端站位置进行动作试验时必须动作正常。它必须在柱塞接触到其缓冲制停装置前动作，并且柱塞处于缓冲制停区时保持动作状态 ⑥ 机房、滑轮间（如果有）、轿顶、底坑停止装置 位于轿顶、机房、滑轮间（如果有）、底坑的停止装置的动作必须正常 ⑦ 液压油温升保护装置 当液压油达到产品设计温度时，温升保护装置必须动作，使液压电梯停止运行 ⑧ 移动轿厢的装置 在停电或电气系统发生故障时，移动轿厢的装置必须能移动轿厢上行或下行，并且下行时还必须装设防止顶升机构与轿厢运动相脱离的装置 2）下列安全开关，必须动作可靠： ① 限速器（如果有）张紧开关；② 液压缓冲器（如果有）复位开关；③ 轿厢安全窗（如果有）开关；④ 安全门、底坑门、检修活板门（如果有）的开关；⑤ 悬挂钢丝绳（链条）为两根时，防松动安全开关 （2）限速器（安全绳）安全钳联动试验必须符合下列规定： 1）限速器（安全绳）与安全钳电气开关在联动试验中必须动作可靠，且应使电梯停止运行 2）联动试验时轿厢载荷及速度应符合下列规定： ① 当液压电梯额定载重量与轿厢最大有效面积符合表5-5的规定时，轿厢应载有均匀分布的额定载重量；当液压电梯额定载重量小于表5-5规定的轿厢最大有效面积对应的额定载重量时，轿厢应载有均匀分布的125％的液压电梯额定载重量，但该载荷不应超过表5-5规定的轿厢最大有效面积对应的额定载重量 ② 对瞬时式安全钳，轿厢应以额定速度下行；对渐进式安全钳，轿厢应以检修速度下行

工程名称	项目	要求
整机安装验收	主控项目	3）当装有限速器安全钳时，使下行阀保持开启状态（直到钢丝绳松弛为止）的同时，人为使限速器机械动作，安全钳应可靠动作，轿厢必须可靠制动且轿底倾斜度不应大于5％ 4）当装有安全绳安全钳时，使下行阀保持开启状态（直到钢丝绳松弛为止）的同时，人为使安全绳机械动作，安全钳应可靠动作，轿厢必须可靠制动且轿底倾斜度不应大于5％ （3）层门与轿门的试验必须符合下列规定： 1）每层层门必须能够用三角钥匙正常开启 2）当一个层门或轿门（在多扇门中任何一扇门）非正常打开时，电梯严禁启动或继续运行 （4）超载试验必须符合下列规定： 当轿厢载荷达到110％的额定载重量且10％的额定载重量的最小值按75kg计算时，液压电梯严禁启动
	一般项目	（1）液压电梯安装后应进行运行试验；轿厢在额定载重量工况下，按产品设计规定的每小时启动次数运行1000次（每天不少于8h），液压电梯应平稳、制动可靠、连续运行无故障 （2）噪声检验应符合下列规定： 1）液压电梯的机房噪声不应大于85dB（A） 2）乘客液压电梯和病床液压电梯运行中轿内噪声不应大于55dB（A） 3）乘客液压电梯和病床液压电梯的开关门过程噪声不应大于65dB（A） （3）平层准确度检验应符合下列规定： 液压电梯平层准确度应在±15mm范围内 （4）运行速度检验应符合下列规定：

工程名称	项目	要求
整机安装验收	一般项目	空载轿厢上行速度与上行额定速度的差值不应大于上行额定速度的 8%；载有额定载重量的轿厢下行速度与下行额定速度的差值不应大于下行额定速度的 8% （5）额定载重量沉降量试验应符合下列规定： 　载有额定载重量的轿厢停靠在最高层站时，停梯 10min，沉降量不应大于 10mm，但因油温变化而引起的油体积缩小所造成的沉降不包括在 10mm 内 （6）液压泵站溢流阀压力检查应符合下列规定： 　液压泵站上的溢流阀应设定在系统压力为满载压力的 140%～170% 时动作 （7）压力试验应符合下列规定： 　轿厢停靠在最高层站，在液压顶升机构和截止阀之间施加 200% 的满载压力，持续 5min 后液压系统应完好无损 （8）观感检查应符合下列规定： 　1）轿门带动层门开、关运行，门扇与门扇、门扇与门套、门扇与门楣、门扇与门口处轿壁、门扇下端与地坎应无刮碰现象 　2）门扇与门扇、门扇与门套、门扇与门楣、门扇与门口处轿壁、门扇下端与地坎之间各自的间隙在整个长度上应基本一致 　3）对机房（如果有）、导轨支架、底坑、轿顶、轿内、轿门、层门及门地坎等部位应清理

额定载重量 (kg)	轿厢最大有效面积 (m²)	额定载重量 (kg)	轿厢最大有效面积 (m²)	额定载重量 (kg)	轿厢最大有效面积 (m²)	额定载重量 (kg)	轿厢最大有效面积 (m²)
100①	0.37	525	1.45	900	2.20	1275	2.95
180②	0.58	600	1.60	975	2.35	1350	3.10
225	0.70	630	1.66	1000	2.40	1425	3.25
300	0.90	675	1.75	1050	2.50	1500	3.40
375	1.10	750	1.90	1125	2.65	1600	3.56
400	1.17	800	2.00	1200	2.80	2000	4.20
450	1.30	825	2.05	1250	2.90	2500③	5.00

注：① 一人电梯的最小值。

② 二人电梯的最小值。

③ 额定载重量超过 2500kg 时，每增加 100kg 面积增加 0.16m²，对中间的载重量其面积由线性插入法确定。

5.3　自动扶梯、自动人行道安装

5.3.1　质量通病原因分析及防治措施

为了保证自动扶梯、自动人行道安装的质量，要求相关工作人员必须熟悉质量问题的现象和防治方法。常见的自动扶梯、自动人行道安装的质量问题列于表 5-6 中。

表5-6

质量通病现象	原因分析	防治措施
梯级跑偏	（1）梯路导轨调整不当 （2）梯级安装时紧固螺钉未能上紧，梯级调整不到位 （3）梯级辅轮与转向壁之间没有间隔	（1）调整梯级主轴与梯级轴承轴肩之间的垫圈，使梯级居中 （2）用调整垫片分别调整两主轨及两副轨的水平度，修正导轨接头台阶不大于0.5mm；调整两侧导轨水平方向的平行度偏差0～0.5mm （3）检查梯级辅轮在转向壁导轨内有无间隙，如果用手不能转动梯级辅轮时需调整，且需逐一调整
梳齿啮合不良	梳齿板的倾角和水平位置调整不当	（1）调整梳齿板后倾角 （2）调整梳齿板的水平位置，在正常运行中，使梯级齿与梳齿板啮合居中，梳齿两边间隙相等，误差应小于0.5mm
扶手装置安装缺陷	（1）壁板之间拼接不严密、护壁板的垂直度不够 （2）扶手导轨平直度差，扶手支架、导轨的接缝凸台未修整好	（1）安装时确保壁板的垂直度小于0.5%，壁板之间拼接严密 （2）裙板接缝应是对接缝且要修整平滑 （3）调整扶手导轨的平直度，修正扶手导轨、扶手支架接缝，凸台要小于0.5mm
制停距离超标	制动器（带）闸瓦与制动盘的间隙调整不当；制动弹簧调整不当	（1）调整制动器闸瓦（带）与制动盘的间隙。当制动器松开时，制动器闸瓦（带）必须能完全从制动盘上靠在限位挡上 （2）调整制动弹簧的压缩长度

质量通病现象	原因分析	防治措施
电梯运行时有摩擦声	(1) 导链尼龙衬磨损严重 (2) 油槽内有脏物 (3) 金属压板与导轨相摩擦 (4) 安全钳楔块与导轨间隙小，有磨轨现象	(1) 要及时更换导链尼龙衬套，并调整弹簧压力，保持各处受力相等 (2) 清除导靴油沟内杂物 (3) 调整好安全钳楔块与导轨间隙，一般为 2～3mm
(1) 扶手带运行不平稳，局部弹跳 (2) 扶手带运行时有异常摩擦声 (3) 扶手带与梯级运行速度不同步	(1) 扶手导轨平直度差，扶手导轨、扶手支架的接缝、凸台未修整好 (2) 扶手带张力过大	(1) 调整扶手带驱动压带的压簧，张紧力以调至扶手带与转向端滑轮接触为准，并且扶手带应具有一定的弹性 (2) 调整扶手导轨的平直度、修整扶手导轨、扶手支架接缝、凸台要小于 0.5mm (3) 测量扶手带和梯级的运行速度，并调整至允许偏差符合规范要求
自动扶梯运行中有碰撞噪声	梯级与扶手壁间隙小，出现摩擦，传动机构间隙过小，致使滚轮相碰	要仔细检查梯级、导链是否有倾斜现象。发现问题应予以调平，调整传动机构滚轮位置，保持其正确性

5.3.2 自动扶梯、自动人行道安装质量标准

自动扶梯、自动人行道安装的质量标准应符合表 5-7 的规定。

工程名称	项目	要求
设备进场验收	主控项目	必须提供以下资料： （1）技术资料 1）梯级或踏板的型式试验报告复印件，或胶带的断裂强度证明文件复印件 2）对公共交通型自动扶梯、自动人行道应有扶手带的断裂强度证书复印件 （2）随机文件 1）土建布置图 2）产品出厂合格证
	一般项目	（1）随机文件还应提供以下资料： ① 装箱单；② 安装、使用维护说明书；③ 动力电路和安全电路的电气原理图 （2）设备零部件应与装箱单内容相符 （3）设备外观不应存在明显的损坏
土建交接检验	主控项目	（1）自动扶梯的梯级或自动人行道的踏板或胶带上空，垂直净高度严禁小于 2.3m （2）在安装之前。井道周围必须设有保证安全的栏杆或屏障，其高度严禁小于 1.2m
	一般项目	（1）土建工程应按照土建布置图进行施工，且其主要尺寸允许误差应为： 提升高度−15～+15mm；跨度 0～+15mm （2）根据产品供应商的要求应提供设备进场所需的通道和搬运空间 （3）在安装之前，土建施工单位应提供明显的水平基准线标识 （4）电源零线和接地线应始终分开。接地装置的接地电阻值不应大于 4Ω

工程名称	项目	要求
整机安装验收	主控项目	(1) 在下列情况下，自动扶梯、自动人行道必须自动停止运行，且第 4) ～11) 款情况下的开关断开的动作必须通过安全触点或安全电路来完成： 1) 无控制电压 2) 电路接地的故障 3) 过载 4) 控制装置在超速和运行方向非操纵逆转下动作 5) 附加制动器（如果有）动作 6) 直接驱动梯级、踏板或胶带的部件（如链条或齿条）断裂或过分伸长 7) 驱动装置与转向装置之间的距离（无意性）缩短 8) 梯级、踏板或胶带进入梳齿板处有异物夹住，且产生损坏梯级、踏板或胶带支撑结构 9) 无中间出口的连续安装的多台自动扶梯、自动人行道中的一台停止运行 10) 扶手带入口保护装置动作 11) 梯级或踏板下陷 (2) 应测量不同回路导线对地的绝缘电阻。测量时，电子元件应断开。导体之间和导体对地之间的绝缘电阻应大于 $1000\Omega/V$，且其值必须大于： 1) 动力电路和电气安全装置电路 $0.5M\Omega$ 2) 其他电路（控制、照明、信号等）$0.25M\Omega$ (3) 电气设备接地必须符合下列规定： 1) 所有电气设备及导管、线槽的外露可导电部分均必须可靠接地（PE） 2) 接地支线应分别直接接至接地干线接线柱上，不得互相连接后再接地

工程名称	项目	要求
整机安装验收	一般项目	（1）整机安装检查应符合下列规定： 1）梯级、踏板、胶带的楞齿及梳齿板应完整、光滑 2）在自动扶梯、自动人行道入口处应设置使用须知的标牌 3）内盖板、外盖板、围裙板、扶手支架、扶手导轨、护壁板接缝应平整。接缝处的凸台不应大于 0.5mm 4）梳齿板梳齿与踏板面齿槽的啮合深度不应小于 6mm 5）梳齿板梳齿与踏板面齿槽的间隙不应大于 4mm 6）围裙板与梯级、踏板或胶带任何一侧的水平间隙不应大于 4mm，两边的间隙之和不应大于 7mm。当自动人行道的围裙板设置在踏板或胶带之上时，踏板表面与围裙板下端之间的垂直间隙不应大于 4mm。当踏板或胶带有横向摆动时，踏板或胶带的侧边与围裙板垂直投影之间不得产生间隙 7）梯级间或踏板间的间隙在工作区段内的任何位置，从踏面测得的两个相邻梯级或两个相邻踏板之间的间隙不应大于 6mm。在自动人行道过渡曲线区段，踏板的前缘和相邻踏板的后缘啮合，其间隙不应大于 8mm 8）护壁板之间的空隙不应大于 4mm （2）性能试验应符合下列规定： 1）在额定频率和额定电压下，梯级、踏板或胶带沿运行方向空载时的速度与额定速度之间的允许偏差为±5% 2）扶手带的运行速度相对梯级、踏板或胶带的速度允许偏差为 0～＋2% （3）自动扶梯、自动人行道制动试验应符合下列规定： 1）自动扶梯、自动人行道应进行空载制动试验，制停距离应符合表 5-8 的规定

工程名称	项目	要求
整机安装验收	一般项目	2）自动扶梯应进行载有制动载荷的下行制停距离试验（除非制停距离可以通过其他方法检验），制动载荷应符合表5-9规定，制停距离应符合表5-8的规定；对自动人行道，制造商应提供按载有表5-9规定的制动载荷计算的制停距离，且制停距离应符合表5-8的规定 （4）电气装置还应符合下列规定： 1）主电源开关不应切断电源插座、检修和维护所必需的照明电源 2）配线应符合《电梯工程施工质量验收规范》GB 50310—2002第4.10.4条、第4.10.5条、第4.10.6条的规定 （5）观感检查应符合下列规定： 1）上行和下行自动扶梯、自动人行道，梯级、踏板或胶带与围裙板之间应无刮碰现象（梯级、踏板或胶带上的导向部分与围裙板接触除外），扶手带外表面应无刮痕 2）对梯级（踏板或胶带）、梳齿板、扶手带、护壁板、围裙板、内外盖板、前沿板及活动盖板等部位的外表面应进行清理

制停距离　　　　　　　　　　　　　　　　　　表5-8

额定速度（m/s）	制停距离范围（m）		额定速度（m/s）	制停距离范围（m）	
	自动扶梯	自动人行道		自动扶梯	自动人行道
0.5	0.20～1.00	0.20～1.00	0.75	0.35～1.50	0.35～1.50
0.65	0.30～1.30	0.30～1.30	0.90	—	0.40～1.70

注：若速度在上述数值之间，制停距离用插入法计算。制停距离应从电气制动装置动作开始测量。

制动载荷

表 5-9

梯级、踏板或胶带的名义宽度 （m）	自动扶梯每个梯级上的载荷 （kg）	自动人行道每 0.4m 长度上的载荷 （kg）
$z \leqslant 0.6$	60	50
$0.6 < z \leqslant 0.8$	90	75
$0.8 < z \leqslant 1.1$	120	100

注：1. 自动扶梯受载的梯级数量由提升高度除以最大可见梯级踢板高度求得，在试验时允许将总制动载荷分布在所求得的 2/3 的
梯级上。

2. 当自动人行道倾斜角度不大于 6°，踏板或胶带的名义宽度大于 1.1m 时，宽度每增加 0.3m，制动载荷应在每 0.4m 长度上
增加 25kg。

3. 当自动人行道在长度范围内有多个不同倾斜角度（高度不同）时，制动载荷应仅考虑到那些能组合成最不利载荷的水平区
段和倾斜区段。

6 智能建筑工程

6.1 建筑设备监控系统

6.1.1 质量通病原因分析及防治措施

为了保证建筑设备监控系统的质量，要求相关工作人员必须熟悉质量问题的现象和防治方法。常见的建筑设备监控系统的质量问题列于表 6-1 中。

建筑设备监控系统质量通病分析及防治措施

表 6-1

质量通病现象	原因分析	防治措施
空调机组运行时结霜	（1）回风过滤器堵塞 （2）风机皮带松动后排风量不够 （3）回风阀开启过小	（1）清洗回风过滤网 （2）调整风机皮带 （3）调整回风阀大小
温度传感器的安装位置不适当；温度传感器的选型不当；采样数量过少	（1）施工图上没有明确传感器的安装位置，或受现场安装条件的限制无法正确安装 （2）不熟悉传感器的测量范围及其安装环境 （3）采样区域面积太大，一个采样点不能完全反映检测参数	（1）将传感器的敏感元件移至最能代表被测量介质的温度点即可 （2）选择传感器前，先了解被测量介质的特性（如是测量液体还是蒸汽）及控制精度；施工时应避免安装在有振动的场合，远离热源和门窗，避免暴露在阳光下；对于插入式传感器，还应将感温体插入被测介质管道的中心 （3）当空调区域面积过大时，可设置多个采样点，然后取平均值作为控制比较参数

质量通病现象	原因分析	防治措施
受监控设备或系统同 BA 系统以数据通信的方式相连时，通信接口的实时性较差	系统通信接口不符合设计要求，存在兼容性及通信瓶颈问题	保证接口性能符合设计要求，并严格进行系统接口测试，实现接口规范中规定的各项功能，避免发生兼容性及通信瓶颈问题
水池液位信号误报	（1）施工时未注意水池的进、出水管道的位置 （2）设计人员不熟悉水系统的控制流程及工艺，或者施工时粗心大意 （3）传感器质量太差	（1）按照产品资料要求，参考《建筑电气安装工程图集》进行安装，避免安装在水流动荡的地方 （2）液压传感器的安装高度应按照设计要求，并在现场根据水位调试后确定，连接线的长度应保证浮球能在全量程范围内自由活动 （3）选用优质传感器，浸没在水中的缆线禁止接头
电梯平层准确度差	（1）井道隔磁板固定螺栓松动，位置产生偏差，不能起到良好的隔磁作用，从而造成电梯运行至该层门区时，可编程控制器接收信号不准确，不能发出减速停车的指令 （2）轿顶永磁感应器失灵，当两片接触片接近门区的一段距离时不能弹开	（1）应更换永磁感应器 （2）应调整井道门区隔磁板的纵向距离，使其符合要求

质量通病现象	原因分析	防治措施
中央监控界面操作不方便	（1）由于目前 BA 系统主要还是从国外引进，在 BA 产品选型以后，造成既成事实 （2）BA 调试工程师比较重视对硬件的监控功能和调试工作的实现，而忽视对图形监控界面的设计	（1）BA 系统设计人员应该熟知中央监控软件的相关规定，并熟悉市场上主流 BA 产品可以实现的功能，以便用户选用合适的 BA 产品 （2）图形中心方式由于其一系列动态、彩色的模拟图形，快捷、直观的操作界面以及较短的培训周期，在目前得到了广泛推广。目前，BA 软件均包含强大的图形组态工具，BA 软件编制工程师应在此方面多花费些精力

6.1.2 建筑设备监控系统检测

建筑设备监控系统的检测应符合表 6-2 的规定。

建筑设备监控系统的检测 表 6-2

项目	检测内容	检测方法	检测结果
暖通空调监控系统	按设计要求确定	冷源、热源的监测参数应全部检测；空调、新风同组的监测参数应按总数的 20% 抽检，且不应少于 5 台，不足 5 台时应全部检查；各种类型传感器、执行器应按 10% 抽检，且不应少于 5 只，不足 5 只时应全部检测	全部符合设计要求的应判定为合格

项目	检测内容	检测方法	检测结果
变配电监测系统	按设计要求确定	对高低压配电柜的运行状态、变压器的温度、储油罐的液位、各种备用电源的工作状态和联锁控制功能等应全部检测；各种电气参数检测数量应按每类参数抽20%，且数量不应少于20点，数量少于20点时应全部检测	全部符合设计要求的应判定为合格
公共照明监控系统	按设计要求确定	按照明回路总数的10%抽检，数量不应少于10路，总数少于10路时应全部检测	全部符合设计要求的应判定为合格
给水排水监控系统	按设计要求确定	给水和中水监控系统应全部检测；排水监控系统应抽检50%，且不得少于5套，总数少于5套时应全部检测	全部符合设计要求的应判定为合格
电梯和自动扶梯监测系统	应检测启停、上下行、位置、故障等运行状态显示功能	—	符合设计要求的应判定为合格
能耗监测系统	应检测能耗数据的显示、记录、统计、汇总及趋势分析等功能	—	符合设计要求的应判定为合格

项目	检测内容	检测方法	检测结果
中央管理工作站与操作分站	（1）中央管理工作站的功能检测应包括下列内容： 1）运行状态和测量数据的显示功能 2）故障报警信息的报告应及时、准确，有提示信号 3）系统运行参数的设定及修改功能 4）控制命令应无冲突执行 5）系统运行数据的记录、存储和处理功能 6）操作权限 7）人机界面应为中文 （2）操作分站的功能应检测监控管理权限及数据显示与中央管理工作站的一致性	中央管理工作站功能应全部检测，操作分站应抽检 20％且不得少于 5 个，不足 5 个时应全部检测	符合设计要求的应判定为合格

项目		检测内容	检测方法	检测结果
建筑设备监控系统	实时性	包括控制命令响应时间和报警信号响应时间	抽检10%且不得少于10台，少于10台时应全部检测	全部符合设计要求的应判定为合格
	可靠性	包括系统运行的抗干扰性能和电源切换时系统运行的稳定性	通过系统正常运行时，启停现场设备或投切备用电源，观察系统的工作情况进行检查	符合设计要求的应判定为合格
	可维护性	（1）应用软件的在线编程和参数修改功能（2）设备和网络通信故障的自检测功能	通过现场模拟修改参数和设置故障的方法检测	符合设计要求的应判定为合格
	性能评测项目	（1）控制网络和数据库的标准化、开放性（2）系统的冗余配置（3）系统可扩展性（4）节能措施	根据设备配置和运行情况确定	符合设计要求的应判定为合格

6.2 火灾自动报警系统

6.2.1 质量通病原因分析及防治措施

为了保证火灾自动报警系统的质量，要求相关工作人员必须熟悉质量问题的现象和防治方法。常见的火灾自动报警系统的质量问题列于表6-3中。

火灾自动报警系统质量通病分析及防治措施 表6-3

质量通病现象	原因分析	防治措施
报警系统中煤气泄漏，报警器误报	（1）住户厨房空间小，但煤气告警器灵敏度高，并且是老式的热水器、煤气灶都存在燃烧不足、直排烟等缺陷 （2）可燃气体探测器安装位置过于靠近这些燃烧源，从而导致误报警	（1）使用燃烧源时，尽量打开门窗，保持良好的通风，避免误报警 （2）将可燃气体探测器按产品规定安装在适当位置，离燃烧源适当距离
防排烟系统不能正常动作	由于管理脏乱、无序，施工质量差，多处堵塞、渗漏，造成松脱、锈蚀等问题；阀门不灵活，开启也不能联动风机，达不到设计中的排烟和送风的风量值与风压值要求；失去了正常排烟和送风的效果，起不到保障安全的作用	加强对各种风阀的维护，对拉筋、弹簧等动作部件，应检查润滑剂质量效果。另外，检查控制线路，保证联动功能正常。加强对风道的检查，减少泄漏量

质量通病现象	原因分析	防治措施
报警系统联动调试缺陷	（1）在采用智能型火灾自动报警系统时，消防水泵、防排烟风机等重要控制设备，在消防控制室未设置手动直接控制装置；有的虽然已经设计和施工，但其线路采用阻燃（ZRKVV）控制线，而没采用耐火（NHKVV）控制线 （2）消防电梯迫降仅通过模块信号自动控制 （3）广播系统没有设置为独立系统，受每层模块控制，往往和警铃一并动作，警铃、广播一起响，很难听清广播的内容	（1）消防水泵、防排烟风机控制设备，当采用智能型模块控制时，还应在消防室设置手动直接控制装置 （2）消防控制室在确认火灾后，应能控制电梯全部停于首层，并接收其反馈信号。因此，从消防室到电梯机房应有直接控制的线路，以保证电梯可靠迫降 （3）火灾发生后，及时向火区发出火灾警报，有秩序地组织人员疏散，是保证人身安全的首要问题。根据国内情况，一般工程的火灾报警信号和应急广播的范围都是在消防控制室手动操作 （4）设计、安装人员应加强规范的学习，认真学习并理解规范的条文说明，了解掌握火灾自动报警系统的联动要求
报警系统与防火卷帘联动调试缺陷	（1）地下车库防火卷帘的两侧，设计的多个普通感温探测器是由一个模块带的，仅一个地址无法实现"与"门信号的编程 （2）防火卷帘的联动关系不明确，主要体现在两点：一是对防火卷帘的用途不清楚；二是接到什么样的信号卷帘才动作不了解，因此造成设计混乱	（1）疏散通道上的防火卷帘两侧，应设置火灾探测组及其报警装置。装哪种探测器应结合保护区现场条件而定。如果是车库，则应在卷帘两侧安装智能型温感探测器 （2）用于防火分隔的卷帘，当接到火灾确认信号后，卷帘应一次下降到底。用于疏散通道的防火卷帘，当接到第一个火灾信号后，卷帘应先下降到1.8m位置；当接到第二个火灾信号后，卷帘再下降到底 目前，用于疏散通道的防火卷帘，还有一种联动方法，当接到第一个火灾信号后，卷帘不动作；等到第二个火灾信号后，卷帘下降到1.8m位置，等延时20s后，再下降到底 （3）设计人员应了解防火卷帘功能、正确设计功能不同卷帘的联动关系。此外，安装、调试人员应正确编程，严格按图纸、规范要求施工

质量通病现象	原因分析	防治措施
报警系统与气体灭火系统联动调试缺陷	（1）气体灭火系统的信号未能返回消防控制中心 （2）气体灭火系统的报警控制系统，对防护区的通风口、排烟口、风机等设备没有联动，不能形成封闭空间	设计、安装人员应严格遵守相关规范
系统接地缺陷	（1）设计和施工人员不重视系统接地问题，在设计和施工时未严格按规范执行，致使接地板没做或做得不规范，安装不牢靠 （2）设备厂家未按规范要求生产，或施工人员在设备到场时没认真检查	（1）火灾自动报警系统应设专用接地干线，并应在消防控制室设置专用接地板 （2）由消防控制室接地板引至各消防设备的专用接地线，应选用铜芯绝缘导线，其截面不应小于 4mm² （3）专用接地干线应选用铜芯绝缘导线，其截面不应小于 25mm² （4）设备采用交流供电时，设备金属支架和金属外壳等应作保护接地，接地线应与电气保护接地干线（PE线）相连接 （5）设计和施工人员应重视系统接地问题，并严格按规范执行；设备到场时应认真检查

6.2.2 火灾自动报警系统质量标准及验收方法

火灾自动报警系统的质量标准及验收方法应符合表 6-4 的规定。

表 6-4

序号	项目	合格质量标准	检查数量	检验方法
1		调试前应切断火灾报警控制器的所有外部控制连线，并将任一个总线回路的火灾探测器以及该总线回路上的手动火灾报警按钮等部件连接后，方可接通电源	全数检查	观察检查
2	火灾报警控制器调试	按现行国家标准《火灾报警控制器》GB 4717—2005 的有关要求对控制器进行下列功能检查并记录： （1）检查自检功能和操作级别 （2）使控制器与探测器之间的连线断路和短路，控制器应在 100s 内发出故障信号（短路时发出火灾报警信号除外）；在故障状态下，使任一非故障部位的探测器发出火灾报警信号，控制器应在 1min 内发出火灾报警信号，并应记录火灾报警时间；再使其他探测器发出火灾报警信号，检查控制器的再次报警功能 （3）检查消音和复位功能 （4）使控制器与备用电源之间的连线断路和短路，控制器应在 100s 内发出故障信号 （5）检查屏蔽功能 （6）使总线隔离器保护范围内的任一点短路，检查总线隔离器的隔离保护功能 （7）使任一总线回路上不少于 10 只的火灾探测器同时处于火灾报警状态，检查控制器的负载功能 （8）检查主、备电源的自动转换功能，并在备电工作状态下重复第（7）款检查 （9）检查控制器特有的其他功能	全数检查	观察检查、仪表测量
3		依次将其他回路与火灾报警控制器相连接，重复序号 2 中第（2）、（6）、（7）款检查	全数检查	观察检查、仪表测量

序号	项目	合格质量标准	检查数量	检验方法
4	点型感烟/感温火灾探测器调试	采用专用的检测仪器或模拟火灾的方法，逐个检查每只火灾探测器的报警功能，探测器应能发出火灾报警信号	全数检查	观察检查
5		对于不可恢复的火灾探测器应采取模拟报警方法逐个检查其报警功能，探测器应能发出火灾报警信号。当有备品时，可抽样检查其报警功能	全数检查	观察检查
6	线型感温火灾探测器调试	在不可恢复的探测器上模拟火警和故障，探测器应能分别发出火灾报警和故障信号	全数检查	观察检查
7		可恢复的探测器可采用专用检测仪器或模拟火灾的办法使其发出火灾报警信号，并在终端盒上模拟故障，探测器应能分别发出火灾报警和故障信号	全数检查	观察检查
8	红外光束感烟火灾探测器调试	调整探测器的光路调节装置，使探测器处于正常监视状态	全数检查	观察检查
9		用减光率为 0.9dB 的减光片遮挡光路，探测器不应发出火灾报警信号	全数检查	观察检查
10		用产品生产企业设定减光率（1.0~10.0dB）的减光片遮挡光路，探测器应发出火灾报警信号	全数检查	观察检查
11		用减光率为 11.5dB 的减光片遮挡光路，探测器应发出故障信号或火灾报警信号	全数检查	观察检查
12	通过管路采样的吸气式火灾探测器调试	在采样管最末端（最不利处）采样孔加入试验烟，探测器或其他控制装置应在 120s 内发出火灾报警信号	全数检查	秒表测量，观察检查

序号	项目	合格质量标准	检查数量	检验方法
13	通过管路采样的吸气式火灾探测器调试	根据产品说明书，改变探测器的采样管路气流，使探测器处于故障状态，探测器或其控制装置应在 100s 内发出故障信号	全数检查	秒表测量，观察检查
14	点型火焰探测器和图像型火灾探测器调试	采用专用检测仪器或模拟火灾的方法在探测器监视区域内最不利检查探测器的报警功能，探测器应能正确响应	全数检查	观察检查
15	手动火灾报警按钮调试	对可恢复的手动火灾报警按钮，施加适当的推力使报警按钮动作，报警按钮应发出火灾报警信号	全数检查	观察检查
16		对不可恢复的手动火灾报警按钮应采用模拟动作的方法使报警按钮发出火灾报警信号（当有备用启动零件时，可抽样进行动作试验），报警按钮应发出火灾报警信号	全数检查	观察检查
17	消防联动控制器调试	将消防联动控制器与火灾报警控制器、任一回路的输入/输出模块及该回路模块控制的受控设备相连接，切断所有受控现场设备的控制连线，接通电源	—	—
18		按现行国家标准《消防联动控制系统》GB 16806—2006 的有关规定检查消防联动控制系统内各类用电设备的各项控制、接收反馈信号（可模拟现场设备启动信号）和显示功能	全数检查	观察检查

序号	项目	合格质量标准	检查数量	检验方法
19	消防联动控制器调试	使消防联动控制器分别处于自动工作和手动工作状态，检查其状态显示，并按现行国家标准《消防联动控制系统》GB 16806—2006 的有关规定进行下列功能检查并记录，控制器应满足相应要求： （1）自检功能和操作级别 （2）消防联动控制器与各模块之间的连线断路和短路时，消防联动控制器应能在 100s 内发出故障信号 （3）消防联动控制器与备用电源之间的连线断路和短路时，消防联动控制器应能在 100s 内发出故障信号 （4）检查消声、复位功能 （5）检查屏蔽功能 （6）使总线隔离器保护范围内的任一点短路，检查总线隔离器的隔离保护功能 （7）使至少 50 个输入/输出模块同时处于动作状态（模块总数少于 50 个时，使所有模块动作），检查消防联动控制器的最大负载功能 （8）检查主、备电源的自动转换功能，并在备电工作状态下重复第（7）条检查	全数检查	观察检查
20		接通所有启动后可以恢复的受控现场设备	全数检查	观察检查
21		使消防联动控制器的工作状态处于自动状态，按现行国家标准《消防联动控制系统》GB 16806—2006 的有关规定和设计的联动逻辑关系进行下列功能检查并记录： （1）按设计的联动逻辑关系，使相应的火灾探测器发出火灾报警信号，检查消防联动控制器接收火灾报警信号情况、发出联动信号情况、模块动作情况、受控设备的动作情况、受控现场设备动作情况、接收反馈信号（对于启动后不能恢复的受控现场设备，可模拟现场设备启动反馈信号）及各种显示情况 （2）检查手动插入优先功能	全数检查	观察检查

序号	项目	合格质量标准	检查数量	检验方法
22	消防联动控制器调试	使消防联动控制器的工作状态处于手动状态，按现行国家标准《消防联动控制系统》GB 16806—2006 的有关规定和设计的联动逻辑关系依次手动启动相应的受控设备，检查消防联动控制器发出联动信号情况、模块动作情况、受控设备的动作情况、受控现场设备动作情况、接收反馈信号（对于启动后不能恢复的受控现场设备，可模拟现场设备启动反馈信号）及各种显示情况	全数检查	观察检查
23		对于直接用火灾探测器作为触发器件的自动灭火控制系统除符合本节有关规定外，尚应按现行国家标准《火灾自动报警系统设计规范》GB 50116—2013 的规定进行功能检查	全数检查	观察检查
24		依次将其他回路的输入/输出模块及该回路模块控制的受控设备相连接，切断所有受控现场设备的控制连线，接通电源，重复序号 19~23 的各项检查	全数检查	观察检查、仪表测量
25	区域显示器（火灾显示盘）调试	将区域显示器（火灾显示盘）与火灾报警控制器相连接，按现行国家标准《火灾显示盘》GB 17429—2011 的有关要求检查其下列功能并记录，区域显示器应满足相应要求： （1）区域显示器（火灾显示盘）应在 3s 内正确接收和显示火灾报警控制器发出的火灾报警信号 （2）消声、复位功能 （3）操作级别 （4）对于非火灾报警控制器供电的区域显示器（火灾显示盘），应检查主、备电源的自动转换功能和故障报警功能	全数检查	观察检查

序号	项目	合格质量标准	检查数量	检验方法
26		切断可燃气体报警控制器的所有外部控制连线,将任一回路与控制器相连接后,接通电源	—	—
27	可燃气体报警控制器调试	控制器应按现行国家标准《可燃气体报警控制器》GB 16808—2008 的有关要求进行下列功能试验,并应满足相应要求: (1) 自检功能和操作级别 (2) 控制器与探测器之间的连线断路和短路时,控制器应在 100s 内发出故障信号 (3) 在故障状态下,使任一非故障探测器发出报警信号,控制器应在 1min 内发出报警信号并记录报警时间;再使其他探测器发出报警信号,检查控制器的再次报警功能 (4) 消声和复位功能 (5) 控制器与备用电源之间的连线断路和短路时,控制器应在 100s 内发出故障信号 (6) 高限报警或低、高两段报警功能 (7) 报警设定值的显示功能 (8) 控制器最大负载功能,使至少 4 只可燃气体探测器同时处于报警状态(探测器总数少于 4 只时,使所有探测器均处于报警状态) (9) 主、备电源的自动转换功能,并在备电工作状态下重复第 (8) 款的检查	全数检查	观察检查、仪表测量
28		依次将其他回路与可燃气体报警控制器相连接,重复序号 27 的检查	全数检查	观察检查、仪表测量

序号	项目	合格质量标准	检查数量	检验方法
29	可燃气体探测器调试	依次逐个将可燃气体探测器按产品生产企业提供的调试方法使其正常动作，探测器应发出报警信号	全数检查	观察检查
30		对探测器施加达到响应浓度值的可燃气体标准样气，探测器应在30s内响应。撤去可燃气体，探测器应在60s内恢复到正常监视状态	全数检查	观察检查、仪表测量
31		对于线型可燃气体探测器除符合本节规定外，尚应将发射器发出的光全部遮挡，探测器相应的控制装置应在100s内发出故障信号	全数检查	观察检查、仪表测量
32	消防电话调试	在消防控制室与所有消防电话、电话插孔之间互相呼叫与通话，总机应能显示每部分机或电话插孔的位置，呼叫铃声和通话语音应清晰	全数检查	观察检查
33		消防控制室的外线电话与另外一部外线电话模拟报警电话通话，语音应清晰	全数检查	观察检查
34		检查群呼、录音等功能，各项功能均应符合要求	全数检查	观察检查
35	消防应急广播设备调试	以手动方式在消防控制室对所有广播分区进行选区广播，对所有共用扬声器进行强行切换；应急广播应以最大功率输出	全数检查	观察检查
36		对扩音机和备用扩音机进行全负荷试验，应急广播的语音应清晰	全数检查	观察检查
37		对接入联动系统的消防应急广播设备系统，使其处于自动工作状态，然后按设计的逻辑关系，检查应急广播的工作情况，系统应按设计的逻辑广播	全数检查	观察检查
38		使任意一个扬声器断路，其他扬声器的工作状态不应受影响	每一回路抽查一个	观察检查

序号	项目	合格质量标准	检查数量	检验方法
39	系统备用电源调试	检查系统中各种控制装置使用的备用电源容量，电源容量应与设计容量相符	全数检查	观察检查
40		使各备用电源放电终止，再充电 48h 后断开设备主电源，备用电源至少应保证设备工作 8h 且满足相应的标准及设计要求	全数检查	观察检查
41	消防设备应急电源调试	切断应急电源应急输出时直接启动设备的连线，接通应急电源的主电源	—	—
42		按下列要求检查应急电源的控制功能和转换功能，并观察其输入电压、输出电压、输出电流、主电工作状态、应急工作状态、电池组及各单节电池电压的显示情况，做好记录，显示情况应与产品使用说明书规定相符并满足要求 （1）手动启动应急电源输出，应急电源的主电和备用电源应不能同时输出，且应在 5s 内完成应急转换 （2）手动停止应急电源的输出，应急电源应恢复到启动前的工作状态 （3）断开应急电源的主电源，应急电源应能发出声提示信号，声信号应能手动消除；接通主电源，应急电源应恢复到主电工作状态 （4）给具有联动自动控制功能的应急电源输入联动启动信号，应急电源应在 5s 内转到应急工作状态，且主电源和备用电源应不能同时输出；输入联动停止信号，应急电源应恢复到主电工作状态 （5）具有手动和自动控制功能的应急电源处于自动控制状态，然后手动插入操作，应急电源应有手动插入优先功能，且应有自动控制状态和手动控制状态指示	全数检查	观察检查
43		断开应急电源的负载，按下列要求检查应急电源的保护功能，并做好记录： （1）使任一输出回路保护动作，其他回路输出电压应正常 （2）使配接三相交流负载输出的应急电源的三相负载回路中的任一相停止输出，应急电源应能自动停止该回路的其他两相输出，并应发出声、光故障信号 （3）使配接单相交流负载的交流三相输出应急电源输出的任一相停止输出，其他两相应能正常工作，并应发出声、光故障信号	全数检查	观察检查

序号	项目	合格质量标准	检查数量	检验方法
44	消防设备应急电源调试	将应急电源接上等效于满负载的模拟负载，使其处于应急工作状态，应急工作时间应大于设计应急工作时间的 1.5 倍，且不小于产品标称的应急工作时间	全数检查	观察检查、仪表测量
45		使应急电源充电回路与电池之间、电池与电池之间连线断线，应急电源应在 100s 内发出声、光故障信号，声故障信号应能手动消除	全数检查	观察检查
46	消防控制中心图形显示装置调试	将消防控制中心图形显示装置与火灾报警控制器和消防联动控制器相连，接通电源	—	—
47		操作显示装置使其显示完整系统区域覆盖模拟图和各层平面图，图中应明确指示出报警区域、主要部位和各消防设备的名称和物理位置，显示界面应为中文界面	全数检查	观察检查
48		使火灾报警控制器和消防联动控制器分别发出火灾报警信号和联动控制信号，显示装置应在 3s 内接收，准确显示相应信号的物理位置，并能优先显示火灾报警信号相对应的界面	全数检查	观察检查
49		使具有多个报警平面图的显示装置处于多报警平面显示状态，各报警平面应能自动和手动查询并有总数显示，且应能手动插入，使其立即显示首次火警相应的报警平面图	全数检查	观察检查
50		使显示装置显示故障或联动平面，输入火灾报警信号，显示装置应能立即转入火灾报警平面的显示	全数检查	观察检查

序号	项目	合格质量标准	检查数量	检验方法
51	气体灭火控制器调试	切断气体灭火控制器的所有外部控制连线，接通电源	—	—
52		给气体灭火控制器输入设定的启动控制信号，控制器应有启动输出，并发出声、光启动信号	全数检查	观察检查
53		输入启动设备启动的模拟反馈信号，控制器应在10s内接收并显示	全数检查	观察检查
54		检查控制器的延时功能，延时时间应在0～30s内可调	全数检查	观察检查
55		使控制器处于自动控制状态，再手动插入操作，手动插入操作应优先	全数检查	观察检查
56		按设计控制逻辑操作控制器，检查是否满足设计的逻辑功能	全数检查	观察检查
57		检查控制器向消防联动控制器发送的反馈信号正误	全数检查	观察检查
58	防火卷帘控制器调试	防火卷帘控制器应与消防联动控制器、火灾探测器、卷门机连接并通电，防火卷帘控制器应处于正常监视状态	—	—
59		手动操作防火卷帘控制器的按钮，防火卷帘控制器应能向消防联动控制器发出防火卷帘启、闭和停止的反馈信号	全数检查	观察检查
60		用于疏散通道的防火卷帘控制器应具有两步关闭的功能，并应向消防联动控制器发出反馈信号。防火卷帘控制器接收到首次火灾报警信号后，应能控制防火卷帘自动关闭到中位处停止；接收到二次报警信号后，应能控制防火卷帘继续关闭至全闭状态	全数检查	观察检查、仪表测量
61		用于分隔防火分区的防火卷帘控制器在接收到防火分区内任一火灾报警信号后，应能控制防火卷帘到全关闭状态，并应向消防联动控制器发出反馈信号	全数检查	观察检查

6.3 信息网络系统

6.3.1 质量通病原因分析及防治措施

为了保证信息网络系统的质量，要求相关工作人员必须熟悉质量问题的现象和防治方法。常见的信息网络系统的质量问题列于表 6-5 中。

信息网络系统质量通病分析及防治措施

表 6-5

质量通病现象	原因分析	防治措施
网卡设备冲突致使计算机不能联网	故障是由于安装了不正确的驱动程序造成的，由于 Windows 系统发布的时候，并没有把一些必要的驱动程序放到系统中，所以使用系统默认的驱动程序有可能造成设备的冲突，导致设备不能使用	重新安装驱动程序，依次选择执行："开始"→"设备"→"控制面板"→"选择添加新硬件"，然后在弹出的对话框中单击"下一步"按钮开始重新安装网卡驱动程序，安装过程比较简单，只要按照提示一步步操作即可，操作完成后重新启动系统，完成安装过程
计算机连不上局域网、网上邻居看不到其他计算机	使用双绞线连接的网络是现在最普遍的连接方式，因双绞线价格便宜、连接简单可靠等特点受到了很多人的青睐。但是，很多人都不是很了解双绞线的正确连接、安装方法，常常连接错误而导致计算机不能互相通信	计算机和集线器相连，应该是使用直连线。直连线的两头线序应是完全一致的。使用这样的网线把计算机和集线器连接起来，才能够进行正常的通信。真正符合要求的双绞线，对线序是严格要求的。不使用正常的线序制作，有可能导致数据传输的速率下降、数据帧不完整和传输距离的缩短等后果。正常情况下，连接计算机和集线器的双绞线，两端的水晶头按照 EIA/AIA-568B 的标准线序应为橙白、橙、绿白、蓝、蓝白、绿、棕白、棕。这样，才能保证计算机和集线器之间进行正常的连接和通信

质量通病现象	原因分析	防治措施
网络通信故障，数据传输缓慢并不时报错	数据传输发生错误的可能性有两种：一种是数据冲突造成的；另一种是电缆长度造成的	双绞线的制作不合乎规范，首先线序不对，对于这点有些人很是不以为然，认为两边的顺序一样就可以了，但是事实上，这样会造成传输距离的大大缩短和传输距离的下降；另外，我们还发现双绞线被剥掉的先头有 4cm 多长，一大段裸露的线路暴露在外边。正常的做法应该是，剥掉双绞线头 13mm，将线序排好以后，将整个线缆包在水晶头内，这样才能保证双绞线不会被轻易地从水晶头内拉出来 楼道中信号转发器对数据传输有一定的干扰和影响 综合分析，造成网络传输不正常的首要问题是线路，在更换了质量较好的五类线，并且正确地制作了水晶头并设法减少外界干扰以后，数据传输正常
终结器连接不当，导致联网计算机不能进行数据通信	由于目前双绞线因其制作连接简单、更换容易、价格便宜等因素而逐渐代替了同轴细缆，但是，有不少老用户还一直在用传统的 10Base2 细缆，随着同轴电缆使用的减少，其正确的使用方法越来越不被人们所了解，因此而造成制作和连接的不正确 10Base2 标准使用同轴细电缆连接网络中的所有计算机，计算机间的数据传输速率，最高只能达到 10Mbps。在同轴电缆连接的网络中，每台计算机是通过 1 个 T 形的连接器连接的，T 形头有 3 个方向的插槽，其中 1 个插在计算机网卡的 BNC 口上，另外 2 个插槽用于连接同轴线缆	由于同轴电缆是总线型的网络，在网络的两端需要 1 个电阻值为 50Ω 的终结器，只有正确安装了终结器，才能正常地进行通信

质量通病现象	原因分析	防治措施
中继器连接的网段不能正常通信	中继器是在网络中用来连接网段的物理层设备。中继器的工作原理就是将收到的帧重新产生前导码和放大信号，并把该帧从其他所有的端口上输出。由于中继器在物理层工作，所以它不需要连接数据帧或者数据包的格式，不能控制广播域或者冲突域。中继器对于协议来说也是透明的，它并不关心上层的协议，比如 IP 或者 IPX 使用中继器，一定要遵守的基本规则是 5-4-3 原则。所谓的 5-4-3 原则，是指网络上 2 台计算机之间的最大路径不能超过 5 个物理段，这 5 个物理段要用 4 个中继器进行连接，虽然 4 台中继器上都可以连接计算机，但是，连接计算机的物理段不能够超过 3 个。只有这样才能保证网络的可用性，不会造成数据传输的问题	根据 5-4-3 原则，重新设计网络，使其符合 5-4-3 原则，方可保证正常使用
双机互联不能进行数据通信	计算机网卡与集线器相连，与 2 台计算机网卡互连，使用的线缆不是同一个种类。双绞线看起来都差不多，同是 2 个水晶头，用 1 段灰色的或者其他颜色的电缆相连，但两者的区别在于制作时的线序不同	双绞线通信的原理：双绞线一共有 4 个线对，也就是 8 根线，但是在传输的时候，实际上只用了其中 2 对线，也就是 4 根线。其中，一对用于发送数据，另一对用于接收数据，其余的 2 对线根本没有使用 对于网卡来说，发送和接收数据用到的电缆是 1、2、3、6 四

质量通病现象	原因分析	防治措施
双机互联不能进行数据通信	计算机网卡与集线器相连，与2台计算机网卡互连，使用的线缆不是同一个种类。双绞线看起来都差不多，同是2个水晶头，用1段灰色的或者其他颜色的电缆相连，但两者的区别在于制作时的线序不同	条。其中，1、2用于发送数据，3、6用于接收数据 　　如果简单地使用直联线连接两个网卡，造成的结果就是，发送线对上的数据"顶牛"，即接收的针脚永远也接受不到数据，因为电缆的另一方也是等待接收。为了解决这个问题，正确的方法应是将一方的数据发送端和另一方的数据接收端接起来。简单的记法就是"1/3，2/6对换"，双绞线一边的线序是按照EIA/TIA—568B标准制作的橙白、橙、绿白、蓝、蓝白、绿、棕白、棕，另一边则是按照绿白、绿、橙白、蓝、蓝白、橙、棕白、棕的顺序制作
电脑遭到病毒的入侵、黑客的攻击	(1) 管理方面有欠缺，没有采取有效的防御措施 　　(2) 系统有漏洞或存在"后门"（如：没有及时给系统打好安全补丁） 　　(3) 人为的触发（如：恶意网站及恶意消息的触发）	(1) 加强计算机病毒管理 　　(2) 专业维护人员定期检查计算机工作运行状况 　　(3) 对专业维护人员及操作者进行定期培训，加强防护意识

质量通病现象	原因分析	防治措施
网络文件传输故障	压缩文件和普通的文件（如 MP3 文件）不同，对存储和传输的要求都比较高。MP3文件如果发生损坏，只是在发生损坏的位置会有一些间断或者爆音，其他位置仍可以正常使用。压缩文件则不同，一旦有任何位置出现错误，都会导致整个文件的损坏，不能够解压缩 在原文件上传和下载的时候会由于传输错误引发问题，下载后使用时会因文件操作错误、病毒感染、磁盘碎片等故障产生问题。文件下载后，在服务器上使用、解压缩没有问题，但是复制到客户机后，不能够使用，显然，问题不是出现在上传和下载过程中，而是出现在传输到客户机和客户机本地使用的时候。如果客户机本地的硬盘没有问题，也有很好的病毒防护措施，那么问题很可能出现在从服务器到客户机传输的这一段线路上。从网络结构上可以看出，这是 1 个由多台计算机组成的星形网络。由于使用集线器相连，网络实际上是处于 1 个冲突域中，和总线型的网络没有什么区别。在网络上存在着大量的传输错误和数据碰撞，从而导致文件传输错误	在目前的网络应用中，这种有大量数据传输的网络比比皆是。但是，由于网络建设的落后，严重制约了网络的更好发展。数据传输错误就是时常发生的一种问题，要解决这种问题，我们可以从以下两个方面考虑解决： （1）如果资金允许，可以考虑把集线器更换成交换机。随着网络设备的降价，交换机大有取代集线器而成为最常用的局域网连接设备的趋势。由于交换机可以学习主机的硬件地址，在进行数据传输的时候，并不是像集线器一样将数据包广播到网络中，而是直接发送到目的主机，这样就大大减少了数据传输错误发生的可能性，而且也在很大程度上加快了网络的传输速度。所以，如果资金允许建议升级网络环境，选择交换机时，一定注意要选择知名品牌的产品 （2）如果在短期内没有升级网络的计划，或者资金条件不允许，那只能在操作中尽量避免数据传输错误的发生。首先，在传输较大文件的时候，不要再向接收主机或者发送主机发送其他数据；其次，在网络中有两台主机进行大数据量的数据传输的时候，其他人尽量不要再进行其他的大数据量数据传输；最后，在传输大量文件的时候，建议打成压缩包，再进行传输。只要接受方收到的压缩文件可以正常解压缩，就能够保证所有的传输文件没有数据错误。这样做有利于及时发现问题，以防文件在传输过程存在错误而导致不必要的隐患

质量通病现象	原因分析	防治措施
网络翻动故障	（1）线缆质量差，引起网络翻动。可以说是最常见的原因，很多网线由于制作的问题，传输效能很差，造成网络的翻动 （2）接头故障，造成网络翻动。这种情况多出现于串口连接，如 EIA/TIA—232 或者 V.35。由于接口松动或者老化，造成网络的翻动 （3）线路干扰过大，数据传输受到干扰，造成网络翻动。例如，在网线的周围有电磁设备，比如电磁炉或者变压器 （4）网络数据量过大，造成广播风暴。这也是一种很常见的原因，主要也是由于网络设计不当造成的	（1）更换线缆 （2）插紧接头并用螺钉固定，如果不奏效，更换电缆 （3）远离电磁设备 （4）更换网络设备，重新设计网络

6.3.2 信息网络系统检测

信息网络系统的检测应符合表 6-6 的规定。

项目		检测内容	检测方法	检测结果
计算机网络系统	连通性	网管工作站和网络设备之间的通信应符合设计要求，并且各用户终端应根据安全访问规则只能访问特定的网络与特定的服务器 同一 VLAN 内的计算机之间应能交换数据包，不在同一 VLAN 内的计算机之间不应交换数据包	按接入层设备总数的 10% 进行抽样测试，且抽样数不应少于 10 台；接入层设备少于 10 台的，应全部测试	全部符合设计要求的，应为检测合格
	传输时延和丢包率	检测从发送端口到目的端口的最大延时和丢包率等数值	对于核心层的骨干链路、汇聚层到核心层的上联链路，应进行全部检测；对接入层到汇聚层的上联链路，应按不低于 10% 的比例进行抽样测试，且抽样数不应少于 10 条；上联链路数不足 10 条的，应全部检测	全部符合设计要求的，应为检测合格
	路由	包括路由设置的正确性和路由的可达性，并应根据核心设备路由表采用路由测试工具或软件进行测试	—	符合设计要求的，应为检测合格

项目		检测内容	检测方法	检测结果
计算机网络系统	组播功能	采用模拟软件生成组播流	—	组播流的发送和接收检测结果符合设计要求的，应为检测合格
	QoS功能	检测队列调度机制	—	能够区分业务流并保障关键业务数据优先发送的，应为检测合格
	容错功能	对具备容错能力的计算机网络系统，应具有错误恢复和故障隔离功能，并在出现故障时自动切换 对有链路冗余配置的计算机网络系统，当其中的某条链路断开或有故障发生时，整个系统仍应保持正常工作，并在故障恢复后应能自动切换回主系统运行	全部检查	符合设计要求的应为检测合格
	无线局域网的功能	（1）在覆盖范围内接入点的信道信号强度应不低于-75dBm （2）网络传输速率不应低于5.5Mbit/s （3）应采用不少于100个ICMP 64Byte帧长的测试数据包，不少于95%路径的数据包丢失率应小于5% （4）应采用不少于100个ICMP 64Byte帧长的测试数据包，不少于95%且跳数小于6的路径的传输时延应小于20ms	按无线接入点总数的10%进行抽样测试，抽样数不应少于10个；无线接入点少于10个的，应全部测试	全部符合要求的，应为检测合格

项目		检测内容	检测方法	检测结果
计算机网络系统	网络管理功能	（1）搜索整个计算机网络系统的拓扑结构图和网络设备连接图 （2）检测自诊断功能 （3）检测对网络设备进行远程配置的功能，当具备远程配置功能时，应检测网络性能参数含网络节点的流量、广播率和错误率等	—	符合设计要求的，应为检测合格
网络安全系统		（1）业务办公网及智能化设备网与互联网连接时，应检测安全保护技术措施。检测结果符合设计要求的，应为检测合格 （2）业务办公网及智能化设备网与互联网连接时，网络安全系统应检测安全审计功能，并应具有至少保存 60d 记录备份的功能。检测结果符合设计要求的，应为检测合格 （3）对于要求物理隔离的网络，应进行物理隔离检测，且检测结果符合下列规定的应为检测合格： 1）物理实体上应完全分开 2）不应存在共享的物理设备 3）不应有任何链路上的连接 （4）无线接入认证的控制策略应符合设计要求，并应按设计要求的认证方式进行检测，且应抽取网络覆盖区域内不同地点进行 20 次认证。认证失败次数不超过 1 次的，应为检测合格 （5）当对网络设备进行远程管理时，应检测防窃听措施。检测结果符合设计要求的，应为检测合格		

6.4 安全技术防范系统

6.4.1 质量通病原因分析及防治措施

为了保证安全技术防范系统的质量，要求相关工作人员必须熟悉质量问题的现象和防治方法。常见的安全技术防范系统的质量问题列于表 6-7 中。

安全技术防范系统质量通病分析及防治措施

表 6-7

质量通病现象	原因分析	防治措施
图像模糊	（1）选用的同轴电缆不符合标准；视频线路长接触不好，屏蔽层破损或线路长期被水浸，导致线路发霉 （2）线路长信号损耗大，造成图像模糊；摄像机质量差或镜头焦距没调好，护罩镜面有遮挡物等直接影响录像的效果 （3）所选用的摄像机逆光补偿功能差或摄像机所安装的方位正对着强光	（1）用仪表测试视频线路的电阻，长期被水浸的线路应做防水处理，线路长的监控点加装放大器。必须需要接头处要焊接。要选用符合标准的同轴电缆 （2）镜头焦距安装前要先调试好，安装时要注意保护外罩的镜面不被刮划，在工程设计前要了解产品的质量和性能。不能选用那些没有合格证明的设备 （3）摄像机的安装方位不要正对着强光，对有强光的地方要选择有逆光补偿功能的摄像机
车辆过后栏杆不落，或者车辆还没有完全通过栏杆就下落	（1）地面切割槽沥青或水泥密封不牢，时间长地感线圈将绝缘老化，车辆的防砸感应灵敏度大大下降 （2）地感线圈制作不标准（偏窄或偏小），道路太宽 （3）制作的地感线圈靠近金属物体，外界的干扰而不被发现或感应器质量差，造成经常死机	（1）制作前应考虑道路的宽度，地感线圈的尺寸随路面宽度的不同而有所不同。一般尺寸为 2.0m×1.0m；路面太宽时，地感线圈两边距离路面边缘为 1.0m×1.5m （2）地感线圈的制作，需密封且牢固，不能长期浸泡在水里。浇灌的沥青必须充分熔化，以利于填充槽内每一个空隙而紧固线圈，应用一根完整的导线绕制，中间不得有接头 （3）绕制线圈前应对现场勘察，地感线圈的制作不要靠近金属物体，尽量避开干扰源 （4）使用或更换质量较好的感应器

质量通病现象	原因分析	防治措施
视频信号不稳定或丢失	（1）线路接触不好。测试线路和电压正常的情况下，可以把录像机的输入端口互换检查，图像正常可以认为是录像机个别输入端口出现故障，如果还没有图像就要检测摄像机的好坏。带云台的摄像机由于长时间运转，造成机内触点松动、接触不良或长时间运转导致连接线路扭断 （2）部分施工人员缺乏责任心，为了便利，在顶棚上或其他部位布线时不套管保护缆线，时间长了导致缆线被虫、鼠咬断	（1）安装前需注意旋转线路的保护 （2）安装工艺规范化，增加线路通断的测试；加强教育施工单位的责任心
周界红外对射防区的报警器经常误报	（1）所选用的探测器无防宠物的检测功能，探测器未安装在温度适宜的环境 （2）探测器靠近围墙边的绿化带，这些植物经常高出围墙，风吹草动时树枝摆动隔断红外线，引起报警	（1）老鼠出没的地方要经常灭鼠，还需要防止其他动物闯入探测器的有效监测区域或选用有防宠物功能的探测器 （2）根据现场的实际情况调节探测器的灵敏度至最佳效果，围墙边的树枝条要定期修剪
管理电脑无法将数据采集上来，系统提示通信错误或通信连接失败	（1）对于在线式巡更系统，一般是通信线路连接头处接触不好；或施工人员布线时用力过大把线路拉断；或串口转换器损坏，电脑和采集器所对应的连接串口设置不对，导致无法将数据采集上来 （2）对于离线式巡更系统，采集器的通信线路接触不良或采集器损坏，电脑和采集器所对应的连接串口设置不对等，均会导致管理电脑无法采集数据	（1）测试通信线路的通断，查看电脑的连接串口是否正确；加强对施工人员的技术培训 （2）检查离线巡更系统的通信线路接触是否完好；应固定采集器的安装和通信线，防止人为拉断；系统管理员应对操作系统的设置使用权限进行分配

6.4.2 安全技术防范系统检测

安全技术防范系统的检测应符合表 6-8 的规定。

安全技术防范系统的检测

表 6-8

项目	检测内容
综合管理系统	(1) 布防/撤防功能 (2) 监控图像、报警信息以及其他信息记录的质量和保存时间 (3) 安全技术防范系统中的各子系统之间的联动 (4) 与火灾自动报警系统和应急响应系统的联动、报警信号的输出接口 (5) 安全技术防范系统中的各子系统对监控中心控制命令的响应准确性和实时性 (6) 监控中心对安全技术防范系统中的各子系统工作状态的显示、报警信息的准确性和实时性
视频安防监控系统	(1) 应检测系统控制功能、监视功能、显示功能、记录功能、回放功能、报警联动功能和图像丢失报警功能等，并应按表 6-9 的规定执行 (2) 对于数字视频安防监控系统，还应检测下列内容： 1) 具有前端存储功能的网络摄像机及编码设备进行图像信息的存储 2) 视频智能分析功能 3) 音视频存储、回放和检索功能 4) 报警预录和音视频同步功能 5) 图像质量的稳定性和显示延迟
入侵报警系统	包括入侵报警功能、防破坏及故障报警功能、记录及显示功能、系统自检功能、系统报警响应时间、报警复核功能、报警声级、报警优先功能等，并应按表 6-10 的规定执行

项目	检测内容
出入口控制系统	包括出入目标识读装置功能、信息处理/控制设备功能、执行机构功能、报警功能和访客对讲功能等，并应按表6-11的规定执行
电子巡查系统	包括巡查设置功能、记录打印功能、管理功能等，并应按表6-12的规定执行
停车库（场）管理系统	（1）应检测识别功能、控制功能、报警功能、出票验票功能、管理功能和显示功能等，并应按表6-13的规定执行 （2）应检测紧急情况下的人工开闸功能

视频安防监控系统检验项目、检验要求及测试方法　　　　　　　　　表6-9

序号	检验项目		检验要求及测试方法
1	系统控制功能检验	编程功能检验	通过控制设备键盘可手动或自动编程，实现对所有的视频图像在指定的显示器上进行固定或明序显示、切换
		遥控功能检验	控制设备对云台、镜头、防护罩等所有前端受控部件的控制应平稳、准确
2	监视功能检验		（1）监视区域应符合设计要求。监视区域内照度应符合设计要求，如不符合要求，检查是否有辅助光源 （2）对设计中要求必须监视的要害部位，检查是否实现实时监视、无盲区

序号	检验项目	检验要求及测试方法
3	显示功能检验	（1）单画面或多画面显示的图像应清晰、稳定 （2）监视画面上应显示日期、时间及所监视画面前端摄像机的编号或地址码 （3）应具有画面定格、切换显示、多路报警显示、任意设定视频警戒区域等功能 （4）图像显示质量应符合设计要求，并按国家现行标准《民用闭路监视电视系统工程技术规范》GB 50198—2011 对图像质量进行 5 级评分
4	记录功能检验	（1）对前端摄像机所摄图像应能按设计要求进行记录，对设计中要求必须记录的图像应连续、稳定 （2）记录画面上应有记录日期、时间及所监视画面前端摄像机的编号或地址码 （3）应具有存储功能。在停电或关机时，对所有的编程设置、摄像机编号、时间、地址等均可存储，一旦恢复供电，系统应自动进入正常工作状态
5	回放功能检验	（1）回放图像应清晰，灰度等级、分辨率应符合设计要求 （2）回放图像画面应有日期、时间及所监视画面前端摄像机的编号或地址码，应清晰、准确 （3）当记录图像为报警联动所记录图像时，回放图像应保证报警现场摄像机的覆盖范围，使回放图像能再现报警现场 （4）回放图像与监视图像比较应无明显劣化，移动目标图像的回放效果应达到设计和使用要求

序号	检验项目	检验要求及测试方法
6	报警联动功能检验	（1）当入侵报警系统有报警发生时，联动装置应将相应设备自动开启。报警现场画面应能显示到指定监视器上，应能显示出摄像机的地址码及时间，应能单画面记录报警画面 （2）当与入侵探测系统、出入口控制系统联动时，应能准确触发所联动的设备 （3）其他系统的报警联动功能，应符合设计要求
7	图像丢失报警功能检验	当视频输入信号丢失时，应能发出报警
8	其他功能项目检验	具体工程中具有的而以上功能中未涉及的项目，其检验要求应符合相应标准、工程合同及正式设计文件的要求

入侵报警系统检验项目、检验要求及测试方法　　　　　　表 6-10

序号	检验项目		检验要求及测试方法
1	入侵报警功能检验	各类入侵探测器报警功能检验	各类入侵探测器应按相应标准规定的检验方法检验探测灵敏度及覆盖范围。在设防状态下，当探测到有入侵发生，应能发出报警信息。防盗报警控制设备上应显示出报警发生的区域，并发出声、光报警。报警信息应能保持到手动复位。防范区域应在入侵探测器的有效探测范围内，防范区域内应无盲区
		紧急报警功能检验	系统在任何状态下触动紧急报警装置，在防盗报警控制设备上应显示出报警发生地址，并发出声、光报警。报警信息应能保持到手动复位。紧急报警装置应有防误触发措施，被触发后应自锁。当同时触发多路紧急报警装置时，应在防盗报警控制设备上依次显示出报警发生区域，并发出声、光报警信息。报警信息应能保持到手动复位，报警信号应无丢失

序号	检验项目		检验要求及测试方法
1	入侵报警功能检验	多路同时报警功能检验	当多路探测器同时报警时，在防盗报警控制设备上应显示出报警发生地址，并发出声、光报警信息。报警信息应能保持到手动复位，报警信号应无丢失
		报警后的恢复功能检验	报警发生后，入侵报警系统应能手动复位。在设防状态下，探测器的入侵探测与报警功能应正常；在撤防状态下，对探测器的报警信息应不发出报警
2	防破坏及故障报警功能检验	入侵探测器防拆报警功能检验	在任何状态下，当探测器机壳被打开，在防盗报警控制设备上应显示出探测器地址，并发出声、光报警信息，报警信息应能保持到手动复位
		防盗报警控制器防拆报警功能检验	在任何状态下，防盗报警控制器机盖被打开，防盗报警控制设备应发出声、光报警信息，报警信息应能保持到手动复位
		防盗报警控制器信号线防破坏报警功能检验	在有线传输系统中，当报警信号传输线被开路、短路及并接其他负载时，防盗报警控制器应发出声、光报警信息，应显示报警信息，报警信息应能保持到手动复位
		入侵探测器电源线防破坏功能检验	在有线传输系统中，当探测器电源线被切断，防盗报警控制设备应发出声、光报警信息，应显示线路故障信息，该信息应能保持到手动复位
		防盗报警控制器主备用电源故障报警功能检验	当防盗报警控制器主电源发生故障时，备用电源应自动工作，同时应显示主电源故障信息；当备用电源发生故障或欠压时，应显示备用电源故障或欠压信息，该信息应能保持到手动复位
		电话线防破坏功能检验	在利用市话网传输报警信号的系统中，当电话线被切断，防盗报警控制设备应发出声、光报警信息，应显示线路故障信息，该信息应能保持到手动复位

序号	检验项目		检验要求及测试方法
3	记录、显示功能检验	显示信息检验	系统应具有显示和记录开机、关机时间、报警、故障、被破坏、设防时间、撤防时间、更改时间等信息的功能
		记录内容检验	应记录报警发生时间、地点、报警信息性质、故障信息性质等信息。信息内容要求准确、明确
		管理功能检验	具有管理功能的系统，应能自动显示、记录系统的工作状况，并具有多级管理密码
4	系统自检功能检验	自检功能检验	系统应具有自检或巡检功能，当系统中入侵探测器或报警控制设备发生故障、被破坏，都应有声光报警，报警信息应保持到手动复位
		设防/撤防、旁路功能检验	系统应能手动/自动设防/撤防，应能按时间在全部及部分区域任意设防和撤防；设防、撤防状态应有显示，并有明显区别
5	系统报警响应时间检验		（1）检测从探测器探测到报警信号到系统联动设备启动之间的响应时间，应符合设计要求 （2）检测从探测器探测到报警发生并经市话网电话线传输，到报警控制设备接收到报警信号之间的响应时间，应符合设计要求 （3）检测系统发生故障到报警控制设备显示信息之间的响应时间，应符合设计要求
6	报警复核功能检验		在有报警复核功能的系统中，当报警发生时，系统应能对报警现场进行声音或图像复核
7	报警声级检验		用声线计在距离报警发声器件正前方 1m 处测量（包括探测器本地报警发声器件、控制台内置发声器件及外置发声器件），声级应符合设计要求

序号	检验项目	检验要求及测试方法
8	报警优先功能检验	经市话网电话线传输报警信息的系统,在主叫方式下应具有报警优先功能。检查是否有被叫禁用措施
9	其他项目检验	具体工程中具有的而以上功能中未涉及的项目,其检验要求应符合相应标准、工程合同及设计任务书的要求

出入口控制系统检验项目、检验要求及测试方法 表 6-11

序号	检验项目	检验要求及测试方法
1	出入目标识读装置功能检验	(1) 出入目标识读装置的性能应符合相应产品标准的技术要求 (2) 目标识读装置的识读功能有效性应满足《出入口控制系统技术要求》GB/T 37078—2018 的要求
2	信息处理/控制设备功能检验	(1) 信息处理/控制/管理功能应满足《出入口控制系统技术要求》GB/T 37078—2018 的要求 (2) 对各类不同的通行对象及其准入级别,应具有实时控制和多级程序控制功能 (3) 不同级别的入口应有不同的识别密码,以确定不同级别证卡的有效进入 (4) 有效证卡应有防止使用同类设备非法复制的密码系统。密码系统应能修改 (5) 控制设备对执行机构的控制应准确、可靠 (6) 对于每次有效进入,都应自动存储该进入人员的相关信息和进入时间,并能进行有效统计和记录存档。可对出入口数据进行统计、筛选等数据处理 (7) 应具有多级系统密码管理功能,对系统中任何操作均应有记录 (8) 出入口控制系统应能独立运行。当处于集成系统中时,应可与监控中心联网 (9) 应有应急开启功能

序号	检验项目	检验要求及测试方法
3	执行机构功能检验	(1) 执行机构的动作应实时、安全、可靠 (2) 执行机构的一次有效操作,只能产生一次有效动作
4	报警功能检验	(1) 出现非授权进入、超时开启时应能发出报警信号,应能显示出非授权进入、超时开启发生的时间、区域或部位,应与授权进入显示有明显区别 (2) 当识读装置和执行机构被破坏时,应能发出报警
5	访客(可视)对讲电控防盗门系统功能检验	(1) 室外机与室内机应能实现双向通话,声音应清晰,应无明显噪声 (2) 室内机的开锁机构应灵活、有效 (3) 电控防盗门及防盗门锁具应符合相关标准要求,应具有有效的质量证明文件;电控开锁、手动开锁及用钥匙开锁,均应正常、可靠 (4) 具有报警功能的访客对讲系统报警功能应符合入侵报警系统相关要求 (5) 关门噪声应符合设计要求 (6) 可视对讲系统的图像应清晰、稳定,图像质量应符合设计要求
6	其他项目检验	具体工程中具有的而以上功能中未涉及的项目,其检验要求应符合相应标准、工程合同及正式设计文件的要求

电子巡查系统检验项目、检验要求及测试方法

表 6-12

序号	检验项目	检验要求及测试方法
1	巡查设置功能检验	在线式的电子巡查系统应能设置保安人员巡查程序，应能对保安人员巡逻的工作状态（是否准时、是否遵守顺序等）进行实时监督、记录。当发生保安人员不到位时，应有报警功能。当与入侵报警系统、出入口控制系统联动时，应保证对联动设备的控制准确、可靠 离线式的电子巡查系统应能保证信息识读准确、可靠
2	记录打印功能检验	应能记录打印执行器编号，执行时间，与设置程序的比对等信息
3	管理功能检验	应能有多级系统管理密码，对系统中的各种状态均应有记录
4	其他项目检验	具体工程中具有的而以上功能中未涉及的项目，其检验要求应符合相应标准、工程合同及正式设计文件的要求

停车库（场）管理系统检验项目、检验要求及测试方法

表 6-13

序号	检验项目	检验要求及测试方法
1	识别功能检验	对车型、车号的识别应符合设计要求，识别应准确、可靠
2	控制功能检验	应能自动控制出入挡车器，并不损害出入目标
3	报警功能检验	当有意外情况发生时，应能报警
4	出票验票功能检验	在停车库（场）的入口区、出口区设置的出票装置、验票装置，应符合设计要求，出票验票均应准确、无误
5	管理功能检验	应能进行整个停车场的收费统计和管理（包括多个出入口的联网和监控管理） 应能独立运行及与安防系统监控中心联网

序号	检验项目	检验要求及测试方法
6	显示功能检验	应能明确显示车位，应有出入口及场内通道的行车指标，应有自动计费与收费金额显示
7	其他项目检验	具体工程中具有的而以上功能中未涉及的项目，其检验要求应符合相应标准、工程合同及设计任务书的要求

6.5 综合布线系统

6.5.1 质量通病原因分析及防治措施

为了保证综合布线系统的质量，要求相关工作人员必须熟悉质量问题的现象和防治方法。常见的综合布线系统的质量问题列于表 6-14 中。

综合布线系统质量通病分析及防治措施　　　　　表 6-14

质量通病现象	原因分析	防治措施
（1）测试仪开机后自动关机，进入自动测试后找不到远端通信 （2）测试中其他连路测试项目都已通过，只有阻抗串扰未通过	（1）检查测试仪设置的链路结构是否正确，或有台测试仪（主机和远端机）不能启动 （2）测试仪两端的跳线没有插好，缆线端没接好，或缆线打绞弯曲太厉害，缆线的端接质量不好，接插件和链路不是同一类产品等	（1）测试前要认真阅读所选定的测试仪说明书，掌握准确的操作方法 （2）检查测试仪设置的电缆类型是否正确，应重新设置测试仪的类型阻抗、参数及标称的传输速度 （3）确保链路缆线和接插件是同一类产品，把两端的配线架和模块重新端接一次，检查线对有没有在剥线时割伤线芯，不可破坏线对的绞距，用端接工具压好重测或更换模块，配线架的缆线接到别的端口上再试

质量通病现象	原因分析	防治措施
（1）明装线管没有做防腐处理 （2）金属线管无接地连接或接地保护电气导通性不合格 （3）线管弯曲半径偏小，弯曲处有严重扁凹、开裂现象；管口锯口不齐有毛刺，管卡安装不合规范，丝套连接不牢	（1）施工人员在实施过程中偷工减料 （2）没有充分了解建筑的特性或施工规范 （3）采用的线管管壁偏薄、使用的线管弯管器与线管不匹配	（1）金属线管在施工安装前，就应刷好防腐油漆或检查确定防腐无误后再安装，安装完成后再检查，发现有局部防腐损伤的地方应及时补做防腐油漆 （2）金属线管连接管孔要对准牢固，密封性良好。薄壁金属管连接宜采用 JDG 新工艺施工，简单、方便。镀锌金属线管的连接和接地跨接严禁使用气焊或电焊方式施工 （3）金属线管切割一般用钢锯和专用管子切割刀，严禁用气焊切割，管口用锉刀把内径的毛刺锉平，使管口保持光滑，成喇叭形。明管敷设时应用管卡固定，一般 1.5m 一个，管头连接处两端和弯头处约 20cm 处加多一个管架卡。弯管要选用合适的弯管器，弯管时先把要弯管的部位前端放在弯管器里，以防管子弯瘪，用脚踩住管子，手扳弯管器进行弯曲并逐步移动弯管器，慢慢用力扳到所需的弯度。条件允许时，在弯曲管道前将被弯曲管内注满砂子
（1）装修改动后线槽要跟着改动，造成部分缆线长度不够 （2）在通道内与其他专业管道间距不够的 （3）装修的顶棚压到线槽盖无法打开，固定顶棚无法放线，没有检修口	（1）施工前未能与装修等专业进行协调，装修完工后线槽无法敷设，改动的线槽需要绕过装修障碍，增加了施工难度，缆线也不易布放 （2）完工后由于房间使用功能的变化，装修也随之需改动 （3）施工前未与装修等专业单位协商好，吊顶和其他专业管道的标高不适合系统对线槽的要求；或线槽施工不规范，未按要求预留出足够的操作距离	（1）在施工前要看透图纸并熟悉现场施工环境 （2）线槽施工安装时，应多与装修及其他专业进行协调 （3）施工中发现问题及时向总包单位或协调人员反映，如遇协调困难的情况时应积极地采取一些有效的补救措施，如需与强电缆线共用一条线槽时，应加设金属隔板以防电磁干扰等

质量通病现象	原因分析	防治措施
(1) 配线架端接口有线头外露，缆线绞距撕得太开，从而压得不牢 (2) 缆线剥皮太长或线对割破线芯 (3) 标签不准确，混乱不清	(1) 缆线端接时线对的绞距拧得太开，压接不到位 (2) 端接时没有经验，不用专业的剥线工具 (3) 没有系统的给各楼层信息点编号，信息点号混乱，有重复显现	(1) 缆线端接时线对的扭绞尽量不要拧开太多，顺其自然，压接时一对一对拧开放入配线架相对的端口，使用压线工具压接时要压实，不得有松动的地方 (2) 剥除缆线护套时应采用专用剥线器，不得剥伤芯线的绝缘层，使芯线断裂 (3) 系统放线前要在图纸上标明信息点的编号，可以按机房或楼层来编号，信息编号要能反映出所在的配线间、楼层和房号等信息
缆线没有预留长度	(1) 施工人员经验不足，放线时缆线预留太短，导致无法端接 (2) 放线时线槽各拐弯处没有预留足够的长度	(1) 缆线布放时要注意楼层配线间、设备间端预留长度（从线槽到地面再返上到机柜顶部）：信息出口端 0.4m，铜缆 3～5m，光缆 5～7m (2) 布放缆线时先把线槽的实际长度，线管的走向长度了解清楚。缆线敷设完毕后，两端必须留有足够的长度，各拐弯处、直线段应整理后得到指挥人员的确认，符合设计要求方可掐断
(1) 信息点模块端接线头太长，线对绞距太长 (2) 办公屏风下的信息插座不到位 (3) 信息模块里有尘埃和水汽，信息插座里的缆线预留太长，面板上不到位	(1) 没有专用的网络端接工具端接，把线对拧开为端接方便 (2) 施工安装中未注意屏风板是否与面板配套 (3) 网络端接的施工人员没有经过专业的培训，防尘盖和信息点面板装反，或插座面板质量太差	(1) 剥除电缆护套时应采用专用剥线器，不得剥伤绝缘层，电缆中间不得产生断接现象。压接时一对一对拧开，放在与信息模块相对的端口上 (2) 安装屏风下的信息插座时要注意面板的扣板顶到底板，面板安装好，要和屏风隔板紧贴，固定牢靠直至用手不能拧动 (3) 有的屏风隔板和信息插座面板不配套，现场实际施工安装时应特别注意 (4) 面板的质量（特别是地面插座面板）应严格把关，施工安装时还应注意与底盒和装饰层表面或建筑物表面的结合部位的收口处理

6.5.2 综合布线系统检测

综合布线系统检测结果的判定应符合表 6-15 的规定。

综合布线系统检测结果的判定

表 6-15

项目	判定要求
单项合格判定	(1) 一个及以上被测项目的技术参数测试结果不合格的，该项目应判为不合格；某一被测项目的检测结果与相应规定的差值在仪表准确度范围内的，该被测项目应判为合格 (2) 采用 4 对对绞电缆作为水平电缆或主干电缆，所组成链路或信道有一项及以上指标测试结果不合格的，该链路或信道应判为不合格 (3) 主干布线大对数电缆中按 4 对对绞线对组成的链路一项及以上测试指标不合格的，该线对应判为不合格 (4) 光纤链路或信道测试结果不满足设计要求的，该光纤链路或信道应判为不合格 (5) 未通过检测的链路或信道应在修复后复检
综合合格判定	(1) 对绞电缆布线全部检测时，无法修复的链路、信道或不合格线对数量有一项及以上超过被测总数的 1% 的，结论应判为不合格；光缆布线检测时，有一条及以上光纤链路或信道无法修复的，应判为不合格 (2) 对于抽样检测，被抽样检测点（线对）不合格比例不大于被测总数 1% 的，抽样检测应判为合格，且不合格点（线对）应予以修复并复检；被抽样检测点（线对）不合格比例大于 1% 的，应判为一次抽样检测不合格并加倍抽样，加倍抽样不合格比例不大于 1% 的，抽样检测应判为合格；不合格比例仍大于 1% 的，抽样检测应判为不合格且全部检测，并按全部检测要求进行判定 (3) 全部检测或抽样检测结论为合格的，系统检测的结论应为合格；全部检测结论为不合格的，系统检测的结论应为不合格

6.6 防雷与接地

6.6.1 质量通病原因分析及防治措施

为了保证防雷与接地的质量，要求相关工作人员必须熟悉质量问题的现象和防治方法。常见的防雷与接地的质量问题列于表 6-16 中。

防雷与接地质量通病分析及防治措施

表 6-16

质量通病现象	原因分析	防治措施
（1）输出端的中性线（N 极）未重复接地 （2）不间断电源附近在正常情况下不带电的导体未做可靠的保护接地	（1）施工过程中偷工减料 （2）未足够重视接地安全防护措施的重要性	（1）不间断电源输出端的中性线（N 极），必须与由接地装置直接引来的接地干线相连接，做重复接地 （2）不间断电源装置的可接近裸露导体应可靠接地（PE）或接零（PEN），且有标识 （3）按照规范要求将不间断电源输出端的中性线（N 极）通过接地装置引入干线做重复接地 （4）将电气设备的外露可接近导体部分按规范接地，限制金属外壳对地的电压在安全电压内
（1）线路敷设时未穿管保护 （2）主回路电线和电缆敷设时，与控制回路缆线之间的间距偏小	（1）未按设计要求施工 （2）施工过程中偷工减料	（1）引入或引出不间断电源装置的主回路电线、电缆和控制电线、电缆应分别穿保护管敷设，在电缆支架上平行敷设应保持 150mm 的距离；电线、电缆的紧固件齐全，屏蔽护套接地可靠，与接地干线就近连接 （2）缆线采用电缆桥架或穿保护管敷设 （3）电力电缆与控制电缆宜分开敷设，当并列明敷设时应保持较大距离

6.6.2 防雷与接地系统检测

防雷与接地系统的检测应符合表 6-17 的规定。

防雷与接地系统的检测

表 6-17

项目	检测内容	检测结果
防雷与接地系统	(1) 接地装置及接地连接点的安装 (2) 接地电阻的阻值 (3) 接地导体的规格、敷设方法和连接方法 (4) 等电位联结带的规格、联结方法和安装位置 (5) 屏蔽设施的安装 (6) 电涌保护器的性能参数、安装位置、安装方式和连接导线规格	符合设计要求的应判定为合格

参 考 文 献

[1]　中华人民共和国住房和城乡建设部.《电气装置安装工程　电气设备交接试验标准》GB 50150—2016 [S]. 北京：中国计划出版社，2016.

[2]　中华人民共和国住房和城乡建设部.《电气装置安装工程　接地装置施工及验收规范》GB 50169—2016 [S]. 北京：中国计划出版社，2017.

[3]　中华人民共和国住房和城乡建设部.《电气装置安装工程　旋转电机施工及验收标准》GB 50170—2018 [S]. 北京：中国计划出版社，2019.

[4]　中华人民共和国建设部.《建筑给水排水及采暖工程施工质量验收规范》GB 50242—2002 [S]. 北京：中国建筑工业出版社，2002.

[5]　中华人民共和国建设部.《通风与空调工程施工质量验收规范》GB 50243—2016 [S]. 北京：中国计划出版社，2016.

[6]　中华人民共和国住房和城乡建设部.《建筑电气工程施工质量验收规范》GB 50303—2015 [S]. 北京：中国建筑工业出版社，2016.

[7]　中华人民共和国建设部.《电梯工程施工质量验收规范》GB 50310—2002 [S]. 北京：中国建筑工业出版社，2002.

[8]　中华人民共和国住房和城乡建设部.《智能建筑工程质量验收规范》GB 50339—2013 [S]. 北京：中国建筑工业出版社，2014.

[9]　中华人民共和国住房和城乡建设部.《智能建筑工程施工规范》GB 50606—2010 [S]. 北京：中国计划出版社，2011.

[10] 中华人民共和国住房和城乡建设部.《通风与空调工程施工规范》GB 50738—2011 [S]. 北京：中国建筑工业出版社，2012.

[11] 于春林. 电气工程施工现场常见问题详解[M]. 北京：知识产权出版社，2013.

[12] 吕君. 建筑给水排水工程施工[M]. 哈尔滨：哈尔滨工业大学出版社，2011.

[13] 沈士良等. 智能建筑工程质量控制手册[M]. 上海：同济大学出版社，2002.

[14] 金智华. 暖通空调工程常用图表手册[M]. 北京：机械工业出版社，2013.